THE PRITHVIRAJAVIJAYA

OF

JAYANAKA

with the Commentary of JONARAJA

THE PRITHVIRAJAVIJAYA OF JAYANAKA

with the Commentary of JONARAJA

EDITED BY

GAURISHANKAR HIRACHAND OJHA

AND

THE LATE PANDIT CHANDRADHAR SHARMA GULERI

GYAN

Published by

GYAN

Gyan Publishing House
5, Ansari Road
Daryaganj, New Delhi-110002
Phone: 011-47034999, 9811692060
E-mail: books@gyanbooks.com

Distribution Network
gyanbooks.com
India, USA, Canada, UK, Australia

ISBN: 978-93-6920-222-5 (PB)

First Published, 1941

2nd Impression 2025

Printed at: Gyan Press, Delhi.

THE PRITHVIRAJAVIJAYA OF JAYANAKA WITH THE COMMENTARY OF JONARAJA

Editors: GAURISHANKAR HIRACHAND OJHA AND THE LATE PANDIT CHANDRADHAR SHARMA GULERI

THE

PRITHVĪRĀJAVIJAYA

OF

JAYĀNAKA

With the Commentary of

JONARĀJA

EDITED BY

Mahāmahopādhyāya Rai Bahadur Sahitya-Vāchaspati

Dr GAURISHANKAR HIRACHAND OJHA, D. Litt. (Hony.)

AND

The Late Pandit CHANDRADHAR SHARMA GULERĪ, B. A.

PRINTED AT

Vedic Yantralaya, Ajmer.

1941 A. D.

काश्मीरकमहाकविश्रीजयानकविरचितं

पृथ्वीराजविजयमहाकाव्यम्

श्रीलोलराजसुतपण्डितभट्टनोनराजात्मजश्रीजोनराज-
विरचितविवरणोपेतम्

ओझेत्युपाह्वपण्डितहीराचन्द्रसूनुना
महामहोपाध्याय-रायबहादुर-साहित्यवाचस्पति-डॉक्टर ऑव् लेटर्स
इत्याद्युपाधिधारिणा गौरीशङ्करशर्मणा,
बी० ए० इत्युपाधिधारिणा गुलेरीत्युपाह्वस्वर्गीय-
पण्डितश्रीचन्द्रधरशर्मणा च
सम्पादितम्

तच्च

अजयमेरुनगरे वैदिकयन्त्रालये मुद्रितम्

वि० सं० १९९७

येन जयानकरचितं भूर्जाभिधपत्रसंलिखितम् ।
कश्मीरादानीतं पृथ्वीराजेन्द्रविजयाख्यम् ॥ १ ॥
डॉक्टर जी० बूलर इति तस्यबुभुत्सुः पुराणवृत्तस्य ।
आसीद्विद्वद्विदितस्तदात्मने ह्यञ्जलिः सैषः ॥ २ ॥

PREFACE

The birch-bark manuscript of the *Prithvīrājavijaya*, the critical edition of which is offered to the public, was discovered by Dr. G. Buhler in 1876 during his tour in search of Sanskrit Mss. in Kashmir. He deposited his find in the Deccan College, Poona, where the Ms. was numbered as 150 of 1875-1876 collection. In the course of his detailed report on the tour, published next year, he thus described the Ms.:—

"It is a great pity that the old Ms. is mutilated, and in such a condition as to make the work of reading it very difficult. The beginning is wanting. The leaves which contain cantos I—X have been broken in the middle by the friction of the thick string used for sewing the volume. Further, the lower portions of a considerable number of leaves have been lost, and as the lower left-hand side of the margin, on which stood the figures numbering the leaves, has also been broken off, it is impossible to determine the connection of the upper and the lower halves by any other means than by the sense."[1]

Though the Ms. was discovered more than half a century ago, no new Ms. has been discovered since then to help us in reconstructing the whole work. What is all the more regrettable is the fact that the present Ms. breaks off abruptly towards the close of the twelfth canto. In the absence of any other copy of the Ms. it is impossible to say how many cantos the complete work contained. As ill-fortune would have it, the present Ms. brings us only to the coronation of Prithvīrāja and we are even left in the dark about the great victory, which the poet intended to sing here.

The defective and incomplete condition of the Ms. prevents us from knowing definitely from the work itself about its author. But a guess may be hazarded

(1) *Detailed Report of a tour in search of Sanskrit MSS, made in Kashmir, Rajputana and Central India,* by Dr. G. Buhler (p. 63).

that the poet Jayānaka, who is mentioned coming to the court of Prithvīrāja from Kashmir in canto XII, verses 63 and 68, was in all probability its author. Dr. Bühler says, "The author was certainly a contemporary of Prithvīrāja and one of his court poets. He probably was a Kashmiri and was a thoroughly good Kavi and Pandit."[1] This belief is further strengthened by the fact that not a single copy of the Ms. is found in the whole of Rajputana and Jonarāja, the commentator of the work, also hails from Kashmir.

It is reasonable to suppose that the work must have been written to celebrate the great victory of Prithvīrāja over Shahāb-ud-dīn Ghorī in 1191 A.D. immediately after the event. But his defeat and assassination in 1193 A.D. probably drove the poet back to his home in Kashmir, hence the absence of any Ms. of it in Rajputana.

The poem seems to have been written during the life-time of Prithvīrāja, as the author himself states that he was honoured and induced to write the poem by the King (Prithvīrāja), the son of Someśvara.[2] The date of the work can be fixed independently as well. Seven verses of the *Prithvīrājavijaya* can be traced in the *Alaṅkāravimarshinī*, a commentary by Rājānaka Jayaratha on the *Alaṅkārasarvasva* of Rājānaka Ruyyaka[3] and in one place he distinctly states that it is quoted from the *Prithvīrājavijaya*.[4] In the same way

---

(1) *Proceedings of the Asiatic Society of Bengal*, April and May, 1873, p. 94.

(2) Canto I. verses 31—35.

(3) Verses 50, 75, 91, 173, 177, 178 and 181 of canto V of the present edition are quoted in the *Alaṅkārasarvasva* with the commentary of Jayaratha, p. 64, 73, 82, 173, 180 and 181 respectively (Kāvyamālā edition, 1893 A. D.).

(4) इयं च भेदेऽभेद इत्याद्यतिशयोक्तिभेदमन्यपि दृश्यते । तत्र भेदेऽभेदो यथा पृथ्वीराजविजये—
'शकाङ्गैः परया भक्त्या बाणलिङ्गपरम्पराः ।
अनर्मदेव यत्सैन्यैर्निरमीयत नर्मदा ॥'

Alaṅkārasarvasva, p. 64.

twelve verses[1] can be traced in the *Alaṅkārodāharaṇa* of the same author. Jayaratha describes himself as the great-great-grandson[2] of a brother of Śivaratha, a minister of King Uchchala of Kashmir (1101–1111 A. D.)[3]. This would bring Jayaratha himself to about 1200 A.D. Now it is reasonable to suppose that if verses from the work of a writer are found quoted in the works of another writer, even if the two be contemporary, some years must elapse in order to make the former's work known to the latter. Thus at a very conservative estimate we may put the date of the composition between the years 1191 and 1193 A. D.

The commentary of the poem, here offered, is by Jonarāja, the son of Nonarāja and grandson of Lolarāja, a famous author who wrote the second *Rājataraṅgiṇī*, and commented on the *Kirātārjunīya* and the *Śrīkaṇṭhacharita* of Maṅkha. His commentary on the *Kirātārjunīya* is dated 1449 A. D. and the present commentary on the *Pṛithvīrājavijaya* must have been written, according to Dr. Bühler, between 1450 and 1475 A. D. It seems that in Jonarāja's time, the *Pṛithvīrājavijaya* must have been a popular work among the scholars, as this commentator discusses various readings of the text. As the text and the commentary are presented in the same Ms., portions of the commentary have also been lost on account of the defective condition of the Ms. The commentary, however, has been helpful in restoring the missing text in certain places.

The early history of the Chauhānas, given by Colonel Tod in his *Annals and Antiquities of Rajasthan* according to the bardic chronicles and the *Prithvīrāja Rāso* of Chanda, is entirely unreliable. But the work under notice is quite reliable for the history of medieval India and particularly of the

(1) I. 4; V. 50, 103, 130, 143, 173; VI. 4; VII. 31, 37; IX. 59; XII. 4 and 11 of the present edition.
(2) Bühler's Report, appendix II, pp. cli-cliv.
(3) M. A. Stein: *A Chronicle of the Kings of Kashmir*, Vol. I. Introduction, p. 138.

Chauhānas of Rajputana. Dr. Bühler says, "His (author's) account of the Chauhānas contradicts Chanda's in every particular and agrees with that of the inscriptions of V. S. 1030 and 1226. Pṛithvīrāja's pedigree is exactly that given in these documents, and various synchronistic facts mentioned in the *Vijaya* also agree with what we know from other sources, *e.g.* the Malwa and the Gujrat inscriptions."[1] Thus evidently in other respects as well the work is worthy of credence.

An article by my friend, Diwan Bahadur Har Bilas Sarda, who secured for me an exact copy of the Ms. from the library of the Deccan College, Poona, on which the present edition is based, gives a summary of the contents of this work in the *Journal of the Royal Asiatic Society.*[2]

We find here a reliable genealogy and a short account of Pṛithvīrāja's ancestors beginning with Vāsudeva. Its value for the history of the period from the middle of the eighth century A. D. to the end of the twelfth century A. D. is thus very great.

On account of its great importance, it was felt that a critical edition of the present text—defective and incomplete though the Ms. is—was highly desirable for the students of the history of Rajputana. As said above, an attempt is here made to restore the text, wherever possible, with the help of the commentary. Restored portions have been printed in rectangular brackets or in the foot-notes. Amendations of the text and the commentary have also been attempted, wherever possible, in the notes.

It is hoped that students of the history of India, particularly that of Rajputana, would find this work useful in their studies and welcome its appearance.

Ajmer,
October 10, 1940. **Gaurishankar H. Ojha**

---

(1) *Proceedings of the Asiatic Society of Bengal,* April and May, 1893, p 94.
(2) April 1913, pp. 259-281.

॥ श्रीः ॥

काश्मीरकमहाकविश्रीजयानकविरचितस्य

पृथ्वीराजविजयमहाकाव्यस्य

विषयानुक्रमणिका

प्रथमः सर्गः

द्वितीयः सर्गः

तृतीयः सर्गः

चतुर्थः सर्गः

पञ्चमः सर्गः

पृथ्वीराजविजयमहाकाव्यम्.

[प्रथमः सर्गः]

* *[1]

न्ता प्रतिबिम्बिता विश्वान्तरवर्तिनो भावा··················स्मतादृग्यः कैविप्रवर्हो[2]················(1 1)नसं तस्य पर्युदासं[3] सदृशमित्यर्थः कैला-[स]स्यापि स्फटिकमयत्वेन वस्तुसंक्रान्तः एव·········(1.2)सं सुखदा-यिनमाश्रित्य वसन्तमानन्देश्वरं प्रपद्येहं शरणीकरोम्यहम्[4] ॥ 1.

कनेन [नेत्रत्रि][5](1 3)तये[न] —
⏑ — ⏑[6] [ताता]धिकतापराधम् .
न ब्रह्मचर्येण[7] न लब्धसाम्य-
स्सदाशिव⨯ — ⏑ — ⏑ — [कु]मारः[8] (?) ॥[9]

पञ्चमुखस्सदाशिवस्तस्यं (1 4) प[ञ्चमुखस्य पञ्च]दर्शी[10] नेत्रा[णि भ]व-न्ति षण्मुखस्य तु द्वादश अत ईश्वरनेत्रे कुमार·········(1 5)·········
·········खांस·········दासीत्पण्मुखस्यैकं[11] मुखमधि[कं] भवति तेन
[ताताधि(1.6)कतापरा]धं सुंशोधयन्निव[12] कुमा[रः]·· ·········म······
······रा······[पा]यात् ॥ 2.

---

1 Two leaves, i.e., three pages, missing 2 Is it यस्मिंस्तादृग्यत्क° ?
3 Read तस्याप°.
4 Restore संक्रान्तविश्वान्तरवर्तिभावककविप्रवर्हान्तरपर्युदासम् ।
कैलासमाश्रित्य ⏑ — ⏑ — मानन्देश्वरं देवमहं प्रपद्ये ॥ (?)
5 Ms. ॱ. 6 Ms. का. Is it विशोध्य ? 7 Ms. ब्रह्म°. 8 Ms. ··मारः lo. on margin. 9 Comm. runs on after शिव⨯ in the text.
10 Ms. °दर्शी. 11 Ms. °स्यैवं. 12 Ms °मसु°.

अचुम्बितार्थप्रति(l.7)[भान]भानु-
र्वल्मीकजन्मा कवितावता[रः] .
[स पातु वो य]ः प्रबबन्ध पूर्व-
मनन्तरं दाशरथिर्ज(l.8)जृम्भे ॥

अचुम्बि[तानामनुच्छि]ष्टानामनुल्लिखितानामर्थानामभिधेयानां व-
स्तूनां च प्रतिभाने(l.9) प्रकाशने वाल्मीकिर्भुप्मान्त्रदंत . तमेवाल्लगर्थं प्रकाश-
यितुं वाल्मीकिं··········[3]ष्ठ. यो(l.10) रामोत्पत्तेः पूर्वमेव रामचरित्रं
प्रबद्धवान् पश्चाद्रामोस्फुरत् ॥ 3.

[पड्दर्श]नर्तुस्त्रिदिवं पु(l.11)राण-
द्वीपोदधिं वेदसमुद्रमग्रम् .
नभस्तलं व्याकरणग्रहाणां
काव्यं व्यध⏑⏑प⏑⏑(l.12)वोव्यात् ॥

दर्शनान्येव षट्संख्यत्वादृतवस्ते[षां] त्रिदिवं स्वर्ग [त्रिक]स्थानामपि
तेषामेकत्र निवा(l.13)सात् पुराणान्येवाष्टादशसंख्य[त्वाद्वी]पास्तेषा]मुद-
धिम् तेषां तत्र वर्तित्वात् व्याकरणा(l.14)न्येव नवसंख्यत्वाद्ग्रहास्सूर्याद-
यस्तेषामाकाशं तदेकमु·········त्वात् वेदा एव समुद्राश्च(l.15)[तु]स्सं-
ख्याताः[7] तेषां मेयं वर्धकं यो महाभारताख्यं काव्यमकरोत्स व्यासो वो
रक्षेत् ॥ 4.

असत्य– (l.16) 5.

[Lines 17 to end of page missing [8]]

···रयत् अन्तर्भावितण्यर्थोत्र करोतिः वेदवत्सत्यं रामायणं चकारेत्यर्थः
त्रिसंख्यत्वाच्च त्रय्य(l.1)नुकरणम् . अतोस्माद्वेसोर्द्वितीयो मुनीन्द्रो व्यासः

---

1 Ms. °मुहि°. 2 Ms. वल्मी°. 3 Is it विशिनष्टि ? 4 Ms. °नेतुषि°.
5 Is it व्यधात्त्व्यासमुनिः स ? 6 Ms. °य° lc. under l. 15. 7 Ms. °तासे°.
8 Ms. °तिने°.

पुराणानां समसंख्यैरष्टादशभिः पर्वभिः स्वकाव्यं (l.2) पुराणजातमन्वची-
करत् . पुराणवत्सत्यं महाभारतमित्यर्थः . पर्वभिरिति हृक्रोरन्यतरस्यां(l.3)-
मिति तृतीया ॥ 6.

सत्काव्यसंहारविधौ खलानां
दीप्तानि वह्नेरपि मानसानि .
भासस्य (l.4)काव्यं खलु विष्णुधर्मा-
न्त्सो[3]प्याननात्पारतवन्मुमोच ॥

सतां काव्यं तद्विषये संहारविधौ दाहे[4] दोपारोपणेऽग्नेरपि(l.5)सकाशा-
द्दुर्जनानां चित्तानि दीप्तान्यजडानि भवन्ति . अत्र साधनमाह सोऽग्निरपि भा-
समुनेः काव्यं वि(l.6)ष्णुधर्मान्मुखात्त्यक्तवान् नादहदित्यर्थः . पारतवदित्युपमा
अग्निर्हि वस्त्वन्तरवत्पार(l.7)तं दग्धुमशक्तो मुखान्मुञ्चति . भासव्यासयोः
काव्यविपये स्पर्धां कुर्वतोस्सर्वोत्कर्षवर्त्तित्वेन प(l.8)रीक्षकान्तराभावात् परी-
क्षार्थमग्निमध्ये तयोर्द्वयोः काव्यद्वयं क्षिप्तम् तयोर्मध्यादग्निर्विष्णुधर्मा(l.9)-
न्नादहदिति प्रसिद्धिः . खलैस्तु प्राप्तं सत्काव्यं दह्यते इत्यग्नेस्सकाशात्खलानां
दाहकत्व(l.10)मित्यर्थः ॥ 7.

मध्येबुधं ये कवयो भवन्ति
बुधाः कवीनामपि सन्निधाने .
सर्वज्ञता मूर्खे(l.11)सभा[सु तेषां]
[ल]भ्येत [वि]द्वत्कविगालिदानैः ॥

पण्डितमध्ये ये कविभावमेव[10] नाटयन्ति तथा क(l.12)विसन्निधौ प-
ण्डितत्वं चाभिनयन्ति तेषां मूर्खसभासु सर्वज्ञता कवित्वं विद्वत्वं च[11] लभ्येत.
अत्र हेतुः विद्वां(l.13)सश्च ते कवयश्च तेषां गालिदानैराक्रोशकथनैः विद्व-

---

1 Pāṇini, 1. 4. 5,8. 2 Ms. स्वका°. 3 Ms. °मात्सो°. 4 Ms. सं° to °ह lc., on margin. 5 Ms. °न्यजडा° lc. under l. 5. 6 Ms. °प° lc. under l. 7. 7 Ms. °ध्याद° lc. on margin. 8 Ms. मूर्ज°. 9 Ms. क्षत्ये°. 10 Ms. °मेव lc. under l. 11. 11 Ms. कवि° to च lc. under l. 12.

स्कविविषया गालीर्दत्वा ते स्वात्मानं(1.14) नियतगुणं प्रकाशयन्ति . मूर्ख-
सभास्विति विद्वत्सभासु गालिदानं विनैव तेषां नियतगु(1.15)णत्वप्रकाश-
नार्थम् . विद्वत्वं कवित्वं चैकत्र न सम········· अथवा विदुषां क···
···(1.16)···नां····················· सैस्तेषां पण्डितत्वाभाव: प्रकटो
भवति ॥ ८.

निधानकुम्भानिव भू (1.17) ⏑ — —
[खलोय]मुत्साद्य कवीन्विधाता .
राज्ञां विना पुण्यवलं करोति
तिरोहितान्मत्सरिकृष्णसर्पैः ॥ (1.18)

भूमौ राज्ञा········ विना पुण्यरहितानां राज्ञामयं खल: कवींस्तिरो-
हितान्करोति च्छादयति (1.19) किं कृत्वा मत्सरिण एव कृष्णसर्पास्तैरुत्साद्य
मत्सरिणश्चोदयित्वेत्यर्थ: , यथा विधाता निधी(1.20)न्कृष्णसर्पैरुत्साद्य ति-
रोधत्ते [विना] पुण्यवलम् . अयमिति प्रत्यक्षनिर्देश: खलस्य कवितिरस्कारे
(1.21) स्वात्मप्रच्छादनाभावार्थ: ॥ ९.

विद्वान्कवेर्यो विहितानुकारः
⏑ — ⏑ — [गो]पयितुं यतेत . (1.22)
वैरायमाणैस्स वराङ्गनाभ्य-
स्सख्यं न किं वर्षवरैः करोति ॥

कवि··················[प](1.23 **1[10])ण्डितत्वं गोपयति स
वराङ्गनाभ्यो वैरं संघर्षं कुर्वद्भिर्वर्षवरैश्शंण्ढैस्सख्यं तन्मध्ये प्रवेशं किं न

---

1 Ms. °लीश्युत्ना. 2 Ms. मूर्जं.

3 Ms मूर्ख° to °र्थम् ringed with a line. 4 Is it समवतिष्ठते ?

5 Is it कवीनां ? 6 Is it गालिदानतस्ते° ? 7 Ms. कवि° le. under पण्डित°. Is it पण्डितत्वकवित्वाभाव: ? 8 Ms. °ताम°. 9 Ms. °शयि°. Is it निजं गुणं गोप° ?

10 Ms. has पृ. वि. २, vertically written on margin. 11 Ms. °श्पठै°.

करो(1.1)ति यथा स्वं शण्ढं छादयितुमङ्गनारूपमभिनयञ्शण्ढोङ्गनात्वं न लभते तथा विद्वान्पाण्डित्यं छादय(1.2)न्नपि कवित्वं न लभते इति तात्पर्यम्. वैरायमाणैरिति शब्दवैरेत्यायि:. शण्ढो वर्षवरस्तुल्यावि(1.3)ति कोशः ॥ 10.

कवित्वपाण्डित्यतटद्वयेन
सरस्वती सिन्धुरिव प्रवृत्ता.
एकत्र पेयूषमयो रसोय(1.4)-
मन्यत्र मात्सर्यविषात्मकोस्याः ॥

नदीव सरस्वती कवित्वपाण्डित्यरूपेण तटद्वयेन प्रवह(1.5)ति अस्यास्सरस्वत्या एकत्र भागे कवित्वेमृतरसो भवति अन्यत्र भागे मत्सरविषरूपः. पण्डिता (1.6) मत्सरमस्ता इत्यर्थः. सरस्वती नदी च तटद्वयेन वहति ॥ 11.

गुणैस्समृद्धोप्युपवेशनीयं(1.7)-
स्सूरिः परं पद्म इवाढ्यपत्रः.
विचारकाले तु सहायभावः
प्रजापतेरापतते कवीनाम् ॥

गुणैः (1.8) पाण्डित्यादिभिस्समृद्धोपि तथाढ्यपत्रः पुस्तकाढ्यस्वरवान्सूरि[विद्वान्केवल]मुपवेश(1.9)नीयः विचारचातुर्याभावादेवमेव स्थापनीयः. विशिर्णिजन्तैः. [प्रजा]पते राज्ञो [विचारा]वसरे कव(1.10)य एव पुनस्सहायाः प्रजापतेर्ब्रह्मणश्च सतन्तुस्सपत्रस्स पद्मः केवलमुपवेशनीयः. अधि(1.11)करणोऽनीयः. विशिष्टस्य चारस्य संचारस्य च काले कवीनां पक्षिणां हंसानां साहाय्यकमुचि(1.12)तम् ॥ 12.

दृशां सहस्रेण न वीक्षते य-
द्वागीशशिष्टो विबुधाधिराजः.

---

1 Ms. °ण्ठा°. 2 Pānini, 3. 1. 17. 3 Ms. षण्ठो.
4 Amara, 2. 746, where षण्ढ is the spelling. 5 or °हत्ता ?
6 Ms. °यः. 7 Ms. °यं°. 8 Ms. विशी°. 9 Ms. °न्त.

तमद्वितीयैव कवेर्विवेक्तुं (1.13)
दृष्टिर्भवत्यत्यधिकाधिकारा ॥

वाचामिशस्य महापण्डितस्य शिष्यो विबुधाधिराजः पण्डिताम(1.14)-णीदृशां विचाराणां सहस्रेण सहस्रशो विचार्येत्यर्थः यन्नालोचयति तद्वि-वेक्तुम(1.15)द्वितीं[यैका]प्रतिमल्ला च कवेर्दृष्टिर्विचारे [अधिका]धिकारा योग्या भवति. सहस्रशः कृतविचार[ः पण्डि]तो य(1.16)न्न जाना[ति] ....क्वद्विवेकं (?) न जानातीत्यर्थः. अथ च बृ[हस्पति]शिष्यो देवः [इन्द्रो] यन्नेत्र[सहस्रे]ण न(1.17)..................वं शुक्रस्य दृष्टिः पश्यति ॥ 13.

विशोधने सत्कविभारतीनां
शुद्धोपि पाण्डित्य(1.18)गु[णो न] योग्यः.
[न क्षि]प्यते भस्म विशुद्धिकामै-
रपां हि पातव्यतयोद्धृतानाम् ॥

सत्कविवाचां शोध(1.19)ने उपस्कारे [शुद्धो]पि पाण्डित्यगुणो न योग्यः. अत्र दृष्टान्तमाह पेयत्वेनोद्धृतानां............(1.20)ला...... शो.........दर्ने क्षिप्यते. पातव्यं जलं भस्मना क्षिप्तेन यथा त्याज्यतामेव प्राप्नोति तथा स(1.21)रसमपि काव्यं [प]ण्डितो[प]न्यस्तेनोपस्करे[ण] .... ॥ 14.

परीक्षकाणां (1.22) रुचिमाकलय्य
प्रकाशनीयः कविना प्रकर्षः.
असात्विकीं [हि प्रकृतिं विलोक्य
तीक्ष्णोऽभ्युपायो भि?](1.23)षजा न योज्यः ॥

1 Ms. °ष्टां. 2 Ms. °मद्विवेक्तुम°. °द्विवेक्तु° struck out with vertical strokes.
3 Ms. °द्विति.° 4 Ms. प्र° to च lc. under 1.15.
5 Is it पश्यति तद्वेकैव ? 6 Is it योज्यः both in text and comm. ?
7 Is it जलानां शोधनाय सृष्ट ? 8 Ms. काव्य. 9 Ms. क्षा°.

परीक्षकाणां बुद्धिं विचार्य कविना निजा......................
(l.24*)ग्रमस्ता: काव्यं न प्रकाशनीयमिति[1] निस्सत्वां प्रकृतिं दृष्ट्वा तदिच्छोपशमो[2] वैरेन न प्रयोज्य:. अग्रन(l.1)नानां रुचि: प्रतीतिलभ्ये-ष्वर्थेषु नास्तीति मया ते नैवोपन्यस्ता इति सूचितम् ॥ 15.

न पण्डिता(l.2)नां कविरित्यसाध्यः
कर्णज्वरोयं यदि शाश्वतस्स्यात् .
स्युरेव विद्यामधिकृत्य दूतीं
तन्मोक्षलक्ष्मीपरि(l.3)रम्भयोग्याः ॥

अयं कविरस्तीति पण्डितानामसाध्य: कर्णज्वरो नित्यो यदि न भवे-त्तद्विद्यामेव (l.4) दूतीमधिकृत्य मोक्षलक्ष्म्या: परिरम्भे योग्यास्ते भवेयु:. विद्यावन्तोपि कवौ मत्सरान्मोक्षं न लभन्ते इ(l.5)ति तात्पर्यम्. येषां चा-साध्यस्साधयितुमशक्यो ज्वरस्ते दूतीमुखेनाङ्गनां न प्रबोधयन्ति (l.6) ॥ 16.

ज्वलन्ति चेद्दुर्जनसूर्यकान्ताः
किं कुर्वते सत्कविसूर्यभासाम् .
महीभृतां दोश्शिखरे तु रूढां
पार्श्व(l.7)स्थितां कीर्तिलतां दहन्ति ॥

दुर्जनाश्च ते सूर्यकान्ता: सूरीणां विबुधानामकान्ता अरञ्जका: पण्डि-(l.8)तद्विषां कवीनां दोषारोपणे सामर्थ्याभावात् ते काव्यं श्रुत्वा यज्ज्वल-न्ति तन्महाकविरविरुचां किं(l.9) कुर्वन्ति कवीनां कीर्तिं हन्तुं न शक्नुवन्तीत्यर्थ: महीभृतां राज्ञां शैलानां च भुजशिखरे जातां की(l.10)-र्तिमेव लतां निकटस्थितास्ते दहन्ति. दुर्जनसंनिधानात्कवयो राज्ञो[6] न स्तुवन्तीति तात्पर्यम्. सूर्य(l.11)कान्तोपलाश्च ज्वलन्त: सूर्यांशून् ग्लपयन्ति किन्तु पर्वतानां पुनर्लता दहन्ति ॥ 17.

---

1 Is it °त्वमः ? 2 Ms. र to ति ringed with a line. 3 Ms यथो.
4 Ms. °मव. 5 Ms. दूति°. 6 Ms. राज्ञे.

मात्सर्यगर्वो[1](1.12)त्कटसूरिसर्प-
व्याजिह्मताचापलदूषितापि .
कवीन्द्रवाक्चन्दनकन्दलीयं
स्वाभाविकं मुञ्च(1.13)ति नाधिवासम् ॥

मात्सर्यगर्वेणोत्कटा ये सूरयस्त एव सर्पास्तैर्व्याजिह्मताचापलाभ्यां दूषि-
ता(1.14)पि सती कविराजोक्तिचन्दनलता स्वाभाविकं सौगन्ध्यं न त्यजति .
खलाः काव्यं दूषयितुं न शक्ता इ(1.15)त्यर्थः ॥ 18.

निवेद्यते सन्मणिदर्पणानां
तेनैव सार्वः परिशुद्धभावः .
विभाव्यते तेषु यदात्मसं(1.16)स्थ-
मसज्जनैर्दोषमयत्वमेव ॥

असज्जनैरात्मसंस्थं[5] स्वकीयं[6] दोषमयत्वमेव तेषु सज्जनेषु(1.17) यद्वि-
भाव्यते दृश्यते दुर्जनास्सज्जनान्दोषमयान्पश्यन्तीत्यर्थः तेन सज्जनविषय-
दोषमयत्वद(1.18)र्शनेनैव सतां मणिदर्पणानामिव सर्वहितं शुद्धत्वं प्रति-
पाद्यते . शुद्धे दर्पणे ह्यात्मनिष्ठं वस्तु (1.19)दृश्यते अयमर्थः दुर्जनास्स्वं दोषं
सत्सु यत्पश्यन्ति अस्मानेते भाव्यन्ते इति यच्छङ्कन्ते इत्यर्थः तेनैव(1.20)
सतां शुद्धता प्रकटिता भवति शुद्ध एव ह्यशुद्धस्य विरुद्धः ॥ 19.

गुणेषु लौल्यं सुजनस्य या(1.21)[वत्]
⏑–⏑––⏑⏑–⏑–
⏑–⏑––⏑⏑–⏑–
⏑–⏑––⏑⏑–⏑– ॥

सतो(1.22) [गुणेषु यावत्प]रिमाणं लौल्यं श्रद्धा सत्परि[माणमेव]

1 Ms. गर्भो.° 2 Ms. °गर्भेनोत्कपठा. 3 Ms. सपम°. 4 Ms. ह्यद्.°
5 Ms. संस्थ.° 6. Ms. °कीयो. 7 Ms. °षा.

खलस्य मौन्यं दोषविषयं भवति (1.23)····················तात्पर्यम् सूर्यो हि यावत्प्रकाशयति ततोऽधिकं तमस्तिरस्करोति ॥ 20.

दोषं(1.24**2) गुणं वा पुरुषः परस्थं
यथा पिधाय स्वगतं पिधत्ते .
कामं प्रकाश्यापि परस्थितं तं
प्रकाशय(1.1)त्यात्मगतं तथैव ॥

परस्थं दोषं गुणं वा पिधाय च्छादयित्वा पुरुषस्तं स्वगतं पिधत्ते यथा त(1.2)था परस्थितं तं दोषं गुणं वा प्रकटीकृत्य स्वात्मनोपि तं प्रकटयति. अयमर्थः परनिन्दया(1.3) श्रोतारः खलं कलयन्ति तस्यास्तु च्छादनेन सज्जनम् परगुणस्तुत्या सज्जनम ॥ 21.

वाग्देवतागर्भगृ(1.4)हस्य विद्या-
स्थानेषु सोपानतया स्थितेषु .
साहित्यविद्यापरिचारिकेय-
मनन्वयं नाम रजः प्रमा(1.5)र्ष्टि ॥

सरस्वतीगर्भावासस्य सोपानभूतेषु चतुर्दशसु विद्यासु स्थानेष्वियं साहित्यविद्यैव परिचा(1.6)रिकाऽनन्वयमसम्बन्धं विमूत्रणमेव रजः प्रमार्ष्टि उद्भ्रंशयति साहित्यावगमेन विद्यास्थानेषु प्रवेशः(1.7) कर्तुं शक्यते इति साहित्येष्वादरः कर्तव्य इत्यनेन निजोद्यमस्य सफलतां सूचयति कविः ॥(1.8) 22.

साधुः प्रमादात्त्यजति स्वभावं
खलस्तु नारोहति साधुभावम् .
निर्गन्धतामेति हि चन्दनादि
न सौ(1.9)रभं संघटते रसोने ॥

---

1 Ms. °विकत°. 2 Ms. has पु. स. vertically on margin. 3 Ms. °नस्व° le. under 1.4. 4 Ms. °त° le. under 1.7. 5 Ms. °र्षस°. 6 Ms. °र° le. under 1.8.

प्रमादोनवधानंतेत्यमरः . ततो हेतोस्साधुस्स्वभावं त्यजति साधुत्वा-त्पततीत्य(l.10)र्थः खलस्साधुत्वं नाधिरोहति जलादिद्रव्यसंसर्गेण चन्दनादि गन्धरहितं भवति लशु(l.11)ने पुनस्सौगन्ध्यं न संक्रामति ॥ 23.

मा गाद्दिवं दुर्मतिराप्तविद्यो
न वेद कर्तव्यमिहापि लोके .(l.12)
खमुत्पतन्मां तिमयस्सपक्षाः
स्थलेपि जानन्ति न जातु यातुम् ॥

विद्याप्राप्त्या स्वर्गप्राप्तिरि(l.13)त्यागमः प्राप्तविद्यः खलः स्वर्गं साधिरु-न्धदस्मिल्लोकेपि कर्तव्यं न जानाति मात्सर्य्याद्दुर्मति(l.14)र्लोक[द्व]याद्भ्रष्ट एवेत्यर्थः . दृष्टान्तमाह सपक्षत्वादुचितमप्याकाशगमनं मत्स्या मा प्राप(l.15)न्त्या[व]त्स्थलेपि ते नैव प्रक्रमन्ते ·········· विद्यास्थानीया द्यावा-पृथ्व्यौ लोकद्वयस्थानी(l.16)ये . [उ]त्पतन्निति पतेर्लुङि पप्तादेशाभाव··· ················॥ 24.

—◡◡– —◡◡– ◡— —,

मा(l.17)नं खलो यल्लभतेन्यतोपि .
तत्पादहीनोपि फणी जवेन
जले स्थला[द]भ्यधिकं प्रयाति ॥(l.18)

अन्यस्थानादपि विशिष्टं मानं निर्गुणोपि खलो राजकुले यल्लभते रा-जानः खलमधिकं (l.19) यन्मानयन्तीत्यर्थः [तदि]दं भवतीत्यध्याहर्तव्यम् . तेन वाक्यार्थरूपकमिदम् इदं किमित्याह(l.20) पादरहितोपि सर्पः स्थला-दधिकं जले [प्रया]ति . यत् निर्विद्यस्यास्य यत्सर्वत्र मानलाभ(l.21)स्तन्नि-ष्पादस्यापि सर्पस्य जलस्थलयोस्समानगमनम् ॥ 25.

---

1 Ms. °नवते°. जान°(sic) lc. under l.9. 2 Amara, 1.212. 3 Ms. °तप्पा°. 4 Ms. प्रक्रमते. 5 Ms. °दि. (Pāṇini, 7.4.19). 6 Ms. °प्त्यादेशमा°. 7 Restore गुणैर्विना राजकुले विशिष्टं. 8 Ms. °स्यायत्स°.

कवीनवाप्यापि मनोज्ञका(1.22)[व्या]-
[घ्रा]ञा न यः पाति कृपारहितेभ्यः.
उपेक्षते केलि[शुका]नवश्यं
[क्रीडाविडालैर्हि] विहन्यमानान ॥ (1.23*)

यो राजा सरसकाव्यानपि कवीन्खलेभ्यो न रक्षति स क्रीडाविडालैर्मार्यमाणक्रीडाशुकानवलिम्पति. स्व(1.1)लैरवमानितानां कवीनामरक्षणं यत्तद्विडालमार्यमाणशुकावलेप इति वाक्यार्थरूपकम ॥(1.2) 26.

दिक्पालतेजोमयमूर्त्तिभाजां
कवीञ्जिघांसन्ति बुधाः पुरो यत्.
राज्ञामिदं तद्वरुणोपदिष्टं(1.3)
मात्स्यं प्रति न्यायमुपेक्षकत्वम् ॥

पण्डिता राज्ञामग्रे कवीन्यद्धन्तुमिच्छन्ति तदिदमुपेक्षक(1.4)त्वं कविरक्षणावलेपो राज्ञां भवति. अत्र हेतुमाह मात्स्यं न्यायं प्रतीति साम्येन न्यायेनेत्यर्थः(1.5). महान्मत्स्यस्सूक्ष्मं मत्स्यं गिलतीति मात्स्यो न्यायः. मात्स्ये न्याये कुतस्तेषां शक्तिरित्याह दिक्पालानामि(1.6)न्द्रादीनामष्टानां लोकपालानां तेजो भजताम्. यदि राजानस्तथाविधास्तन्मात्स्यो न्यायः कथं ते(1.7)भ्यो रोचते इत्याह वरुणोपदिष्टमिति राज्ञां हि वरुणांशोऽप्यस्ति वरुणश्चापां पतिः. द्वितीया(1.8)र्थे इति प्रतिः कर्मप्रवचनीयः. अपेक्षकत्वमिति वा पाठः तदिदं बुधैः कवीनां हननं कर्तृ वरुणोपदिष्टमपेक्षकत्वं भवतीति यो⋯⋯⋯⋯(1.1)प्रवचनीयैश्चेति द्वितीया अल्पज्ञा कवीनिन्द⋯⋯
तिप⋯⋯⋯⋯तीति⋯⋯(1.2)[7] ॥ 27.

दृष्ट्वा कविं कृष्णमुखैर्मु(1.9)धान्यै-
रसूयया किं विबुधैर्विधेयम्.

1 Ms. °वीर°. 2 Ms. °ज्ञता°. 3 Ms. °वस्य°. 4 Ms. °द्दष्टं°. 5 Is it मात्स्येन? or °ति तत्समेन? 6 Pāṇini, 1.4.85. 7–7. Ms. lc. on margin in two lines. 8 Is it योजनीयम्? 9 Pāṇini, 2.3.8. (°नीययुक्ते द्वितीया) misquoted. 10 Ms. °बुधै°, विधे lc. under 1.10.

यो विश्वरूपो विबुधेषु धुर्य-

स्स एव हेतुर्हि कविप्रथायाः ॥(l.10)

कविं दृष्ट्वा नृपानुचितयासूयया मत्सरेण कालमुखैः पण्डितैर्विश्व-
रूपादित्यैः[1] किं कार्यम्(l.11) यद्वा कृष्णनामा आजयमेरवः पण्डितस्तदा-
दिभिः पण्डितैर्मिथ्यामत्सरेण किं संपाद्यम्(l.12) आजयमेरवो यः पण्डि-
तराजो विश्वरूपनामा स एव कविरिति प्रथायाः कवीनां वा प्रथा(l.13)या
हेतुः . कविं शुक्रं च दृष्ट्वा हरिप्रभृतिभिर्देवैर्मत्सरेण किं कार्यम् विश्वरूपो
देवदेवो हि क(l.14)विप्रसिद्धेर्हेतुः ॥ 28.

पण्डितानां स्तुतिद्वारेण निन्दामाह ॥

संमानितैः क्षालयितुं कवीन्द्रैः (l.15)

—⏑——⏑⏑—⏑——[2]

—⏑———⏑⏑—⏑——,

मृणस्य शुद्धौ विबुधास्त्वरन्ताम् ॥

क(l.16)············राजानः कवीनामधमर्णा भवन्ति संमानितै-
स्संमानैर्वृत्तिदानेने(l.17)[त्यर्थः]·········णं शोधयितुं राज्ञामुचितम् प-
ण्डिता एव राज्ञामृणशोधने त्वरन्ताम्(l.18)·····················मित्याह
तेषां कवीनां काव्यविद्वेषस्तन्मुखेन . अयमर्थः पण्डिता राज(l.19)विषये
कवीनां काव्यं द्विषन्ति ततः कवयो राज्ञां काव्यं न कुर्वन्तीत्यृणशुद्धिर्जाता
पण्डिता राज्ञां नामभा(l.20)त्रमपि विस्मारयितुं प्रवृत्ता इत्यर्थः यद्वा रा-
जभिर्दत्तवृत्तयः कवयो राज्ञामधमर्णा भवन्ति प(l.21)ण्डिताः कवी···
·········षयित्वा कवीनामृणशुद्धौ त्वरन्ताम् काव्ये दूषिते सति राजानः
कवीनां वृत्तिं ह(l.22)··············दि······तेत्यर्थः ॥ 29.

कवेस्स तत्वं कविरेव वेद

न तद्विदस्तर्कवितर्कखि(l.23**[3])न्नाः .

---

1 Is it विश्वरूपादग्र्यैः ? 2 Restore third line, तत्काव्यविद्वेषमुखेन राज्ञा°.

3 Ms. has पृ. वि. vertically on margin.

किं वादितु दोषगुणाविभज्ञ-
स्तुरङ्गविद्यानिपुणस्य यन्ता ॥

कविरेव कवेः कौशलं जानाति ता(1.1)किंकास्तु नात्र कुशलाः अश्वविद्या-
भ्यतुरस्य गुणदोषौ विस्रष्टुं यन्ता गजारोहः किमभिज्ञो भवति ॥(1.2) 30.

मत्सरिभिरनुपक्षणीयमीश्वरविषयमेव काव्यं यतो न कृतं तत्प्रति-
पादयितुमाह ॥

गतस्पृहोप्यादिकविः प्रबन्धं
ब(1.3)बन्ध रामस्य भविष्यतोपि.
संमान्यमानस्तु नरेश्वरेण
मादृक्कथं काव्यविधावुदास्ताम् ॥

रामभ(1.4)द्रस्य जन्मनः प्रागेव रामायणं निस्पृहोपि वाल्मीकिः कृ-
तवान् मादृक्सस्पृहस्तु राज्ञा दत्तवृत्तिश्च(1.5)रित्रवर्णने काव्ये कथमुदासीनो
भवेत्. संमान्यमान इति मनेर्णिजन्ताल्लटश्शानृशानचौचिति क(1.6)र्मणि
शानच् ॥ 31.

मयि प्रवृत्ते हिमसोदराणि
यशांसि विस्तारयितुं नृपस्य.
प्रजाज्वलीतु प्र(1.7)तिपक्षराज-
न्यायेन सर्वोपि गणो बुधानाम् ॥

हिमसदृशानि राज्ञः पृथ्वीराजस्य यशांसि ख्या(1.8)पयितुं मयि प्रवृत्ते
सति तदीयप्रतिपक्षा राजानः पण्डिताश्च मत्सरेणात्यर्थं ज्वलन्तु. हिमेन
ज्व(1.9)लनमिति विरोधाभासः ॥ 32.

यदि पण्डिता मत्सरं कुर्वन्ति तर्हि त्वत्काव्यं कश्शृणोतीत्याह ॥

---

1 Ms. °धर्म्य. 2 Is it स्पर्द्धे ? 3 Ms. °टस्र°. 4 Pāṇini, 3.2.124.

नरेश्व(l.10)राणामुपमानतायै
कवीश्वराणामपि वर्णनाय .
जगाम यो राममयं शरीरं
श्रोता स एवास्तु हृदि स्थितो मे ॥

यो मे हृदि स्थित:(l.11) पृथ्वीराजस्स एव श्रोतास्तु यश्श्रीरामरूपतां गत-वान् . किमर्थं राज्ञामुपमानार्थं कवीनां च वर्णना(l.12)र्थम् . यदि श्रीरामो नाजनिष्यत राज्ञामुपमानं कोभविष्यत्कं वा कवयोवर्णयिष्यन्नित्यर्थ: . श्री-राम एव(l.13) पृथ्वीराजरूपो जात इति वक्ष्यति ॥ 33.

स्ववंशभूपालयश:प्रताप-
पाण्डुत्वचण्डत्वविवर्धनाय .
यौ(l.14) संघटेते प्रतिमासमध्ये
तौ वा मम प्रेक्षकतां भजेताम् ॥

अथवा तौ मदीयकाव्यस्य परीक्षकतां (l.15) श्रयेताम् यौ मासस्य सा-वनमासस्य मध्ये दर्शे दर्शे यौ संघटेते एकराशिस्थौ भवत: अत्र फ(l.16)-लोत्प्रेक्षा निजवंशजातानां राज्ञां यश:प्रतापयोश्शुभ्रत्वतीव्रत्वयोर्वर्धनार्थमिव . अयमर्थ: स्ववं(l.17)श्यपृथ्वीराजप्रेम्णा मत्काव्यं श्रोष्यत: . भजेतामिति ....लिङ् ॥ 34.

बाल्येपि लीलाजि(l.18)ततारकाणि
गीर्वाणवाहिन्युपकारकाणि .
जयन्ति सोमेश्वरनन्दनस्य
षण्णां गिरां शक्तिमतो यशांसि ॥ (l.19)

त्रिशक्तिसहितस्य सोमेश्वरनामराजात्मजस्य पृथ्वीराजस्य बाल्येपि

1 Ms. रा° to °श्व lc. on margin. 2 Ms. श्य°. 3 Ms. क्षिद्. 4 Ms. °बाह्यो°. 5 Comm. °मानकानि. 6 Ms. पृ° to °पि lc. under l.19.

यद्यपि अयानि सर्वोत्कर्षेण वर्तन्ते पयसां संस्कृ(1.20)तादीनां षट्संख्यानां भाषाणां भाषाषट्कस्येत्यर्थः . लीलया हेलया जितनारकाणधुरन्ध्यो(1.21)प्यति-शुभ्राणीत्यर्थः . अतएव गङ्गाद्या उपमानकानि धवलिमशुभ्रत्वापादनात् . शक्ति-मतः कुमा(1.22)रस्य च तत्पक्षे तारकासुरविशेषः गीर्वाणानां वाहिनी सेना सोम इमामाहिन[(श्रीव ई]श्च(1.23)रस्तत्पुत्रस्य पयसां गिरामिति कुमार-स्य षण्मुखत्वात् ॥ 35.

पुरा पुराणं पुरुषं प्रणम्य
कदा(1.24)चिदाभोगितयोगनिद्रम् .
व्यजिज्ञपन्नाभिसहस्रपत्र-
सिंहासनः प्राञ्जलिरब्जयोनिः ॥

आभो(1.25)गवती कृताभोगितानुभूता योगनिद्रा येन तं हरिं प्रणम्य पुरा कस्मिन्नपि काले नाभिपद्मप्रविष्टः (1.26*) ब्रह्मा कृताञ्जलिरेनं विज्ञप्तवान् ॥ 36.

यथा त्वदीये मम पुष्करेऽस्मि-
न्स्थितस्य संतापलवोऽपि नास्ति .(1.1)
तथा क्षितौ पुष्कर एव तीर्थे
त्वया सनाथस्सुखितो वसामि ॥

अस्मिंस्त्वन्नाभिपद्मे वसतो मम य(1.2)था संतापलेशो नास्ति तथा त्वया कृतसानाथ्यो भूमावपि पुष्करे तीर्थे सुखेनाहं वसामि ॥(1.3) 37.

त्वं पुण्डरीकाक्ष इति प्रतीतो
बिभर्षि नाभावपि पुण्डरीकम् .
यत्तत्र नित्यं कृतसंनिधान-
स्त्रिपुष्करं(1.4) पुण्यमतस्तदाहुः ॥

---

1 Ms. °दृक्तस्ये° [इनजस्ये?]. 2 Ms. नमा°. 3 Ms. °तीती.

यस्त्वं पुण्डरीकाक्ष इति पुष्कराक्ष इति प्रसिद्धः तथा त्वं नाभौ पुण्डरीकं पुष्क(1.5)रं यस्त्वं धारयासि सः एवंविधस्त्वं तत्र प्रसिद्धे यत्कृतसंनिधानो भवसि नूनं ततो हेतोर्जनास्तत्पुष्करं त्रिपु(1.6)ष्करं कथयन्ति ॥ 38.

देवस्त्रिनेत्रोऽप्यजगन्धनामा
त्रिपुष्करे सन्निदधाति तस्मिन् ।
जगत्त्रयीपावन(1.7)ताप्रवृत्तं
त्रिस्रोतसो दर्पमिवापनेतुम् ॥

तत्र त्रिपुष्करेऽजगन्धनामा देवस्संनिधानं करोति अत्र (1.8) संभाव्यते अहं त्रिभुवनं पवित्रीकरोमीति जातं गङ्गाया दर्पं निवारयितुमिव ॥ 39.

सा यज्ञभूमिर्म(1.9)म पूर्वमस्यां
कुण्डत्रयं वह्निमयं यदासीत् ।
तदेव कालस्य विपर्ययेण
पयोमयीं मूर्तिम(1.10)भिप्रपन्नम् ॥

यत्त्रिपुष्करतीर्थं सा मम यज्ञभूमिः पूर्वमभूत् अस्यां यज्ञभूमौ त्रयाणाम(1.11)ग्नीनामाश्रयो यत्कुण्डत्रयं यदासीत्तदेव संप्रति कालवशाज्जलमयं संपन्नम्. वह्निमयमि(1.12)ति तत्प्रचुरे मयट् ॥ 40.

लोके त्वदीये यदि वा मदीये
माहेश्वरे वा न तथा रमन्ते ।
यथा त्रयाणाम(1.13)पि सन्निधाना-
दस्माकमस्मिन्नपवर्गकामाः ॥

तव मम महेश्वरस्य च संबन्धिनि भुवने मुक्ति(1.14)कामा न तथा

1 Ms. 'स्त्वं' lc. on margin. 2 Ms. स lc. under 1.5. 3 Ms. 'नाम्म'. 4 Ms. 'मयीम्'. 5 Panini, 5.4.21. (तत्प्रकृतवचने मयट्), cf. Kashika, [illegible]

तुष्यन्ति यथास्माकं त्रयाणां संनिधानात्त्रिपुष्करे तुष्यन्ति मुक्तिकामाः . अभ्र-
भ्रुव(I.15)नादप्यधिकं तूर्णमेवात्र मोक्षसिद्धिः ॥ 41.

कैलासशैलादपि निर्मलानि
क्षीरोदधेरप्यमृतं स्रवन्ति . (I.16)
[नाभ्या]लयाब्जादपि पुण्यगन्ध-
पद्मानि [हि] त्रीण्यपि पुष्कराणि ॥

देवत्रय्यास्त्रिपुष्करसन्निधाने हे(I.17)तुमाह कैलासक्षीरसमुद्रनाभिपद्मा-
दधिकगुणानि त्रीणि पुष्कराणि हि भवन्ति ॥ 42.

ब्रह्मर्षिगे(I.18)हेषु सुखं स्थिताया-
स्सरस्वतीनेत्रतया त्रिवेद्याः .
शीता प्रमोदास्रसरस्त्रयी सा
स्वामिन्निहानेहसि(I.19) [तप्त]मास्ते ॥

[ब्रह्मर्षी]णामाश्रमेषु सुखं वसन्त्या वेदत्रय्या सरस्वतीनेत्रभावेन तस्या
हर्षबाष्पस(I.20)रस्त्रयी शीतलस्वभावा हे स्वामिन्संप्रति तप्तं संतापतयास्ते
स्थिता ॥ 43.

कलेर्बलात्पाशुपतास्त्रनी(I.21)त्या
याते वृषे साम्प्रतमेकपद्यम् .
त्रिलोचनो वाहनदुस्थितत्वा-
त्त्रैलोक्ययात्राविमुखत्वमेति ॥

पा(I.22)शुपतास्त्रवदद्य धर्मे कलिबलादेकपदे संपन्ने वृषवाहनो भग-
वान्वृषस्य येदुस्थितत्वात्पादत्रय(I.23)नाशात्त्रिभुवनयात्रापराङ्मुखत्वमेति .
प्रतीयमानोत्प्रेक्षेयम् ॥ 44.

1 Ms. ˚य˚ lc. under I.22. 2 Ms. प्र˚ to ˚यम् lc. under I.24.

त्वयापि कामं कलिकालरात्रौ
निद्राविधेयत्वमुपाग(1,24**4)तेन .
केशान्घनान्गर्जितभीरुणेव
हित्वा स्थितं शान्ततया जिनत्वे ॥

त्वयापि सम्प्रति बुद्धावतारे गृहीते(1.1) सति घनाभिविष्ठान्केशाञ्छिरोरुहान्कस्य जलस्येशान्स्वामिनो हित्वा विलुञ्च्य शान्ततया स्थितम्. भावे(1.2) क्तः. घनकेशवर्जने हेतूत्प्रेक्षामाह. गर्जिताद्भीतेनेव यतः कलिकाल एव तमोमयत्वाद्रात्रिस्तस्यां(1.3) निद्रायत्तेन. निद्रायत्तानां हि महाञ्शब्द उद्वेगकरः ॥ 45.

कलावमुष्मिन्विरतोद्यमेषु
क्रतुक्रियायां(1.5) द्विजमण्डलेषु .
भोगे हविर्भागमये समाप्ते
जातो भृशं मन्दबलस्सुरेन्द्रः ॥

कलौ सति ब्राह्मणे(1.5)षु यज्ञकर्मणि निवृत्तोद्योगेषु सत्सु हविर्भोगे अलब्धे सतीन्द्रोल्पबलस्संपन्नः ॥ 46.

इज्याभिघाताद(1.6)भिभूयते भूः
कलावनावृष्टिमहाभयेन .
इत्युद्यमं पावकनन्दनस्य
निषेधति क्षीणमदो मयूरः ॥ (1.7)

अग्नौ प्रास्ताहुतिस्सम्यगित्यादिस्मरणेन यज्ञाभावादनावृष्टिभयेन भूमिः परिभूयतेल्पफला क्रियते(1.8) तत इव निर्मदो मयूरः कुमारस्य लोकयात्रां निवर्तयति. मयूरा हि दिव्यजलजीवकाः ॥ 47.

---

1 Ms. has वि. ६ vertically on margin. 2 cf. Mahabharata, Shanti, 46.68,--यस्य केशेषु जीमूताः. 3 Ms. °न lo. under 1.8, Manu, 3.76.

उत्तेजितं रा(1.9)मतया कुलं य-
दुद्वेजितं तद्भवता जिनत्वे ।
इत्यन्वयं स्वं प्रति संदिहानो
मन्दप्रभस्सूरिरिवाद्य सूर्यः ॥(1.10)

श्रीरामरूपेण त्वया यत्कुलं शोभितं तदेव बुद्धरूपेण सता त्वया क्षो-
भितमिति स्ववंशे ससन्देह इ(1.11)व रविरद्य मन्दप्रभो जातः यथा सूरिः
पण्डितोन्वयं संबन्धं प्रति सन्देहवान्मन्दच्छायो भवति ॥(1.12) 48.

त्वया हरे तापसतामुपेत्य
सख्ये गृहीते हरिणैरिदानीम् ।
निवासभूमिर्मम पुष्करं त-
दास्कन्दि(1.13) मातङ्गमहाभयेन ॥

हरिर्विष्णुस्सिंहश्च . हे हरे त्वया ऋषितामाश्रित्य मृगैः सह निवासे
(1.14) गृहीते सति मत्स्थानं पुष्करं मातङ्गेभ्यो म्लेच्छेभ्यो महाभयेनास्क-
न्दि आक्रान्तम् . सिंहे च शान्तप्राये(1.15) सति मातङ्गेभ्यो हस्तिभ्यो
भयेन स्थानमास्कन्द्यते ॥ 49.

चक्रे जगत्सर्गमहाध्वरान्ते
मयापि यत्रावभृथा(1.19)भिषेकः ।
तत्राधुना देवगृहाग्रहार-
हिंसाक्रमं म्लेच्छचमूश्चिनस्ति ॥

जगत्सर्ग एव महाध्वरस्त(1.17)त्समाप्तौ यत्र स्थाने मयाप्यवभृथस्नानं
कृतं शुद्ध्यर्थमिति शेषः . तत्राधुना म्लेच्छाः आसादादि(1.18)ध्वंसेन खेदं
निवारयन्ति . तथाविधे पुण्यायतने म्लेच्छाः पापमाचरन्तीत्यर्थः ॥ 50.

---

1 Ms. हरी°. 2 Ms. °मूच्छि°. 3 Ms. lo. mark after °थैः- Copyist writes on margin—अत्र किमपि दुर्वाच्यं टिप्पनं अस्ति लिखितं । हस्ताक्षरमपि भिन्नं वर्तते तस्मात्तन्न गृहीतम् ॥

तव प्रविष्टे प्र(1.19)मदाश्रुधारे
प्राक्तत्र रेवायमुनास्वसारौ .
वेविश्यतेवश्यमुपान्तभाजा-
मुच्छिष्टमप्यद्य जन(1.20)ङ्गमानाम् ॥

तवानन्दबाष्पधारे पूर्वं तत्र प्रविष्टे . पुष्करस्य पुण्यायतनादानन्दोत्पत्ते-रिति भा(1 21)व: . भगवतश्चन्द्रार्कनेत्रत्वाद्धर्षबाष्पधारे रेवायमुनयोर्म्लोदर्यौ . रेवायमुने हि चन्द्रार्काभ्यामु(1.22)त्पन्ने . अद्य तु जनङ्गमानां म्लेच्छानां तत्समीपवर्तिनामुच्छिष्टमपि पुन: पुन: प्रविशति ॥(1.23) 51.

या स्नास्यदेकादशरुद्रमुण्ड-
प्रणामकाले नयनाग्निनाभूत् .
मातङ्गवन्दीकृतविप्रबाष्पैः
को(1.24)ष्णाद्य सा पुष्करकूललेखा ॥

स्नास्यन्तो य एकादश रुद्रास्तत्कर्तृके मुण्डप्रणामे या तन्नेत्राग्निना को(1.25*)ष्णाभूत्साद्य म्लेच्छावष्टब्धब्राह्मणाश्रुभि: पुष्करतटभूमि: कोष्णा भवति ॥ 52.

तां यत्र तत्तत्त्रिदिवेशवेश्या(1.1)
स्नातीं शचीं स्वर्गणिकागणः प्राक् .
स्नानान्निषिद्धो निभृतं जहासं
मज्जन्ति तत्राधमपुष्पवत्यः ॥

य(1.2)त्र पुष्करे स्नातुं प्रवृत्तस्स्वर्गवेश्यासमूहः पूर्वं शच्यैव निषिद्धः . तासां वेश्यात्वेनाधमत्वादिति भाव: . (1.3) तत्र स्नातुं प्रवृत्तां शचीं हसितवान् अत्र हेतुः तेषां तेषां त्रिदिवेशानामिन्द्राणां वेश्यामुपभोग्यां (1.4) तत्राधमानां म्लेच्छानां पुष्पवत्य ऋतुस्नातास्त्रियस्स्नान्ति . शचीगात्रस्पर्शनमात्रमपि यत्रानुचितं त(1 5)त्र रजस्वलास्तुरुष्क्यस्स्नान्ति ॥ 53.

---

1 Ms. °वैत°. 2 Ms. मुण्ड° is under 1.25. 3 Ms. जगाह.

मरुप्रयाणक्रमखिन्नभिन्न-
स्ववाहकण्ठास्रगनस्ततृष्णाः ।
पिब(l.6)न्ति तान्यत्र पयांसि पापा-
स्सुधान्धसामाचमनोचितानि ॥

मरौ धावनजातेन कष्टेन खिन्ना अत एव भि(l.7)न्नेभ्यः क्षतरक्तवाहिना-
डीर्वधेभ्यस्स्ववाजिकण्ठेभ्योसृजा रक्तेनानस्ता अनपेता तृष्णा येषां ते पापाः
(l.8) सुधान्धसाममृताशिनामपि शोधनयोग्यानि पेयानि वा तानि जला-
न्यत्र पिबन्ति ॥ 54.

सप्तर्षं(l.9)यः कामदुघापयोभिः
प्रारेभिरे प्राक्परमान्नपाकम् ।
हत्वाधुना जीवत एव मत्स्या-
न्पचन्ति पुण्ये पुलि(l.10)ने पुलिन्दाः ॥

कामधेनुक्षीरैर्हेतुभिस्सप्तर्षयः पायसपाकं यत्र प्रारब्धवन्तस्तत्राद्य तत्तटे
पवित्रे(l.11)पि मीनानुद्धृत्य किराताः जीवत एव पचन्ति ॥ 55.

सुतः पुरस्ताद्ध्रुवतानिमित्त-
मुत्तानपादस्य तपस्यति(l.12) स्म ।
अवीचयः पुष्करतोऽद्य पापैः
पापैकनिष्ठैस्सुगमीक्रियन्ते ॥

यत्रैवौत्तानपादपुत्रो ध्रुवतां प्राप्तुं(l.13) तपः कृतवांस्तत्रैव पापैकनिष्ठैः
पापैर्म्लेच्छैरद्य पुष्करेऽवीचयो नरकविशेषास्सुलभाः क्रियन्ते ॥ (l.14) 56.

इत आरभ्य दिशन्तीत्यन्तं पुष्करस्तुतिकुलकम् ॥

---

1 Ms. तान°. 2 Ms. मेरौ. 3 Ms. कष्टे°. 4 Ms. श्यधे°. 5 Ms. जीवत
एव crossed with vertical strokes before °मी, and ie. under l. 11 after °ताः.
6 Ms. °निष्टै°. 7 Ms. °निष्टैः.

व्यधादहल्यागमनाघशुद्धिं
यतो निविश्याम्बुज(l.15)नालवाले ।
इन्द्रोस्य तीर्थस्य ततः प्रभावा-
न्नेत्राण्यवापाम्बुजसोदराणि ॥

अस्मिंस्तीर्थे पद्मनालतन्तौ(l.16) निविश्येन्द्रोहल्याभोगपापनिवृत्तये तपो यद्व्यधात्तत इन्द्रोस्य तीर्थस्य प्रभावात्पद्मसमानि नेत्राणि लेभे(l.17). गौतमशापश्शक्रश्शरीरे रन्ध्रदशशतीं प्रापत् अस्य तीर्थस्य प्रभावादत्र तपः कुर्वतश्शक्रस्य नेत्रसह(l.18)स्रं संपन्नमिति श्रुतिः ॥ संभावितादघशोधना-दधिकस्य रन्ध्राणां नेत्रीभावस्य सं(l.)पत्तिरिति विशेषः ॥ 57.

सप्तर्षिदारान्प्रति दुर्विकल्पे
तीर्थं कृशानोरघमर्षणं तत् ।
यमेन यम्यां च(l.19) पयस्तदीय-
माचम्य पापं विनियम्यते स्म ॥

अग्नेस्सप्तर्षिदारान्प्रत्यभिलापो भूत्ततस्स्वभार्यां सप्त(l.20)र्षिदाररूपं कारयित्वारंस्तेति दुर्विकल्पे सति अग्नेस्तत्तीर्थमघमर्षणम् तत एव पापशुद्धि-र्जातेत्यर्थः(l.21) यमस्य भगिन्यामभिलाषोभूदिति यम्यां पापं यमेन तज्ज-लमाचम्य निवारितम् ॥ 58.

स्नात्वा जले(l.22) तत्र दिगीश्वरत्वे
योग्येन रक्षःपतिनापि जातम् ।
क्षारेण किं वारिधिनेति वेद
तदेव सर्वस्वमिति प्रचे(l.23)ताः ॥

तत्रैव स्नात्वा महाराक्षसेनापि नैर्ऋतेन दिक्पालत्वे योग्येन जातम् ।

---

1 Ms. °नाघ°. 2 Ms. निवे°. 3 Ms. पाप° lc. under l.16. 4 Ms. तीथस्य. 5 Ms. संभा° to °शेषः lc. on margin.

भावे क्तः . चारणाध्धना किं फ(l.24)लमित्यतो वरुणोऽपि तदेव तीर्थं सर्वस्वं जानाति समुद्रादपीदमतिपवित्रमित्यर्थः ॥ 59.

तत्पावनं पा(l.25**5)वकतोपि मत्वा
नभस्वता किङ्करता गृहीता .
मरुस्थलीभ्यो मृगतृष्णिकान्धो
न तन्मृगस्तत्पुलिनं जहाति ॥ (l.1)

वायुरग्नेस्सखेति प्रसिद्धिः . अग्नेरपि सकाशात्पवित्रं तत्तीर्थं मत्वा तस्य तीर्थस्य वायुना किङ्करता गृ(l.2)हीता . वायुर्दासवत्तत्र वसतीत्यर्थः . मरुस्थलीभ्यो मृगतृष्णिकयान्धस्तन्मृगः पुष्करतटं न जहातीत्यु(l.3)त्प्रेक्षा ॥ अन्धश्चैकत्रैवावतिष्ठते . 60.

तटात्तटं मन्द्रमटाव्यमानं
मत्वा ककुद्मन्तमुमापतेस्तत् .
स्वार्थं च पुण्यं च विदन्नुपास्ते
ध(l.4)नाधिपो लिप्सितजातरूपः ॥

हरस्य वृषभं तटान्तरेषु शनैर्कुटिलतया भ्रमन्तं मत्वा स्वार्थं च(l.5) पुण्यं च तदुपासनेन मन्यमानो वैश्रवणस्तत्तीर्थं सेवते यतो लिप्सितानि लब्धुमिष्टानि जातरूपाणि जातमधिजातं(?)(l.6) येन सः . हरवृषस्य संचारेण जातरूपाणि जायन्ते इति प्रसिद्धिः ॥ 61.

रुद्रेषु मूर्धस्थसुरा(l.7)पगेषु
त्रिपुष्करे सन्निहितेषु जाने .
चतुर्दशभ्यो भुवनेभ्य एव
पवित्रता संघटिता तदानीम् ॥(l.8)

---

1 Ms. पृ. वि. ७ vertically on margin. 2 Ms. समस्य°. 3 Ms. अ° to °ते lc. on margin. 4 Ms. °राधि°. 5 Ms. °शनैः कु°. 6 Ms. °येतो°. 7 Ms. पि crossed with vertical strokes before थे°. 8 Ms. °रविष°.

शिरः:स्थितगाङ्गेष्वेकादशासु रुद्रेषु त्रिपुष्करतटकृतसंनिधानेषु सत्स्वहं जाने भूमौ चतुर्दशभ्यो मु(1.9)वनेभ्यः पवित्रता तत्र राशीभूता अन्यथा तत्रैव रुद्राः किं वसेयुः . एकादश रुद्राः पुष्कराणि त्रीणि च(1.10) चतुर्दश भवन्तीत्यर्थच्छाया ॥ 62.

तथा शिरोजानपदैर्न शम्भोः
कामण्डलव्यैर्न तथा ममापि .
अ(1.11)वेषि पाद्यैर्न निजैस्तथोर्वीं
यथा पवित्रामपि पुष्करैस्तैः ॥

शम्भोश्शिरसि जानपदैस्स्थिरस्थितैः पुष्करैः(1.12) जलैर्गाङ्गैरित्यर्थः मम कामण्डलव्यैः कमण्डलुस्थितैर्गाङ्गैरित्यर्थः त्वमपि भूमिं पवित्रां तथा निजैः पाद्यैः पुष्करैर्गाङ्गैः(1.13) न जानासि यथा तैस्त्रिपुष्करस्थैर्जानासि . गङ्गातोपि पुष्करं पवित्रमित्यर्थः .

पुष्करं करिहस्ताग्रे(1.14) वाद्यभाण्डमुखे जले .
व्योम्नि खड्गफले पद्मे तीर्थौषधिविशेषयो-

रित्यमरः ॥ 63.

तापत्रयं दर्श(1.15)नतो दहन्ति
मलत्रयं स्पर्शनतो नुदन्ति .
सन्ध्यात्रयं वन्दनतो जयन्ति
स्रोतस्त्रयं विस्मरयन्ति गाङ्गम् ॥ (1.16)

आध्यात्मिकाधिदैविकाधिभौतिकरूपं तापत्रयं दर्शनेन त्रीणि पुष्कराणि दहन्ति तथाणवमा(1.17)यीयकार्यरूपं मलत्रयं स्पर्शनेन निवारयन्ति तथा [वन्द]नेन सन्ध्यात्रयवन्दनादधिकं फलं(1.18) दिशन्ति तथात एव गङ्गाप्रवाहत्रितयं जयन्ति ॥ 64.

---

1 Ms. शिरस्थि°. 2 Ms. तट lc. under 1.8. 3 Ms. °जैस्तथो°, निजैः lc. on margin. 4 Ms. °मसि. 5 Is it °दैः शिरःस्थितैः ? 6 Amara, 3.1359-60. 7 Ms .अध्या°. 8 Ms. गङ्गां.

गर्भैकुलक्रम ॥

उपासते मां त्रिदिव(1.19)स्पृशोपि
यदर्थमेव त्रिदशास्त्रिसन्ध्यम् .
त्रिविक्रम त्रीणि पदानि विष्णो-
स्तव प्रवृत्तानि यतस्त्रिलो(1.20)क्याम् ॥

यदर्थं मोक्षप्राप्त्यर्थं स्वर्गस्थिता देवा अपि मां नित्यं सेवन्ते तथा हे त्रिविक्रम विष्णोर्विश्वव्यापकतां(1.21) कुर्वतस्तव त्रीणि पदानि यतः प्रभावास्त्रिलोकव्यापीनि संपन्नानि ॥ 65.

त्र्यक्षस्त्रिशूलस्य शिखा(1.22)त्रयेपि
त्रिविष्टपं येन तृणाय मत्वा .
त्रिशङ्कुदिङ्नाथमुपांबभूव
पुराणि च त्रीणि तृणीचकार ॥ (1.23)

त्रिशूलस्य धारात्रये सत्यपि येनैव महिम्ना स्वर्गं तृणायेव मत्वा अयमर्थः शक्त्युत्कर्षात्पुनरपि(1.24) स्वर्गं प्रसादयामीतीश्वरो मतवान्धर्माधर्मविवेचकत्वेन स्वर्गस्य रक्षितारं त्रिशङ्कुदिशो दक्षिणा(1.25*)शाया नाथं स्वामिनं धर्मराजमुपांबभूव स्वर्गं ....ततस्स्वर्गस्यापि दाहः प्रसज्यते तस्यापि दाहोस्तु किं तेनेति त्रिपुराणि चाधाक्षीत् . उपांबभूवेति गुणाभावश्चिन्त्यः ॥ (1.1) 66.

किं भूयसा त्रीनुदयानवाप्य
शक्तीश्च सिद्धीश्च समेत्य तिस्रः .
संगृह्य मित्रत्रितयं निगृह्णा-
मिलत्रयं(1.2) चोज्वलितप्रयत्नाः ॥ 67.

---

1. Ms. °द्दिश°. 2 Ms. स्वर्गस्थिता lc. on the margin. 3 Ms. स्व° to °ति lc. on top margin. 4. Pāṇini, 7.3.86.(also see 3.1.38) 5 Ms. त्रित्र°. 6 Ms. °गृह्य°.

त्रिकूटशैलावधिसिद्धयात्राः
क्ष्मापास्त्रयं राजचतुष्टयानाम् .
त्रिधा त्रिख(l.3)ण्डामपि मेदिनीं च
जित्वा यदासादयितुं न योग्याः ॥ 68.

दिशन्ति तत्त्रीण्यपि पुष्कराणि
संदर्श(l.4)नस्पर्शनसंनिधानैः .
युगत्रयीपर्यवसानकाले
दुःखैस्त्रिभिस्संप्रति दूषितानि ॥

भूयसा(l.5) किं भवति बहुनोक्तेन किमित्यर्थः . आत्मोदयार्दीन्त्रीनुदया-
न्प्रभुशक्त्यादीस्तिस्रश्शक्तीर्भूमिसि(l.6)द्ध्यादीस्तिस्रस्सिद्धीर्मित्रत्रितयं मि-
त्रमित्रमित्राधिमित्राणि प्राप्य तथा रिपुं[1] रिपुमित्रं रिपु(l.7)मित्रमित्रं
च जित्वा लब्धधर्मार्थकामास्त्रिकूटाद्रिपर्यन्तं जयन्तो राजानो राजचतुष्ट-
यानां त्रयं(l.8) द्वादशविधं राजचक्रं जित्वा तथा त्रिधा त्रिखण्डां भुवं च
जित्वा यत्प्राप्तुं न योग्यास्तद्दर्शनादिभिर्द(l.9)दानानि त्रिपुष्कराणि कलि-
कालेच त्रिभिर्दुःखैराध्यात्मिकादिभिर्दूषितानि ॥ 69.

प्राप्तं न(l.10) दिङ्नागकरस्थितेन
वाग्देवताश्रीकरवर्तिना वा .
सम्बन्धिना वार्णवसप्तकस्य
यत्सप्तसप्तेरपि(l.11) वर्त्मना वा ॥ 70.

यद्वादनीयेन महानटस्य
नाट्यक्षणे नन्दिमुखैर्गणैर्वा .
यदिष्ठिता वा तव नन्दके(l.12)स्मि-
न्मेघेऽसुरस्त्रीस्मितचन्द्रिकायाः ॥ 71.

---

1 Ms. 'पुः. 2 Ms. 'मिर्ग्र'.

तीर्थेन तत्कस्य न पुष्कराक्ष
श्रिया युगेषु त्रिषु पुष्करेण .(1.13)
बभूव चिन्तामणिकामधेनु-
कल्पद्रुमप्राग्रहरेण साम्यम् ॥

तिलकम् ॥

हे पुष्कराक्ष(1.14) दिग्नागानां करस्थेन पुष्करेण कराग्रेण वाग्देवतायाः श्रियश्च[1] करवर्त्तिना वा पुष्करेण पद्मेन सप्तसमु(1.15)द्राणां पुष्करेण जलेन सप्तसप्ते रवेर्वर्त्मना पुष्करेणाकाशेन महानटेश्वरस्य नाट्य(1.16)काले नन्दि-मुखैर्वादनीयेन पुष्करेण मुरजेन तथा दैत्यक्रीडासज्योत्स्नाया मेघे निवारके (1.17) इत्यर्थः तवास्मिन्नन्दकाख्ये खड्गे तिष्ठता पुष्करेणाग्रेण च यत्र प्राप्तं सतित्रिषु युगेषु चिन्तार(1.18)त्नादिभ्यश्श्रेष्ठेन त्रिपुष्करेण साम्यं कस्य न बभूव ॥ 72.

स्वयं पयोधिं विरसं विदित्वा
त्वं पुण्ड(1.19)रीकाक्ष यदप्यंतिष्ठः[2] .
शयालुतायास्तदयं न कालो
दयालुता सा समयानुयाता ॥(1.20)

हे पुण्डरीकाक्ष समुद्रं क्षारं मत्वेव त्वं स्वयमप्रार्थित एव तत्पुष्करमा-श्रयः[3] ततस्तव नायमव(1.21)लेप[कालस्तव क]रुणोचिता ॥ 73.

उत्तिष्ठमाने त्वयि माननीय
शङ्कास्पदं कस्य कलिर्वराकः .(1.22)
न हि त्रिलोकीभयभञ्जनार्थे
तवोद्यमे द्वापरमप्यवैमि ॥

हे माननीय त्वय्युत्तिष्ठमाने गृहीतो(1.23)द्यमे सति वराकः कलियुगं कलहश्च कस्य शङ्कास्थानं . न कश्चित्कलेश्शङ्कत इत्यर्थः . अत्र हेतुः(1.24)[4]

---

1 Ms. श्रियश्च lo. under 1.14. 2 or °दप्यतिष्ठः ? 3 Ms. °श्रयेः . 4 Add कश्चिः.

त्रिजगद्भीतिहरणार्थे तवोद्योगे द्वापरं युगं संदेहं च न मन्ये. प्रतिमल्ला-भावादिति भावः. य(1.25**6[1])त्र द्वापराभावस्तत्र कथं कलिरित्युक्तिभङ्गिः. सन्देहद्वापरौ चार्थेत्यमरः ॥ 74.

व्याहृत्य वाक्यमिति पुष्कर(1.1)कारणेन
तूष्णीमभूयत च पुष्करकारणेन.
आसर्गसम्मतपिशाचजनार्दनस्य
भास्वत्यपत्यत दृ(1.2)शा च जनार्दनस्य ॥

पुष्करकारणेन पद्मजन्मना त्रिपुष्करहेतोर्वचनमुक्त्वा तूष्णीं भूतं च जनार्दनस्य(1.3) दृशा सूर्ये पतितं च. द्वौ चशब्दावेककालतां सूचयतः. यतस्सर्गादारभ्य संमतं पिशाचजनाना(1.4)मर्दनं मारणं यस्य ॥ 75.

तत्कालं रविमण्डलात्पुनरिव त्वष्टुर्गताद्गोचरं
दैत्यारेर्विषयीकृताद्रविम(1.5)येनैवेक्षणेनोदगात्.
गाढाकृष्टनभोवरोहसमयन्यञ्चन्मुखाश्वावली-
वल्गाहित्रुटितापतत्फ(1.6)णमणिज्योतिस्सपत्नं महः ॥

विष्णो रविमयेन नेत्रेण स्थानीकृतान्नारायणेन दक्षिणदृशा वी(1.7)-क्षितादित्यर्थः सूर्यमण्डलात्तदा तेज उदगा[न्निर्ग]तम् अतस्संभाव्यते विश्व-कर्मणो गोचरमिव(1.8) गतात्. विश्वकर्मणा हि पूर्वं तक्षितात्सूर्यात्तेजः पति-तम्. गाढमाकृष्टाश्वे तेन नभसोवरोहस(1.9)मये न्यञ्चन्मुखा यातोश्वश्रेणि-स्तस्या वल्गाभूता येऽहयस्तेभ्यस्त्रुटिता अत एवापतन्तो ये फणमणयः(1.10) तेषां तेजस्सपत्नं समम् ॥ 76.

आकालाग्नेश्शिवान्तं प्रथममजनि यत्तद्विपर्यासवृत्त्या
संभ(1.11)त्याग्नेयलिङ्गं किमिदमवतरत्यन्यथेयत्क तेजः.

1 Ms. पृ. रा. वि. ८ vertically on margin. 2 Amara, 1.142.
3 Ms. °ष्टाच्च. 4 Is it °या धृताश्व° ? 5 Ms. पचक्ष°. 6 Ms. °क्षिक्कि°.

इत्यन्तः कान्तिजातं कमलजकमलाकान्तमेला(1.12)पवेला-
सास्निध्येन स्थितानां किमपि दिविपदां विस्मयं तद्वितेने ॥

तत्कान्तिजातं स तेजःपुञ्जो नभ(1.13)श्चराणामाश्चर्यमुदपादयत् . कदाचिदेतैः कश्चित्तेजःपुञ्जो न दृष्ट इत्याह . कमलजो ब्रह्मा क(1.14)मलाकान्तो विष्णुस्तयोस्संघटनदर्शिनाम् यद्वा तयोस्संघटनं पश्यतामिति वस्तुधर्मः . इति(1.15)हेतौ . कालाग्नेरारभ्य शिवपर्यन्तं पूर्वं यदजनि विपर्यासवृत्याकाशादधः प्रवृत्या तदाग्नेय(1.16)लिङ्गमिदं किमवतरति कि[मवतीर्ण]म् अन्यथा यदीदमाग्नेयलिङ्गं न भवति तदा इयत्ते(1.17)जः क भवतीति भद्रम् ॥ 77.

श्रीलोलराजसुतपण्डितभट्टनोन-
राजात्मजो विवरणं व्यधित्ता(1.18)द्यसर्गे .
आज्ञामवाप्य विदुषां किल जोनराजः
पृथ्वीमहेन्द्रविजयाभिधकाव्यराजे ॥(1.19)

पृथ्वीराजविजये प्रथमस्सर्गः ॥

[द्वितीयः सर्गः]

अथांशुभिस्सूर्यमयस्य चक्षुष-
स्स सूर्यकान्ता(1.20)दिव सूर्यमण्डलात् ।
जवादवारोहदखण्डचण्डिमा
वसुन्धरासंमुखमर्चिषां चयः ॥(1.21)

अथानन्तरं सूर्यसाहितस्य(?) नेत्रस्य रश्मिभिः करणभूतैस्सूर्यबिम्बाक्रम-
येन ज्वा(1.22)लापुञ्जोतितीक्ष्णो भुवमवतीर्णवान यथार्कांशुभिस्सूर्यकान्ता-
दवरोहति निष्क्रामति ॥(1.23) 1.

किमाहुतीः कश्चन शातमन्यवी-
र्निवेश्य बिम्बे द्युमणेर्हुताशनः ।
समिद्धमूर्त्तिस्सुहृदान्तरिक्षतो(1.24)
निवृत्य भूयोप्यधितिष्ठति क्षितिम् ॥ 2.

किमेष रत्नाकर एव मूर्त्तिमा-
ननेन किं वा प्रहितस्स वाडवः ।(1.25)
सुरापगातिप्रणयप्रकोपव-
त्पतङ्गकन्यानुनयार्थमागतः ॥ 3.

सुषुम्णनाम्नः किरणस्य चन्द्रमाः
प्रयाति(1.1) यस्य प्रतिदर्शमर्थिताम् ।
तमेव सर्वं रविणा किमर्पितं
प्रदर्शयिष्यत्ययमोषधीः प्रति ॥ 4.

---

1 Ms. सूर्ये दृष्टे इत्यर्थः crossed after °रं. 2 Is it कश्चन ?. 3 Ms. °मर्थता°
4 Ms. °यमेष°.

किमुत(1.2)रस्यां दिशि वृद्धतेजसा
कृतोपचारो वसुभिर्विवस्वता .
उपेत्य रम्भाप्रणयात्त्रिविष्टपं
व्र(1.3)जत्यसावुत्तरदिक्पतेस्सुतः ॥ 5.

किमेष सत्यप्यमृतांशुसौहृदे
तिरस्कृतश्चन्द्रकिरीटतेजसा .(1.4)
विरागतस्सन्त्रितमित्रसंग्रहो
जगज्जिगीषुर्मदनोवरोहति ॥ 6.

किमोषधीशस्य सहोदरो भिष-
क्कृ(1.5)तोपदेशश्चिरकालमश्विनोः .
अनामयीकर्तुमदः क्षमातलं
त्विषां निधेर्मण्डलमेष मुञ्च(1.6)ति ॥ 7.

किमेष राशिस्थितिमेत्य भास्वता
वितीर्णदोषोपशमार्थवैभवः .
उपप्लवं म्लेच्छकृतं म(1.7)हीसुत-
स्स्वमातुरङ्कं विनिहन्तुमागतः ॥ 8.

अनूरुणा जातिरिति प्रवेशितो
निराकरिष्यंस्तिमि(1.8)रं रसातलात् .
गृहीतशिक्षः किमयं दिवाकरा-
त्क्षरामनन्तः पुनरेति रक्षितुम् ॥ 9.

सहस्रपा(1.9)देन निकामसेवया
कृतप्रसादो द्वितयेन पादयोः .
किमेष पापाकुलितं नु पुष्करं
पवित्रयि(1.10)ष्यन्नरुणोवरोहति ॥ 10.

1 Ms. किमौष". 2 Ms. "याक्ता".

चिराय नारायणपादसेवया
किमुज्झितः पाशवपाशवैकृतैः .
भवान्तरे(l.11) शिक्षितराक्षसक्षयो-
न्यरूपतामेत्ययमर्कभूर्हरिः ॥ 11.

जनेन कानीनतया कदर्थितः
प्रविश्य युद्ध(l.12)क्रिययार्कमण्डलम् .
अयोनिजन्मत्वसमेधितश्रुतिः
किमेष कर्णः पुनरेति भूतलम् ॥ 12.

जग(l.13)त्प्रदीपादपरः प्रदीपितो
जगत्प्रदीपो नु किमीश्वरेच्छया .
किमेष वा द्वादशसूर्यतेजसा
कृ(l.14)तो भुवि द्वादशराजजित्वरः ॥ 13.

इति प्रतापायतनेन तेजसा
नभश्चराणां निचयेन चर्चितः .
जग(l.15)त्त्रयीपुण्यसमृद्धिसंगमः
पतङ्गमध्यात्पुरुषो विनिर्ययौ ॥ 14.

कि ॥ शातमन्यवीरिन्द्रार्थी प्रकल्पि(l.16)ताः कश्चनाहुतीस्सूर्यबिम्बे प्राप्याग्नौ प्रास्ताहुतिस्सम्य[गादित्य]मुपतिष्ठते इति वाक्यार्थात्(l.17) सुहृदा वायुना समिद्धमूर्त्तिर्दीपितज्वालोयमग्निः किमाकाशाभिधृत्य भूयोपि भूमिमवरोह(l.18)ति ॥

कि ॥ अयं मूर्तो रत्नाकर एव किं भवति तथानेन नदीपतिना गङ्गानुरागक्रुध्यद्यमुनानुन(l.19)यार्थं विसृष्टः सम्प्रागतो वाडवः किं भवति ॥ पैतङ्गकन्येति साभिप्रायम् .

---

1 Is it कञ्चना' ? 2 Manu, 3.76. 3 Ms. प' to 'यम् lc. under l.24.

सु ॥ यस्य सुषुम्णानाम्नः किरणस्य प्रत्यमावास्यं(1.20) चन्द्रो याचकत्वमेति तमेव सुषुम्णामशेषमोषधीः प्रत्यर्केण किं दत्तमयमोषधीपतिर्दर्शयि(1.21)ष्यति. संभावनायां लृट् ॥

कि ॥ उत्तरदिक्पतेस्सुतो नडकूवरो रम्भानुरागाद्दिवमागत्य किं व्या-(1.22)वर्तते. दीप्तत्वे हेतुमाह. वसुभिस्तेजोभिर्धनैश्च सूर्येण कृतमानः. तस्य मानने हेतुमाह उत्तरस्यां(1.23) दिशि प्रवर्द्धमानतेजसा ॥

कि ॥ जगज्जेतुं किं कामोवरोहति. कुतोस्येयती दीप्तिरित्याह कृतो (1.24**[2]7) मित्राणां मित्रस्यार्कस्य च संग्रहो येन. कुतो विरागतो वैराग्यात्. कुतोस्य वैराग्यं जा(1.1)तमित्याह चन्द्रेण कामस्य सुहृद्भावे मत्यपि शशिशेखरेण भस्मीकृतः. अय(1.2)मर्थः यदि मम चन्द्रो मित्रं स्यात्तन्महाहोद्यतं हरमेष निवर्तयेदिति वैराग्या(1.3)न्मित्रस्य रवेस्संग्रहं कृत्वा कामो भूमिमवतीर्णः ॥

कि ॥ ओषधीशस्य चन्द्रस्य(1.4) सहोदरो भिषग्धन्वन्तरिरिदं भूतलमरोगं कर्तुं सूर्यस्य मण्डलं किं मुञ्चति(1.5). स्वर्गे धन्वन्तरिः किं स्थितवानित्याह चिरकालमश्विनोः कृतोपदेशः. ओषधीश(1.6)स्य सहोदरो भिषगिति साभिप्रायम् ॥

कि ॥ महीसुतो भौ[मो][5] म्लेच्छैः कृतमुपद्रवं निवारयितुं(1.7) स्वमातुर्भूमेरङ्कं किमागतः. स कथमुपद्रवं वारयतीत्याह एकस्मिन्मेषा(1.8)दौ राशौ स्थितिमेत्य सूर्येण वितीर्णो दोषोपशमार्थं वैभवो यस्य. रविर्हि दोषोप(1.9)शमं रात्रिनाशं करोति ॥

अ ॥ किमयमनन्तः शेषोर्कमण्डलात्पुनर्भुवमेति रक्षितुं(1.10) बोढुमित्यर्थः भूतलादन्धकारं निवारयितुं. तत्रोपायमाह सूर्यादधीता(1.11)न्धकारहरण-

1 Ms. °त्यामावास्या. 2 Ms. पृ रा नि. ८ on margin. 3 Copyist's remark at the top of fol. 8 इदं पत्रं लेखकान्तरेण लिखितं स्यात्. 4 Ms. °मे.° 5 Ms. मह्यां° to °गो° l. on margin.

शिक्षः. अर्केण कुतो हेतोस्सोध्यापित इत्याह अरुणेन मातृस्व(l.12)स्नेय-त्वात्प्रवेशितः अथ……र्थ………धारितां भूमिं भूयो र………
………(l.13)[1].

स ॥ सहस्र[पादेन सूर्येण निकामसें]वनोद्ध[तो: पादद्वितये](l.14)न कृतप्रसादो दत्तपादद्वयः. सूर्यस्य सहस्रपादत्वात्पादद्वयदानौकिमङ्कतिः. (l.15)एषोरुणः किं नु म्लेच्छचोभितं पुष्करं पवित्रीकर्तुमवरूढः ॥

चि ॥ श्रीरामपा(l.16)दसेवया त्यक्तपशुजन्मपाशविकारो जन्मान्तरे शि-क्षितराक्षसवधोयमपरं(l.17)

[Lines 18 to end of page missing](*)

ततो युद्धे मरणेनार्कमण्डलं प्रविश्य किमेष कर्णो भूतलमेति. कर्णः कथ-मियद्दी(l.1)[2] इत्याह अयोनिजत्वेन समेधिता द्युतिर्यस्य ॥

जग ॥ जगत्प्रदीपादर्कादी(l.2)श्वरेच्छया प्रदीपितो द्वितीयो जगत्प्रदीपः सूर्यः किमेष भवति. किं वा द्वादशानां(l.3) सूर्याणां तेजसा कृतः किमेष भवति. द्वादशविधराजजैत्र इति हेतुः ॥

इति ॥ (l.4) प्रतापमूलस्थानेन तेजसा हेतुनैवं देवराजेन चर्चितः कृत-कल्पनः त्रिभुवन(l.5)पुण्यराशिः पुरुषोर्कमण्डलान्निर्गतः ॥

इतः प्रभृति स योपि रेवन्तं इत्यन्तं पु(l.6)रुषरूपवर्णनपरं कुलकम् ॥

यथा द्युसिन्धोस्सलिलाद्यथाग्नितः
तथैव पुण्या(l.7)दपि भानुमण्डलात् .
महेश्वरस्यैषं तनोस्समुद्गतो
जगद्विषां संहृतये गुहः (l.8)पुनः ॥

---

1 Ms. भूस्त्वेत्यन्वयः crossed at the beginning of line. 2 Ms. °नद्दे°.
3 Ms. °शर्धिका.° 4 Ms. °मरप.° 5 Ms. रेवमं°.
6 Ms. °स्यैव, °ष written above °व.

आग्नेयो गाङ्गेयश्च कुमार इत्यागमः. अतः कविरूहति अष्टमूर्त्ति(l.9)-मूर्त्यन्तरात्सूर्यमण्डलाच्छत्रच्छायार्थमेप कुमार इव निर्गत इत्युत्प्रेक्षा. पुरुषो विषयो गु(l.10)हो विषयी. विषयित्वेन विषयस्य सम्भावनार्थं महातेज-स्त्वमनपा······स्समानो(l.11)··············· ॥ 15.

स्वभावसि[द्धाभरणादि] ⏑—
प्रभावलीलार्थगतावकाशया.
शनेर्ज(l.12)नन्या प्रतिमान्यतावशा-
न्निषिद्धयेव स्वयमेव नान्वितः ॥

देवानां छाया न भ(l.13)वतीति प्रसिद्धिः तदेव कविरुत्प्रेक्षापूर्वमुप-न्यस्यति. शनेर्जनन्या च्छा(l.14)यया नान्वितः. छायाया अभावे हेतुं संभावयति नैसर्गिकभूषणादी(l.15)-

[Lines 16 to end of page missing] (**8)

क्षेति[1] भावः ॥ 16.

पतङ्गवानायुजरोमकोमलै-
र्निकामकाशैरपि कुन्तलोत्करैः.
गुणाननुज्झद्भि(l.1)रिवान्वयाश्रया-
न्विनिर्ममाणो रजनीपराभवम् ॥

पतंगस्य रवेर्वानायुजा येश्वास्तद्रोमवत्कोम(l.2)लैरत्यर्थमेचकैः केशै रात्रेरप्यवमानं कुर्वन्. अत उत्प्रेक्ष्यते कारणानुगुणान्गुणानत्यजद्भि(l.3)रि-वेति. तेषां कारणं दिवार्कमण्डलोस्थितः पुरुषः ॥ 17.

किरीटरत्नातपमण्डलच्छला-
द(l.4)धत्सुधांशोरपि सुन्दरं मुखम्.

1 Is it °त्नात्र° ? 2 Ms. इव lc. under l. 10. 3 Ms. °तार्थशा.°
4 Ms. पृ. on margin. 5 Read छाया निषिद्धे°. 6 Ms. °रसिक्ष°.

अनश्वरीकर्तुमिवाहिमत्विपा
सुधांशुजीवातुमिवांशुमर्पितम् ॥(1.5)

सुधांशोर्जीवातुर्जीवनौषधं सुषुम्णाख्यो रश्मिस्तमिव मौलिस्थरत्नरश्मिव्याजाद्दधत . कु(1.6)तः प्राप्तमित्याह सूर्येणेन्दुसुन्दरं मुखमविनाशीकर्तुमिव दत्तम . चन्द्रः क्षीणस्सन्सुषुम्णाप्रवेशेन व(1.7)र्धते . अस्य च मुखं चन्द्रः तमेव सुषुम्णः प्रविशतु यथा न जातु क्षीयत इति भावः ॥ 18.

न मृष्य(1.8)ते कस्यचिदेष वक्रता-
मितीव मत्वा परमार्जवस्पृशा .
कदाचिदिन्दोः कलयेव भास्वता
वि(1.9)तीर्णया चन्दनलेखयान्वितः ॥

सूर्येण प्रसादीकृतया सरलया चन्द्रकलयेवं चन्दन(1.10)ललाटिकया युक्तः . चन्द्रकलायास्सरलत्वकल्पनायां हेतुमाह एष पुरुषः कस्यचि(1.11)-द्वक्रतां कुटिलत्वं न सहत इति ॥ 19.

तवासुरान्पादतले करोम्यहं
न शुक्रबुद्ध्या व्यवहार्यमन्यथा .(1.12)
इतीव मुक्तामणिकुण्डलात्मना
शुभग्रहाभ्यामवलम्बितश्रुतिः ॥

इन्दोः कदाचित्क्षीणत्वेन त(1.13)था बुधस्य च जातुचित्पापसाहचर्येण पापात्मकत्वाच्छुभग्रहौ जीवशुक्रावेव ताभ्यां मुक्ता(1.14)कुण्डलव्याजाद्धारीकृतकर्णः अत्रोत्प्रेक्ष्यते तवासुरानित्यादि तत्र जीव आह अहं तव पादतलगानसुरा(1.15)न्करोमि भवता शुक्रप्रेरणया ······[न्य]-था मद्वचनपरित्यागेन न व्यवहर्तव्यम् शुक्र(1.16)स्यासुरपक्षपातित्वादिति

---

1 Ms. 'वातमि°. 2 Ms. °िमगतु. 3 Ms. चन्दक.° 4 Read °स्या मुक्ता मुक्ताकु°. 5 Ms. 'धानी°. 6 Ms. त° to °दि lc. under 1.15.

भावः शुक्र आह तव पादतलेसुरान्करोमि त्वया शुक्रोसुरगुरु(1.17)रिति
मयि वैरिपक्षसंभावनयान्यथा मद्वचनत्यागेन न व्यवहर्तव्यम् ॥ 20.

महीतले कुत्र(1.18)चिदुज्झितासने
सरस्वती श्रीश्च भयाद्भविष्यतः.
इतीव पद्मौ दधदेतयोः कृते
दृशोश्छला(1.19)द ◡ ◡ – ◡ – ◡ – ॥

····················सरे भूमौ भविष्यतः असाद्धेतोरिव(1.20) 21.

[Lines 21 to end of page missing] (*)

सरोजलक्ष्म्या सितरक्तया रवे-
रयं कुले रत्नमितीव चुम्बितम् ॥

अरुणांशुभिरिव कृतं स्मितकान्तिच्छु(1.1)रितमधरं दधत्. अत्रोत्प्रे-
क्ष्यते अयं पुरुषस्सूर्यवंशे रत्नभूत इत्यतो हेतोरिव पद्मिन्या शुभ्रारुणया
लक्ष्म्या चुम्बितं. माता हि(1.2) पुत्रं चुम्बति ॥ 22.

विनिर्मितेनेव तमोभिराहृतै-
र्विवस्वतान्धङ्करणैर्जगद्द्रुहाम्.
विराजमानस्सह ते(1.3)न वर्मणा
नवाम्बुदेनेव नभोग्रसङ्गिना ॥

जगद्द्रुहां दैत्यानामन्धंकरणैरान्ध्यंकरैः तमोभिः करण(1.4)भूतैरादि-
त्येनानीतैः कृतेन कवचेन शोभमानः तत्कवचदर्शनाद्धि दैत्यानां तमांसि(1.5)
दर्पा गलन्ति नभोग्रात्सङ्गिना लग्नेन मेघेनेवेति[4] सम्भावनम् ॥ 23.

त्रिशङ्कुनिशाकान्तकला(1.6)सुधालवैः
कलिन्दकन्याजलशेषशुक्तिषु.

---

1 Ms. 'शोच्छ'. 2 Ms. प° to "या lc. at the top of page. 3 Ms. 'रत्नच्छ'.
4 Ms. मेघेनेति, "न" (sic.) lc. above "घे.

च्युतैरिवोत्पन्नमिनस्य मण्डले
मनोरमं मौक्तिक(1.7)दाम धारयन् ॥

यमुनाजलान्निर्गताच्छेपं तदेव शुक्तयस्तासु पतितैः प्रविशञ्चन्द्रक(1.8)-
लामृतकरैरर्कमण्डले उत्पन्नमिव मुक्ताहारं हारिणं धारयन् ॥ 24.

सुरद्विषां विघ्न(1.9)यितुं मनीषितं
गृहीतमभ्यर्थ्य रवेरिवान्तिकात् .
उदारगारुत्मतनायकच्छला-
त्समुद्वह(1.10)न्नङ्कतले शनैश्चरम् ॥

दीप्तगारुडमध्यमणिव्याजादुत्सङ्गे शनैश्चरमिव दधत् . कुतः प्रा(1.11)प्त
इत्याह रविसमीपाद्याचित्वा गृहीतमिव . याचने हेतुमाह दैत्यानामभिप्रायं
हन्तुम्(1.12) . शनैश्चरो हि सेवितश्शत्रून्हन्ति ॥ 25.

किरीटकेयूरयुगाङ्गदद्वयी-
वतंसरत्नप्रतिबिम्बितामरः(1.13) .
सुतान्विधातुर्दधदर्यमार्पिता-
न्न वालखिल्यानिव नानुयात्रिकान् ॥

किरीटकेयूरयुगे चा(1.14)ङ्गदद्वय्यां च यानि वतंसभूतानि रत्नानि
तेषु प्रतिबिम्बिता अमरा यस्य सः अतस्संभाव्यते(1.15) अनुयात्रिकाननु-
गमनोद्यतान्ब्रह्मात्मजान्वालखिल्यानिव न न दधदपि तु दधानः . वालखि-
(1.16)ल्याः केन हेतुना तं सेवन्ते इत्याह अर्यम्णा दत्तान् . तथा सूर्यो
विधय(?)······दिति भावः ॥ 26.

प्रदी[प्यमानो](1.17) रविमण्डलान्तरा-
दवाप्तकर्मारविधेयकर्मणा .

---

1 Ms. °मंमो°. 2 Ms. वा°.

कलिन्दकन्यासलिलानुजन्मना
स्वकीर्त्तिग(1.18)ङ्गासहवासिनासिना ॥

कर्मीरे शाणं. प्राप्तशाणघर्षणेनेत्यर्थः यमुनायाः यामुनजन्मनां सोद-
रेण स(1.19)..................गङ्गया सहवासि[ना खड्गे]न भ्राज-
मानः ॥ 27.

न चक्रमेकं भवति प्रयो(1.20)— — 28.

[Lines 21 to end of page missing; last 3 letters of line 21 are सफरे](**9)

रीं समर्पिताम् ॥

सूर्येण दत्तां मालां कण्ठे धारयन्. अत्र संभाव्यते हरस्य तृतीयनेत्र-
शिखातः कामस्य(1.1) हस्तस्रस्तां धनुर्लतां हरस्य दक्षिणनेत्रस्थेनार्केण हरस्य
सकाशात्प्राप्तामद्य सूर्येण दत्तां ॥ 29.

द्वितीय(1.2)वैवस्वतवद्विरोधिनां
हठात्पदं मूर्ध्नि निधातुमुद्यतः.
विनीलगुल्फाभरणांशुमण्डल-
च्छलेन पादौ(1.3) दधदायसाविव ॥

द्वितीयो यम इव शत्रूणां शिरसि बलाच्चरणं धर्तुं प्रवृत्तो नीलानां
गु(1.4)ल्फाभरणानामंशुराशिव्याजेन लोहमयौ पादाविव दधत्. यमो हि
लोहमयपादः ॥ 30.

स(1.5)पक्षपातं दिनपत्यपत्यमि-
त्यशेषभूमण्डलवन्द्यताकृते.
चकासदङ्गुष्ठनखप्रभामिषां-
त्स्थितेन स(1.6)न्ध्याद्वितयेन पादयोः ॥

1 Ms. कन्दारं. 2 Is it यामुनानुजन्मना ? 3 Ms. स्पष्टवानि°. 4 Ms. °निभा°.

अयं दिनपतेरपत्यमित्यतो हेतोस्समस्तजनैर्वन्दनीयत्वार्थं सानुरागं(l.7) स्थितेन सन्ध्याद्वयेन चकासच्छोभमानोऽंशुमांशुव्याजात ॥ 31.

मनोरपि प्रस्तुतधर्मशासन-
श्शनैश्च(l.8)रादप्यलसः कुपद्धतौ .
हरीश्वरादप्यतिमित्रवत्सलो
यथोचितं दण्डधरो यमादपि ॥

मनोर(l.9)पि सकाशादारब्धधर्मव्यवहारस्तथा कुपद्धतौ कुत्सितमार्गे भूमिमार्गे च शनेरप्यलसः सु(l.10)ग्रीवादप्यतिशयेन मित्रप्रियः यमादपि यथोचितदण्डः . सूर्योत्पत्त्या मन्वादिभ्यो भ्रातृभ्योऽति(l.11)रेको दर्शितः ॥ 32.

यदर्थ्यते किंचन येन केन चि-
त्तदस्य कर्णादपि दातुमीश्वरः .
मनो दधानस्सु(l.12)मनोरुजाक्षयं
त्रिधातुमुज्जागरमश्विनोरपि ॥

येन केनचिद्गुणिना निर्गुणेन वा यत्किंचन दे(l.13)यमदेयं वा स याच्यते तदप्यर्थिने दातुं कर्णादप्युत्साहवान् . अश्विनोरपि सतोरश्विनावना(l.14)दस्येत्यर्थः सुमनसां देवानां साधूनां च रुजाक्षये सावधानं मनो दधत् ॥ 33.

स योऽपि रेवन्त इ(l.15)ति प्रसिद्धिमा-
नपत्यरत्नं नलिनीविलासिनः .
तुरङ्गविद्याचतुरस्ततोऽप्यसौ
मधुद्विषः पाद(l.16)समीपमासदत् ॥

विंशत्या कुलकम् ॥

1 Ms. °बन्ध. 2 Of these 20 verses, beginning with यथा व्युत्पत्र्त°, three are incomplete, but none is entirely lost.

स योपि रैवन्तनाम्ना परिशुद्धपूर्णेन श्रेष्ठः पु(l.17)नरस्तस्मादप्यन्यवि-
शाकुशलो विष्णोः पादतलं प्रापत् ॥. 34.

स पुष्कराशेपसमुद्रपूरि(l.18)तैः
कुलापगानां पयसा भृतैरपि.
निधानकुम्भैरपि रत्नसंकर-
प्रभाधनैरुत्पलदामहारि(l.19)भिः ॥ 35.

असर्जयन्भुजगीविभूषितै-
र्भृशं प्रमोदाश्रुभरेण निर्भरैः[1].
महात्मनष्षोडशभिर्विलोचनै-
र्महाभिषेकं विधिना सहाच्युतः ॥

युगलकम् ॥ (l.20)

सोच्युतोस्य महात्मनो विधिना ब्रह्मणा सह महाभिषेकं षोडशभिर्ने-
त्रैरारब्धवान् यत आन(l.21)न्दाश्रुपूरितैर्निधानकुम्भैरिव. तेपि भुजङ्गीवृता
भवन्ति. अभिषेके षोडश कुम्भा योज्या इ(l.22)त्याचारः. यद्वा पुष्करादीनां
च षोडशसंख्यात्वं कुम्भानां षोडशत्वम् ॥ 36.

प्रणामकाले विधिवासुदेवयोः
करैश्चतुर्भिश्च करद्वयेन च.
धृतोत्तमाङ्गस्स(l.23*) षडन्तरानपि
द्विषः प्रतिक्षेप्तुमिवाप्तवान्बलम् ॥

ब्रह्मणः करद्वयेनाच्युतस्य (l.1)करचतुष्टयेन प्रणामावसरे धृतशिरा-
स्सन्कामादीन्षड्शत्रूञ्जेतुं बलं प्रा(l.2)पत्. हस्तानां षट्त्वादिव प्रतीय-
मानोत्प्रेक्षा च ॥ 37.

अशेषगात्रोदरगर्भवर्तिनां
त(l.3)रङ्गिणीसागरपाथसां लवैः.

---

1 Ms. °वन्द°. 2 Ms. °रै. 3 Ms. महात्म° to °हाच्युतः lc, on margin.
4 Ms. यद्वा to °त्वम् lc. under l. 23. 5 Copyist's remark at top of p. 2 of fol. 10–अस्मिन्पत्रे लेखकान्तरप्रतीतिः.

निरित्वरैर्नेत्रपथेन शार्ङ्गिण-
स्समस्ततीर्थैरिव सो(1.4)भ्यषिच्यत ॥

नद्यस्सर्वाङ्गसन्धिषु कुक्षौ समुद्राश्च इति दर्शू हरेस्समस्ताङ्गेषु वर्ति(1.5)-
नीनां नदीनां तथोदरे स्थितानां समुद्राणां जलकणैर्दृङ्मार्गतो हर्षवशान्निर्ग-
च्छद्भिरशेषतीर्थैरि(1.6)व सोभिषिक्तः ॥ 38.

निसर्गपूर्णं कलशं दधद्विधि-
र्हरिश्च शङ्खं तत एव पूरयन्. (1.7)
धराधिपत्ये प्रमदाश्रुणा स्वतः
कृताभिषेकं पुनरभ्यषिञ्चताम् ॥

ब्रह्मा कलशं स्वभावजलपूर्णं दधद्धरिश्च सरित्समुद्रेभ्यश्शङ्खं पूरयन्नु-
भौ ब्रह्माच्युतौ प्रथममानन्दवाष्पेण कृताभि(1.)षेकं तं चक्रवर्तित्वे पुनर-
भ्यषिञ्चताम् ॥ (1.) 39.

कलौ युगे(1.8) बुद्धतया स्थितो हरि-
र्ददाति यत्कारुणिको जनान्प्रति ·
तदापदस्मादनुभावस(1.9)प्तकं
स सप्तलोकीविजयस्य साधनम् ॥

कलिकाले बुद्धरूपो हरिर्दयालुर्जनान्प्रति(1.10) यद्ददाति तदनुभावानां
वक्ष्यमाणानां प्रभावाणां सप्तकं विष्णुसकाशात्प्रापत्(1.11) सप्तभुवनजय-
स्योपायम् ॥ 40.

महाप्रभावानुपलभ्य सप्त ता-
नवाप्तवान्सप्तम(1.12)चक्रवर्तिताम् .

---

1 Ms. °नसा°. 2. Mahabharata, Shanti, 46.63, "मुद्राक्षस्वारस्तस्मै सांयात्मने नमः, see note 2, p-18. 3 Sic. Is it दर्शनात् ? 4 Ms. °गंजह°. 5 Ms. °ज° to °शा° lc. on margin. 6 Ms. ॥ ७ after °न्. 7 Ms. the whole of the Comm. on this verse is lc. on margin.

यदस्ति किंचित्करणीयमुच्यतां
तदित्यभूत्प्राञ्जलिरग्रतस्तयोः ॥ (1.13)

सप्त महतः प्रभावानवाप्य सप्तमचक्रवर्तिभावं लभमानस्स कर्तव्यमा-
ज्ञाप्य(1.14)तामिति वदंस्तयोः पुरो बद्धाञ्जलिरभूत् ॥ 41.

सुदर्शनस्य प्रतिपादकं प्रति(1.15)
त्रिनेत्रमुत्तानितपूर्वमेकदा .
पुरोस्य त्रिश्वाभयदक्षिणाकृते
प्रसारयामा(1.16)स करं जनार्दनः ॥

सुदर्शनस्य चक्रस्य दातारं त्रिनेत्रं प्रति हरिणा कदाचि(1.17)त्पूर्वमु-
त्तानितं हस्तं हरिरस्याग्रे जगदभयदक्षिणार्थं प्रसारयामासोत्तानं(1.18)
कृतवान् ॥ 42.

ततो नियुक्तस्स यथोदिते विधौ
विधौ च देवे च विधौ तिरोहिते .
यश(1.19)स्यमर्त्यारि——⌣——विधौ
विधौतपाप्मा भरबन्धमग्रहीत् ॥

विधौ ब्रह्मणि वि(1.20**10)धौ विष्णौ च देवेन्तर्भूते सति ताभ्याम-
सुरवधे प्रेरितो विधौतपाप्मानुचितपापस्स पुरुषोसुरप(1.1)द्मानां संकोचक-
त्वाच्चन्द्रसंमे यशसि भरबन्धमभिनिवेशं गृहीतवान् ॥ 43.

करेण चापस्य ह(1.2)रेर्मनीषया
बलेन मानस्य नयस्य मन्त्रिभिः .
धृतस्य नामाग्रिमवर्णनिर्मितां
स चाहमानोय(1.3)मिति प्रथां ययौ ॥

---

1 Ms. °ससो°. 2 Is it °रिसरोजिनीविधौ ? 3 Ms. पृ. रा. वि. on margin.
4 Ms. चन्द्रस°. 5 Ms. निर्म्मिता.

स पुरुषश्चाहमान इति प्रथां प्राप्तः नाम्नामभिमाक्षरैः कृतां . केषां ना-(1.1)मानीत्याह . करेण धृतस्य चापस्य तथा मनीषया धृतस्य हरेस्तथा ब-लेन धृतस्य मानस्य(1.5) तथा मन्त्रिभिर्धृतस्य नयस्य. चापादीनां नामा-द्यक्षरैरिव कृतां चाहमान इति संज्ञां स लब्ध(1.6)वानित्यर्थः ॥ 44.

कदाचिदुत्कण्ठित एष मा स्म गा-
द्विलोकयन्नर्कमितीव विष्णुना .
विरिञ्चसा(1.7)मान्यमवेत्य लम्भितं
स्वनाभिपङ्केरुहमातपत्रताम् ॥

एष सूर्यपुत्रः पितर्युत्कण्ठितस्सूर्य(1.8) विलोकयन्सूर्यदर्शनहेतोस्सूर्यं मा गादितीव माहात्म्यविषये ब्रह्मणस्सादृश्यमवेत्य विष्णु(1.9)नास्य स्वनाभि-पद्मं छत्रतां नीतम् . छत्रत्वेन नाभिपद्मं हरिरदादित्यर्थः . विलोकयन्निति हे(1.10)तौ शतृप्रत्ययः . अयमर्थः ब्रह्मा मम नाभिपद्माश्रयः अयं च ब्रह्म-णस्सदृशः अस्याप्यहं(1.11) निजपद्मं ददामीति . यद्वा विरिञ्चसामान्यं साधारणमिति नाभिपद्मस्य विशेषणम् . त(1.12)स्यातपत्रतामवेत्य लम्भि-तम् . उपेत्येति पाठ आर्षः ॥ 45.

विवृद्धिमानीय दिनानि कानिचि-
त्तु(1.13)नः पिता ते तनुतां तनोति मे .
यशोनिधे तद्विभृहि त्वमेव मा-
मितीव सेवापरमिन्दुमण्ड(1.14)लम् ॥ 46.

तथा न विश्रान्तिपदं रिपुर्मधो-
रवैति मां मानद पुष्करं यथा .
उपप्लवस्तदद्भुतमे(1.15)व वार्यता-
मितीव दुग्धार्णवमेव सेवकम् ॥ .

1 Ms. °ल्ङ्क°. 2 Pāṇini 3.2.126. 3 Ms. °न्यसा°. 4 Ms. °मिन्द°.

तव पिता सूर्यो मां कंचित्कालं संबध्ये मम हानिं करोति(l.16) त-
स्माद्धेतोर्हे यशस्विस्त्वमेव मां रक्षेतीव सेवायां सक्तं चन्द्रमण्डलम् ॥ तथा ॥
मधो रि(l.17)पुर्विष्णुः पुष्करं यथा विश्रामस्थानं जानाति तथा न मां
जानाति तस्माद्धेतोर्म्लेच्छोपद्रवश्शीघ्रमे(l.18)व वार्यतामित्यतो हेतोस्सेवकं
क्षीरसमुद्रमिव ॥ 47.

हिरण्यगर्भस्य कमण्डलूदरे
यमेव सं(l.19)स्थानविशेषमश्नुते .
तमेव धृत्वेव महेश्वरभ्रमा-
त्स्थितं हृदं मूर्धनि सौरसैन्धवम् ॥

ब्रह्म(l.20)णः कमण्डलुमध्ये गङ्गाजलं यमेव संनिवेशनं प्राप्नोति तमेव संनिवेशं गृहीत्वायं महे(l.21)श्वर इति भ्रमाच्छिरसि स्थितं गङ्गाप्रवाहमिति रूपकम् . अयमपि हि महान्भूमेरीश्वरः ॥(l.22) 48.

नभस्सरस्सारसयोर्बलद्विषा
हिमाचलस्य स्फटिकाचलस्य च .
ध्रुवं कृतं पत्त्रतिभिर्नभश्वरै(l.23)-
रमित्रशान्त्यर्थमुपायनीकृतम् ॥

नभ एव सरस्तत्र सारसयोर्हंसयोर्हिमाद्रिकैलाशयोः(l.24*) संबन्धिभिः पत्त्रतिभिः पक्षैरिन्द्रेण नूनं कृतं सच्छत्रुक्षयार्थं देवैर्ढौकनीकृतम् ॥ 49.

अदृश्यमूर्तिस्स्वयमुष्णवा(l.1)रणं
रथाङ्गपाणेस्सहधर्मचारिणी .
समुन्नतिं सूर्यकुले करिष्यतो
रघोरिवास्यापि बभार मूर्धनि ॥

जनै(l.2)रदृश्या श्रीस्सूर्यकुले माहात्म्यं करिष्यतोस्य रघोरिव शिरसि धृतवती छत्रम् ॥ कुलकम् ॥ 50.

---

1 Ms. हृद. 2 Ms. देवै° lo. above l.1.

अयं यथा(l.3) मे तनयस्तथा कृती
न कश्चिदन्योपि कदाचिदप्यभूत् ·
इति स्वकं बिम्बमिवोष्णरश्मिना
प्रतापवृद्ध्यै कृ(l.4)तमानुयात्रिकम् ॥ 51.

अचिन्तयद्यो मनसापि विप्रियं
तमप्युपस्थाय विहन्तुमीश्वरम् ·
सुदर्शनाद(l.5)प्यधिकप्रभावभा-
गुपास्त चक्रं विजयेषु तं दिशाम् ॥

युगलकम् ॥

अयं मम पुत्रो यथा कृती भ(l.6)वति तथा कोपि नान्यो मत्पुत्रोभूदि-
त्यतो हेतोस्सूर्येण प्रतापवर्धनार्थमानुयात्रिकं कृतं निजं बिम्बमिव तथा(l.7)
यो मनुष्यो देवो वा चित्तेनाप्यनिष्टं चिन्तयति तमप्येत्य निहन्तुं समर्थं
यंतो हरिचक्रादपि सप्रभावं चक्रं(l.8) विजयकालेषु तं सिषेवे ॥ 52.

प्रजापतेस्सृष्टिरिवात्तविग्रहा
स्थितिक्रिया मूर्तिमतीव वैष्णवी ·
किम(l.9)न्यदध्यापितदेहडम्बरा
स्वयं न वा संहृतिशक्तिरैश्वरी ॥ 53.

दधत्यशेषैरपि लक्षणैस्तनू-
मलङ्कृतां र(l.10)त्नमरीचिमालिनीम् ·
अभून्नदीभर्तुरिवाधिदेवता
पुरोस्य ताम्बूलकरङ्कवाहिनी ॥

मूर्तिमती ब्रह्म(l.11)णस्सृष्टिरिव तथा मूर्ता विष्णुसम्बन्धिनी स्थिति-
रिव तथा किमन्यद्वर्णयाम इति शेषः अध्यापि(l.12)तशिक्षितो देहड-

1 Ms. °सुद°. 2 Ms. मत्पुत्रो° lc. under l.6. 3 Ms. यतो lc. under l.7.
4 Ms. °जलका°. 5 Ms. °तार°.

म्बरो मूर्त्तिग्रहणं यथा सा हरस्य संहारशक्तिरिव सर्वोत्तमशीलशालीभूषि-
(1.13)तं नानारत्नधारकं शरीरं दधती अत एव रत्नाकरस्याधिदेवतेव ता-
म्बूलकरङ्कवाहिनी पुरोस्याभवत् ॥(1.14) 54.

इदं ममोन्मूलयति स्म यश्छला-
दमुष्य वक्त्राणि यथैव सन्ति षट्.
तथैव दन्तान्दनुजक्षयक्षमा-
नहं(1.15) न गृह्णामि किमित्यसूयया ॥ 55.

गृहीतवानभ्यधिकं प्रभावतः
पतिर्गणानामिव दन्तपञ्चकम् .
मुखा(1.16)नुरूपीकृतसर्वविग्रह-
स्तमन्वगादाजिषु गन्धसिन्धुरः ॥

युगलकम् ॥

यो मम दन्तं छलादुन्मू(1.17)लितवांस्तस्य कुमारस्य यथा षण्मुखानि
सन्ति तथैव षट्संख्यान्दानवदलनदक्षान्दशनान(1.18)हं किं न दधामी-
त्यसूयया प्रभाववशाद्दन्तपञ्चकमाददानो मुखसदृशीकृतसमस्तशरीर(1.19)
ऐकदन्त इव गन्धहस्ती समरेषु तमन्वगात् ॥ 56.

दिगष्टकं जेतुमशेषमंशुमा-
नवश्यमष्टैव(1.20) बभार वाजिनः .
इमं त्वमुष्मै प्रतिपाद्य सूनवे
ध्रुवं गतस्संप्रति सप्तसप्तिताम् ॥ 57.

⏑ — ⏑ — — ⏑ — ⏑ — ⏑ — ⏑ —
⏑ — ⏑ — — — ⏑ — ⏑ — ⏑ — ⏑ — .

[विलङ्घनीयेन] ⏑ — [3]द्विहायसा
स्वकान्तिसर्वस्वं[मिवार्पितं दधत्] ॥

---

1 Is it °निल्य° ? 2 Ms. °शेष°. 3 Ms. द्वि° to °स्व lc. under 1.25.

एकेन्नैके(1.21)नैक एको जीयत इति युक्तम् अतोष्टौ दिशो जेतुं सूर्योष्टैवाश्वानवहत् अथ पुनस्तेषामश्वानां(1.22) मध्यादेकमश्वं दत्वा सप्ताश्वतां सूर्यो गत इत्येवं कवीनां स्तुतौ योग्यो हयस्तमन्वगात् ॥ मयूरकण्ठ(1.23)समवर्णत्वात्संभाव्यते बिलङ्घनीयेनाक्रमणीयेन व्योम्ना दत्तं निजद्युतिसर्वस्वमिव दधत् ॥ 58.

विमुच्य(1.24)[ते दातुममुष्य?] ⏤◡⏤
◡⏤◡⏤⏤◡दधेः सुता मम .
इतीव बुध्या परिवर्ज्य कौस्तुभं
स्यमन्तकश्शा(1.25**11)र्ङ्गभृता समर्पितः ॥ 59.

निषीथमार्ताण्ड इति क्षमातले
प्रसिद्धनामा सकलेपि तं मणिः .
मृगा(1.1)ङ्कमौलेस्ससमीर्ष्यया धृतः
पितेव चूडाभरणं व्यभूषयत् ॥

अस्य दातुं लक्ष्मीसहोदरः(1.2) मणिः कौस्तुभो मया यद्यपसार्यते तर्हि कौस्तुभसोदरी मह्यं कुप्यतीतीव बुद्ध्या कौस्तुभमदत्वा शार्ङ्गि(1.3)णा स्यमन्तको दत्तः रात्रिरविरिति भूतले प्रसिद्धो मौलिभूषणभूतस्तथा चन्द्रमौलेः स्पर्धया हेतुभूतया(1.4) तेन पिता सूर्य इ[व] धृतः हरश्चन्द्रमौलिः अहं सूर्यमौलिर्भवामीति स्पर्धया धृतः . स्यम(1.5)न्तकस्सुवर्णस्रावी जाम्बवज्जयप्राप्तो मणिः ॥ 60.

पतिर्धनानामजगन्धवासिना
शिवेन दत्तस्स्व इ(1.6)व स्वतस्सखा .
उपागतो वा स्वयमेव रक्षितुं
प्रतार्यमाणो नडकूवरभ्रमात् ॥ 61.

---

1 Ms. एके°. 2 Ms. °लक्ष्य°. 3 Ms. दत्तं lc. under 1.23. 4 Ms. पृ. रा. वि. on margin. 5 Sic, for spelling, cf. Rigveda, X. 72.8-9. 6 Ms. °स्समशीर्षकाप्यतः. 7 Ms. मौ° to °त lc. at top of page.

धनेन कोशाधिपति(1.7)र्मृधे मृधे
व्ययीकृतेनाप्यसमाप्तसंग्रहः .
सुमेरुरत्नाकररोहणाचल-
प्रभावजैत्रो वरिवस्य(1.8)ति स्म तम् ॥ २ ॥[2]

अजगन्धाख्यप्रदेशे निवसता शिवेन स्वसमीपाद्दत्तस्सर्वस्सखा वैश्रव-
(1.9)ण इवोपागतः अथवा तस्मिन्नडकूबरभ्रान्त्या रक्षितुं स्वयमेव धनपति-
रागतः इवेत्युत्प्रे(1.10)क्षा. युद्धे युद्धे व्ययीकृतेनापि भाण्डागारेणासमाप्त-
स्संग्रहो यस्य स कोशपतिर्हेमाद्रिरत्नाक(1.11)ररत्नाचलेभ्योधिकस्तं सेवि-
तवान् ॥ 62.

भरक्षमो राक्षससंक्षयं प्रति
त्वयानुजोसावनुगम्यतां मृ(1.12)धे .
इतीव वाक्यं सवितुर्यमस्स्वयं
नरात्मना राम इवानुपालयन् ॥ 63.

अतीव यो दुर्बल एव सर्वथा(1.13)
तमप्यधिष्ठाय बलिष्ठतां नयन् .
समाप्तशस्त्रास्त्रविधौ धनंजयो
बभूव सेनापतिरस्य शाश्वतः ॥ २ ॥[9](1.14)

राक्षसक्षयप्रवृत्तोसौ कनिष्ठो भ्राता भवतानुगम्यतामित्येतत्सूर्यस्य वचो-
नुपालयन्मनुष्यरूपेण(1.15) यम इत्यारोपः तथा राम इवेति . स हि सवितुः
पितुर्दशरथस्याज्ञामपालयत् . तथात्यर्थं(1.16) यो दुर्बलस्तमप्यधिष्ठाय स्व-
पक्षीकृत्यातिबलवत्त्वं नयन् शस्त्रकर्मण्यस्त्रकर्मणि चास्य ध(1.17)नञ्जयो-
र्जुनश्शाश्वतः सेनापतिरभूत् . धनञ्जयाख्यो वायुश्च बलप्रदः ॥ 64.

---

1 Ms. °रोहि°. 2 So Ms. 3 Ms. °त्तस्व°. 4 Ms. रक्षस°. 5 Ms. द्या°.
6 Ms. नगात्म°. 7 Ms. °मित्येत्मू°. 8 Ms. °कृता°. 9 Ms. °तसे°.

स सप्तसप्तेरपि विस्म(1.18)यप्रदा-
निति प्रभावानुदवाप सप्त यत् .
तदन्वशात्सप्त सरित्पतीनपि
त्रिपुष्करं नाम किमस्य(1.19) दुर्जयम् ॥

सप्तसप्तेस्सूर्यस्याप्याश्चर्योत्पादकान्पूर्वोक्तान्सप्त प्रभावान्स यत्प्राप्त-
तो हेतोः(1.20) सप्त समुद्रानपि स चाहमानो जितवान् अस्य त्रिपुष्करं किं
कथं दुर्जयम् . त्रिभ्यस्सप्तानाम(1.21)धिकत्वादिति च ॥ 65.

स सप्तभिर्वारिधिभिः पुरस्कृतं
विजीयमानैरिव रत्नसप्तकम् .
हरिप्रभा(1.22)वार्जितमूर्जितं दध-
न्न चक्षमे द्वीपपतीनपि प्रति ॥

विष्णुप्रसादप्राप्तं पूर्वोक्तं रत्नसप्तकं दधत् (1.23) अतस्संभाव्यते जितै-
स्सप्तभिस्समुद्रैर्दत्तमिवेति स द्वीपाधिपानपि नासहिष्ट ॥ 66.

स पूर्वरङ्गार्थमि(1.24)व क्षमातले
मधुद्विषा स्थापकतामनीयत .
प्रपित्समानेन विहाय बुद्धतां
समुद्धतां म्लेच्छचिकिं(1.25*)त्सिनीं तनुम् ॥

शान्तं ब्रह्मरूपं त्यक्त्वा म्लेच्छच्छेदकं रूपं प्रपत्तुमिच्छता दैत्यारिणा
स चाह(1.1)मानः पूर्वरङ्गार्थं स्थापकतामिव नीतः . स्थापकस्सूत्रधारः नटेन
च प्रथमाभिनीतं रूपं त्यक्त्वा रूपान्तरं कर्त्तुकामेन सूत्रधारः क्रियते . 67.

विकण्टकीकृत्य स सर्वतो ध(1.2)रां
प्रतापपुष्टांश्च विधाय भूभृतः .

1 Ms. °क्रिकिरित्स°. 2 Copyist's note at top of p.2 of fol.12–अत्रापि लेखकान्त-रत्वम्. 3 Is it बुद्ध ? 4 Ms. नटेन to °यते lo. at top of page. 5 Comm. °धृष्टान्, °प्लुष्टान् would give the correct sense but would offend against metre.

क्रमेण दावाग्निरिवोदपीपद-
द्धनं प्रजातापस(1.3)मापनं कुलम् ॥

समस्तां भूमिं निष्कण्टकां कृत्वा भूभृतो राज्ञश्च प्रतापेन धू(1.4)म्रां-
न्कृत्वा स घनमसंख्यं मेधं च प्रजातापनिवारकं कुलमजनयत्. अत ए(1.5)व
दावाग्निरित्युपमा ॥ 68.

समागतः पुष्करतीर्थयात्रां-
प्रसङ्गतः कश्चन काल(1.6)मुर्वराम्.
परीक्ष्य सर्वामपि योगिनां गुरु-
र्यथागतं भास्करमण्डलं ययौ ॥(1.7)

त्रिपुष्करे तीर्थे तीर्थयात्रया हेतुभूतया भूमिमागतः प्रसङ्गेन मह्यीं प-
रीक्ष्य परिपा(1.8)ल्य स महायोगी यथागतं सूर्यमण्डलं प्रति गतवान्. योगी
च सूर्यमण्डलं(1.9) प्रविशतीत्यर्थच्छाया ॥ 69.

अचाहमानापि रराज मेदिनी
विगाहमाना रुचिरं(1.10) तदन्वयम्.
न वंशगुल्मेन तथा वनस्थली
यथा हि भग्नेन विभाति मौक्तिकैः ॥(1.11)

चाहमानरहितापि भूमिश्शुशुभे रुचिरमधिकं यतः तत्कुलं धारयन्ती.
अ(1.12)त्र दृष्टान्तमाह अत्र वंशगुल्मे भग्ने सति मुक्ताफलैर्वनभूमिर्यथा
शोभते(1.13) तथा वंशगुल्मेन न शोभते वनभूमिः ॥ 70.

काकुत्स्थमिक्ष्वाकुरघू च यद्दध-
त्पुराभ(1.14)वत्त्रिप्रवरं रघोः कुलम्.
कलावपि प्राप्य सचाहमानतां
प्ररूढतुर्यप्रव(1.15)रं बभूव तत् ॥

---

1 Text पुष्टान्. 2 Is it यात्रया प्र° ? So comm. 3 Ms. परीक्ष्य twice.
4 Ms. उर्व°. 5 Ms. काकुस्त°. 6. Ms. °दत्.

श्रीराममिक्ष्वाकुं रघुं च धारयद्रघोः कुलं यत्त्रयः प्रवरा (1.16) यस्य तत्कृतयुगेभूत्तत्कुलं चाहमानभावं प्राप्य प्ररूढंचतुर्थप्रवरं कलावभू(1.17)त. प्रवराणां वैषम्यमेव भवति तत्कुलं तु प्रवरश्चतुष्टयसहितमभूदिति ॥(1.18) 71.

इतः प्रभृति त्रह्मेत्यन्तं कुलकम् ॥

आदित्यरश्मिदुरतिक्रमपारियात्र-
पार्श्वान्तरं(1.19""12)प्रतिदिनाध्वगकीर्तिकायाः.
सप्तार्णवीविषयशाश्वतवाडवाग्नि-
व्यापारपारगमनप्र(1.1)गुणप्रभावाः ॥

प्रवीराः चाहमानस्य कुलमभूपयन्नित्यन्वयः. आदित्यरश्मिभि(1.2)र्दुरतिक्रमं दुर्लङ्घ्यं यत्पारियात्रैकपार्श्वान्तरं तत्र प्रतिदिनं पथिकः कीर्तिः कायो येषां(1.3) ते तथा सप्तसमुद्रविषयश्शाश्वतो नित्यो वाडवाग्नेर्यो व्यापारः ज्वलनं(1.4)तस्य पारगमने पराभवे प्रगुणस्समर्थः प्रतापो येषाम् ॥ 72.

दृष्टस्वपूर्वपुरुषो(1.5)दयभूप्रदेश-
सेनारजोभिभवखिन्नसहस्रनेत्राः.
अश्रान्तयज्ञशततर्पितहव्य(1.6)वाह-
शुद्धान्तगीतभुजसाहससंप्रदायाः ॥

स्वपूर्वपुरुषस्यादित्यस्योदयभू(1.7)प्रदेश उदयपर्वतो दृष्टो येन तस्य सेनारजसोभिभवेन खिन्नः खेदितस्सह(1.8)स्रनेत्रो यैस्ते. सहस्रनेत्र इति साकूतम्. तथा अश्रान्तं नित्यं कृत्वा यज्ञशतेषु तर्पि(1.9)तो यो हव्यवाहोग्निस्तस्य शुद्धान्तस्स्वाहा तया गीतो भुजसाहससंप्रदायो येषां ते ॥(1.10) 73.

वैवस्वतायुधभुजङ्गमसह्यमान-
निश्श्रोत्रतानधिगतोर्ध्वचमूनिनादाः.

1 Ms. पानि°. 2 Ms. °रश्म°. 3 Ms. पृ. रा. वि. १४ on margin. 4 Copyist's remark तेनैव लेखकान्तरेण लिखितमिदं संपूर्णं पत्रम्. 5 Ms. °र्लङ्घ°. 6 Ms. °त्यो यो. 7 Ms. °वाहाशु°. 8 Ms. °तभूज°. 9 Ms. °प्रतापः. 10 Ms. °तोद°.

ल(l.11)ज्ञाधिपत्यभयदानमयापदान-
वार्ताश्रुतिक्षपितनैर्ऋतचित्तदौस्स्थ्याः ॥(l.12)

वैवस्वतस्य यमस्यायुधैः पाशैर्भुजंगमैस्सह्यमानो यतो निष्कर्णतयान-
धिग(l.13)त उत्रसंघर्षशब्दो येषां ते तथा विभीषणस्याभयदानरूपं यदपदा-
नं साह(l.14)सं तद्वार्ताश्रवणेन क्षपितं निवारितं[5] चित्तदौस्थ्यं चित्ते क्षोभो
यैस्ते[6]. अयमर्थः(l.15) अस्मद्वंश्येन श्रीरामेणास्मै राज्यं दत्तमिति तैर्जि-
ष्णुभिर्विभीषणस्याभयं दत्त(l.16)मतस्तत्पक्षभूतस्यापि नैर्ऋतस्याभयं गलि-
तमिति ··················(l.17)·················· ॥ 74.

प्राचेतसप्रियतमासुरतान्तखेद-
निर्भेदवे(l.18)दिकटकद्विपकर्णवात्याः .
पूर्णोदरज्वलननिर्वृतिनिर्विकार-
सारथ्यमुक्त(l.19*)मरुदीरितसाधुवादाः ॥

प्राचैतसीनां प्रियतमानां वरुणस्त्रीनां सुरतान्तखेदस्य(l.1) निर्भेदं
विदन्ति कुर्वन्ति . खेदहारिण्य इत्यर्थः . एवंविधाः कटकद्विपानां कर्णवात्या
ये(l.2)षाम् तथा यज्ञेषु पूर्णोदरो यो ज्वलनस्तस्य निर्वृतिस्सुखं तया निर्वि-
कारो यतस्सा(l.3)रथ्यमुक्तो यो मरुत्तेनेरितस्साधुवादो येषाम् ॥ 75.

कैलासशैलशिखराश्रयकि(l.4)न्नरेन्द्र-
कर्णामृतह्रदपराक्रमगीतशब्दाः[13] .
ईशानचन्द्रसहवाससमहाविदग्ध-
दोर्द(l.5)ण्डकीर्त्यधरितद्युसरित्प्रवाहाः ॥

कैलासनिवासिनां सम्बन्धी कर्णयोस्सुधाप्रवाह(l.6)सदृशः पुरुषकार-

1 Ms. वान्ता°. 2 Ms. °नैऋ°. 3 Ms. दौस्स्याः. 4 Ms. °ष्ट्रसंगष°.
5 Add नैर्ऋतस्य. 6 Ms. येषां ते. 7 Is it भिक्षितमिति ?. 8 Ms. साप्रवा°.
9 Ms. प्राचीत°. 10 Ms. सुतान्तु°. 11 Ms. ये येषाम्, 12 Ms. स्साप्र°. 13 Ms. °शब्दः,

गीतशब्दो येषां ते तथा ईशानचन्द्रेण सहवासे महाविदग्धो वीर्दे(I.7)एक- कीर्त्या भुजयशसाधरितो जितो गङ्गौघो यैस्ते ॥ 76.

सेनाहयोद्गमितधूलिल(I.8)घूभवङ्कू-
धृत्यल्पयत्नफणिशायितवासुदेवाः .
लक्ष्मीमुखोच्चरणलग्न(I.9)सुधासधर्म-
माधुर्यकीर्तिसुखितीकृतसप्तलोकाः ॥

एवमष्टदिक्पालप(I.10)राजयध्वननमुक्त्वा हरिसेवामाह सेनाश्वैरुत्था- पिता या धूलिस्तयां लघूभ(I.11)वन्ती या भूस्तस्या धृत्यर्थं धारणार्थम- ल्पयत्ने फणिनि शेषे शायितो वासुदेवो यैस्ते(I.12) तथा अत एव लक्ष्म्या मुखोच्चरणेनेव लग्नं सुधासधर्मामृतसमं माधुर्यं यस्याः(I.13) तया कीर्त्या सुखीकृतास्सप्त लोका यैस्ते ॥ 77.

ब्रह्मारविन्दमकरन्दकणान्तरङ्ग(I.14)-
तौरङ्गधूलिविरसीकृतदिव्यभृङ्गाः .
श्रीचाहमानकुलमुज्ज्वलयांबभूवु-
र्दोर्म(I.15)ण्डनाभरणभूवलयाः प्रवीराः ॥

ब्रह्मकमलव्यापिवाजिरजोविर(I.16)क्तालिकुलाः तथा दोर्मण्डलस्या- भरणं भूवलयो येषां ते ॥ 78.

रिक्थक्रमादुप(I.17)[नतं] नलिनीभुजङ्गा-
दारभ्य यद्वसु ददुश्शरणागतेभ्यः .
वाणिज्यवर्धितमिवानुदि(I.18)नं तदेषां
प्रापोत्तरोत्तरविशिष्टदशाप्रवेशम् ॥

---

1 Ms. दार्ईखड. 2 Ms. °वन्मू°. 3 Ms. °देवः, 4 Ms. °लोच्चय°. 5 Ms. °स्तया crossed. 6 Ms. प्रायोत्तुवोत्त°.

सूर्यआर्द्रिकथक्रमादुपनतं प्रा(1.19⋯13)प्तं वसु रोगो यन्नं च ते शार-
णागतेभ्यो यद्ददुस्तद्वाणिज्येन व्यवहारेण वर्धितमिव तद्वसु उत्तरो(1.1)त्तरं
विशिष्टदशाया अनुप्रवेशं प्रापत् ॥ 79.

वास्तोष्पतेस्समरपर्वसहायतार्थ-
मायासितैस्स(1.2)ततमूर्ध्वगतागताभ्याम् .
प्रेतप्रभोरसुशकैरपि नेतुमुर्व्या-
स्तैस्स्वेच्छयैव विदधे त्रिदिवे निवासः ॥(1.3)

वास्तोष्पतेरिन्द्रस्य सङ्ग्रामेषु साहायकार्थमूर्ध्वगतेनाकाशगमनेन तथा
आगतेन आकाशाद्भूमावव(1.4)वरोहणेन च नित्यं खिन्नैः तथा यमस्यापि भूमे-
स्सकाशान्नेतुमशक्यैस्तैस्स्वेच्छयैव स्वयमेव स्वेन निवा(1.5)सः कृतः ॥ 80.

अष्टासु दिक्पतिपुरेषु यथेष्टमेषां
रक्षःक्षयोपकृतये कृतिनां स्थितानाम् .
भूः स्तम्भि(1.6)ताष्टगिरिमण्डपदिग्द्विपेन्द्र-
स्तम्भाष्टकेन समपद्यत राजधानी ॥

अष्टसु लोकपालनगरेषु(1.7) रक्षसां विनाशेनोपकारार्थं स्वेच्छया रा-
क्षसविनाशार्थं स्थितानामेषां चाहमानवंश्यानां राज्ञां भूमिः राज(1.8)धानी
नगरी संपन्ना स्तम्भितान्यष्ट गिरय एव मण्डपानि येन तद्दिग्द्विपेन्द्राणा-
मेव स्तम्भानामष्ट(1.9)कं यस्याः. राजधान्याश्च मण्डपधारणार्थं स्तम्भा
अष्टौ भवन्ति ॥ 81.

वंशे तेषामशेषप्रथमनृपभुजां(1.10) कीर्तिसम्पद्वलाका-
प्रेमारम्भानुकूलच्छविसदसिपटाम्भोदविश्रान्तिशैलः .

---

1 Ms. सर्वसृजायरि°. 2 Ms. has रा. वि. १४ on margin. 3 Ms. °सुशठैर°.
4 Ms. °रिन्दस्य. 5 Ms. °मावरो°. 6 Ms. °स्सैस्तैस्स्वे° 7 Is it स्वर्गे ?
8 Ms. रयात°. 9 Ms. °पत्यत°. 10 Ms. रपाम°. 11 Ms. °नो° to °ग° lc. on margin.
12 Ms. रपार°. 13 Ms. °मष्टकं. 14 Ms. °भुजा°. Is it क्षितिभुजां ? 15 Ms. °टच्छेद°.

कैलासोत्सङ्गस(l.11)ङ्गीतकेसभिकशिवादिष्टगन्धर्वरामा-
गातव्योद्दामकर्मा समजनि वसुधावासवो वासुदेवः ॥(l.12)

तेषां कुले वासुदेवनामा राजा जातः. समस्तानामादिराजानां या कीर्तिसंपत्सैव बलाका(l.13) तस्याः प्रेमारम्भे सन्साधुर्योसिपटस्स एवाम्भोदस्तस्य विश्रान्त्यर्थं शैलः पूर्वेषां कीर्त्तिवर्धक(l.14) इत्यर्थः [तथा च] कैलासोत्सङ्गे सभिकेन शिवेनादिष्टाभिर्गन्धर्वरामाभिर्गातव्यान्युद्दामक(l.15)र्माणि साहसानि यस्येति भद्रम् ॥ 8:.

श्रीलोलराजसुतपण्डितभट्टनोन-
राजात्मजो वि(l.16)वरणेन सुबोधमाधात् .
सर्गे द्वितीयमशनैरिह जोनराजः
पृथ्वीमहेन्द्रविजयाभिधका(l.17)व्यराजे ॥

पृथ्वीराजविजयविवरणे द्वितीयस्सर्गः ॥

---

1 Ms. °तस°. 2 Ms. सन्माधु°. 3 Ms. °व्यान्तु°. 4 Ms. °राजविवरणे.

[तृतीयः सर्गः]

समभूद्य[दा स खलु दा](1.18)ननिधि-
र्ववृषुस्तदा सुमनसो जलदाः .
परिकम्पतां यशसि हानिभया-
त्सुरशाखिनां स्वय(1.19)मिव स्खलिताः ॥

यदा वासुदेवो जातस्तदा मेघाः कल्पवृक्षाणां पुष्पाणि ववृषुः . अत्र
सम्भाव्यते य(1.20)तो दानेन निधिरतो यशोविषये हानिभयात्कम्पमानानां
कल्पवृक्षाणां स्वयं पतितानीव(1.21) . कल्पवृक्षेभ्योऽप्यधिकं दातेत्यर्थः ॥ 1.

ननृतुर्दिनं सकलमप्सरसः
परिदध्वनुर्विजयवु(1.22)न्दुभयः .
प्रमदं दधुर्यममृतोद्धरणा-
त्पुनरेव तं सुमनसोन्वभवन् ॥

अप्सरसो ननृतुः [पट](1.23*)हाः दध्वनुः . सकलं दिनमित्यनेनोभ-
योर्वाक्ययोस्संबंधः . अमृतलाभेन देवा यं हर्षं प्रापुस्तज्जन्मना(1.1) पुनरेव
प्रापुः ॥ 2.

द्युनदीहृतैः कनकतामरसै-
र्मरुतो ववुर्विरचिताभरणाः .
गगनात्मना शशिशिरो(1.2)मणिना
प्रकटीकृता कनकवृष्टिरिव ॥

गङ्गाहेमपद्मैः कृतभूषणा वायवो ववुः अतस्संभाव्यते(1.3) आकाश-
रूपेण शशिशेखरेण सुवर्णवृष्टिरिव मुक्ता ॥ 3.

---

1 Ms. °कम्पितां. 2 Ms. क° to °णां lc. under 1.19. 3 Ms. °भ्याणि.
4 Ms. °हद°. 5 Ms. स्वत्र .

दिवमुच्चकैरभृत तस्य यशो
जल(l.4)दैर्विना जलकणैः पतितम् .
परिपीडितादमृतदीधितितो
विनिरित्वरैरिव सुधापृषतैः ॥

तस्य(l.5) यशो द्यामपूरयत् मेघैर्विना जलकणैः पतितम् यद्यशसा पीडिताच्चन्द्रान्निर्गच्छद्भिरमृतकणै(l.6)रिव . इत्वरैरिति सृजीणशां क्वरप् ॥ 4.

सवितुः कुले कति न भूपतयो
भुजशालिनः समभवन्नपरे .
स(l 7) पुनर्यथा व्यवजहार तथा
न भगीरथो न सगरो न रघुः ॥

सूर्यस्य कुले परे कति न राजानो भुजाभ्यां शो(l.8)भमानाः प्रागृजाताः स वासुदेवस्तु यथा व्यवहारमकरोन्न तथा भगीरथादयः ॥ 5.

न स पर्वतो न त(l.9)दरण्यमभू-
न्नगरी न सा मरुमही न च सा .
स विनिर्ममे न खलु यत्र नृप-
स्सरसीः प्रपास्सुरगृ(l.10)हाणि मठान् ॥

स राजा सरस्यादीन्यत्र नाकरोत्ते पर्वताद्यो नाभवन् . सर्वेषु पर्वतादिषु सर(l.11)स्यादीन्कृतवानित्यर्थः ॥ 6.

न शिखण्डिनो जलधरं प्रथमं
न चकोरकाश्शुचिनिशाशशिनम् .
न पिका(l.12)स्तथा तरुणमाम्रवनं
जहृषुः प्रजास्तमवलोक्य यथा ॥

1 Sic. cf. Pāṇini, 3.2.163. इण्नश्जिसर्तिभ्यः क्वरप् . Kātantra, 4.4.48. सृजीण्नशां क्वरप्. 2 Ms. °त° lc. under l.11. 3 Read °वणं (Pāṇini, 8.4.5.)

यथा तं दृष्ट्वा जनास्तुतुषुस्तथा न म(l.13)यूरादयो मेघादीन्दृष्ट्वा तुष्य-
न्ति. मेघादिभिरिव मयूरादयस्तेन प्रजा दृष्टवृत्तय इत्यर्थः ॥(l.14) 7.

न हिमाद्रिणा मलयजेन तथा
शिशिराभवच्चिरमनेन यथा .
न सुमेरुणा न मणिभूमिभृ(l.15)ता
वसुमत्यपि क्षितिरनेन यथा ॥

यथानेन राज्ञा हृततापा भूरभून्न तथा हिमाचलचन्द(l.16)नाभ्याम् .
यथामुना भूर्धनवत्यभून्न तथा सुमेरुरोह[णाभ्याम्] ॥ 8.

[कमलालया] ⏑ ⏑ वती क(l.17)[मला]
[प्रविहाय] यागतवती नृपतीन् .
कमलोपमादपि तदङ्घ्रियुगा-
त्प्रणिपत्य तां पुनरवापु(l.18)रमी ॥

या लक्ष्मी राज्ञस्त्यक्त्वागतवती ताममी अपि राजानस्तत्पादपद्मद्वयं
प्रणम्य ततः प्रापुः . अ(l.19)त एव कमलालयेति विशेषणमर्थवत् . तत्सेव-
कानामेव राज्ञां श्रीरासीन्नान्येषामिति भावः ॥(l.20) 9.

मखभूमिगैश्शतमखप्रमुखै-
ररुदन्यतो दिगधिपप्रमदाः .
मखधूम्यया निरपवादमतः(l.21)
परिबभ्रमे हि ततदिक्तटया ॥

अस्य यज्ञगतैरिन्द्रादिभिर्हेतुभिस्तद्रामा अरुदन्नुदन्तीति य(l.22)ज्ञा-
वमिति शेषः अतस्तन्मखधूमजालेन च्छादितदिगन्तेन निरपवादं कृत्वा
भ्रान्तम् . अयमर्थः(l.23) मख[धूमेनैव] लोकपालस्त्रीणां बाष्पनिर्गलनमभूत्

1 Ms. रोहि°. 2 Ms. °गवती. 3 Ms. °मगा°. 4 Ms. अपि lc. under l. 18.
5 Ms. °मतोः. 6 Ms. °हितदि°.

लोकास्त्वजानन् चिरं पतिप्रवासो बाष्प(1.21**14)हेतुरिति न तु स तासाम-
भूत् तद्यज्ञेषु इन्द्रादीनां पोषलाभान अतो यज्ञधूमेन दृपणं न प्राप्तम ।।(1.1) 10.

सुम्सब्रनार्मविरतापचितौ
द्रुममस्तके न कुसुमं ददृशे .
अपरागिणं विदधिरे पवनं
नभसा गतं क्वचन नोपवनम् .
अपरागवानपि वहन्नशनैः
पवनोभवत्क(1.2)चन नोपवने ॥

देवानां नित्यपूजायां सत्यां तरुविटपेषु पुष्पं न दृष्टम् ततो हेतोः का-
म्युद्याने जना वायुम(1.3)परागिणं सदोषं न विदधुः . परागाभावेप्यपरा-
गिणं न विदधुरिति विभावना . क्वचित्

अपरागवान(1.4)पि वहन्नशनैः पवनोभवत्क्वचन नोपवने

इति पाठः ॥ 11.

चरणैस्त्रिभिस्त्रुटितसंघटितै-
र्व्यहरत्सु(1.5)खं स्मरहरस्य वृषः .
पदमुद्रिता नियतमस्य सदा
न हिरण्मयी न समपादि मही ॥

स्मरहरस्य(1.6) वृषो धर्म्मस्सुखेन व्यहरत् . अत्र हेतुः त्रिभिः पादैः पूर्वं
विच्छिन्नैरद्य संघटितैश्चतुष्पाद् धर्मोभूदित्य(1.7)र्थः नूनमस्य वृषस्य चतुर्भिः
पादैः कृतमुद्रत्वाद्भूस्सुवर्णमयी संपन्ना . खनिस्थानेषु भूस्सुवर्णमर्जा(1.8)ज-
नदित्यर्थः . हरवृषो यत्र संचरति तत्र जातरूपं जायत इत्यागमः ॥ 12.

---

1 Ms. पृ. रा. वि. १६ vertically on margin. 2 Ms. "अप" to "वनम्, le. on margin; this reading is commented upon, and the next one, though in Ms, is mentioned by comm. as *var. lect.* 3 Ms. "गिणं. 4 Ms. "पैपू". 5 Ms. "रव".

यशसा भृता जलधिवि(l.9)ष्णुपदे
शशिमण्डलं न न बभूव मही .
न कलङ्कवन्न च विधुन्तुदव-
त्कलिना पुनः क्वचिदवापि पदम् ॥(l.10)

नद्दीयेन यशसा भृता भूस्समुद्राकाशे चन्द्रमण्डलं न नाभूत् अपि स्वभूदेवेत्यर्थः . कलङ्केन राहुणा य(l.11)था पदमवापि तथा कलिकालेन कापि न स्थानं लब्धम . अयमर्थः समुद्र एवाकाशं तत्र यशश्शुभ्रा भूमि-(l.12)रेव चन्द्रोभून चन्द्रस्य कलङ्कोस्ति राहुश्च बाधते यशश्शुभ्रभूमण्ड-लस्य तु कलिः कलङ्कराहुरूपो(l.13) नासीदित्यर्थः ॥ 13.

सुरमन्दिरैर्दिशि विदिश्युदितं
मरुतां पतिर्मखमहीष्ववसत् .
अमरावती किम(l.14)पि कालवशा-
द्व्यथिताभवत्पथिकयोषिदिव ॥

देवगृहैस्सर्वदिक्षूल्लसितम् यज्ञभूमिष्विन्द्रोवसत(l.15) कालबला[दम-रावती] पथिकस्त्रीव व्यथिताभवत् ॥ 14.

उपनिन्यिरे शिखरिणो लघुतां
पृथुना नतां न च(l.16) ⏑ – ⏑ ⏑ – .
⏑ ⏑ – ⏑ – ⏑ ⏑ ⏑ – ⏑ ⏑ –
⏑ ⏑ – ⏑ – ⏑ ⏑ ⏑ – – ⏑ कृते ॥

पृथुनाम्ना राज्ञो इ[न्द्रे]ण (l.17) 15.

[Line 18 missing]

रणां
क्षितिमित्यगात्क इव न क्षितिभृत् ॥

1 Ms. राजा.

देवगृहकृते पर्वतानां शिलाः खण्डिताः समिदर्थे च वृ(l.19)क्षा दारिताः चित्रार्थं गैरिकाद्य उद्धृतास्ततस्सर्वे पर्वताः क्षितिमल्पप्रमाणत्वं प्रापुः ॥ 16.

मुहुरीत(l 20)यः प्रविविशुर्न भुवं
भुवनान्तरे क्वचिदिवात्तपदाः .
यदि वा क ता विरचयन्तु पदं
परिपूरितास्सुकृतिभि(l.21)र्हि दिशः ॥

ईतयोतिवृष्ट्याद्यो भुवनं न प्राविशन् अतस्संभाव्यते क्काप्यन्यस्मिन्भुवने कृतास्पदाः अथ(l.22) वा नैतत् कस्मिन्भुवने ईतयः पदं कुर्वन्तु . हिर्यस्मादर्थे. तदीयाभिस्सुकृतिभिश्शोभनैः कर्मभिर्दि[शः पूरि](l.23)ताः ॥(*) 17.

अतिवृष्टयो ववृधिरे सजलै-
र्नयनैः परं रिपुकुरङ्गदृशाम् .
अनवग्रहं खमपि सत्पुरुषाः
प्रतिपेदि(l.1)रे सततभाग्यमयाः ॥

रिपुस्त्रीणां सबाष्पैर्नेत्रैरतिवृष्टयः पुष्टाः··· नित्यभाग्यमयास्सत्पुरुषाः खमाकाशम(l 2)नवग्रहमवृष्टिप्रतिबन्धं प्रतिपन्नाः अविद्यमानो नवो ग्रहो नैयत्येन विसर्गो यत्र तत्खं संवित्स्वभावं प्रतिपन्नाः(l.3) नवग्रहरहितं खमिति विरोधः ॥ 18.

क्षितिरग्रहीत्कमपि दार्ढ्यगुणं
क्वचिदाखवो न खलु चक्षुरमूम् .(l.4)
अत एव तां परमनिर्विवरां
विपदां गणा न परितस्तरिरे ॥

---

1 Ms. °त lc. under l. 20. 2 Ms. न lc. under l. 21. 3 Ms. °या पुद्य···(!) 4 Ms. °स्सपु°.

वहुनाराणां पार्श्वगुणां मूर्धेनो भूपका भू(l.5)मिं न खनितवन्तः श्वा
इव विच्छिन्नां भूमिमापन्नां गणा नैवाच्छादयन् ॥ 19.

शुकवाहने सततत्तृप्तिमयं(l.6)
न दधुश्शुकाः क्वचन शालिभयम् .
ऋतुधूमतो दिशि दिशि प्रसृता-
दुपलेभिरे न विषयं शलभाः ॥(l.7)

शुका वह्निवाहा इत्यागमः . शुकवाहनेनलं नित्यन्तृप्ते इव शुकाश्शाली-
नां भयं न दत्तवन्तः . तेषां पावकतृप्तौ(l.8) सत्यां तृप्तत्वात् . सर्वदिक्षु वि-
सारिणो यज्ञधूमाद्धेतोरिव शलभा आश्रयं न लब्धवन्तः ॥ 20.

न निवेशितैर्गि(l.9)रिगुहासु तथा
न तथा पुरं पितृपतेः प्रहितैः .
चरणाग्रगैर्नृपतिभिर्नृपति-
स्स यथा प्रजास्सुख(l.10)वतीरकरोत् ॥

प्रणामितै राजभिस्स राजा प्रजास्सुखिता यथाकरोत्तथाद्रिगुहासु प्र-
वेशितैः(l.11) तैर्नाकरोत्तथा न च यमपुरं विसृष्टै राजभिरकरोत् . पलायितानां
पुनरुदयाशङ्कया मारितानां(l.12) ये मुक्तास्तेषामुदयाशङ्कयेति भावः ॥ 21.

उपयोगवान्यदि रणार्थमभू-
त्स्वयमेव तन्मखमहीष्व(l.13)वसत् .
भुजयोर्बलादभयदानपतिं
दनुजागमे तमनयन्मघवा ॥

इन्द्रो वासुदेवस्य रणार्थमुपयोगी(l.14) यद्यासीत्तदा इन्द्रस्तदीययज्ञ-

---

1 Ms. °त्रिभये. 2 Ms. इव lc. under l. 7. 3 Ms. °रिव lc. under l. 8.
4 Ms. °पुखम्.

भूमिषु स्वयमेवावसत् दानवयुद्धागमे तमिन्द्रो भुज(l.15)बलेनाभयत्राना-
रमनयत् ॥ 22.

व्यसनैरसावतितरां मलिनै-
रपि सप्तभिस्स्वयमथो विहितैः । (l.16)
⏑⏑–⏑–स[क]लदिग्विजयं
[तु]रगैरिव ⏑भल–⏑⏑मान् ॥

....................[स]प्तभिः......(l.17) 23.

[Lines 18, 19 missing]

त्र⏑–नेनं सा वसुमती विदधे ॥

स राजा भुजबलेन यद्भूमिं धृतवांस्ततो हे[तो]............(l.20)
........सत्यार्थोभूत्. क्षितिं बिभ्रतीति व्युत्पत्तिर्मृषाभूत् भूर्वसुधा
सत्यार्थतामधात् यतोनेन राज्ञा भूर्व(l.21)सुन्धरा वसुमती सतेजास्सधना
च कृता. स राजैव भूमेर्वसुभूत आसीदित्यर्थः ॥ 24.

नृहरिस्स्वयं(l.22) [स वसुधां यदधा-
दजहुर्म]दं तदिति दिक्करिणः ।
अनहंकृतिं [फणि]पतिं व्यदधा-
त्कालिपक्षगे(l.23)⏑⏑⏑–⏑⏑–[6] ॥

[नराणां]मध्ये हरिस्सिंहो ना चासौ हरिस्तरुणसिंहश्च स भूमिं यद-
धात्त(l.24)........................मुद्वहनाधिकारहरणादिति भावः सिंहे
च सति गजा मदं त्य(l.25**15)जन्ति सं भूमिं यदधात्तत एवं शेषमनहङ्कृतिं
निरहङ्कारमकरोत् कालिसर्पे गरुत्मता(l.1) राजा यदि वहतें भुवो दुरित-

1 Ms. °नन°. Is it तदनेन ? 2 Ms. °त्तिमृ°. 3 Ms. °जाह°. 4 Ms. °नहुंकृति°.
5 Ms. °मतिं. 6 Is it द्विजपतिर्विहते ? 7 Ms. has पृ. वि. १७ vertically on margin.
8 Ms. स to °व crossed. 9 Ms. °तिंहङ्का°. 10 Is it बृहद्‌सु° or वहन्भु° ?

भारं यन्न्यवर्धयदलघूर्भवतीं भूमिं वहञ्शेषो नि(1.2)रहङ्कारो जात इत्यर्थः
······················· (1.3) ······ फणिमारणात्फणिपतिस्तुष्यतीति
चित्रम ॥ 25.

भुवमुद्धरन्नजनयन्नरकं
प्रममाथ तं मधुरिपु(1.4)श्च पुनः ।
स पुनस्तथा त्रिदिवमर्जितवा-
न्क्रतुभिश्च तं सुवसतामनयत् ॥

भूमिमुद्धरन्मधुरिपुर्न्नरकमु(1.5)त्पादयन ततस्म एव नरकं हतवान्
स राजा पुनर्भूमिमुद्धरन्निरूपद्रवां कुर्वंस्तथा स्वर्गमर्जि(1.6)तवान्स तं स्वर्गं
यज्ञैस्सुवसतां यथानयत् । यज्ञतृप्ता देवास्स्वर्गं सुखमासन्नित्यर्थः ॥ 26.

अनिसं(1.7)कुचक्रवयवैस्सकलै-
र्यमधस्स्थितो वहति कूर्मपतिः ।
उपरि स्थितस्सकलभूमिभृतां
स विकस्वरः (1.8)क्षितिभरं समधात् ॥

भूमेरधस्स्थितः कूर्मराजोऽङ्गैस्सङ्कुचन्यं वहति तमेवायं राजा राज्ञामु-
परि स्थि(1.9)तस्स राज्याङ्गैर्विकसितोवहत् ॥ 27.

अवहेलया यदकरोत्स किम-
प्यतिदुष्करं किमपि येन विधेः(1.10) ।
तत एव न ध्रुवमपत्रपया
तदधिष्ठितां स वसुधामरिशत् ॥ 28.

यदि वा शुचैरजनि यस्य कुले
स निधे(1.11)र्गतिः परिभवेष्वभवत् ।

1 Is it न्यवर्धयदलघूभ ? 2 Ms. °र्ता. 3 Ms. °मजय . 4 Ms. °नभू°,
5 Ms. °त्रया. 6 Ms. मर्जिग . See Comm. 7 Ms. वे: म°.

भगवान्स्मरन्नुपकृतिं न तत-
स्तदलङ्कृताः परिबभूव दिशः ॥

सोयत्नेन यत्सम(l.12)पादयत्तद्विधिनापि कर्त्तुं यद्दुष्करम अत एव ल-
ज्जया. ध्रुवं संभावनायां. स विधिस्तदाश्रितां भुवं(l.13) नारिशद्धिंसितवान्. रिश हिंसार्थस्तौदादिकः. अविशादिति पाठश्चिन्त्यः अनुकूलस्य विधेः प्रवे(l.14)शस्य विवक्षितत्वात वक्ष्यमाणपद्यान्तरस्यान्वयाभावाच्च ॥

यदि वेति पूर्वसम्भावनायाः पक्षा(l.15)न्तरमाह. यस्य कुले जातस्स चाहमानो विधेरसुरैः परिभवे शरणमभूत तस्माद्धेतोरुपकारं स्म(l.16)र-
न्भगवान्विधिस्तद्भूषिता दिशो नाव्यथयत्. 29.

सोर्ध्वंर इत्यन्तं कुलकम ॥

चरणेपि यो मदनुगं व्य(l.17)थये-
न्मुखभञ्जनं सुकरमस्य मया.
इति ते कथां स्मरति धर्मपरां
न कलिर्मुखं क्वचन दर्शयते ॥(l.18)

यो मत्सेवकं पादेपि व्यथयेत्तस्य मुखभङ्गो मया क्रियते इमां धर्मनि-
ष्ठां तव प्रतिज्ञां यत्स्मरति ततो नू(l.19)नं कलिर्मुखं क्वापि न दर्शयते.
कलिना हि त्वदाश्रितो धर्मः पादेखण्डियि(?) इति भावः ॥ 30.

तव पा(l.20)दयोरपसृतास्सविधा-
द्भयविह्वलाः [पुनर]भाग्यशतैः.
अतिरोहिताः कमलया क्षितिपाः
प्रति(l.21)जज्ञिरे तदनु पस्पशिरे ॥

---

1 Ms °स्तदङ्कृ°. 2 Ms. °पादत्त°. 3 Dhātupāṭha, Tudādi, 140. 4 Ms. यस्य स कु°. 5 Ms. °ता दिदिशो. 6 Sic. Evidently verse 38 is meant, but metre does not allow that to begin with सो°. 7 Ms. °र्थयम्. 8 Ms. °येद°. 9 Ms. °कुल°.

तव पादयोस्समीपान्नष्टा अत एव भीता अभाग्यशतैर्लक्ष्म्यान्धाच्छादि(1.22)ता राजानो नूनं परिज्ञाताः [ज्ञात्वा स]मनन्तरमेव पस्पशिरे बाधिताः...................अपस्तृतैः(1.23) भयविह्वलैरिति तृतीयाबहुवचनान्तः पाठश्चिन्त्यः. पस्पृंशिरे स्पृशेश्च पाठो विमृश्यः. पस्पशिरे (1.24*) [इति स्पश बा]धने इत्यस्य लिटि रूपं. राजद्रुहं परिज्ञाय लोका बाधन्ते॥ 31.

भविता पुरस्सहचरैर्द्विषतां(1 1)
वरिवस्यतां नृप भवच्चरणौ.
इति सूचितं खलु तवैव नखै-
र्यददर्शयन्प्रतिनिधीननुगान ॥

हे नृप त्वत्पा(1.2)दौ शरणीकुर्वतां शत्रूणां सहचरैः पुरो भविता भविष्यते इत्येतत्त्वन्नखैरेव सूचितम्. अत्र साध्ये साधन(1.3)माह. भवन्नखाश्शत्रूणां प्रतिनिधीन्प्रतिबिम्बाञ्शत्रूणामनुगानदर्शयन् भवन्नखेषु निर्मलत्वा(1.4)न्नमन्तो भवद्द्विषः प्रतिबिम्बिताः ते प्रतिबिम्बा भवच्छत्रूणां सहचरा पुरो वर्तन्ते इत्यर्थः. त्वत्पादसेवका(1 5)नां सहचरसामग्री भवतीति भावः॥ 32.

न हिमालयो न हिमवत्तनया
न हिमद्युतिर्न हिमशैलनदी.(1.6)
हिमवत्सखो न च हिमाद्रिवृषो
हरहृष्टये तव यशांसि यथा॥

यथा त्वद्यशांसि हरस्य हर्षाय तथा(1.7) न हिमालयाद्याः भवद्यशोभिर्विश्वस्य पालनादिति भावः. 33.

हृदयङ्गमं न जलजन्म विधे-
[र्न] म(1.8)[धु]द्विषो भुजगतल्परुचिः.

---

1 Ms. नून°. 2 Ms. °ज्ञात°. 3 Ms. पस्पाशि°. 4 Dhatupatha, Bhū-adi, 912.
5 See note 4,p.71. 6 Ms. भावि°. 7 Ms. °न्नमन्तो°. 8 Ms. भवद्वि°.
9 Ms °त्तत्प°. 10 Ms. नदि'. 11 Ms. °मेन.

स्फटिकाचले न च शिवो रमते
तव कीर्त्तिभिस्स यदि सर्वगतः ॥

विधेर्ब्र(l.9)ह्मणः पुण्डरीकं हर्म्यं तथा ध्रुवञ्च भवन्ति विष्णोश्च तथा शेष-शय्याभिलापो न भवति कैलासशैले च तथा हरो न भवति(l.10) यदि यस्मादर्थे स ब्रह्मा हरिर्हरो वा तव कीर्त्तिभिर्हेतुभिस्सर्वगतो रमते त्वत्कीर्त्तिं सर्वगतां द्रष्टुं(l.11) स भ्रमतीति पुण्डरीकादौ न रमतीति भावः ॥ 34.

पृथिवी त्वया फलवती विहिता
ऋतुभिर्हि ते जल(l.12)मुचो जलदाः .
उपतिष्ठते हविरिनं ज्वलना-
त्परिपूर्यते द्विजपतिश्च ततः ॥

त्वया भूर्बहुफला सम्पा(l.13)दिता यतो यज्ञैर्हेतुभिर्मेघा वृष्टिममुञ्चन् हविराहुतिरिनमादित्यमुपतिष्ठते . अग्नौ प्रास्ताहुति(l.14)स्सम्यगादित्यमुप-तिष्ठते इत्यागमात् . ततश्चन्द्रश्च पूर्णो भवति . 35.

[उ]दरंभरिस्तव शिखी यजनैः(l.15)
[सु]हृदस्सुखा⁀मुवहत्यनिलः .
न विभाति खं न निगमध्वनिना
य[जमा]नतां न भवता न धृता ॥

त्वत्कर्तृ(l.16)············[उ]दरं बिभर्त्ति पोषयति··············
श्मेस्सुखाद्········[निग]मशब्देन खं(l.17) न [न शो]भतेपि तु शोभते भवता यजमानभावो न न धृतः ॥ 36.

इ⁀—⁀—⁀⁀⁀—⁀⁀ती[11] .
जगदु[र्हि धा](l.18)स्त्रिजगतीप्रकृतीः .

---

1 Ms. °णु°. 2 Ms. त° to °न le. under l 9. 3 Ms. तथा le. under l.9.
4 Ms. तथा le. under. l-10. 5 Ms. °ि रमत . 6 Ms. प्रास्त . 7 Manu, 3.76.
8 Ms. °धता. 9 Ms. °श्मेस्सु°. 10 Ms. °भिते°. 11 Ms. °तीज°, .

यदि ता भवानुपकरोति सदा
मदलं सुरैर्भवत एव [न]मः ॥

त्रिजगत्याः प्रकृती(l.19)रुपादानकारणानि सतीर्विभोः परमेश्वरस्य
मूर्तीर्भूम्यादिका या जगद्धुत्ता इ·············(l.20)भवान्नित्यं यदुपकरोति
तत्किं सुरैः न तान्नमस्यामः तुभ्यमेव नमः ॥ 37.

‿‿ ‿ ‿‿‿--(l.21)‿रितै-
र्विनमन्मुखश्चिरमभूद्वचनैः .
न परीच्यतां कथमसौ पृथिवी-
परिपा[ल]-‿‿‿--(l.22)‿‿कम् ॥

अक्षमोक्तैः पू[र्वोक्तै]र्वचनैस्स्तवै···················(l.23**16[1]) 38.

* * * * * * * * * * *[2]

1 Ms. ठु. रा. वि. vertically on margin.

2 Copyist's remark—इत ऊर्ध्वं द्विशाणि पत्राणि प्रायो गलितानि.

[चतुर्थः सर्गः]

* * * * * * *[1]

ह्रांमदभृतोप्यवयमन्यमाने ।
देवस्स तार्क्ष्ये इव वाजिनि वासुदेवो
हन्तव्यमृत्युमुखसंमु[खदुष्टसत्वः].(1.1)

स वासुदेवस्तेन भ्रात्रान्वितो निरगात् कीदृशः सुखा सुखावहा गति- र्यस्य तस्मिन्नश्वे निषण्ण[ः मत्तह](1.2)स्तिनो जितवति हन्तव्यानि मृत्युमुखा- नि संमुखं दुष्टसत्वानि येन सः. मृत्युमुखानीति दुष्टसत्व········(1.3)- पः. यथा तार्क्ष्ये गरुडे निविष्टो वासुदेवो नारायणो निरगात् नागो भुजगाः दुष्टसत्वा दैत्याः शोभना [ग](1.4)तिर्यस्येति च ॥ 1.

एतच्च कौतुकविधायकमादिदेवो
यच्चाद्रिवासरुचिरेति किरातलीलाम् ।
चित्रीयते त्व(1.5)वनधीरपि वासुदेवो
लीलाकिरातसरणिं स यदाललम्बे ॥

अद्रिवासे रुचिर्यस्य स आदिदेवो गिरि[शो] (1.6)यत्किरातरूपमवहत्त- आश्चर्यम् अद्रिस्थानां किरातग्रहणोपपत्तेः इदं तु चित्रीयते आश्चर्यं भव-

---

1 Copyist's remark at the top of the page—अस्य पतस्य स्थानं सम्यक् निश्चेतुं न शक्यते. 2 Restore भ्रात्रान्वितः सुखगतौ निरगात्त्रिपरथो नागान्सहा° . 3 Ms. हृतं° . 4 Ms. नाना . 5 Read किरातरूपम्° .

[ति] (l.7)यभवनेवीर्यस्य अवने रक्षणे वीर्यन्येति च स राजा लीलया चिरा-
त्तत्वमग्रहीत् . चित्रकं आश्चर्ये इति क्यच् ॥ 2.

सर्वा[भिरेव] (l.8)मृगजातिभिरेकमत्यं
निर्माय मानमवधीर्य पशुत्ववृत्त्या .
अग्रे विसृष्टमभयार्थितयेव रंहः-
स[र्वस्वभूत](l.9)महरन्नृपतेस्तुरङ्गः ॥

पशुभावेन मानं त्यक्त्वा साम्मत्यं कृत्वा सर्वाभिर्मृगजातिभिरभया[र्थि-
तया] (l.10)प्रहितं सर्वस्वभूतवेगं राजाश्वोऽहरदित्युत्प्रेक्षा . अयमर्थः राजाश्वं
दृष्ट्वा मृगाणां वेगो नष्टः·········(l.11)हृते अभयाभिलापाद्राजाश्वस्य मृगै-
स्स्ववेगो दत्त इत्यर्थः ॥ 3.

स माविशद्वन[भुवं वनदेवतानां]
[संगीत](l.12)केपु दधतीं सुखितोपविष्टम् .
उन्मालकाय परिपूर्णफलैर्विमुक्तैः
प्रा[णैरिव]⏑ ⏑ ⏑ – ⏑ ⏑ – ⏑(l.13) यूथम् ॥

वनदेवतानां सङ्गीतेषु सत्सु निश्चलं सुखितयोपविष्टं मृगकु[लं]·····
·········(l.14)ष्टः अलस्संभाव्यते प्राणानां संपूर्णफलत्वादुन्मालकाय
प्रसाददे···र्थं[7] त्यक्तैः प्र[ाणैस्त्यक्त](l.15)प्राणो हि निश्चलो भवति ॥ 4.

आकस्मिकं निपतितं परमान्नपात्रे
पाषाणखण्डमिव – ⏑ ⏑ – ⏑ – – .(l.16)

---

1 Ms. धीर्य° to °ने lc. on margin. 2 Ms. धीय°. 3 Ms. °अन्.
4 Ms. क्यष् cf. Patanjali's Mahābhāshya on Pānini, 3.1.19 (नमोवरिवश्चित्रङः क्यच्)–क्यजादिषु प्रत्ययार्थनिर्देशः कर्तव्यः । नमसः पूजायाम् । वरिवसः परिचर्यायाम् । चित्रङ आश्चर्ये । etc. This sūtra is quoted by Jonarāja in his comm. on Shrikanṭhacharita, 16.48, as नमस्तपो(sic)वरिवश्चित्रङः क्यच्, thus doing away with Vārtika तपसः परस्मैपदं च on Pānini, 3.1.15. वरिवसः परिचर्यायामिति क्यच् occurs in the same at 19.38. 5 Ms. रंह°. 6 Ms. lc. mark but no lc. 7 Is it दानार्थं ?

------ ‿ ‿ . ‿ ‿ ‿ णविभ्रमवाप्य वाजि-
कोलाहलं मृगकुलानि मुखान्यधुन्वन् .

..............(l.17) 5.

[Lines 18 to the end of page missing](*)

र्थो मृगाणां प्रसाद इव फल इत्यर्थः ॥ 6.

नीलोत्पलभ्रमवशाद्भ्रमतामलीना-
मारादनूदितगताग(l.1)[त]या दृशैव .
उत्थानविघ्नजननीं श्रवणामृतौघे
मङ्क्त्वा स्थितां श्रवणशक्तिमिवोद्धरन्तः ॥

दृष्टौ नीलोत्प(l.2)लमिति भ्रमतां भ्रमराणां गतागतानुवादिन्या. गीतिप्रियत्वादितिभावः. दृष्ट्यैव श्रुतिशक्तिमिवोद्धरन्तः(l.3) श्रवणामृतप्रवाहे निमज्ज्य स्थितामुत्थाने विघ्नं कुर्वतीम आकर्णनामृते मग्नां श्रुतिशक्तिमुद्धर्तुमिव दृ(l.4)ष्टिं व्यापारयन्तीत्यर्थः. यश्च घटादिकं कूपादिकादुद्धरति स गतागतानि करोति ॥ 7.

तालोद्गमैः खुरपुटा(l.5)हननेन भूमे-
र्ग्रैवेयगुञ्जितगुणेन च वाहनानाम् .
वीक्ष्यास्यमात्रमपि किंपुरुषभ्रमेण
गन्तुं व्यलम्बिष(l.6)त मन्दधियः कुरङ्गाः ॥

भुवः खुरघातेन तालोच्चारणैरश्वानां ग्रीवालङ्करणशब्देन चाश्वानां मुखमात्रद(l.7)र्शने गीतिप्रियत्वेन. दृशोनन्यव्यापारत्वं हेतुः. गायतां मुखानि लोकाः पश्यन्तीति वस्तुस्थितिः. मुखमात्रद(l.8)र्शनेन किन्नरभ्रान्त्या मन्दभया इव मृगाः ॥ 8.

1 Is it धात्रा ? 2 Ms. °द्धरन्तुमि°. 3 Ms. °श्यती°. 4 Add गन्तुं व्यलम्बिषत.

नानाविधश्रुतिसुखाहृतशब्दसार-
सारङ्गमांसरसनाभ्यस(l.9)नानुभावात् .
संक्रान्तगीतसमया इव सर्वगात्रे-
ष्वारेभिरे किमपि कर्णसुखं शबर्यः ॥

शबर्यः किरातव(l.10)ध्वः कर्णसुखं प्रारब्धवत्यः. नानाविधश्रुतिसुख-
कारी आहृतश्रुतश्शब्दसारो यैस्ते सारङ्गा मृगास्तेषां मांसस्य(l.11) रसनं
ग्रसनं तदभ्यासातिशयात्संक्रान्तः परिणतो गीतसमयो यासां ता इत्यु-
त्प्रेक्षा ॥ 9.

व्याधाङ्गनाभिर(l.12)थवा वनदेवताभि-
र्यद्गीयते किमपि तच्चरितं मदीयं .
किं हेतु कर्तृपदवीमिदमेति मृत्यो-
रित्येष भूप(l.13)[तिरदाद]भयं मृगेभ्यः ॥

किरातस्त्रीभिर्वनदेवताभिश्च किमपि लोकोत्तरं तत्प्रसिद्धं मदीयं च-
(l.14)[रितं गीयते] तन्मृत्योर्हेतु कर्तृत्वं किमेतीति स मृगेभ्योऽदादभयम्.
मद्गीतश्रवणश्रद्धयानपसरतां(l.15)............[म]रणद्वारं माभूदित्यभयं
ददावित्यर्थः ॥ 10.

प्राणावसानसमयेऽप्यपतिष्यमाने
दत्त्वा(l.16)

[Lines 17 to the end of page missing](* 17) 11.

°द्धर्वा रदैः कमलपत्रधिया च जिह्वाम् .
दूरावनम्रवदनोन्नमनः क्रमात्त-
मातृस्तनान्स जघान वराहशावान् ॥ (l.1)

---

1 Ms. °श्रमु°. 2 Ms. °समू°. 3 Copyist's remark at the top of the page—अस्य पत्रस्य स्थानं सम्यक् निश्चेतुं न शक्यते. 4 Restore दर्भाङ्कुराग्रसनया लिहतो मृणालबुद्ध्या.

दर्भाङ्कुरेषु मृणालभ्रान्त्या हेतुभूतया दर्भाङ्कुराञ्जिह्वया लिहतो जिह्वायां पद्मपत्रभ्रान्त्या जिह्वां दशनैर्लिह(1.2)तः दूरावनम्रैर्वदनैरुन्नमनात्क्रमेणात्ताः पीता मातृस्तना यैस्तान्वराहपोतान्स नावधीत् ॥ 12.

नैसर्गिकावि(1.3)चलवर्णगुणस्य यत्र-
निष्पन्नवर्णगुणसङ्गमसुत्यजेन ।
दिग्वाससेव कृशशास्त्रमुखेन देवो
बाधां द्विज(1.4)स्य शिखिनो विशिखेन नैच्छत् ॥

स्वाभाविकोऽविचलः स्थिरो वर्णगुणो नीलपीतादिर्यस्य द्विजस्य मयूरा(1.5)देः पक्षिणो राजा बाधां नाकरोत् केन यत्नेन निष्पन्नो निष्पादितो यो वर्णो गुणसंगमस्तेन हेतुना सुत्यजेन विशिखेन । वि(1.6)गलिता लुञ्चिता शिखा केशा यस्य तेन शिखिनश्चूडावतो द्विजस्य कस्यचिद्बाधां नेच्छति अविचलो वर्णो (1.7)ब्राह्मणत्वं गुणः पाठादिश्च यस्य यत्नेन निष्पन्नो वर्णगुणो ब्राह्मणगुणः पाठादिस्तेन सुत्यजः । कृशं शा(1.8)स्त्रं यस्य तन्मुखं यस्य अल्पशास्त्रज्ञेनेत्यर्थः ॥ 13.

यत्पुण्डरीकमवधीत्तत एव चन्द्रा-
पीडोयमित्यधिजगाम यश(1.9)स्स राजा ।
दूरं गतस्तु मृगयाव्यसनेन चित्रं
कादम्बरीं न मनसापि कदाप्यपश्यत् ॥

स राजा पुण्डरीकं व्याघ्रं(1.10)मुनिपुत्रं च यदहिंसीत्ततोयं राजा चन्द्रापीड इति प्रसिद्धिं प्राप्तवान् । चन्द्रापीडो राजा पुण्डरीकं मुनिपुत्रं हतवान्(1.11) अयं च पुण्डरीकं व्याघ्रं हतवान् इति चन्द्रापीड इति प्रसिद्धिं प्राप्त । आखेटकव्यसनेन तु दूरगतोपि मनसापि(1.12) कादम्बरीं मदिरां

1 Ms. °भ्रान्या. 2 Add तस्य. 3 Ms. °गुणस्ते°; सगम being lo. under l.5.
4 Ms. गोंनाड्रा°. 5 Ms. अ.

कादम्बरीं नाम स्त्रियं च न लब्धवान्. चन्द्रापीडेन राज्ञा कादम्बरी लब्धा अयं पुनश्चन्द्रापी(l.13)डोपि भवन्कादम्बरीं न लब्धवानित्यर्थः ॥ 14.

सुप्तो हरिः क्वचन भूपतिना गुहा[यां]
— ⏑ — ⏑ ⏑ ⏑ — ⏑ ⏑ ⏑ —[1](l.14)बभूवे .
दंष्ट्रानखप्रकरकेसरचन्द्रिकाया-
मूष्माणमात्मन इवा ⏑ ⏑ — ⏑ — —(?) .

............[सु](l.15)प्तस्सिंहो धनुर्गुणटाङ्कारैराहूतः दंष्ट्रा च नखप्रकराश्च..................(l.16)..................जहुवांबभूवे इति चिन्त्यम्..................(l.17) 15.

[Lines 18 to end of page missing](*)

[प्र]माष्ट्रम् ॥

स्वतन्त्रैस्स्वेच्छाकल्पितैर्वचनैस्स्वैरात्मीयैस्तन्त्रवचनैः कर्तृभिर्दुष्टसत्वसिंहादिरल्पसत्वश्च(l.1) [कुपुरु]षो महतां साम्यं यदि यन्नीयेत. समर्थनायां लिङ्. तेन साम्यनयनेन हेतुना स दुष्टसत्वो महद्भ्यो(l.2)[मरणं] सहते. लभते इति वा पाठः. तथा हि माणवकत्वेन रूढमसमैस्साम्यमेव मलं निवारयितुं सिं(l.3)हं सोवधीत्. सिंहो माणवक इति लक्षणाया उदाहरणं प्रसिद्धम्. ततो राजैवमिवाचिन्तयत् अ(l.4)हमपि बाल्ये माणवक एवासम् अतो मम च सिंहेन साम्यं जातं तन्मम मलमतस्तन्माष्ट्रुमहं(l.5) [सिंहमेव हन्]मीति सिंहो राज्ञा हतः सिंहे हते सिंहसाम्यं न केचित्कथयन्तीत्यर्थः ॥ 16.

प्राप्नोति साधु(l.6)[रूपमानतया] स्थितोपि
प्राणप्रयाणसमयेप्युपकारकत्वम् .

---

1 Ms. °द्रापी°. 2 Ms. °ह°. 3 Is it प्राजुहवांबभूवे ? 4 Ms. °मुष्मा°.
5 Restore–साम्यं स्वतन्त्रवचनैर्यदि दुष्टसत्वो नीयेत तेन मरणं सहते महद्भ्यः । सिंहं निजात्मनि स माणवकत्वरूढं राजावधीदसमसाम्यमलं प्रमाष्ट्रुम् ॥ 6 Ms. °क्षिद्°.

श्रुत्वा कदाचन नृपेण हि गौरिवेति(1.7)
प्राप्तः पुरोपि गवयो घृणया न जघ्ने ॥

उपमीयते येन तदुपमानम् तद्भावेनापि स्थितस्साधुर्म(1.8)रणावसरे-ष्युपकारं करोति तथा हि यथा गौस्तथा गवय इति पूर्वं श्रुत्वा पुरः प्राप्तोपि गवयो रा(1.9)ज्ञा न हतः कारुण्यात् ॥ 17.

पञ्चाननोहमभवं न ममाधुनास्ति
तत्पञ्चमं मुखमितीव भयाद्विधात्रा .(1.10)
दिङ्नागचक्रमपि पादतले विधातुं
पादाष्टकप्रकटनात्परिपूरितेच्छम् . 18.

भित्वा गते शरभमस्य(1.11) शरे सुदूरं
पुष्पाञ्जलिर्गगनतो भुवि यः पपात .
मन्ये स निर्वृतधिया दिवि राशिचक्र-
मध्यस्थिते(1.12)[न हरिणा?] ⏑ ⏑ – ⏑ – –[1]

.................सहं पञ्चाननः पञ्चसंख्यमुखस्सिंहश्च प्रागभवमद्य तु मम (1.13)....................पञ्चममुखस्य च्छेदात् अतः पञ्चाननत्वमनेन गोपितमिति भ(1.14).......................हन्तुमिच्छा पूरिता यस्य तं कुतः पादाष्टकनिर्माणात् तं शर(1.15)[भं].............[आकाशा]द्यः पुष्पाञ्ज-लिः पपात स नूनं हरिणा...[रा]शि...वि(1.16) 19.

[Lines 17 to end of page missing](**18)

तैश्शून्यं स्वेच्छया गृहीतं वरं वारणानां चक्रवालं यत्र तत् स्वच्छन्दं चारिणश्शिखिणो मयूरा वहन्यश्च(1.1) यत्र विहरन्तो मृगा यत्र राज्ञाभ-यदानादिति भावः ॥ 20.

---

1 Restore हरिणेव समर्थ्यते स्म. 2 Copyist's remark at the top of the page—अस्यापि पत्रस्य स्थानं न सम्यक् निश्चेतुं शक्यते । 3 Restore......शून्यम् । स्वेच्छा-गृहीतवरवारणचक्रवालं स्वच्छन्दचारिशिखि तद्विहरन्मृगं (?) ॥

आखेटिकाव्यसनिनो नृपतेर्विशेषा-
दायासि(1.2)ता इति गतैरतिमान्यभावम्.
अश्वैरवापि यवसावसरश्चिरेण
सर्पैस्त्वरण्यसुलभैः करभा ननन्दुः ॥

अश्वा(1.3) मया खेदिता इत्याखेटिकासक्तस्य राज्ञोत्यर्थं मान्यतां गतैरश्वैर्यवसेशनेवसरश्चिरेण प्राप्तः वनसु(1.4)लभैस्सर्पैर्हेतुभिरुष्ट्रा ननन्दुः. उष्ट्राणां सर्पाशनत्वात् ॥ 21.

नित्यानिमेषनयनत्वमयं विपाकं
दुष्कर्मणां(1.5) करभदर्शनतो विदित्वा.
पाणी पिधानपदवीमुपनीय काश्चि-
द्द्रष्टुं नरेन्द्रमपि नापुररण्यदेव्यः ॥

नित्यं(1.6) यदनिमेषाक्षत्वं तद्रूपं पापमुष्ट्रदर्शनान्मत्वा प्रथममस्माभिः करभो नूनं दृष्टो यतो निर्निमेषत्व(1.7)मक्ष्णां जातमन्यथाक्षि निमेषसुखं लभेत. उष्ट्रोदर्शनीय इति प्रसिद्धिः. अतो हस्तौ दृष्टेः पिधानत्वं(1.8) नीत्वा वनदेवता राजानमपि द्रष्टुं न प्रापुः ॥ 22.

वामेतरेण नयनेन च बाहुना च
कृत्वैकमत्यमिव नित्यमपि(1.9) स्फुरद्भ्याम्.
राजा निरुद्धनगरीगमनोद्यमोथ
प्रासादमुन्नतमकारयदप्यरण्ये ॥

सांमत्यमिव कृ(1.10)त्वानवरतमेव कम्पमानाभ्यां दक्षिणाभ्यां बाहुनेत्राभ्यामिव निरुद्धो नगरीगमनोद्यमो यस्य स राजा वने प्रासादम(1.11)कारयत्. सुनिमित्तदर्शनात्तेन वने प्रासादः कृत इत्यर्थः ॥ 23.

---

1 Ms. °सावर°. 2 Ms. °सुरभैः. 3 Ms. °रयसं.

इन्द्रः करोति मम किं सति वासुदेवे
मुञ्चा(l.12) ⌣ ⌣ तमवश्यममुष्यं भाग्यैः .
भावी वनेपि लवणाम्बुनिधिर्ममेति
प्रालेयशैलसुतमास्पद(l.13)नामिवासम् ॥ 24.

आत्ता मया हरिणजात्यभयप्रतिज्ञा
क्रीडाकिरातभयमप्यपसारयामि .
—(l.14)त्रस्यं तद्विधुमृगस्य नभोवनेस्मि-
न्दत्वेति निर्मितमिवातिशयेन तुङ्गम् ॥

वासुदेवे राज्ञि नाराय[णे] (l.15).........ति..........किं करोस्य-
..................[भू]पवासुदेवस्य भाग्यैर्वनमध्ये.........(l.16) 25.

[Lines 17 to end of page missing](*)

र्हि कम्पते. स्यात्प्रासादो वैजयन्त इत्यमरः ॥ 26.

स्थानस्य तस्य महिमानमसौ विदित्वा
तत्र प्रवेशमपरस्य नि(l.1)षिध्य देवः .
द्वित्राण्यहान्यनुबभूव महेभरामा-
वैधव्यभीतिभिषजं मृगयाविनोदम् ॥

तस्य प्रासादस्य मा(l.2)हात्म्यं ज्ञात्वान्यस्य तत्र प्रवेशं रुद्ध्वा स राजा महेभरामाणां हस्तिनीनां वैधव्यभीतेर्भिषजं निवारकमाखे(l.3)टकं व्यधात्. एकाक्येव वनेसाववसदित्यर्थः ॥ 27.

मध्याह्नमात्रमतिवाह्य मृगेन्द्रमुक्त-
मुक्तावलीसिकति(l.4)लासु वनस्थलीषु .

1 Ms. °मनुष्य. 2 Is it त्रस्तस्य° ? 3 i.e. अभयं. 4 Amara, 1.46.
5 Ms. °षयां. 6 Ms. °सावसदि°.

स प्राविशद्धवलवेश्म तुषारशैल-
भ्रान्त्येव शीतलतया विहिताधिवासं ॥

सिं(1.5)हमुक्तमुक्तासहितासु वनभूमिषु मध्याह्नमतिवाह्य स धवलप्रा-
सादं प्रविष्टवान् हिमाद्रिरिति भ्रान्त्येव(1.6) शैत्येन कृतस्थानम् ॥ 28.

द्वारान्त एव विनिवारितवारणौघं
घर्माम्बुशीकरकरम्बितहारदामा ।
स्वाम्यन्तराश्रय(1.7)णदूषणहीनभाग्य-
मात्रानुगस्स शयनीयगृहं विवेश ॥

घर्माम्बुमिश्रितहारमौक्तिकस्स द्वारान्त एव(1.8) निरुद्धहास्तिकं शय्या-
गृहं प्राविशत् स्वाम्यन्तराश्रयणेन दूषणं निन्दा तेन हीनानि भाग्यमात्रा-
(1.9)ण्येवानुगा यस्य सः ॥ 29.

अतः प्रभृति तं वीक्ष्य भूपतिरित्यन्तं कुलकम् ॥

उद्विग्नमप्यवनताद्वनमध्यत(1.10)ल्पा-
दारुह्य तुङ्गतममास्पदमात्तनिद्रम् ।
नारायणं स्वयमिवैक्षत सेव्यमानं
गूढं श्रिया स्वशयनीयग(1.11)तं कथञ्चित् ॥

अब्धिवासेनोद्विग्नमतोऽप्यवनताज्जलमध्यशयनात्प्रासादमारुह्य ल-
ब्धनिद्रं स्वयं नाराय(1.12)णं गूढमलक्ष्यया लक्ष्म्या सेव्यमानमिवोत्सु-
रप्रेक्षां कंचित्पुरुषं स दृष्टवान् ॥ 30.

आमन्त्रिताम्बुधरजङ्गम(1.13)चन्द्रशाला-
वातायनक्षणिकशक्रशरासनाभिः ।

1 Ms. °म्भुषे°. 2 Ms. °हस्ति°. 3 Ms. °ताज्जाल°. 4 Ms. °ध्यान°. 5 Ms. °मिवे-
क्षुत्प्रेक्षा° crossed after °णं. 6 Ms. मि° to °त्ता ls. under l. 12.

दत्तद्युयानपरिखिन्ननिषण्णशक्र-
शङ्का[भिरा(l.14)भरणदी]धितिभिर्विभान्तम् ॥

अम्बुधरा एव जङ्गमचन्द्रशाला वातायनानि तेपु क्षणिकमिन्द्रचा-
पमासूत्रि(l.15)·············तथा द्युयानेनाकाशगमनेन··············स्य
श[ङ्का] दत्ता याभिस्ताभिर्भूषणदीप्तिभिश्शोभ(l.16) 31.

[Lines 17 to end of page missing](**19)

द्रेरं मुक्ताहारं धारयन्तम् अतस्संभाव्यते कान्त्यतिशयानुरक्तया ना-
कलक्ष्म्या निजकण्ठा(l.1)दवरुह्य दत्तताराभयभूषणम् ॥ 32.

हारान्तरालगतनायकपद्मराग-
व्याजेन बिभ्रतमि(l.2)वानुगतं ग्रहोघैः .
केनापि कारणलवेन गतं द्युवीथीं
भूमेरुपायनकृते [स्व]तनूजमेव ॥ (l.3)

हारमध्यस्थितस्य नायकभूतस्य पद्मरागस्य व्याजेन भूमेस्स्वतनुजमेव
भौममेव बिभ्र(l.4)न्तम् . कीदृशं सग्रहगणं भूमेर्मातुस्सकाशाद्द्युमार्गमारूढं .
कुत इत्याह केनापि का(l.5)रणांशेनोपायनार्थम् . भूम्या दिवो दूर्पणार्थं भौम
एव विसृष्ट इत्यर्थः ॥
33.

केयूर(l.6)योः कटकयोश्च निवेशितानां
ज्योतिर्भरैरुभयपार्श्वगतैर्मणीनाम् .
निर्विघ्नमम्बरगतागत(l.7)सिद्धिहेतोः
सन्दर्भयन्तमिव चित्रशिखण्डिभावम् ॥

---

1 Ms. °शजाद°. 2 Copyist's remark at the top of the page. पत्रेस्मिन् लेखकान्तरप्रतीतिः. 3 Ms. °न्त्याति°. 4 Sic. अवरोप्य. 5 Ms. °संता°. 6 Ms. °रुपान°. 7 Ms. °तानुज°. 8 Ms. °मोम°. 9 Ms. °भ्रत°. 10 Ms. °पायार्थ°. 11 Ms. °योः च°. 12 Ms. °मस्तर°.

ऽंगदयोर्वलययोर्विषययोः(I.8) स्थापितानां रत्नानां पार्श्वद्वयगै रश्मि-
भिर्हेतुभिर्निर्निरोधमाकाशगतागतार्थं चित्रस्य शि(I.9)खण्डिनो मयूरस्य स-
प्तर्षीणां च भावं प्रकाशयन्तम् ॥ 34.

संवर्धमानमृगदावरतेर्न(I.10)रेन्द्रा-
दुन्मोचनीयमखिलं भवता कुलं मे.
भूत्वा द्विधाभमिव कुण्डलकान्तिभङ्ग्या
कर्णद्व(I.11)ये गुहशिखण्डभृतोच्यमानम् ॥

अतिमृगयाव्यसनाद्राज्ञो मद्वंशस्त्वया रक्ष्य [इति] (I.12) कुण्डलद्वयस्य
व्याजाद्रूपद्वयं कृ[त्वा]······[म]यूरकलद्व(?)······नम् ॥ 35.

व्यो[मपथा](I.13)णसुलभश्रमया मुखेन्दुं
संस्पृश्य लब्धरसया च सलज्जया च.
चूडामणेरभितया नि(I.14)शयेव भासां
संबध्यमानदृढनिद्रमुषर्मुखेपि ॥

प्रभातेपि············संबध्यमाना(I.15) दृढा निद्रा यस्मिंस्तमित्युत्प्रे-
क्षा. विषयिण्या निशाया: संभावने विषयमाह चूडाम(I.16)णेरभितया
श्रीत्येति. निशायाः कथं तत्र निद्रेत्याह व्योम्नि प्रयाणे सुलभः श्रमः खेदो
यया(I.17) उषया मुखचन्द्रं स्पृष्ट्वा लब्धशृङ्गाररसया च सलज्जया च. उष-
र्मुखेपीत्युषरशब्दो रेफा(I.18)न्तः प्रायो न दृष्टः ॥ 36.

पुष्पस्रजाममरलोकभुवामु[पास्ति]-
मारब्धवद्भिरलिभिर्मधुरं(I.19) ध्वनद्भिः.
विद्याधरोयमिति कैश्चन मूर्तिमद्भि-
र्वि[द्याक्षरै]रिव [समा]श्रितयामिक[त्वम्]॥(I.20*)

1 Ms. °काशयितुम्. 2 Is it °मृगयाभिरते° ? 3 Ms. द्विधेभ्रमि° 4 Ms. °द्राजा.
5 Ms. °नमो. 6 Ms. °भश्रम°. 7 Ms. °खेन्द्रं. 8 Ms. भागा.
9 Ms. °रपित°. 10 Ms. उपासु°. 11 Sic. 12 Ms. °धरोय°.

नाकोत्पन्नानां पुष्पमालानां सेवां कुर्वद्भिर्यतो मधुरं ध्वनद्भिर्भ्रमरैर्हेतु-भिरेष बिद्याधरो(1.1) भवतीति हेतुना मूर्तैर्विद्याक्षरैरिवाश्रितं यामिकत्वं यस्य ॥ 37.

द्रष्टव्यदर्शनमयं फलमा(1.2)प्तकाल-
माहर्तुमीक्षणयुगं मनुजेश्वरस्य.
आनन्दबाष्पजलनामनि सिद्धतीर्थे(1.3)
शुद्धिं नयन्तमिव तत्समयावतीर्णे ॥

प्राप्तकालं द्रष्टव्यस्य दर्शनरूपं फलं नि(1.4)रूपयितुं तत्कालजाते हर्षाश्रुतीर्थे राज्ञो[4] नेत्रद्वयं शुद्धिं प्रापयन्तम्. तीर्थजशुद्धिप्राप्तव्यं(?) लभ्यते ॥(1.5) 38.

तं वीक्ष्य भूपतिरचिन्तयदेष ताव-
दस्वप्नतां व्यभिचरत्यथ शेषशायी.
देवोयमेतदपि(1.6) नास्ति स दृश्यते यैं-
स्तेषां भवन्ति नहि दिव्यदृशां विकल्पाः ॥

राजैवमचिन्तयत् एष पु(1.7)रुषोस्वप्नतां देवत्वं व्यभिचरति. देवा हि निद्रारहिताः. अस्वप्नतां व्यभिचरति सु(1.8)प्त इति च. [दे]वोपि हरि-स्स्वपतीत्याह अथ शेषशायी देवो हरिरयामित्येतदपि नास्ति यतो यैस्स हरिर्दृश्यते(1.9) तेषां दिव्यदृशां सतां विकल्पः कुतः. सुप्तत्वाच्छेषशायीति विकल्पः ॥ 39.

गन्धर्वसिद्ध(1.10)गणकिन्नरलक्षणानि
नात्रासते न च मनुष्यविशेषमेनम्.
संभावयामि न(1.11) च वैश्रवणस्य योपि
ध[र्ता] नरः स्पृशति सोपि ममोपधानम् ॥

---

1 Ms. याचि°. 2 Ms. °मौ° crossed after नि°. 3 Ms. निधूप°. 4 Ms. राज्ञा. 5 Is it °शुद्ध्या प्रा° ? 6 Ms. यैः ते°. 7 Ms. °कल्पः. 8 Ms. °जैवं चि°. 9 Ms. °वों° to °ह lc. on margin.

गन्धर्वादीनां लक्ष(1.12)णानि नास्मिन्वर्तन्ते न चैनं विशिष्टं मनुष्यं संभावयाम्यहम् कुबेरस्य यो वहन(1.13)भूतो नरस्सोपि मम प्रतीति[1] (?). 40.

नागोपि नाय[मुरग]त्वविभिन्नयापि
मूर्त्या न हि व्य(1.14)[भिच]रन्त्यहयः फणित्वम् .
लोभस्वभावमलिना खलु जातिरेषा
रत्नं वराकधनव(1.15)द्विजहाति नाङ्गात् ॥

उरगत्वात्पुच्छादिमत्वाद्विभिन्नयापि मूर्त्या मूर्त्यन्तरेणाप्ययं(1.16) न नागः तथा हि नागाः फणान्न त्यजन्ति. हेत्वन्तरमप्याह एषा जातिर्नागं-जाति(1.17)र्लुब्धा स्वाङ्गाद्रत्नं न त्यजति अतः वराकधनवदित्युपमा ॥ 41.

विद्याधरत्वमपि यद्विज(1.18)पादलेप-
कौलेयकाञ्जनमलत्रयकल्मषं स्यात् .
तत्तावदस्य न भवत्यथ यः प्र(1.19)कार-
स्तुर्यस्तमस्य मुखदर्शनतो विधास्ये ॥

पादलेपखड्गाञ्जनमलत्रयेण क(1.20**26)ल्मषं यद्विद्याधरत्वमपि स्यात्तदप्यस्य न तावद्भविष्यति अथ यो विद्याधराणां चतुर्थः प्रकार(1.1)-स्तमप्यस्य मुखदर्शनात्करिष्यामि ॥. 42.

ध्यात्वेति सान्ध्यशतपत्रसगोत्रमास्यं
व्यात्तं मनागवलुलो(1.2)कयिषोस्तदीयम् .
उर्वीपतेर्गगनसागरकेलिनावा
लीनं तले गुलिकया चरणाङ्गुली(1.3)नाम् ॥

---

1 Ms. a lc. mark after °तिं, but no lc. 2 Ms. रैले. 3 Ms. °चस्य, crossed after °स्य. 4 Ms. °सर्ष°. 5 Ms. has पृ. रा. क. १ vertically on margin. 6. Ms. कल्मार्ष. 7 Ms. °केङ्गुलि°.

सान्ध्यं किंचिद्विकसितं यच्छतपत्रं पद्मं तस्य सगोत्रं सदृशं मनाग्व्यात्तं विकसितं तदीयमा(1.4)स्यं द्रष्टुकामस्य राज्ञः पादतलं गुलिकया लीनं . भावे क्तः . गगनमेव सागरस्तत्र केल्य(1.5)र्थं नावा . गुलिकाविद्याधरा गुलिकाप्रभावाद् व्योमन्युड्डयन्ते ॥ 43.

संस्पृष्टमात्रचरणश्च तया(1.6) स दध्यौ
भूयोपि शेखरमणिः प्रतिभावनानां .
त्वं संदिहानमिव मानस मा स्म भूर्मे
विद्या(1.7)धरोयमिति तेस्तु दृढा प्रतीतिः ॥

तया गुलिकया स्पृष्टपाद एव स प्राज्ञानामग्रणीः पु(1.8)नरपि चिन्तितवान् हे मानस त्वं कर्तृ संदिहानं संदेहवन्मा स्म भूः यतोयं पुरुषो विद्याध(1.9)र एवेति निश्चयस्तवास्तु ॥ 44.

इन्द्रादिपूजितगरिष्ठदृढप्रभाव-
बाणावलीप्रसवनर्म(1.10)दया मदीये .
अस्मादवश्यमनया वदनेन्दुबिम्बा-
न्निर्गत्य विन्ध्य इव केलिगृहे निपेते ॥(1.11)

इन्द्रादिभिः पूजिता गरिष्ठाः दृढा ये प्रभावास्त एव बाणास्तत्पङ्क्त्याः प्रसव उत्पादने नर्मदया(1.12) नद्या विन्ध्यपातिन्या . नर्मदाया हि बाणाः प्रभवन्तीति प्रसिद्धिः . अनया गुलिकयास्य विद्या(1.13)धरस्य मुखचन्द्रान्निर्गत्य विन्ध्यसमे मदीये लीलावासे पतितम् ॥ 45.

एवं विकल्पयति(1.14) भूभुजि भूभुजिष्या-
स्वेच्छाप्रकाश्यरमणीयपदार्थसार्थे .
विद्याधरस्स बुबुधे [च मदीय]व(1.15)क्त्रा-
द्भ्रंश सिद्धगुलिकेति ससम्भ्रमीच ॥

---

1 Ms. वृष्ट्नाकाश°. 2 Ms. भून्मे. 3 Ms. अतो°. 4 Ms. °रिष्ट°.
5 Ms. इन्दा° . 6 Ms. °रिष्ठा. 7 Ms. ससम्भ्रमीश्च.

भूरेव गुलिका शारी तया स्वेच्छया गर्भेकं ग(1.16)म्यया रागिणा: पदार्थसार्थो यस्य तस्मिन्राजनि एवं विकल्पान्कुर्वति सति विद्याधरः(1.17) प्रबुद्धः मन्मुखाद्गुलिका पतितेति च ज्ञातवान् संभ्रान्तश्चाभूत् ॥ 46.

भूपालतिग्मरु(1.18)चिपादतिरोहितायां
तस्यां मनःकुमुदशाश्वतचन्द्रिकायाम् .
कष्टं नभश्चरशशी स्फुट(1.19)लक्ष्यमाण-
शङ्काकलङ्कमतिपाण्डुमुखं बभार ॥

नभश्चरो विद्याधर एव शशी मुखं स्फुटं(1.20) लक्ष्यमाणश्शङ्काकलङ्को यस्य तदवहत् यतोतिपाण्डुरम कदा तन्मन एव कुमुदं तस्य नि(1.21*)त्यज्योत्स्नायां गुलिकायां राजपाद एव सूर्यस्तेन च्छादितायां सत्यां. रविपादच्छादितायां ज्योत्स्ना(1.1)यां सत्यां चन्द्रो दृश्यकलङ्कं मुखमभिमभागं वहति ॥ 47.

शून्याशयस्य वहतो वदनं विरूपं
सन्त्येव(1.2) तस्थुरिव नास्य विभूषणानि .
विच्छायतामुपगते तुहिनांशुबिम्बे
व्योम्नि स्थितान्यपि हि नैव विभान्त्युडू(1.3)नि ॥

शून्यहृदयत्वाद्विच्छायं मुखं दधतोस्य वर्त्तमानान्यपि भूषणानि न तस्थुरिव चन्द्रे म्लाने व्यो(1.4)मस्थान्यप्युडूनि नैव शोभन्ते ॥ 48.

उत्तिष्ठता धरणिपालमनेन दृष्ट्वा
व्रीडाभरादवनताननताम(1.5)वाप्य .
ऊर्ध्वे गतेरवसरस्सकलस्समाप्त
इत्याशयेन वसुधेव परीक्ष्यते स्म ॥

शयनादुत्तिष्ठता(1.6) विद्याधरेण राजानं दृष्ट्वा लज्जाभरान्नतमुखत्वं प्राप्याकाशगमनार्थं सकलः कालो गत इति(1.7) भावेनेव भूरीक्षिता ॥ 49.

---

1 Ms. सनः°, 2 Ms. राजपा°. 3 Ms. °शयास्य.

वाक्शक्तिमेव सकलामपि तस्य हृत्वा
निस्संशयं गुलिकया निरगा(1.8)मि वक्त्रात् ।
वीक्ष्याननं नरपतेरनुरुध्यमानः
किञ्चिद्विवक्षुरपि यन्न किमुप्यवाच ॥

नूनं सर्वा(1.9)मप्युक्तिशक्तिं हृत्वा अस्य मुखाद्गुलिकया निर्गलितम राज्ञो मुखं दृष्ट्वा सानुरोधस्स यतः किंचिदपि(1.10) वक्तुकामः किमपि नावदन् ॥ 50.

मन्येनुभूय गुलिकाचिरसाहचर्यं
याता क्व सेति सहसैव गवेषणाय ।(1.11)
भाग्यानलप्रशमभस्मकणायमानै-
र्दन्तांशुभिः प्रसृतमस्य मुखाद्विवक्षोः ॥

वक्तुकामस्य(1.12) विद्याधरस्य मुखाद्दन्तांशुभिः प्रसृतम् , भावे क्तः . अतस्संभाव्यते गुलिकया सह चिरं स्थिति(1.13)मनुभूय गुलिकाया गवेषणायान्वेषणार्थं सा गुलिका क्व गतेति . कीदृशैः भाग्यान्येवानलः(1.14) तस्य प्रशमेन भस्मकणसदृशैः ॥ 51.

यो मानमात्रकधनस्स किमन्यतोपि
स्वप्नेपि नाम शृणु(1.15)यादवमानवाक्यम् ।
अभ्यासखण्डनभयादिव मानिताया-
स्तस्यावमानवचनश्रवणं ह्यपथ्यम् ॥(1.16)

यो मानैकधनस्सोन्यस्मादपि स्वप्नेपि अवमानवचनं किं शृणुयात् अपि शब्दात्स्वस्यावमानं किं शृणुयादि(1.17)त्यर्थः तस्य मानिनो मानिभावस्य योभ्यासस्तत्खण्डनभीत्येवावमानवचश्श्रवणं ध्रुवमपथ्यमयु(1.18)क्तम् ॥ 52.

पृथ्वीपतिर्यदवनम्रमुखं विवक्षुं
तं वीक्ष्य भीत इव मा स्म मुखादमुष्मात् ।

1 Ms. किंचेद. 2 Ms. °प्रसभ°. 3 Ms. °न्ताशु°. 4 Ms. °कणाम्र°.
5 Ms. °स्यौत्र°. 6 Ms. °मुष्या°.

कार्पण्यगी(1.19)रमृतदीधितिबिम्बमध्या-
दुल्केव निष्पतदिति त्वरितं बभाषे ॥

अवमानश्रवणाभावमुदा(1.20)हरति. यद्यस्मात्तं विद्याधरं नम्रमुखं वक्तुकामं दृष्ट्वा स राजा भीत इव विद्याधरस्य मुखादमुष्मादम(1.21)होत्क्र-पणवाक् चन्द्रमण्डलादुल्केव मा स्म पतदित्यतस्तूर्णं भाषितवान् ॥ 53.

मान्येन घर्मविव(1.22**21)शेन तथान्तरिक्षा-
देत्यान्वभूयत सुपुप्तदशाप्रवेशः.
एषा यथा सकलमङ्गलकोश(1.1)मुद्रा
याता न सिद्धगुलिकेव न यामिकत्वम् ॥

मान्येन विद्याधरेण तापाकुलेनाकाशादेत्य(1.2) स्वापस्तथानुभूतः यथा मङ्गलमेव कोशस्तस्य मुद्रेयं सिद्धगुलिकेव यामिकत्वं न न प्रापद(1.3)पि तु प्रापत्, एवं राज्ञा गुलिकायाः प्रकाशनं कृतम् ॥ 54.

एतावतेव नृपतेर्वचनामृतेन
संपू(1.4)र्णकर्णकुहरस्य नभश्चरस्य.
राहोर्मुखादिव विनिर्गतमिन्दुबिम्बं
तत्कालमेव ददृशे मुखम(1.5)न्यदेव ॥

इयन्मात्रेणैव राज्ञो वाक्यामृतेन पूरितकर्णस्य विद्याधरस्य मुखमन्यदेव तत्काल(1.6)मेव दृष्टम् अतो राहुमुखान्निर्गतं चन्द्रबिम्बमिव ॥ 55.

आदाय तां क्षितिपतेश्च सुधांशुले(1.7)खा-
मम्भोनिधेरिव स खेचरचक्रवर्ती.
प्रारम्भचर्वितविषादविषावतीर्णां
पीडां विधूय(1.8) परमेश्वरतामवाप ॥

---

1 Ms. has पृ: वि. २६ vertically on margin. 2 Ms. त्रिवविवशे°. 3 Ms. °मिन्द्र°.

समुद्रादिव राज्ञश्चन्द्रलेखामिव तां गुलिकां गृहीत्वा प्रथमम(1.9)नु-
भूताद्विपादादवतीर्णो प्रथमदु:खजातां पीडां त्यक्त्वा स दिविपदग्रणीः पर-
मेश्वरभा(1.10)वं विद्याधरत्वं प्रापत्. विपपीडां त्यक्त्वा परमेश्वरश्च समुद्रा-
दिन्दुलेखामग्रहीत् ॥ 56.

राजान(1.11)मित्थमवदच्च महानुभाव
भावत्कमध्यवसितं मुनयो न विद्युः.
विद्याधराधिपतितां पतितां(1.12) पुरस्ता-
द्यत्पादयोरपि तृणाय न मन्यसे स्म ॥

स राजानमित्यवदत् हे महानुभाव मुनयो निस्पृ(1.13)हा अपि त्व-
दीयमध्यवसितमौदार्यं न जानीयुः त्वत्पादयोरग्रे पतितामपि विद्याधरचक्र-
वर्ति(1.14)तां त्वं तृणायापि नामंस्थाः ॥ 57.

दग्धोपि लोचनमुखेन महेश्वरस्य
कामं विवेश हृदयं पुनरेव(1.15) कामः.
एकं तु तस्य भवदाशयमात्रमेव
मन्ये महीमिहिर दुर्ग्रहमेकदुर्गम् ॥

दृष्टि(1.16)पथेन दग्धोपि कामो मन्मथो लोभश्च महेश्वरस्य चित्तं पु-
नरविशत् हे महीमिहिर भूमिसू(1.17)र्ये कामस्यैकमेव त्वच्चित्तमात्रमेव
दुर्ग्रहं दुर्गमस्ति. भवच्चित्ते एव कामो न वर्तते इत्यर्थः ॥ (1.18) 58.

कामानुयातमरिपंचकमन्यदाहु-
स्तस्मिञ्जिते तदपि ते पुरतो वराकम्.
प्राणाहुतीकृतव(1.19)तो जलधिं महर्षे-
र्नक्रादयः क्व गणनास्पदतामवापुः ॥

जना अन्यदरिपञ्चकं क्रोधादिकं(1.20) कामानुयातं काममनुसरदाहुः.

1 Ms. °तीर्ष. 2 Ms. °च्चिनमा°.

क्रोधादीनामग्रणीः काम इत्यर्थः. तस्मिन्कामेभिलाषे जिते(1.21) सति ते तव पुरस्तत्क्रोधादिपञ्चकं वराकमकिञ्चित्करम. अगस्त्यस्य समुद्रं पिबतो नक्रादयः(1.22) जलजन्तवः क्व गणनीयाः ॥ 59.

तत्किं ब्रवीम्युपचिकीर्षति मानसं मे
त्वा प्रत्यपीति धिगनीतिविदु(1.23")क्तिरेषा.
प्राप्योपमन्युमुनिना किल दुग्धसिन्धुं
क्षीराभिषेककलशेन मुनिः प्रसाद्यः ॥

त्वं यतो(1.1) जितलोभस्तत्किं ब्रवीमि जल्पितुमहमशक्त इत्यर्थः मम चित्तं तवोपकर्तुमिच्छतीत्येषानी(1.2)तिज्ञानामुक्तिः. शिवात्क्षीरसमुद्रं प्राप्योपमन्युना मुनिना कर्त्रा शिवः क्षीरकलशेन किं प्रसाद्यः ॥(1.3) यद्वा यत्त्वां प्रत्युपचिकीर्षति मे चित्तमित्येषानीतिविदुक्तिः वक्तुं नोचितमित्यर्थः प्रत्युपकारं मह्यं(1.1) न करोतीत्याशङ्कायामाह उपमन्युमुनिना क्षीराब्धिदोपि शिवः क्षीरकलशेन किल प्रसादनीयः(1.2). 60.

चिन्तामणेः कनकमध्यनिवेशनं य-
त्कल्पद्रुमस्य यदि वा जलसेकचिन्ता.
यत्प्रवृत्तिरुत वा सु(1.4)रभेस्तृणानां
या स्यादुदात्तहृदयानुपकर्तुमिच्छा ॥

यदुदारचेतसामुपकर्तुमिच्छा त(1.5)च्चिन्तारत्नस्य सुवर्णमध्ये स्थापनं तथा तत्कल्पवृक्षस्य जलसेकः तथा कामधेनोस्तृणानां प्रवर्तने यत्नार(1.6)-म्भः. वाक्यार्थरूपकम ॥ 61.

सद्भिस्तदप्युपकृतादपि कश्चिदंश-
स्स्वीकार्य एव लघुताशम(1.7)नाय तस्य.

---

1 Ms. °बीभ्यु°. 2 Is it शिवः ? or better, मूढः ? 3 Ms. कथा. 4 Ms. यद्वा to °नीयः lc. at the top of page in two lines. 5 Ms. °सुप°. 6 Ms. प्रवर्तिने lc. on margin.

नाग्राहि विश्वभयदे किल कालकूट-
व्याधौ हृते शशिकलाप्युदधेर्मृडेन ॥

यद्यप्यु(1.8)दाराश्रयाणां प्रत्युपकारार्थमसामर्थ्यं तथापि तस्योपकृतस्या-ऽलाघवार्थं कश्चिद्भागः कृतोप(1.9)कारात्स्वीकार्यो ग्राह्यः . विश्वभयधायिनि कालकूटव्याधौ वारिते सति शिवेन समुद्राच्चन्द्रस्य क(1.10)लापि न किं गृहीता ॥ 62.

एवं स्थिते किमपि यत्कथयामि नाम
तत्कार्यमेव भवता मदनुग्रहाय(1.11) .
धामत्रयीनयनभासितसर्वलोकः
किं चन्द्रमौलिरपि नेच्छति दीपदानम् ॥

कृतोपकारात्प्रत्यु(1.12)पकारो ग्राह्य एवं स्थिते सति यदहं वदामि तन्मत्प्रसादार्थं त्वया कार्यमेव . धामत्रयीयुक्तैर्नयनैः(1.13) प्रकाशितसमस्त-भुवनश्चन्द्रमौलिरपि दीपदानं किं न कांक्षति ॥ 63.

आकर्णयेदमनवद्य(1.14)मते मदुक्तं
विद्याधरः प्रसवितास्ति शाकम्भरो मे .
अस्यामरण्यभुवि तस्य ययौ तपोभि-
र्देवी(1.15) हिमाद्रितनया नयनातिथित्वम् ॥

हेनवद्य[मते] निरहंकारबुद्धे इदं मद्वचश्शृणु त्वम्(1.16) शाकम्भराख्यो मम पितात्रारण्यभूमावस्ति तस्य तपोभिर्हेतुभिरत्र देवी गौरी दृग्गोचर-(1.17)त्वं प्रापत् ॥ 64.

शाकम्भरीति च पितुर्मम कीर्त्तिहेतो-
र्नाम स्वयं वरदया सदयं तयात्तम्(1.18) .
भागीरथीति हि पदं सुरनिर्झरिण्याः
पुण्यानि शंसति पृथूनि भगीरथस्य ॥

---

1 Ms. पकर्तगरया. Is it तस्यापकर्तास्या ?

सदयं मम(1.19) पितुः कीर्तिहेतोर्गौरवया गौर्या स्वयमेव शाकम्भरीति नाम गृहीतम् गङ्गायां भागीरथी(1.20)ति नाम भगीरथस्य पुण्यानि बहूनि सूचयति ॥ 65.

किं भूयसा सततसंनिहितामरण्ये
ताम(1.21)त्र मज्जनयितुर्विदधुस्तपांसि.
विद्याधरेन्द्रनगरादतिसर्वकालं
तद्दर्शनाय करवा(1.22)णि गतागतानि ॥

बहुनोक्तेन किम. मत्पितुस्तपांसि देवीमत्रारण्ये नित्यसन्निहितां चक्रुः(1.23**22') अतिसर्वकालं जातु जातु तस्या दर्शनाय विद्याधरनगराद्गमनान्यागमनानि च करवाणि ॥(1.1) 66.

देवीप्रसादफलमद्य मयानवद्यं
पर्याप्तमाप्तमनवाप्तचरं पुरस्तात्.
नानुग्रहानभिमु(1.2)खीषु हि देवतासु
युष्मादृशो नयनगोचरमापतन्ति ॥

पूर्वमनवाप्तचरं देवीप्रसादफ(1.3)लं निर्दोषं संपूर्णं पुरः. प्राप्तम्. त्वद्दर्शनप्राप्तिरेव देवीप्रसाद इत्यर्थः. देवतास्वेव प्रसादपरा(1.4)सु त्वादृशां दर्शनं लभ्यत इत्यर्थः ॥ 67.

तद्वाहिनीं प्रहिणु यामवतीक्षणेऽत्र
कुन्तं निवेश्य भुवि(1.5) पृष्ठमवीक्षमाणः.
आरुह्य वाजिनमथ व्रज राजधानी-
मेतावतीमुपकृतिं कुरु मे द्वितीयाम् ॥(1.6)

तत्तस्माद्धेतोस्त्वं सेनां विसृज त्वं रात्रिक्षणे भूमौ कुन्तमायुधविशेषं

---

1 Ms. गङ्गया. 2 Ms. °रथे°. 3 Ms. has पृ. ग्रा. २७ vertically on margin. 4 Ms. °दमयम°. °फल° written above 'मय'. 5 Ms. पुरः lc. under 1.3. 6 Ms. °मवेक्षा°.

निधायाश्वमारुह्य प(l.7)श्चात्प्रदेशामपश्यन्राजधानीं गच्छेत्यंतांवतीमप्रतिम-
ञ्जीमुपकृतिं कुरु मे ॥ 68.

उक्त्वेत्यदृश्य(l.8)पदवीमुपयाति तस्मि-
न्विश्वम्भरापरिवृढः प्रणिधाय सैन्यम् .
दृष्ट्वा कुलस्य परमभ्यु(l.9)दयं कृतार्थो
देवस्स्वयं द्युमणिरस्तमयं प्रपेदे ॥

एवमुक्त्वा तस्मिंस्तिरोहिते सति स भूप(l.10)तिस्सेनां व्यसृजन् स्वकु-
लस्य महान्तमुदयं दृष्ट्वा कृतार्थस्सन्निव सूर्यो लोकान्तरमगात् ॥(l.11) 69.

भूमिं प्रविष्टवति कुन्त इवाथ भास्व-
त्युच्चैस्तरां लवणसिन्धुरुदच्छलच्च .
तत्रास्ति कारण(l.12)लवो न हि कश्चिदन्यो
राज्ञः प्रभावमहिमा स समस्त एव ॥

यथा कुन्ते तथा भास्वति(l.13) भूमिं प्रविष्टवति सति उच्चैस्तरां क्षार-
समुद्रो यदुच्छलितवांस्तत्रान्यो हेत्वंशो न विद्यते स स(l.14)र्व एव राज्ञो
[भूपतेश्चन्द्रम]सश्च प्रभावः ॥ 70.

अत्यद्भुतं किमपि कुन्तमुखेन कर्म
निर्मातुमु(l.15)त्कलिकयावतरङ्गितस्य .
वा— ⏑ — ⏑ पृथिवीपुरुहूतबाहो-
रन्यैव काचिदुदपादि तदा(l.16) स्फुरत्ता ॥

कुन्तेन किमप्यद्भुतं कर्म निर्मातुमुत्कण्ठयेव व्याप्तस्य··········
······(l.17)लोकोत्तरा स्फुरत्ता कम्पो जातः . उदपादीति कर्तरि लुङ् ॥ 71.

---

1 Ms. °च्छेतीता°. 2 Comm. right if the text is taken to be मेऽद्वितीयां; but मे द्वितीयां is better as the प्रथमा उपकृति is the restoration of the मुद्रिका. 3 Sic. Read प्रणिधाय. 4 Ms. माद्दा°. 5 Ms. चन्द्रस्य lc. on margin. 6 Restore वामेतरस्य पृ°.

वातायनादवततार ततस्तता(1.18)भि-
स्तत्काल आभरणदीप्तिभिरुक्तमार्गः .
स्वैरेव लक्षणगणैर्निज एव तेज-
स्युद्दीपिता(1.19)भिरिव मङ्गलदीपिकाभिः ॥

ततस्स राजा वातायनादवतीर्णस्तस्मिन्काले आभरणदी(1.20)प्तिभि-
र्दर्शितमार्गः राजा निजैरेव लक्षणैर्निज एव तेजसि ज्वलिताभिर्मङ्गलदी-
पिका(1.21)भिरिवेत्युत्प्रेक्षा ॥ 72.

आयानरत्नकिरणैः कचदाननाग्रं
द्वाराग्रतो झटिति वाडवमारुरोह .(1.22*)
सप्तार्णवीप्रसभपानपरेण धाम्ना
कामं तले लवणसिन्धुरिपुं गृहीतम् ॥

आयाने(1.1) वल्गायां रत्नांशुभिर्दीप्यमानमुखं हयं स द्वारादारोहत् ॥
सप्तसमुद्राणां प्रसभं पाने(1.2) परेण तेजसा हेतुना राज्ञा तले गृहीतं नूनं
लवणार्णवारिं वडवाग्निम् ॥ 73.

किं भूरिभिः(1.3) किमिति नात्र निधिं प्रसूषे
लावण्यसारमसि धात्रि तमेकमेव .
इच्छापि येन न भवत्य(1.4)परेष्वितीव
कुन्तेन भूमिमथ भूमिधरो बिभेद ॥

बहुभिः किं हे धात्रि येन करणभूतेना(1.5)न्येषु निधिषु इच्छापि न
भवति तमेकमेव लावैण्येन त्सारेण चै प्रधानं निधिं किमिति न प्रकाशय-
सीती(1.6)व राजा कुन्तेन भूमिं भिन्नवान् ॥ 74.

---

1 Ms. राजा lc. under 1.2. 2 'कचि दीप्तिबन्धनयोः' (Dhatupatha, Bhū-adi, 196), See Notes. 3 Ms. राज्ञा lc. under 1.3. 4 Ms. लवार्णं°. 5 Ms. इच्छामि, 6 Ms. लावणे°. 7 Ms. त्सारेण च lc. under 1.5.

नासापुटाननभुवो भुवनत्रयस्य
संबन्धिनस्समिव(1.7) भ्रमतस्समीरान् .
स्पर्धावशादनुगतेन ततो हयेन
प्रातिष्ठत प्रजविना नरलोकपा(1.8)लः ॥

नासापुटाभ्यामाननाच्च भूर्येषां तौ[1]त्रिभुवनस्य सम्बन्धिन इव समं भ्रमतो वायून्स्प(1.9)र्धावशादिवानुगच्छता वेगवताश्वेन स राजा प्रस्थानमकरोत् ॥ 75.

मध्येतमो रजसि दू(1.10)रमुदस्यमाने
रत्नांशुभिर्हरिरराजत सत्वराशिः .
द्रष्टा विमुक्तविकृतिप्रकृतिर्विशुद्धं (1.11)
स्वं पौरुषं दधदशोभत वासुदेवः ॥

तमसो मध्ये मध्येतमः अन्धकारमध्ये रजस्युदस्य(1.12)माने उत्थाप्यमाने रत्नरश्मिभिर्हयोशोभत सत्वस्य बलस्य राशिः तथा वासुदेवोशो-(1.13)भत . कीदृक् द्रष्टा पश्यन् तथा विमुक्तविकृतिः प्रकृतिर्यस्य तथा स्वं पौरुषं दधानः तथा(1.14) सत्वराशिर्धैर्यस्थानम् अथ च ह्‌········तमोगुणे············सत्वगुणस्य(1.15)·············निर्विकारप्रकृतिः वासुदेवश्च ॥ 76.

चन्द्रोदये गगनचुम्बितया स्थितत्वा(1.16)-
दृष्ट्वा हयं जविनमात्मसुतभ्रमेण .
पश्चादिवागतवतो जलधेस्समीपे
कल्लोलशब्द(1.17)मवनीरमणो न्यशाम्यत् ॥

चन्द्रोदये पश्चादागतवतो लवणसिन्धोस्तरङ्गशब्दं स राजा(1.18)शृणोत् . आगमने हेतुरुत्प्रेक्ष्यते वेगवन्तं वाजिनं दृष्ट्वात्मसुत उच्चैश्श्रवा इति भ्रमेण(1.19) . भ्रमः कुतो जात इत्याह आकाशव्यापित्वेन स्थितत्वात् ॥ 77.

1 Ms. तांत्रि°.

तेन स्मरन्नपि वचस्स नभश्चरस्य
कौतूह(1.20)लेन बहुलेन गृहीतकर्णः .
व्यावृत्तदृष्टिरनुगत्वरमैक्षत स्वं
पानीयतामिव यशो गत(1.21)मब्धिमध्यात् ॥

तेन तरङ्गशब्देन घनेन गृहीतकर्णश्श्रुतशब्द इत्यर्थः . भवता कुन्तं भूमौ (1.22**23)निवेश्य पृष्ठं न विलोकनीयमिति विद्याधरस्य वचस्स्मरन्नपि कौतुकेन निवर्तितदृष्टिस्स राजा(1.1) समुद्रनित्यनिवासाज्जलरूपतां प्राप्तं स्वमिव यशो दृष्टवान् ॥ 78.

यावत्किमेतदिति विस्मयवा(1.2)रिशय्या-
नारायणत्वमधिरोहति तावदेव .
विद्याधरस्स पुनरेव नरेश्वरं त-
मित्थं जगाद गग(1.3)नार्णवकर्णधारः ॥

गगनार्णवे कर्णधारो नाविको व्योम्नि संचरन्स विद्याधरस्तं राजानमेवं तावदवद(1.4)त् . एष नादः किंसंपन्न इति विस्मय एव वारिशय्या तत्र नारायणत्वं यावदाश्रयति . साश्चर्यः(1.5) इत्यर्थः . वर्तमानसामीप्ये इति लट्. अन्यश्च यावज्जले मज्जति तावत्कर्णधारः प्राप्नोति ॥(1.6) 79.

अक्रोधकुन्तकरणक्षतमोदमान-
पृथ्वीपुरंध्रिघनघर्मजलायमाना .
क्षेमङ्करी रणधुरा(1.7)सुहृदां हयानां
राजन्नियं लवणसिन्धुरवातरत्ते ॥

अक्रोधं कोमलतया कुन्तकरणेन क्ष(1.8)तं घातस्तेन मोदमाना तुष्यन्ती पृथ्वी एवं पुरन्ध्रिस्तस्या घनघर्मजलवदाचरन्ती युद्धभारो(1.9)द्वाहिनां

---

1 Ms. बह°. 2 Ms. has ६. रा. २८ on margin. 3 Ms. °वचत्. Is it अवोचत् ? 4 Pāṇini, 3.3.131. 5 Ms. एव lc. under 1.9.

तवाश्वानां हितेयं लवणसिन्धुरवतीर्णा. नखक्षतेन च वनिताया धर्मज-
लोद्भेदः ॥(l.10) 80.

यन्नाम किञ्चन पतिष्यति वस्तुजातं
क्षारत्वमेष्यति तदत्र समस्तमेव.
तेनाचरिष्यति न केव(l.11)लमेव कीर्त्ते-
र्यावत्प्रतापदहनस्य तवानुवृत्तिम् ॥

यत्किञ्चन स्वादुकटुकादि वस्तुजातमिह(l.12) लवणसमुद्रे पतिष्यति
तत्सर्वं कर्तृ क्षारत्वं लवणत्वमेति यत्तेन हेतुना न केवलं त्वत्कीर्त्तेरेवा(l.13)यं
लवणाम्भा अनुवृत्तिं करोति. त्वत्कीर्तिं शृण्वतामन्ये वृत्तान्ताः क्षारा इत्यर्थः
यावत्प्रतापाग्नेरप्ययं(l.14) लवणा·········नुवृत्तिं करोति दाह······
······कीर्तेरतिमाधुर्यादन्येषां वृत्तान्ताः क्षारा इवेत्यर्थः ॥ (l.15) 81.

इन्दोः कुलस्य यशसां वसतिः कुरूणां
क्षेत्रं पवित्रयति योजन[पञ्चकं तत्].
लोकान्तरे फलति(l.16) तत्फलवाननेन
लोकद्वयेपि भविता सवितुस्तु वंशः ॥

इन्दोः कुलस्य·········नां कुरूणां [तत्संब](l.17)न्धिनां यशसां
वसतिः स्थानं यत्क्षेत्रं कर्तृ योजनपंचकपरिमाणं लोकं पवित्रयति तल्लोका-
न्तरफलं द[दाति] (l.18). तुः पक्षान्तरे. अनेनं परिमाणेनेत्यर्थः लवण-
समुद्रेण तु सूर्यस्य कुलं सूर्यवंश्या राजानो लोकद्व(l.19)ये फलवन्तो भव-
न्ति. अयमर्थः कुरुक्षेत्रमृताः कुरवस्स्वर्गमात्रं लब्धवन्तः सूर्यवंश्यानां तु
लव(l.20)णाम्भा इह परत्र च फलप्रदः ॥ 82.

तदेव लोकद्वयफलदानं दर्शयति ॥

---

1 Ms. °स्सर्वे°. 2 Ms. °वेयं°. 3 Ms. त्वत्की°. 4 Ms. °न्ताला°.
5 Ms.° तिरया°. 6 Ms. °नाप°. 7 Ms. °सुर्य°.

यः पूर्वपुंभिरु(1.21)दखन्यत तावकीने-
रेकोपि तृप्तिमुपयाति न वाडवोस्मात् .
प्रीतिं विधातुमखिलेष्वपि [वाडवे](1.22*)षु
जातस्त्वदन्वयभुवां लवणाकरोयम् ॥

त्वदीयैः पूर्वपुरुषैस्सगरैर्यस्समुद्रः प्रागुत्खातस्तस्माद(1.1)कोपि वाडवो वडवाग्निर्न तृप्तिमेति त्वत्कुलजातानां संबन्धिषुं वाडवेष्वशेषु तृप्तिं कर्तुमयं त्वत्स्वातो लवणस(1.2)मुद्रो जातः ॥ 83.

आशापुरीति नृपते कुलदेवता ते
शाकम्भरी भगवती च मयि प्रसन्ना .
एते द्युसिन्धुय(1.3)मुने इव सर्वकालं
रक्षिष्यतो लवणवारिनिधिं मिलित्वा ॥

राजन्नाशापुरी नाम देवी तव कुलदेव(1.4)ता भवति . शाकम्भरी देवी च मयि प्रसन्ना भवति एते गङ्गायमुने इव मिलित्वा लवणाब्धिं रक्षिष्यतः ॥(1.5) 84.

आविर्भविष्यति विना भवदन्वयाय-
मन्यस्य कस्यचन नैष रसो नृपस्य .
और्वाग्निधूमभवमभ्रगणं हि(1.6) हित्वा
पातुं न कोपि तृषितः क्षमते पयोधौ ॥

भवत्कुलं विनान्यस्य कस्यापि राज्ञोयं लवणाम्भा न प्र(1.7)कटीभविष्यति . संभावनायां लृट् . वाडवधूमजातं मेघकुलं त्यक्त्वा को नु तृषितस्समुद्रे पातुं सम(1.8)र्थः . हित्वेति क्त्वाप्रत्यय.................... ॥ 85.

---

1 Ms. °तान्नां. 2 Ms. °न्धिष्ववां°. 3 Ms. त्वत्स्मातो lc. at the top of page.
4 Ms. °मद्द°. 5 Is it को°मदनु° ?

किं भूयसा स्फटिकशैल इवा(I.9)ष्टमूर्त्ति-
शिक्षाबलेन परिकल्पिततोयमूर्त्तिः .
अभ्यागतश्चरणयोस्तलमध्य यस्या-
श्शाकम्भरीति गि(I.10)रिजा तव सेयमग्रे ॥

बहुनोक्तेन किम्. अष्टमूर्त्तेस्सकाशाच्छिक्षा संप्रदायस्तद्बलेन परिक-
ल्पित(I.11)जलरूपः स्फटिकाद्रिरिव यस्याः पादतलमागतोध सेयं शाक-
म्भरी देवी तवाग्रे भवति ॥ 86.

एतां प्र(I.12)णम्य शिवशेखरचन्द्ररेखा-
मन्दाकिनीशिशिरपादयुगामिदानीम् .
निर्वापिताध्वगमनक्लमस(I.13)न्निपातः
पृथ्वीपुरन्दर पवित्रय राजधानीम् ॥

शिवस्य शेखरीभूते ये चन्द्रलेखामन्दाकिन्यौ तद्वत्ता(I.14)पहरपादद्व-
यामेतां गौरीं प्रणम्य शमितमार्गतापज्वरस्त्वं राजधानीं गच्छ ॥ 87.

उक्त्वेति विस्म(I.15)यसुधारसवर्षमेघो
बद्धाञ्जलिः मति[मुमोच स[1]]—⏑——.
राजापि तूर्णमव[रुह्य हयाद]यासी(I.16)-
——⏑—⏑⏑⏑—⏑[परी]क्षकत्वम् ॥

विस्मय एव सुधारसस्तस्य वर्षे मेघस्स विद्याधर इ(I.17)त्युक्त्वा ब-
द्धाञ्जलिस्सन्प्रैत्यमुञ्चत्. राजा च सद्योश्वादवरुह्याचम्य सलिलस्य परीक्षा-
मकरोत्(I.18) पुण्यं प्राप्तवान्पानादिनेत्यर्थः ॥ 88.

अथ शिवशिरश्चन्द्रज्योत्स्नाललाटविलोचन-
ज्वलनसततप्रत्या(I.19)सत्तिप्रभावकवोष्णयोः .

---

1 Ms. भमया. 2 Ms. 'पस्क'. 3 See Canto XII. 44, 49.

उपचितयशस्तेजाश्शाकम्भरीचरणाब्जयो-
रनतिनिकटे नीत्वा रात्रिं प्रगे न(1.20)गरीमगात् ॥

शिवस्य शिरसि चन्द्रज्योत्स्ना तथा ललाटे विलोचनाग्निः तयोर्नित्यं प्रत्यासत्तिस्तत्प्रभावेन(1.21) कवोष्णयोः. शिवो नित्यं शाकम्भरीं प्रणमतीत्यर्थः. शाकम्भरीपादयोरनतिसमीपे ....(1.22)........... राजोपचिते यशस्तेजसी यस्य स तथा सन्प्रातर्नगरीं गतः. यशस्तेजसोरुपचये कवोष्ण(1.23**24[1])देवीपादतलवासस्संभावित इति भद्रम् ॥ 89.

श्रीलोलराजसुतपण्डितभ(1.1)ट्टनोन-
राजात्मजो विवरणेन चतुर्थसर्गम्.
दुर्गं सुबोधमकरोदिह जोनराजः
पृथ्वीमहे(1.2)न्द्रविजयाभिधकाव्यराजे ॥

पृथ्वीराजविजये चतुर्थस्सर्गः ॥

---

1 Ms. पृ. ए. vertically on margin.

[पञ्चमः सर्गः]

लव(1.3)णाकरमाकर्ण्य स्ववंश्येनावतारितम् ।
रथाश्वानामिव प्रीत्यै सप्ताश्वो द्रुतमाययौ ॥(1.4)

स्ववंश्येन वासुदेवेनावतारितमुत्पादितं लवणसमुद्रं श्रुत्वैवाश्व[प्री]त्यर्थ-
मिव सप्ताश्वस्सूर्यो द्रुतमु(1.5)दितः ॥ 1.

शापं दशरथोप्यापदर्कवंश्यो मृगव्यया ।
अवाप्तानुग्रहो राजा स पुनः प्राविशत्पु(1.6)रीम् ॥

सूर्यवंश्यो दशरथोपि आखेटिकया शापं प्रापत् स तु राजा सूर्यवंश्यो
मृगव्यया(1.7) लब्धप्रसादो नगरीमविशत् ॥ 2.

शाकम्भरीप्रदेशे यदुद्गुस्तस्य कीर्तयः ।
अतो नोद्वे(1.8)गमाजग्मुः पुलिने लवणोदधेः ॥

शाकम्भरीप्रदेशो मरुभूमित्वात्क्षारः । तत्र यत्त(1.9)स्य यशांसि जा-
तानि अतः क्षाराब्धितटे तानि नोद्वेगमागतानि । क्षाररससात्म्यादिति
भावः॥(1.10) 3.

लवणाम्भोनिधेस्स्वामी क्षीराम्भोधिनिवासिनः ।
क्रमात्स वासुदेवस्य वासुदेवोन्तिकं ययौ ॥(1.11)

क्षीराब्धिवासिनो वासुदेवस्य निकटं स वासुदेवो राजा गतः । लवणा-
म्भोनिधेः(1.12) स्वामीति समीपगमनौचित्यार्थम् ॥ 4.

---

1 Is the text °मुपयौ ?. 2 Vālmīki, II. 63-64; Raghu, IX. 74-84.
3 Ms. °णाम्बो°. 4 Ms. °म्बोधेः.

भुवं शाकम्भरीदेव्या सनाथां पर्युपासते .
तद्वंश्यां(1.13)स्तेन भण्यन्ते सर्वे शाकम्भरीश्वराः ॥

शाकम्भरीपालितां भूमिं वासुदेवकुलजा यत्सेवन्ते(1.14) तत[स्ते शाक]-
म्भरीश्वराः कथ्यन्ते ॥ 5.

उ[त्तुङ्गै] ⏑ – [भास्व]न्मित्रैरहितवर्जितैः .
राजचन्द्रैरनन्ता भूः(1.15) समराजि महोत्सवैः ॥

तै राजचन्द्रैरनन्ता भूमिर्न ………………… अपि ………(1.16)-
त्यर्थः महान्त उत्सवा येषां तैरुत्तुङ्गैरुदारैः भास्वन्ति दीप्तानि मित्राणि श-
त्रुरहितैः(1.17). सर्वपदाश्रयः पुनरुक्ताभासः . उत्तुङ्गादीनां सर्वेषां पदानामा-
मुखे पुनरुक्तत्वात् ॥(1.18) 6.

जज्ञे तदन्वयोदन्वत्सुधांशुर्वसुधापतिः .
सामन्तराजस्सामन्तराजिकैरविणीरविः ॥(1.19)

वासुदेववंशसमुद्रचन्द्रो मंडलेश्वरपङ्क्तिकुमुदिनीसूर्यस्सामन्तराजनामा
[जज्ञे] (1.20) . छेकानुप्रासः ॥ छेकाः पङ्क्तिविशेषास्तद्वागुपलक्षितोनुप्रासः
दन्व ……………(1.21)कानामावृत्तेः ॥ 7.

सुपुवे जयराजं तं राजन्तं स जयश्रिया .
यं वीक्ष्याजौ विव[स्वन्तं वस्यन्तं प्रा](1.22*)प राजकम् ॥

विवस्वन्तं सूर्यसमं यं दृष्ट्वा रणे राजगणश्चन्द्रगणश्च वस्यन्तं तेजोनाशं
प्राप तं जयलक्ष्म्या शो(1.1)भमानं जयन्तराजनामानं पुत्रं स प्रापत् ॥
यमकं . तुल्यरूपयोस्समुदाययोरावृत्तेः ॥(1.2) 8.

नितान्तमुन्नतिमतो नेतुमानातिमाततास् .
तेने तेन नताश्चेतुमुन्नतिं मानिना मतिः ॥

---

1 Ms. °श्यास्तं°. 2 Ms. °चन्द्रै°. 3 Ms. °मानि. 4 Ms. °हितैम°. 5 Ms. °राज°.

तेन मानिना(l.3) जयराजेनोन्नतिमत उद्धताञ्नतिं नेतुं नमयितुं तथा नतान्प्रणमत उन्नतिं नेतुं वर्धयितुं निता(l.4)न्तं मतिः कृता ॥ व्यञ्जरो वृत्त्यनुप्रासः ॥ नकारतकारमकाराणां त्रयाणामावृत्तेः ॥(l.5) 9.

नतेनतेतेन तेन तेन तेन नतेन ते .
नते नते तेन तेन ते नते न नते नते ॥ 10.

इति स्तुतं कविवरैर्मुख्यं स(l.6)र्वमहस्विनाम् .
प्राप विग्रहराजं स ग्रहराजमिवात्मजम् ॥

नतेति निष्ठान्तं स्त्रीलिङ्गं प्रथ(l.7)मैकवचनं क्रियापदम् . इनतेति कर्मपदम्. इतेन तेनेति कर्तुर्विशेषणम्. तेन तेनेति कर्तृपदम्.(l.8) नतेनेति च कर्तृविशेषणम्. ते इति तच्छब्दस्य जसन्तस्य रूपम्. इति पूर्वार्द्धे पदविभागः. नते न(l.9)ते इति सप्तम्येकवचनान्तं पदद्वयम्. तेन तेनेति च तृतीयान्तम्. ते नते इति द्विवचनान्तं कर्तृप(l.10)दम्. नेत्यव्ययम्. नते नते इति द्विवचनान्तं पदद्वयम् ॥

तेन तेन पुरुषेण कर्त्रा ते तव सम्ब(l.11)न्धिनी इनता ऐश्वर्यं नता सर्वैस्त्वदैश्वर्यप्रणामः कृत इत्यर्थः. पुरुषेण कीदृशेन इता प्राप्ता(l.12) इनता स्वाम्यं येन तथा नमता. इति प्रथमार्धव्याख्येयम्. ते नते कर्त्र्यौ नते नते न भव(l.13)तः उन्नते उन्नते भवत इत्यर्थः ता लक्ष्मीः इनता स्वाम्यम् कस्मिंस्तेन तेन हेतुना नते नते प्रणा(l.14)मं कुर्वति पुरुषे ॥ सर्वतोभद्रम् ॥
चित्रमिदं खड्गादिसंनिवेशाहेतुवर्णा(l.15)............॥..................
...[कवि]न्द्रैः स्तुत............स्विषु प्रधानं ग्रहराजं सूर्यमिव स राजा विग्रह(l.16)राजाख्यं पुत्रं प्रापत् ॥ 11.

यस्य खड्गाद्विनिर्गत्य गङ्गयेव हरेः पदात् .
कीर्त्या त्रैलोक्यपावन्या(l.17) लङ्घिता गिरिसागराः ॥

1 Ms. वृत्ता°. 2 Ms. नतेनतेति. 3 Ms- त्व°. 4 Ms. °थानम°.

विष्णोः पदादिव यस्य खड्गादिनिर्गत्य गङ्गयेव त्रिभुवनस्य पावन्या (1.18)कीर्त्या पर्वतसमुद्रा लङ्घिताः ॥ 12.

दूरस्थाप्यरिवक्त्रेषु बभौ यत्खड्गकालिका.
कलङ्कश्यामि(1.19)का चान्द्री शतपत्रवनेष्विव ॥

यत्खड्गस्येव कालिका शत्रुमुखेषु बभूव. कदाचित्सैव स्यादि(1.20)-त्याह दूरस्थापि दूरादेव प्रतापभयात्पलायमानानां द्विषां मुखकान्तिर्हीनात-स्संभाव्यते ख(1.21)[ड्ग]श्यामिकैव लग्नेति. का केष्विव. पद्मवनेषु चान्द्रीव कलङ्कश्यामिकेव ॥

उपमात्रयम् ॥(1.22**25)सर्वमहस्विनां मुख्यमिति साधारणधर्मस्य सद्भावात् उपमानभूतेन ग्रहराजेना(1.1)पि साधारणधर्मस्योपमेयवत्संब-न्धात्. खड्गपादयोर्बिम्बप्रतिबिम्बभावात्. कालिकाश्यामि(1.2)कयोः पर्यायनिर्देशात् ॥ 13.

यशोभिर्यस्य वर्षान्ते दुर्यशोभिश्च वैरिणाम्.
मिलितैर्हंसकाद(1.3)म्बैरिव दिद्युतिरे दिशः ॥

वर्षाणामन्ते मिलितैर्हंसैः काकैश्च यथा दिशश्शोभन्ते तथा तद्यशो-(1.4)भिश्शत्रुदुर्यशोभिश्च दिशोशोभन्त ॥ समुच्चयोपमा ॥ हंसकाकानां यशो-पयशसां च समका[ले](1.5) दिशां द्योतनात् ॥ 14.

तनयश्चन्द्रराजोस्य चन्द्रराज इवाभवत्.
संग्रहं यस्सुवृत्तानां सुवृत्तानामि(1.6)व व्यधात् ॥

चन्द्रराजाख्यश्चन्द्रो ग्रंथकारस्स इवास्य पुत्रः चन्द्रराजाख्योभवत् शो-भमानानां वृ(1.7)त्तानां वसन्ततिलकादीनामिव सुवृत्तानां सदाचाराणां पुरु-षाणां यस्संग्रहमकरोत् ॥ (1.8)श्लेषभिन्नोनन्वयः ॥ चन्द्रराजस्य चन्द्रराजे-

---

1 Ms. °यात्र°. 2 Ms. मुख्यानामिति. 3 Ms. °रपधं°. 4 Ms. °थोभि°.
5 Ms. °रिणम्. 6 Ms. दिवः. 7 Ms. °तैर्हंगःका°. 8 Ms. संगृहं. 9 Ms. °त्रचं°.

नैव सुवृत्तानां सुवृत्तैरेवोपमानान् तेनैवो(l.9)पमानत्वेनन्वयस्य सद्भावात् ॥ प्राकरणिकाप्राकरणिकत्वं न विचार्यम् ॥ 15.

सर्वभूतोपयोगित्वात्सर्वथा हृदयंगमा ।
क्षमेव दयि(l.10)ता तस्य दयितेव क्षमाभवत् ॥

उपकारपरत्वेन सर्वभूतानामुपयोगित्वात्सर्वथा मनोहृ(l.11)रा दयिता दयावत्वं प्रिया च क्षमेव भूरिव क्षान्तिरिव चाभूत् क्षमा दयितेवाभवत् ॥ (l.12) श्लेषमिश्रैवोपमेयोपमा ॥ क्षमादयितयोरन्योन्यमुपमेयोपमानत्वात् तस्याश्च पर(l.13)स्परमुपमानोपमेयत्वलक्षणत्वात् ॥ 16.

तस्य गोपेन्द्रराजोभूदनुजो यो मनीषिणाम् ।(l.14)
गोपेन्द्रराजस्मृतिकृद्गोमण्डल[धृतेरभूत्] ॥

गोपेन्द्रराजाख्यस्तस्यानुजोभूत् यो गोमण्डल(l.15)स्य भूवलयस्य धेनुवर्गस्य रश्मिचक्रस्य वा धृतेर्धारणाद्गोपेन्द्र[स्य कृष्णस्य] राज्ञश्चन्द्रस्य च स्मा(l.16)रयिताभूत् ॥ श्लेषेण स्मरणम् ॥ गोधारणेन कृष्णेन्दुसमस्य राज्ञोनुभवात्कृष्णचन्द्र(l.17)स्मरणम् ॥ 17.

ततो दुर्लभराजेन चन्द्रराजस्य सूनुना ।
विनोदकेन गमिता वृद्धिं कीर्त्तिल(l.18)ता भुवि ॥

चन्द्रराजपुत्रेण दुर्लभराजेन विनोदकेन प्रजादुःखहारिणा कीर्त्तिरेव लता भुवि वर्धि(l.19)ता । उदकेन विना लतावर्धनात्प्रतीयमानविरोधः ॥ निरङ्गरूपकम् ॥ भिन्नयोस्सामाना(l.20)धिकरण्येन निर्देशे रूपकसद्भावात् निरङ्गं कीर्त्तौ लतारोपस्यारोपान्तरनिरपेक्षत्वात् ॥(l.21) 18.

यस्य कैरविणी व्योम्नि पृथिव्यां तारकावली ।
पाताले चन्द्रिका कीर्त्तिः कं न चक्रे सविस्मयम् ॥

---

1 Ms. प्रा° to °र्यम् lc. under l.9. 2 Ms. °णाद्गो°.

[आ](1.22*)काशे कुमुदिनी तथा भूमौ तारापङ्क्तिस्तथा पाताले ज्योत्स्ना यस्य कीर्तिस्सर्वजनं साश्चर्यमकरोत् ॥(1.1) निरङ्गं मालारूपकम्. एकस्मिन्विषयेनेकेषामारोप्यमाणत्वात् निरङ्गं चारोपान्तरनिरपेक्ष(1.2)-त्वात् ॥ 19.

असिः स्नातोत्थितो यस्य गङ्गासागरसङ्गमे .
चिरं गौडरसास्वादशुद्धां ब्राह्मणतां ययौ ॥(1.3)

गंगासागरसङ्गमे पूर्वं स्नातोनन्तरमुत्थितो यस्यासिर्गौडानां जानपदविशेषाणां रसाया भूमेरा(1.4)स्वादे शुद्धौ तत्र ब्राह्मणस्य भावं प्राप्तः. गौडरसो गुडसम्बन्धी रसश्च यद्वा शुद्धां प्रधानो ब्राह्मण इति(1.5). केवलं श्लिष्टं परम्परितम् ॥ खड्गे ब्राह्मणारोपस्यान्यारोपं गौडरसं प्रति सापेक्षत्वात् ॥(1.6) 20.

प्रजापतिपदब्रह्मा षाड्गुण्यपुरुषोत्तमः .
सुतो गोविन्दराजोस्य शक्तित्रयमहेश्वरः ॥

प्रजा(1.7)पतिपदं राज्यं स्रष्टृत्वं च तत्र ब्रह्मा षड्गुणास्सन्धिविग्रहादयो ज्ञानादयश्च तेषु पुरुषोत्तमो वि(1.8)ष्णुः शक्तयः प्रभुत्वादय इच्छादयश्च तत्र महेश्वरः ॥ मालारूपकं तदेव ॥ ब्रह्म(1.9)शब्दादीनामारोपाणां प्रजापत्यादीर्नारोप्यान्प्रति सापेक्षत्वात्परम्परितम् ॥ 21.

नयन्म(1.10)न्मथमुल्लासमात्मभूतशिवस्य च .
द्वितीयश्चन्द्रराजोभूत्तारिध्वान्तचन्द्रमाः ॥

रूपयौवना(1.11)दुल्लासात्काममुल्लासं प्रापयन्भक्तिभराच्छिवस्यात्मभूतश्शत्रुतिमिरेन्दुर्द्वितीयश्चन्द्रराजा(1.12)ख्यो राजाभूत् ॥ केवलमश्लिष्टं परम्परितम् ॥ चन्द्रारोपस्य ध्वान्तारोपे सापेक्षत्वात् ॥(1.13) 22.

---

1 Ms. स्नोतो°. 2 Ms. Sic. Is it शुद्धया ? 3 Ms. °राजस्य.
4 Ms. blank between °नां° and °रो°. 5 Ms. °पा°.

सर्वराजार्कजीमूतस्सर्वदिग्वल्लरीमधुः .
गोवाकस्तत्सुतस्सर्वद्वीपमण्डलयामिकः ॥(l.14)

सर्वे राजान एवार्कास्तेषां जीमूतः सर्वदिश एव वल्लयैस्तासां मधुर्वसन्तः सर्वद्वीपा ए(l.15)व मण्डलं तत्र यामिकः ॥ मालारू[पकम्] ॥ एकस्मिन्ननेकेषामा[रोपाणामारो]प्यमा[ण](l.16)त्वान्माला[रूपकं परस्प]रसापेक्षारोपत्वात्परम्परितम् ॥ 23.

उपायवेदसर्वज्ञो गु(l.17)णषट्कर्मपारगः .
राजर्षिरेष मन्त्राङ्गशिखिपञ्चकमध्यभाक् ॥

उपायास्सामादय(l.18)स्त एव वेदास्तेषु सर्वज्ञः गुणास्सन्ध्यादय एव षट्कर्माण्यध्यापनादीनि तेषां पारगः म(l.19)न्त्राङ्गानि कर्मणामारम्भोपाय इत्यादीनि एव शिखिनोग्नयस्तेषां पञ्चकं तन्मध्यभाक् एष(l.20) राजर्षिरभूत् ॥ प्रकृतोपयोगि राजर्षेर्विशेषानुगुण्यात् ॥ 24.

प्रताप(l.21)तपनोपास्तिप्राप्तकीर्तिकलागमः .
कृपाणकृष्णसारेण पूर्णो राजा रराज यः ॥

कृपा(l.22)[ण] एव कृष्णसारस्तेन पूर्णो यो राजा रराज कीदृक् प्रताप एव तपनस्सूर्यस्तस्योपास्ति(l.23**26)रुपासनं तया प्राप्तः कीर्तिकलानामागमो येन सः राजा चन्द्रश्च तपनसेवया प्राप्तकलाग(l.1)मो मृगाङ्कश्च भवति ॥ श्लिष्टमेकदेशविवर्ति . अर्थावसेयारोपत्वादेकदेशविवर्ति॥(l.2) श्लिष्टं तु राजशब्दस्योभयार्थवाचित्वात् ॥ 25.

मलस्य मानससरो विकारस्य पयोर्णवः .
अव्या(l.3)सेर्गगनं यस्य यशः फैर्नाम लङ्घ्यते ॥

मलस्य मालिन्यस्य मानससरः यद्यशो नि(l.4)र्मलमित्यर्थः तथा

---

1 Ms. °पगा°. 2 Ms. °पैवि°. 3 Ms. °यः कृ°. 4 Ms. °शारे°.
5 Ms. ताप°. 6 Ms. has पृ. वि. on margin. 7 Ms. °पावनं!
8 Ms. °प्तकी°. 9 Ms. त्रिविधास्य(i.e. त्रिविधस्य) crossed before म°, .

विकारस्य क्षीरसमुद्रः निर्विकारमित्यर्थः अव्याप्तैगगनं व्यापकमित्यर्थः थ-(1.5)स्य यशः कैर्लंध्यते ॥ आरोप्यमाणानां मानसादीनामलंध्यत्वात् कैर्लंध्यते इत्युक्तिसंगतिः ॥(1.6) वैधर्म्येण निरंङ्गं मालारूपकम् ॥ मलादीन्प्रति मानसादीनां प्रतिकूलत्वाद्वैधर्म्यम् ॥(1.7) 26.

अयशोमेघशरदा दुरितध्वान्तराकया ।
यस्य श्रिया प्रमादाहिहेमन्तनिशया जितम् ॥

यस्य श्रि(1.8)या जितमिति भावे क्तः । अयश एव मेघस्तस्य शरदा तथा पापान्धकारपौर्णमास्या तथा प्रमाद(1.9)सर्पस्य हेमन्तरात्र्या । शीतकाले सर्पाणां बिलप्रवेशेनादर्शनाद्धेमन्तनिशारूपकम् ॥(1.10) परम्परितं तदेव मेघादीन्प्रति शरदादीनां प्रातिकूल्यात् ॥ 27.

समुद्राः स्थिरलावण्याः(1.11) परकर्णभिदोर्ज्जुनाः ।
यशसां राशयो यस्य दिवि बद्धपदश्रवाः ॥

स्थिरं लावण्यं लालित्यं च(1.12) येषां सम्यगुप्तै रान्तीति च परेषां शत्रूणां कर्णौ श्रवणं परं शत्रुं राधेयं च भिन्दन्ति अर्ज्जुनाः(1.13) श्वेताः पाण्डवविशेषश्च दिवि व्योम्नि च कृतस्थितयोश्रवा इद्धास्ताराविशेषाश्च । अर्ज्जुनाः श्रवा इ(1.14)ति बहुवचनं विषयाणां प्रत्येकमारोपात् ॥ आविष्टलिङ्गं रूपकम् ॥ 28.

पुण्डरीकं विरिं(1.15)श्चस्य श्वेतद्वीपं [मुर]द्विषः ।
चन्द्रापी[डस्य कैलासं य]श्शुद्धमवहन्मनः ॥

ब्रह्मादीनां पद्मादि य(1.16)श्चित्तमधारयत् तत्र तेषां नित्यनिवासात् ॥ परिणामः ॥ 29.

---

1 Ms. निरंङ्ग. 2 Ms. मति°. 3 Ms. °धर्म्यम्. 4 Ms. प्रसा°.
5 Ms. कन्य°. 6 Ms. °श्रुवा. 7 Ms. °नाश्र°. 8 Ms. °कवि°.

तेजोबलाद्दु[ादशभिः सूर्यव]न्महदा(1.17)यिभिः ·
भूपैरभ्यर्थ्यमानत्वे स्वसारं यः कलावतीम् ॥ 30.

चन्द्रमूर्त्तिभ्रमकरीं मुखलक्ष्म्येव संज्ञया .(1.18)
कान्यकुब्जमहेशाय सरस्वानिव दत्तवान् ॥

तेजस्वित्वात्सूर्यसमैर्द्वादशभिर्भूपालैर्याच्य(1.19)मानत्वेपि कलावतीं कलावतीनामानं चतुष्षष्टिकलासहितां च स्वसारं यः कान्यकुब्जेन्द्रा(1.20)य दत्तवान् मुखकान्त्या कलावतीति सञ्ज्ञया च चन्द्रभ्रान्तिकरीम् ॥ भ्रान्तिमान् ॥ क(1.21)लावतीति वचनेन भ्रान्तिजननात् ॥ 31.

जितैः प्रदत्तसर्वस्वस्वस्ले द्वादशभिर्नृपैः ·
यमो(1.22*) धनपतिर्वायं संदेहमिति यो ददौ ॥

युद्धे जितै राजभिर्हेतुभिः स्वस्ले प्रदत्तं सर्वस्वं येन स यो राजा(1.1) किं यमः किं वा वैश्रवण इति संदेहं दत्तवान् ॥ राज्ञां पीडनाद्यमः अतिदानाद्धनदः ॥ शुद्धस्स(1.2)न्देहः ॥ सन्देहे एव पर्यवसानात् ॥ 32.

नन्दनश्चन्दनस्तस्य यस्य नामन्युदीरिते ·
जनस्सफ(1 3)ल इत्युक्तिशेषाद्वृक्षभ्रमं जहौ ॥

चन्दन इति यस्य नामन्युक्ते सति तरुसन्देहं प्राप्नुवंल्लोकः(1.4) ततस्सफल इत्युक्तिशेषाद्वृक्षभ्रममत्यजत्. चन्दनवृक्षस्य फलानामनुत्पत्तेः ॥ निश्चया(1 5)न्तः ॥ प्रथमं संशये सति निश्चये संपर्यवसानात् ॥ 33.

फलदश्चन्दनो दृष्टो भोगिनो यमु(1.6)पासते ·
सत्कलास्ते च तेषां च विषदं वदनं सदा ॥

चन्दन इत्युक्ते संशयः फलद इत्युक्ते निश्च(1.7)यः चन्दनस्य फलदत्वाभावात् भोगिनः सुखिनश्च यं सेवन्ते इति सन्देहः ते च भोगिनः सत्कलाः

---

1 Ms. रू° ; or नृपै° ? 2 Ms °ह्निरु°. 3 Ms. °वां° written above °आ°.
4 Ms. दधौ. 5 Ms. जितेरा°. 6 Ms. °यसें°.

विषया···(l.8)···श्रुतयः सहृदयाश्चेति निश्चयः तेषां भोगिनां मुखं विषदं प्रसन्नं विषोद्गारकं चेति सन्देहः ॥(l.9) निश्चयगर्भः ॥ प्रथमं सन्देहः मध्ये निश्चयः पश्चात्सन्देहः ॥ 34.

इत्यादि वर्णनं यस्य(l.10) मिलत्संदेहनिश्चयम् ·
न वृक्षः कल्पवृक्षोयमित्युक्तावेति सङ्गतिम् ॥

संशयनिश्चयसंकी(l.11)र्णं यस्यैवं वर्णनं सङ्गतिमेति सङ्गच्छते · कदा अयं राजा वृक्षो न भवति किं तर्हि कल्पवृक्षो भव(l.12)तीत्युक्तौ सत्याम् · कल्पवृक्षे पूर्वोक्तस्य सफलत्वादेर्विशेषणजातस्य संभवात् ॥ नि(l.13)श्चयान्तस्सन्देहः अन्तनिश्चयस्य लाभात् ॥ 35.

बभार न स राजत्वं राजराजत्वमेव तत् ·(l.14)
अन्यथा निधयः सर्वे कथमायत्ततां ययुः ॥

इतरराजवत्स राजा राजत्वं नावहत्किन्तु तत्त(l.15)स्य राजत्वं राजराजत्वमेव भवति · राज्ञां राजा राजराजः वैश्रवणश्च · अन्यथा यदि स राज(l.16)राजो न [स्यात्तर्हि कथं सर्वे निध]यस्तस्यायत्ततां जग्मुः [राजरा]जस्यैव निधि[पतित्वा]त् ॥(l.17) प्रथमापह्नुतिः ॥ विषयस्य निषेधेन्यस्य विधानात् निषेधपूर्वमारोपात् ॥ 36.

रुद्राणी(l.18) तद्वधूर्दीपसहस्रं तमसो भिदे ·
न पुष्करतटे लिङ्गसहस्रं तददीदिपत् ॥

रुद्राणी नाम(l.19) तद्वधूः पुष्करतटे तमोहरणार्थं तद्दीपसहस्रमज्वलयत् न पुनस्तल्लिङ्गसहस्रमज्वलयत् ॥(l.20) द्वितीयापह्नुतिः ॥ आरोपपूर्वकं निषेधस्य सद्भावात् ॥ 37.

---

1 Ms. ···श्रुतयः &c. on margin. 2 Ms. Sic., i.e., विशदं. 3 Ms. °यास्त°.
4 Ms. °वृक्ष°. 5 Ms. नाग. See p. 108, l.6. 6 Ms. °वधूः.

योगिन्यात्मप्रभाख्यासावर्णि(1.21)माद्यष्टकच्छलात् .
अपश्यत्फलितां स्थाणावहिंसाद्यष्टपुष्पिकाम् ॥

आत्मप्रभा नाम सा(1.22) योगिनी स्थाणौ परमेश्वरविषयामहिंसा-
दिमेवाष्टपुष्पीं फलितामज्ञासीत् कस्माद(1.23)[हिंसा]दि यदष्टकं तद्रूपात् ॥
तृतीयापह्नुतिः॥ असत्यत्वप्रतिपादकेन च्छलश(1.24**27)ब्देन निर्देशात्॥ 38.

रुद्राणीति पुरंध्रीभिर्योगिनीति च योगिभिः .
आत्मप्रभेति सा ज्ञाता विशन्त्यर्कस्य(1.1) मण्डलम् ॥

पुरन्ध्रीप्रभृतिभिस्सा रुद्राण्यादित्वेनोल्लिखिता ॥ उल्लेखः ॥ एकस्या
अनेकधा क(1.2)ल्पनात् ॥ 39.

सूनुर्वाक्पतिराजोस्य प्रसाद इव मूर्तिमान् .
हिताय सर्वलोकानामुदपद्यत शा(1.3)म्भवः ॥

लोकानां हितार्थं मूर्तो हरप्रसाद इव विग्रहराजोस्य पुत्रो जातः ॥
गुणोत्प्रेक्षा ॥(1.4) प्रसादाख्यो गुणो विषयित्वेन सम्भावितः ॥ 40.

स भुजाभ्यां जयान्प्रापदष्टाशीत्यधिकं श(1.5)तम् .
बुद्ध्या निर्मलया कालं कामं च मनसाजयत् ॥

स जयानष्टाशीत्यधिकं शतं भुजाभ्यां(1.6) प्रापत् . स शुद्धया बुद्ध्या
कालं निर्मलेन च मनसा काममजयत् इति नवत्यधिकं शतं प्राप्तम् ॥(1.7) 41.

गणनां सूचयन्तीव जयानामिति यत्र ताः .
धामत्रयीकला वक्त्रपंचके पंचधा स्थिताः .

य(1.8)त्र वर्तमानानां जयानां नवत्यधिकं जयानां शतमिति संख्यां
पंचवक्त्रस्येश्वरस्य मुखपञ्चके(1.9) स्थिता धामत्रयीकलास्सूचयन्ति .

---

1 Ms. has पृ. वि. vertically on margin. 2 Ms. °द्धया. 3 Ms. धामत्री°.

चन्द्रकलाष्षोडश सूर्यकला द्वादश वह्निकला दशेति(I.10)प्रतिवक्त्रमष्टात्रिंश-
द्भवन्ति अष्टात्रिंशत्संख्यास्ता धामत्रयीकलाः पंचमुखस्येश्वरस्य प्रतिमु(I.11)खं
वर्तमानत्वात्पञ्चभिर्गुणिता भवन्तीति नवत्यधिकं शतं भवन्तीति क्रियोत्प्रे-
क्षेयम् सूचनाक्रि(I.12)यायास्संभावनात् ॥ 42.

तं प्रासादमसौ चक्रे पुष्करे व्योमवाससः.
भक्त्या त्यक्तोत्तरासंगः कैला(I.13)स इव भाति यः ॥

असौ राजा पुष्करतीर्थे हरस्य तं प्रासादं चक्रे यो भक्त्या त्यक्तोत्त-
रासंगः कैला(I.14)स इव भाति. त्यक्तोत्तरादिक्संगश्च ॥ द्रव्योत्प्रेक्षा ॥
कैलासस्य द्रव्यत्वात् ॥ 43.

धर्मस्येव(I.15) नवः [सर्गो] स्थिति ——◡——◡— .
सिंहराज[ः सुतस्त?]स्य संहार इव मान्मथः ॥

यो धर्मस्येव(I.16) सर्ग इत्याद्यन्वयो योज्यः. लावण्यातिशयेन राज-
राजिकादाथि(?)···[सं]हारो[त्प्रे]क्षणम् ॥(I.17) सिद्धात्मिकोत्प्रेक्षा ॥ स-
र्गादयो घञन्ताः तेषां कृदभिहितो भावो द्रव्यं···········[द्र]व्यवद्भा-
(I.18)वेन सिद्धत्वात् ॥ 44.

पुष्करे पुष्कलसुधं प्रासादं सोपि निर्ममे.
श्वेतो गुण इवोपास्ते यो दे(I.19)वं शशिशेखरम् ॥

श्वेतो गुण इव यो हरं सेवते तं प्रासादं सुधासितं स पुष्करे कृतवान् ॥
(I.20) उपमालङ्कारसङ्करोत्प्रेक्षा ॥ श्वेतगुणस्य साधारणत्वेनोपमा भवति
संभावनायां तू(I.21)त्प्रेक्षा ॥ 45.

सिंहराजं तमालोक्य सिंहराजमिवापरम्.
धर्मस्य त्रिपदीच्छेदी ननाम(I.22) कलिकुञ्जरः ॥

---

1 Ms. चन्द्र°. 2 Ms. नवभ्य°. 3 Ms. °वासदः. 4 Ms. नद°.
5 Ms. °शयन. 6 Ms. °वं. 7 Ms. °व्य. 8 Sic. Read गण. 9 Ms. °जत°.

अपरं लोकोत्तरं सिंहमिव यं दृष्ट्वा सिंहराजाख्यं धर्मस्य पादत्रयाप-(1.23*)हारी कलिहस्ती नष्टः त्रिपदी गतिविशेषः तच्छेदी च हस्ती सिंहं दृष्ट्वा नश्यति ॥ जात्युत्प्रेक्षा ॥(1.1)सिंहो जातिः ॥ 46.

सूनुर्विग्रहराजोऽस्य सापराधानपि द्विषः .
दुर्बला इत्यनुध्यायन्नक्षत्रि(1.2)य इवाभवत् ॥

अमी दुर्बला भवन्तीति कृतापराधानपि शत्रूंश्चिन्तयन्नक्षत्रिय इवा-सीत्(1.3) क्षत्रियकार्यस्य मारणस्याकरणात् ॥ जातेरभावोत्प्रेक्षा ॥ अक्ष-त्रिय इति जात्यभा(1.4)वः ॥ 47.

अनीलाश्वमिवादित्यं कुर्वद्भिर्हयरेणुभिः .
लेभे खुररजोघोरान्धकार इति(1.5) नाम यः ॥

न नीला अश्वा यस्य तमिवादित्यं कुर्वतीभिर्वाजिधूलिभिर्हेतुभिः खुर-रजोघो(1.6)रान्धकार इति यो नाम लब्धवान्. अर्थादश्वानां खुररजसा घोरोऽन्धकारो यस्मादिति विग्रहः ॥(1.7) गुणस्यं ॥ गुणस्य नीलत्वस्याभा-वोत्प्रेक्षणम् ॥ 48.

अतिष्ठन्तमिवात्मानं मत्वा स्वखुरधूलिभिः .(1.8)
बभ्रमुर्वाजिनो यस्य संकटास्वपि वीथिषु ॥

स्वखुररजोभिर्वीथीनामात्मानमेवटरूपेणातिष्ठन्तमिव(1.9) मत्वा यद-श्वास्संकटमार्गेष्वप्यभ्रमन्. रजसावटानां पिहितत्वात्तेष्वपि वाजिनो बभ्र-मुरित्य(1.10)र्थः ॥ क्रियायाः ॥ स्थितिक्रियाया अभावोत्प्रेक्षणम् ॥ 49.

गृह्णद्भिः परया भक्त्या बा(1.11)णलिङ्गपरम्पराः .
अनर्मदेव यत्सैन्यैर्निरमीयत नर्मदा ॥

1 Ms. सिंह°. 2 Ms. इव. 3 Add अभावोत्प्रेक्षा. (एवमग्रेपि). 4 Ms. °तिष्ट°.
5 Ms. °त्मानंमति°, °वटरूपेणा° lc. under 1.8 (lc. mark after °नं).

भक्त्यतिशयात्पूजार्थं बाण(1.12)लिङ्गानि गृह्णद्भिर्येरसैन्यैर्नर्मदा अनर्मैदेव निर्मिता. नर्मदायास्तदा बाणलिङ्गाभावात् ॥(1.13) द्रव्य[स्य] ॥ [अनर्मदे]ति द्रव्यस्याभावोत्प्रेक्ष[णम] ॥ 50.

त्यक्तं तपस्विना [स्वच्छं] यशोंशुक(1.14)मितीव यः.
गुर्जरं मूलराजाख्यं कन्थादुर्गमवीविशत् ॥

तपस्विना वराकेण तपोधने(1.15)न च[1] स्वच्छं यशोंशुकमनेन त्यक्तमितीव मूलराजनामानं गुर्जरं कन्थाख्यं दुर्गं चीरं च(1.16) स प्रावेशयत्. तपस्वी चानुकंप्यार्थं इति कोशः. कन्था च दुर्गं परुषत्वात् ॥ श्लेषोत्थी[2] ॥(1.17) 51.

सूर्यवंशप्रसूतस्य चन्द्रमण्डलनिर्गता.
तस्य रेवामयी वाहैः कीर्तिर्मलिनिताभवत् ॥(1.18)

सूर्यवंश्यस्य तस्य वाजिभिश्चन्द्रमण्डलान्निर्गता रेवामयी कीर्त्तिर्मलिनीकृता ॥(1.19) [साप]ह्नवा ॥ रेवामयीति मयटः प्रयोगात् ॥ 52.

व्यधादाशापुरीदेव्या भृगुकच्छे स(1.20**28[4]) धाम तत्.
यद्देवास्पृष्टसोपानं चन्द्रश्चुम्बति मूर्धनि ॥

आशापुर्याख्याया देव्याः प्रासादमव(1.1)टो(?)करोत्[6]. यद्देवया स्पृष्टसोपानं चन्द्रशिरसि चुम्बति. रेवायाश्चन्द्रप्रभवत्वाच्चन्द्रेण चुम्बनो(1.2)क्तिः ॥ प्रतीयमानोत्प्रेक्षा ॥ अत्र वाक्यार्थप्रतीतिसमय एव पदार्थसमन्वयप(1.3)र्यालोचनया चुम्बनस्य तात्विकत्वाभावावगमादार्थस्संभावनात्मक इवार्थ इति प्रतीय(1.4)मानोत्प्रेक्षा ॥ 53.

तस्य दुर्लभराजोभूदनुजो माधवानुगः.
नारीणां सततं येन हृदये(1.5)मदनायितम् ॥

---

1 Ms. °धने च. 2 Ms. °पोथी. 3 Ms. चन्द°. 4 Ms. has पृ. ३२ on margin.
5 Ms. °स्पष्ट°. 6 Sic. Is it °मसावकरोत् ? or °दं स नृपोकरोत् ?

माधवो मन्त्रिविशेषो वसन्तश्च सोनुगो यस्य स दुर्लभराजोस्यानुजोभूत्त (1.6) येन नारीणां चेतसि न मदनायितं काक्का मदनायितमेव बभूवेत्यर्थः . मदस्य नायितं नीय(1.7)मानस्य प्रयोजनम्. णीञो णिजन्तान्नपुंसके भावे क्तः . नारीणां स्त्रीणां चेतसि मदनायि(1.8)तं कामवदाचरितम्. कामश्च वसन्तानुगो भवति ॥ 54.

चन्द्रोदयन्ति पूर्वाद्रौ मलये चन्दन(1.9)न्ति च .
मन्दरे क्षीरपूरन्ति तुषारन्ति हिमालये ॥

उपमोपक्रमोत्प्रेक्षाद्वयम् ॥ 55.

यशांसि(1.10) शीतलीकर्त्तुमिच्छयेव दिगङ्गनाः .
यस्य गोविन्दराजाख्यस्स तस्मादुदपद्यत ॥

हे(1.11)तूत्प्रेक्षा ॥ इच्छयेवेति हेतुः ॥ यस्य यशांसि कर्त्तॄणि पूर्वशैलादिषु चन्द्रोदयादिवदाचरन्ति. अत्र(1.12) हेतूत्प्रेक्षा. दिगङ्गनाश्शीतलीकर्त्तुमिच्छयेव ॥ उपमोपक्रमोत्प्रेक्षा. सर्वप्रातिपदिके(1.13)भ्यः क्विबित्येक इत्युपमानात्क्विब्विधान ··············· माप्रतीतिपर्यवसाने तूपमानस्य प्र(1.14)कृते संभवौचित्यात्संभावनोत्थाने उत्प्रेक्षा ॥ स गोविन्दराजाख्यस्तस्माज्जातः ॥ 56.

यस्य(1.15) वैरिघरट्टात्वं गमितस्य कवीश्वरैः .
वीर्यशाल्यनुसृत्यर्थमिवाभ्राम्यद्यशो जगत् ॥

कवीन्द्रैः(1.16) शत्रुषु घरट्टात्वेन वर्ण्यमानस्य यस्य यशो जगदभ्राम्यदत्र फलमुत्प्रेक्ष्यते वीर्येण शालन्ते(1.17) ये ते वीर्यशालिनो वीर्ययुक्ताश्शालयश्च तेषामनुसरणार्थम् ॥ फलोत्प्रेक्षा ॥ अनु(1.18)सरणं फलम् ॥ 57.

---

1 Ms. षि॰. Dhātupātha, Bhū-ādi, 926. 2 Pāṇini, 3. 3. 114. 3 i.e. 54 and 55. Comm. of 55 with 56. 4 Ms. ॰कत्तु॰. 5 Ms. ॰पश्य॰. 6 cf. Mahābhāshya on Pāṇini, 3. 1. 11, Kāshika quotes it as a Vārtika. 7 Thus Comm. Ms. reads ॰शान्त्य॰.

तस्माद्वाक्पतिराजेन सम्भूतमवनीभुजा.

कलिः कृतीकृतो येन भू[मिश्च त्रिदि](1.19)वीकृता ॥

वाक्पतिराजाख्येन राज्ञा तस्मात्सम्भूतम्. भावे क्तः. येन कलिः कृतयुगी[कृतः पाद](1.20*)चतुष्टयेन कलावपि धर्मसेवनात्. अतो भूमिश्च स्वर्गस्सम्पादितः॥ अतिशयोक्तिः॥ क(1.1)लिकृतयोर्भेदेप्यभेदोपनिबन्धनात्॥ एवं भूमित्रिदिवयोर्ज्ञेयम्॥ 58.

अम्बाप्रसादमा(1.2)घाटपतिं यस्सेनयान्वितम्.

व्यसृजद्यशसः पश्चात्पार्श्वं दक्षिणदिक्पतेः॥

आघाट(1.3)स्य ह्याघौनामनगरस्य पतिं स्वामिनमम्बाप्रसादनामानं ससैन्यं यमस्य समीपं यश(1.4)सः पश्चादनयत्. पूर्वमम्बाप्रसादो दक्षिणाशापतिनिकटं प्रापितः पश्चात्स्वं यशः(1.5) इति[1] कार्यकारणयोः पौर्वापर्यरूपकालविध्वंसरूपः कालव्यत्यासः॥(1.6) 59.

भिन्नमम्बाप्रसादस्य येन च्छुरिकया मुखम्.

प्रतापजीविकासृग्भिस्समयमेव व्यमु(1.7)च्यत॥

येन कर्तृभूतेन च्छुरिकया करणभूतया भिन्नमम्बाप्रसादस्य मुखं कर्मभूतं(1.8) प्रतापेन जीवितेनासृजा च समकालं परित्यक्तम्॥ अत्र कार्यकारणयोर्भिन्नकालयोस्स(1.9)मकालत्वम्॥ 60.

गोत्रभिद्वैरिभिर्वैरिस्त्रीभिर्दहन इत्यपि.

मृत्युर्वैरिभटैर्वैरिपत्तनैः कर्बुरे(1.10)श्वरः॥ 61.

प्रचेता इति नीतिज्ञैस्त्राणकामैस्सदागतिः.

धनदोर्थिभिरीशश्च भुवा यः प्रत्यपद्य(1.11)त॥

1 Ms. कालव्यत्यासः crossed after °ति.

वैरिभिर्यो गोत्रभित्कुलहन्ता वज्री चात्रसितः . वैरिस्त्रीभिर्दहनो दहतीति दहनः(1.12) तासां हतान्भर्तृननुसरन्तीनां दाहहेतुत्वात् दहनोग्निश्च . मृत्युर्यमः कर्बुरेश्वरो नैर्ऋतः शू(1.13)न्यीकरणात् . प्रचेता प्रकृष्टचेता वरुणश्च . सती आगतिर्यस्य पवनश्च . धनं ददाति वैश्रवण(1.14)श्च [1]ई[शः ईश्वरः] पूर्वोत्तरदिक्पतिश्च ॥ भेदस्योच्छेदरूपातिशयोक्तिः ॥ 62.

इन्द्र[2]नीलश(1.15)लाकाया धत्ते स्फटिकपीठताम् .
या मूर्तिश्शाम्भवी [पूर्णा] नाजैषीत्सापि तद्यशः ॥

इन्द्रनीलश(1.16)लाकेवेन्द्रनीलशलाकेत्युपचारात्कलङ्कः तस्याः स्फटिकपीठतां या शाम्भवी मूर्तिः(1.17) धत्ते सापि मूर्तिः पूर्णचन्द्रो यद्यशो नाजैषीदतुलयदित्यर्थः ॥ सम्बन्धे [असम्बन्ध]रूपातिश(1.18)योक्तिः ॥ 63.

अद्यापि यो न गतवान्परलोकं यतो भुवा .
विस्मृतान्यमहीपालमालया हृदि(1.19) धार्यते ॥

योद्यापि परलोकं न गतः यतोन्यान्राज्ञो विस्मरन्त्या भुवा लोकेन स्मर्यते तेभ्योस्याधि(1.20)कगुणत्वादिति भावः ॥ सम्बन्धे असम्बन्धः ॥ परलोकगमनसम्बन्धेप्यसम्[3]बन्धः ॥ 64.

वीर्य(1.21)रामस्[4]सुतस्तस्य वीर्येण स्यात्स्मरोपमः .
यदि प्रसन्नया दृष्ट्या न दृश्येत पिनाकिना ॥

तस्य सु(1.22**29[5])तः [6]तस्य पुत्रो वीर्यरामनामा राजा वीर्येण शक्त्या स्मरोपमस्स्याद्यदीश्वरेण प्रसन्नया दृष्ट्या न वीक्ष्येत ॥ अत्र(1.1) स्मरसादृश्यसम्बन्धेपि पिनाकिप्रस[7]न्नदृष्टिविषयत्वादसम्बन्धः ॥ अतिशयोक्तयः ॥ 65.

अद्वि(1.2)तीयो रणाल्लब्धश्शुद्धिमान्क्षत्रणोचितः .
परित्यक्तो महायोधैस्सहायत्वे स्थितैरपि ॥ 66.

---

1 Ms. इ°. 2 Ms. इन्द°. 3 Ms. °म्बंन्धः. 4 Ms. °मस्तु°. 5 Ms. has पृ. 34 on margin. 6 Ms. सुतस्य. 7 Ms. प्रसन्न lc. under 1.1.

अगम्यो यो नरे(l.3)न्द्राणां सुधादीधितिसुन्दरः .
जघ्ने यशश्चयो यश्च भोजेनावन्तिभूभुजा ॥ 67.

तस्य चामुण्डराजेन क(l.4)निष्ठेन विनिर्ममे .
विष्णोर्नरपुरे धाम विष्णुलोके तथात्मनः ॥

अद्वितीयोप्रतिमल्ल एकाकी(l.5) च सङ्ग्रामात्प्राप्तशुद्धो रह्यस्सहायैरपि योधैस्त्यक्तः राज्ञामगम्यश्चन्द्रमनोहरो यशश्चयो यश्चोज्ज(l.6)यिनीराजेन हतस्तस्य कनिष्ठेन भ्रात्रा चामुण्डराजेन नरपुरे विष्णोः प्रासादो निर्मितः आत्मनः(l.7) च धाम स्थानं विष्णुलोके निर्मितम् ॥ अत्र प्रस्तुतयोर्यस्य यशसश्चाद्वितीयादिभिर्गुणैरभि(l.8)संबन्धः स च केवलेन भवतीति हननक्रियया सह निर्दिष्टः इति गुणरूपधर्माभिसंबन्धे तु(l.9)ल्ययोगिता . तस्येत्यत्र निर्माणक्रिययाभिसंबन्धः ॥ 68.

अभूद्दुर्लभराजोस्माद्यदीयैः प्रतियो(l.10)गिभिः .
चराचराणां लुठितं पादान्ते भूभृतां भयात् ॥

यस्य शत्रुभिश्चराचराणां भूभृतां राज्ञां(l.11) शैलानां च पादान्ते चरणान्ते प्रत्यन्तपर्वतान्ते च भयाल्लुठितं . भावे क्तः ॥ अत्र चराचरभू(l.12)भृतोप्रस्तुताः तेषां लुठनक्रिययाभिसंबन्धः ॥ 69.

मातङ्गसङ्गरे यस्मिन्वीरसिंहेस्त(l.13)मागते .
अपरागोनुतापश्च विधिना मापि कर्कशः ॥

म्लेच्छसंग्रामे यस्मिन्वीरसिंहे हते(l.14) विधिना निन्दा पश्चात्तापश्च प्राप्तो दुस्सहः . मातङ्गा हस्तिनश्च ॥ अपरागानुतापयोरप्रस्तु(l.15)तयोः कार्कश्यगुणाभिसंबन्धः ॥ 70.

एवं प्रस्तुताप्रस्तुतयोर्गुणक्रियाभिसंबन्धात्तुल्ययोगिता च(l.16)तुर्विधा ॥

---

1. Ms. °घाधीदिति°. 2 Ms. °ती° lc. under l. 8.

तस्य विग्रहराजेन भोगीन्द्रेणानुजन्मना ।
शेषेण च महीभारं त्याजिताः पृथि(1.17)वीभृतः ॥

भोगिनां भोगभाजामहीनां चेन्द्रेण तस्य कनीयसा भ्रात्रा विग्रहराजेन शेषेण च(1.18) पृथिवीभृतो राजानश्शैलाश्च भूभारं त्याजिताः ॥ 71.

धृता शिरोभिश्शेषेण दंष्ट्रया क्रोडमूर्त्तिना ।(1.19)
पृष्ठेन कमठेन्द्रेण स्कन्धैर्दिग्गजमालया ॥ 72.

पादैः पर्वतचक्रेण भुजाभ्यां येन दोष्मता ।
वसुन्धरा(1.20) ततो गाढमाश्लेषसुखमन्वभूत् ॥

शेषादिभिर्मस्तकादिभिरूढा ततो येन भुजाभ्याम् [ढा ध](121*)रालिङ्गनसुखं प्रापत् ॥ धृतेत्यादि दीपकम् ॥ 73.

हिमान्यां हिमशैलस्य कैलासस्य(1 1) तटत्विषां ।
विबभौ गङ्गया मेरोः कीर्त्यां भूर्यस्य भूभृतः ॥

विबभाविति मध्यस्थेन क्रियापदेन(1.2) सर्ववाक्यानां संबन्धः ॥ 74.

दीपकत्रयम् ॥

चकार दुर्बलानां यः क्षमामागस्वि(1.3)नामपि ।
जहे निरपराधानामपि यश्च बलीयसाम् ॥

सापराधानामपि दुर्बलानां च(1.4)मां क्षान्तिमकरोत् निरपराधानामपि सर्बलानां क्षमां भूमिमहरत् ॥ कारकदीपकम् ॥(1.5) क्षमेति कर्मकारकस्य साधारणत्वात्कर्मकारकम् ॥ 75.

मालवेनोदयादित्येनास्वादे(1.6)वाप्यतोन्नतिः ।
मन्दाकिनीह्रदादेव लेभे पूरणमब्धिना ॥

1 Ms. °मीहनां. 2 Ms. स्कन्दै°. 3 Ms. °मान्ता. 4 Ms. °टक्षिषा. 5 Ms. दुर्व° (!) 6 Sic.

उदयादित्येन मालवदेशी(l.7)येनास्मादेवोन्नतिरुदयः प्राप्ता . समुद्रेण
राङ्काह्रदादेव पूरणं प्राप्तम् ॥ 76.

सारङ्गाख्यं(l.8) तुरङ्गं स ददौ यस्मै मनोजवम् .
नह्युचैश्श्रवसं[1] क्षीरसिन्धोरन्यः प्रयच्छति ॥

मनोवज्जवो यस्य(l.9) तं सारङ्गनामानमश्वं स मालवाय ददौ क्षीरस-
मुद्रादन्य उच्चैश्श्रवसं न ददाति ॥[2] 77.

जिगा(l.10)य गूर्जरं कर्णं तमश्वं प्राप्य मालवः .
लब्ध्वानूरुस्सूर्यरथं करोति व्योमलङ्घनम् ॥(l.11)

तमश्वं प्राप्य मालवः कर्णाख्यं गूर्जरमजयत् सूर्यरथं लब्ध्वानूरुराका-
शलङ्घनं करो(l.12)ति ॥ 78.

पृथ्वीराजस्सुतस्तस्मात्ततो — ⌣ — रभूत् .
कुमारब्रह्मचारी हि कुमारो मद(l.13)[नद्विषः] ॥

[तस्मात्पृथ्वीरा]जाख्यः पुत्रो जातः कामवैरिणः कु[मारोपि] कुमार-
ब्रह्मचा(l.14)री भवति ॥ 79.

रात्रौ रात्रौ चतुर्बाहुस्स एवादृश्यतानुगैः .
ऐरावणं विनान्यः कश्चतुर्दन्तो नि(l.15)शम्यते ॥

अनुगैः प्रतिनिशं स एव चतुर्बाहुर्दृष्टः . ऐरावणादन्यः कश्चतुर्दन्त-
श्श्रूयते ॥(l.16) दृष्टान्तः पूर्वत्र साधर्म्येणोत्तरत्र वैधर्म्येण ॥[3] 80.

पुष्करे ब्रह्मकोशास्तिचुलुक्यशत(l.17)सप्तकम् .
हत्वा ब्रह्मस्वकामानां कुलक्षयमुपादिशत् ॥

---

1 Ms. "चैश्र". 2 Add प्रतिवस्तूपमे द्वे । पूर्वत्र साधर्म्येणापरत्र वैधर्म्येण ॥
3 Ms. "न्तश्श्री".

ब्रह्मकोशस्य ब्रह्मस्वस्यास्ति(l.18)ईहरणं यस्मात्तच्चुलुक्यानां जनविशेषाणां शतसप्तकं हत्वा स राजा ब्रह्मस्वहरणाभि(l.19)लाषिणां कुलक्षयमुपादिशत्. ब्रह्मस्वहृत्कश्चिन्नासीदित्यर्थः ॥ 81.

अच्छिन्नं सोमना(l.20**30)थाध्वन्यन्नसत्रं च कारयत् .
इदं मोक्षार्थिनां भोगमानुषङ्गिकमब्रवीत् ॥

सोमनाथतीर्थे(l.1)मार्गेनवरतमन्नसत्रं च कारयदिदमन्नसत्रकरणं मोक्षकाङ्क्षिणामानुषङ्गिकं फलम(l.2)कथयत् ॥ अवश्यं मोक्षः प्राप्तव्यः प्रसङ्गादन्नमपि प्राप्तमित्यर्थः ॥ 82.

तस्मादजयराजोभू(l.3)द्वदान्यौ यद्वदान्यतः .
सर्वरत्नप्रदातिसिन्धोः कल्पवृक्षस्य जन्म तत् ॥

दातुस्तस्मादाताजयरा(l.4)जाख्यो जातो यत्तत्सर्वरत्नदातुस्समुद्रात्कल्पवृक्षस्य जन्म भवति ॥ 83.

श्लाघ्यसह्लण इत्यस्य(l.5) जप्यते नाम पार्थिवैः .
बीजाक्षरत्रयच्छायां धत्ते शक्तित्रयस्य यत् ॥

अस्य सह्लण इति(l.6) नाम राजभिर्जप्यते यत्तच्छक्तीनां त्रयस्य बीजाक्षरत्रयशोभां धत्ते तन्नामजपनाच्छक्तिप्राप्ति(l.7)र्भवतीत्यर्थः ॥ 84.

सौम्येन मालवपतिस्सुह्लणो येन दीप्तिमान् .
शमितोम्बुधरग्रस्तदवा(l.8)ग्निश्रियमानशे ॥

येन सौम्येन शमितो मालवेन्द्रस्सुह्लणो मेघशमितदवाग्निस्थितिं(l.9) प्रापत् ॥ 85.

---

1 Ms. has पृ. ३५ on margin. 2 Read °यत्. 3 Read °दान्यो. 4 Ms. °दन्यो. °दन्य°. 5 Ms. °दीप्ति° corrected to शमि°.

कीर्त्तिपुष्पविकासं यं रुद्धवान्कल्पशाखिनाम् .
मन्ये तमेव मोक्तुं यः(1.10) पुरन्दरपुरं ययौ ॥

स राजा कल्पवृक्षाणां यशःपुष्पविकासं यं रुद्धवांस्तमेव मोक्तुं(1.11) स स्वर्गं गत इति जाने. कल्पवृक्षेभ्योतिदातासीदित्यर्थः. अतः कल्पतरूणां यस्तेन कीर्ति(1.12)विकासो रुद्ध आसीत्तस्मिन्प्रमीते स उत्पन्नः ॥ 86.

पद्मसम्बन्धिनीं लक्ष्मीं रिपुरामामुखा(1.13)नि यत् .
अत्याजयदिति प्राप्ता गुणिभिश्श्रीर्न कैस्ततः ॥

स राजा वैरिस्त्रीमुखानि पद्म(1.14)शोभामत्याजयद्यदित्यतो गुणिभिर्गुणवद्भिः पद्मैश्च कैर्न श्रीः प्राप्ता ॥ निदर्शने द्वे ॥(1.15) सम्भवद्वस्तुसम्बन्धाऽसम्भवद्वस्तुसम्बन्धा च. अन्यत्रान्यसम्बन्धिनीं छायामन्यः कथं दधातीति(1.16) नास्ति वस्तुसम्बन्धः ॥ 87.

स दुर्वर्णमयैर्भूमिं रूपकैः पर्यपूपुरत् .
तां सुवर्णमयैस्तत्र क(1.17)विवर्गस्त्वपूरयत् ॥

दुर्वर्णं रौप्यं दुष्टा वर्णाश्च तन्मयै रूपकैर्दीनारविशेषैर्नाटकैश्च(1.18) स भुवमपूरयत् सौवर्णैः सुवर्णमयैश्शोभनाक्षरमयैश्च कविवर्गस्तामपूरयत् ॥(1.19) 88.

कीर्त्तिं स वर्तमानानां भटैर्जह्रे जयप्रियैः .
अतीतानागतानां तु रूपकैरजयप्रियैः ॥ (1.20)

जयः प्रियो येषां तैर्भटैः करणभूतैर्वर्तमानानां कीर्तिमहरत् अजयस्य राज्ञः प्रियै रूपकैः(1.21*) दीनारविशेषैश्च भूतानां भाविनां च राज्ञां कीर्त्तिमहरत् ॥ 89.

सोमलेखा प्रियाप्यस्य प्रत्यहं रूप(1.1)कैर्नवैः .
कृतैरपि न संस्पर्शं कलङ्केन समासदत् ॥

1 Ms. अभ्या°. 2 Ms. दधती°. 3 Ms. °कैप°. 4 Ms. राधं.

तस्य प्रिया सोमलेखाख्या राज्ञी चन्द्रले(1.2)खा च प्रत्यहं नवैः कृते रूपकैर्दीनारविशेषैर्मृगैश्च हेतुभिः कलङ्केन पापेन लाञ्छनेन च स्पर्श(1.3) न प्रापत् ॥ व्यतिरेकभेदः ॥ उपमानादुपमेयस्याधिकगुणत्वेन न्यूनगुणत्वेन वा भा(1.4)नात् ॥ 90.

भाग्यैस्समं समुत्पन्नं प्रजाभिस्सह लालितम् ।
वर्धितं सुकृतैस्साकमर्णोराजमसूत सा ॥ (1.5)

भाग्यादिभिस्सह समुत्पन्नत्वादिलक्षणविशिष्टमर्णोराजं पुत्रं साजनयत् । भाग्यानां तदु(1.6)त्पत्तिकारणत्वे तदुत्पत्तेर्वा भाग्यकारणत्वे सहभावोपनिबन्धात्कार्यकारणविध्वंसरूपातिश(1.7)योक्तिसहिता सहोक्तिः ॥ 91.

कीर्त्या विमलया साकं देवी सा भूपतेः प्रिया ।
प्रतापेन सहोग्रेण(1.8) प्रियः पुत्रश्च सोभवत् ॥

शुद्धया कीर्त्या साकं समं सा देवी राज्ञः प्रियाभूत् । एवमुत्तरार्द्धेपि योज्यम् ॥(1.9) सहोक्ती ॥ 92.

लक्ष्मीर्विनाभिमानेन कीर्त्तिर्दुर्यशसा विना ।
बभौ श्रीखण्डवल्लीव तस्य भोगभृता(1.10) विना ॥

निर्गर्वा श्रीर्निन्दारहिता च कीर्त्तिस्तस्य बभौ यथा सर्पत्यक्ता चन्दनलता ॥ 93.

कवित्वे(1.11)नेव पाण्डित्यं द्रविणेनेव यौवनम् ।
ननाश तद्रिपुबलं विना दीप्तेन तेजसा ॥

यथा क(1.12)वित्वेन विना पाण्डित्यं यथा च धनेन विना यौवनं तथा तेजसा विना तच्छत्रुबलं नष्टम् ॥(1.13) विनोक्ती ॥ 94.

---

1 Ms. भावा॰. 2 Ms. ॰पेय.

लोभप्रदोषमुक्तास्य कमला कमलिन्यभूत्.
औदार्यातपहीनासीत्तस्य(1.14) प्र[त्यर्थि]नां तु सा ॥

लोभाख्येन प्रकृष्टेण दोषेण निशारम्भेण च मुक्ता तस्य श्रीः पद्मिन्या-(1.15)सीत् तस्य वैरिणां सा श्रीरौदार्यमेवातपस्तेन हीना पद्मिन्यासीत् ॥ गम्या विनो(1.16)क्तिः ॥ मुक्तहीनादिपदैर्विनार्थस्य द्योतितत्वात् ॥ 95.

तापिताः प्राक्प्रतापेन विचारे(1.17)ण विशोभिताः.
अनुरक्तास्ततः पश्चाद्यशसाच्छादिता दिशः ॥

पूर्वं प्रतापेन तापिताः(1.18) ततो विचारेण व्यवहारपरिच्छेदेन विशोभिताः अतोनुरक्ता दिशो यशसाच्छादिताः अ(1.19)ग्निना तापिताश्चिराकटुवादिना(?) शोभिताः गैरिकादिना रञ्जितास्सुवर्णविकृतयो वस्त्रा-(1.20)[च्छादिताः]·········रसव्यवहारप्रतीतिः ॥ 96.

विमुक्ता निखिलैर्दोषैर्निचिता निखिलैर्गुणैः.(1.21**31[a])
शिवभक्तिरभूद्यस्य सदा हृदयहारिणी ॥

दोषैर्वधानादिभिस्त्यक्ता गुणैर्युक्ता शिवभक्ति(1.1)र्यस्य मनोहरा सदाभूत् ॥ निर्दोषादिधर्मारोपात्साध्वीव्यवहारप्रतीतिः ॥ 97.

नयसिक्ता प्रतापे(1.2)न क्रमात्पल्लवितोद्गमा.
विकसत्कान्तिपटला फलत्पुण्यपरम्परा ॥ 98.

दत्ताशीरशमितक्लान्तिद्युति(1.3)पार्थैस्सदाध्वगैः.
लक्ष्मीर्यद्भुजमारूढा वृद्धिं शाखाशतैर्गता ॥

प्रथमं नयेन सिक्ता ततः(1.4) प्रतापेन पल्लववान्कृत उद्गमो यस्यास्सा

---

1 Ms. °र्थैत°. 2 Ms. °ष्टेन. 3 Ms. असि°. 4 Ms. has ९. on margin.
5 Read °रनवधानादिभि°. 6 Ms. °हा° corrected to °दा°.

विकसत्कीर्त्तिपटलं यस्यास्सा फलन्ती फलवदाच(l.5)रन्ती पुण्यपरम्परा यस्यास्सा शमितां: क्लान्तिक्षुत्पिपासा येषां तैरध्वगैः सन्मार्गगामिभिर्दत्ता-(l.6)शीर्युद्भुजार्जिता श्रीश्शाखानां प्रकाराणां शतैर्वृद्धिं गता ॥ सेकादिका-र्यारोपात्पल्लवितत्वादि(l.7)धर्मारोपाश्चोर्भयारोपेण लक्ष्म्यां लताव्यवहार-प्रतीतिः ॥ 99.

स्तनद्रथाङ्गमिथुना भ्रमद्भ्रमरमा(l.8)लिकाः ।
श्रीमन्मुखाम्बुजा वापीर्यो ददौ सुरसद्मसु ॥

स्तनवदाचरन्ति कूजन्ति च रथाङ्गमि(l.9)थुनानि यासु ताः कचव-दाचरन्त्यः स्फुरन्त्यश्च भ्रमरमालिका यासु श्रीमन्ति मुखाम्बुजानि या-(l.10)सां ता वापीर्देवगृहेषु योदात् ॥ अत्रौपम्यस्य गर्भत्वम् ॥ 100.

चन्द्रचन्दनकर्पूरमुक्ताहा(l.11)रविरोधिनी ।
सुदूरवर्त्तिनी यस्य कीर्त्तिः पाण्डुत्वमाययौ ॥

चन्द्रादीनां विरोधिनी न्यक्कुर्वती(l.12) सुदूरे वर्त्तमाना कीर्त्तिः पा-ण्डुतां शुभ्रत्वमापत् ॥ अत्र विरहिणीव्यवहारप्रतीतेर्लौकिके(l.13) लौकि-कव्यवहारसमारोपः ॥ 101.

मनोज्ञत्वेपि नाचुम्बि स्वमुखेन कदाचन ।
स्वच्छन्दं तेन यत्की(l.14)[र्त्तिः] ——⏑——⏑— ॥

तेन राज्ञा [10]कीर्ति[र्मनो]ज्ञत्वेपि सति स्वमुखेन न कदाचित्स्पृष्टा तेन [11]स्वैती(?)(l.15) 102.

[Lines 16 to end of page missing](*)

———⏑⏑———[12]पुरुषार्थे कृतार्थताम् ॥

---

1 Ms. °पटलं written above °कुमुदं. 2 Ms. °ताक्जा°. 3 Ms. °शैस°. 4 Ms. °श्चोभ°. 5 Ms. लक्ष्या. 6 Comm. reads कचवत्° which agrees with the alamkāra of स्तनद्° etc. On कचवत् see p. 93 and notes. 7 Ms. श्रीस°. 8 Ms. अत्रै°. 9 Ms. °ण्डुताशु°. 10 Ms. कीर्त्ति°. 11 So Ms. Add लौकिके नायिकाव्यवहारप्रतीतिः. 12 Restore–भजन्बुद्धिबलेनैव भोगं करपासंश्रयं । द्रष्टा सञ्जनयत्स्वं यः पुरु°.

करणानि कर्माणि संश्रयो यस्य तं भोगं बुद्धिबलेनैव भजन्द्रष्टा सर्वव्यव(1.1)हारसाक्षी संन्नेव स्वं पुरुषार्थं कृतार्थतामनयत् शत्रूञ्जितवानित्यर्थः. सांख्यदर्शनवादिना(1.2)मात्मा सप्तधा बुध्यहंकारतन्मात्रापञ्चकत्वेन प्रकृतेर्जातं विकारमस्पृशन्मूलप्रकृतिसङ्गतां बु(1.3)द्धिं भासयंश्चिच्छायया च्छुरयन्बुद्धिमुखेनैव करणसंश्रयं चक्षुरादीन्द्रियाश्रयं भोगं भजन्बुद्धि(1.4)मुखेनैव पुरुपार्थं पुरुपविवेकरूपं कृतार्थतां नयति ॥ नीतिशास्त्रीये वस्तुनि साङ्ख्यशास्त्रीयव(1.5)स्तुसमारोपः ॥ 103.

स्फुरत्प्रज्ञाबलोत्साहसिध्युपायगुणोदया .
सर्वाङ्गसुन्दरी यस्य(1.6) नीतिर्वल्लभतां ययौ ॥

स्फुरन्तः प्रभावबलोत्साहा येपु ते सिद्ध्युपायगुणोदया यस्यां सा. सि(1.7)द्धयो भूम्यादीनामुपायास्सामादयः उदया आत्मादीनाम्. तथा सर्वाङ्गेपु स्वाम्यादिपु(1.8) सुन्दरी यस्य नीतिर्वल्लभतां श्रद्धेयत्वं ययौ. तन्नीतिरन्येषां काङ्क्षणीयाभूदित्यर्थः ॥ स्फुर(1.9)द्भिः प्रज्ञाबलोत्साहैस्सिद्धौ वशीकरणे उपायात्मकानां गुणानामुदयो यस्यां सा. प्रज्ञा(1.10)दिभिर्भूर्वशीकृतेत्यर्थः ॥ अत्र नीतिशास्त्रप्रसिद्धे वस्तुनि नायिकाव्यवहारप्रतीतिः ॥(1.11) 104.

भूसत्तायामुदात्तो यः परस्मै पदमग्रहीत् .
अनुदात्तो रिपुस्तस्य भूप्राप्तावात्मनेपदी ॥(1.12)

भुवि सत्तायां प्रशस्तत्वे साम्राज्ये सति यः परस्मै परार्थं पदं त्राणमग्रहीत् यत उदात्तः(1.13)·················र्थमेव पदीयं?(1.14) 105.

[Lines 15 to end of page missing](**32)

मन्त्र्यपेक्षा दैवनियोगज्ञस्य मित्रबलापेक्षा च नाभूत् ॥ यष्पट्संख्यकं

---

1 Ms. सदे°. 2 Ms °रीदी°. 3 Text प्रज्ञा°. 4 Add नीतिशास्त्रीये वस्तुनि व्याकरणशास्त्रीयव्यवहारसमारोपः. 5 Ms. °बलपे°.

प्रमाणं जानाति वि[नियो](1.1)गं च वेत्ति स ईश्वरं सर्वज्ञं नापेक्षते ॥
लौकिके मीमांसाव्यवहारसमारोपः ॥ 106.

सपक्षे ददृशे ना[स्ते](1.2) विपक्षे यज्जडात्मनि .
तत्प्रतापाग्निमान्भूभृद्धेतौ धूमेन्वमायि यः ॥

जनेन से पक्षे स्वाश्रिते वि[प](1.3)ये यद्ददृशे स्वपक्षस्योपकारं कुर्वन्यदृष्ट इत्यर्थः जडात्मनि विपक्षे शत्रौ यन्नास्ते अपकारप्रवृत्त(1.4) एवाभूदित्यर्थः तत्तस्माद्धेतावायुधे खड्गे सत्यां भूभृत्प्रतापाग्निमाननुमितः . धूमे इ(1.5)ति हेतोरारोपः कालत्वेन धूमानुकारात् स पक्षे महानसे दृष्टः विपक्षे जलादौ न दृष्टः(1.6) ततो भूभृत्पर्वतो धूमे हेतौ कारणे लिङ्गे सत्यग्निमाननुमीयते ॥ लौकिके तर्कव्यवहार(1.7)समारोपः ॥ 107.

अहार्यलङ्घनैस्त्यक्तरसास्वादैस्सदूषणैः .
येन पीनसितावस्था कीर्त्ति(1.8)रत्याजि वैरिणाम् ॥

येन राज्ञा शत्रूणां कीर्त्तिः [पीन]सितां चावस्थां [त्या]जिता[तिव]ल(1.9)घुर्मलिना च कीर्त्तिः कृतेत्यर्थः यतः अहार्याणां पर्वतानां [ल]ङ्घनैरारोहावरोहैस्त्यक्तो(1.10) रसाया भूमेरास्वादो यैः करणभूतैः सह दूषणेन दोषेण यानि तैः . अहार्यैरपरि(1.11)हार्यैश्च लङ्घनैर्भोजनविच्छेदादिभिः त्यक्तो रसा[नां मधु]रादीनामास्वादो येषु तथा(1.12) तच्छोभनभूषणं मरीचादिर्येषु तैर्हेतुभिर्भिषजा परिमितो(?) प्रतिश्यायवत्त्वं तस्या अव-(1.13)······जते. गतिर्बुद्धीति नियमात्कीर्त्तिशब्दस्य कर्मत्वम्. तस्य चात्याजीत्यत्र कर्मण्युत्पन्ने(1.14)···················· ॥ लौकिके आयुर्वेद(1.15)- 108.

[Lines 16 to the end of page missing](*)

---

1 Ms. °शेन°. 2 Ms. राजा crossed after स. 3 Ms. °स्कंकु°. 4 Ms. °दिर्थः. 5 Ms. Sic. Is it सति ? 6 Ms. °त्पर्नतश्च crossed after °भृ°. 7 Ms. हेतेरा°. 8 Ms. पनीसि°. 9 Ms. °वस्था. 10 Ms. Sic. Is it सद्भोजनदूषणं ? 11 Sic. Read पीनसिता. 12 Ms. °तिबोधेति. Pāṇini, 1.4.52. 13 Ms. °चत्यजी°.

— यशसि यं भूमिराश्लिष्टाजनि र⏑सैः.
रजस्वलास्वभावोयं विधिनैवोपपादितः ॥

यस्य(1.1)·········निमज्ज्या(?)यमालिङ्ग्य भूमिः रत्नपूर्णता(?) विधिनैवायं रजस्वलास्वभाव उपपादितः. र(1.2)जस्वला ऋतुमती सपांसुश्च ॥ 109.

लालनाताडनविदामनुरज्यन्ति योषितः.
अतो यशःप्रता(1.3)पाभ्यां भूमिस्तेन [वशी]कृता ॥

लालना प्रीतिस्तां ताडनं च ये विदन्ति तेषां स्त्रियोनुरज्यन्ति अतो (1.4)हेतोस्तेन यशःप्र[तापाभ्यां भू]मिर्वशीकृता ॥ समासोक्तयः ॥ 110.

बुद्धिमद्भिर्बु(1.5)द्धशास्त्रैस्सत्यवा[दिभि]—⏑—
व्यायामिभिर्बलीयोभिस्सहायैर्यो विदिद्युते ॥

बुद्धिमत्त्वादि(1.6)विशिष्टैस्सहायैर्यो दीप्तः ॥ परिकरः ॥ विशेषणानां साभिप्रायत्वात् ॥ 111.

अहिद्वि(1.7)षा प्रसिद्धेन गोमण्डलधरेण च
स्वैरावतारोचितेन हरिणा यस्समोभवत् ॥

अहिः कालिय(1.8)नागो वृत्रासुरश्च अहिर्भ्रातृव्यश्च तद्विषा गावो धेनवो नेत्रादि च गौर्भूमिश्च तन्मण्डलधरेण(1.9) स्वैरं स्वेच्छयावतारेषु मत्स्यादिरूपग्रहणेपूचितेन स्वश्चासावैरावत ऐरावणस्तेन रोचिते(1.10)न स्वात्मीया ऐरी इरायां भूमौ भवा भूमिविषया अवता रक्षकता तया रोचितो यो राजा ह(1.11)रिणा विष्णुना इन्द्रेण च समोभवत् ॥ विशेष्यस्य विशेषणानां च साम्याच्छ्लेषः ॥ अत्राच्यु(1.12)तेन्द्रयोरप्रस्तुतयोः श्लेषः ॥ 112.

---

1 Ms. °राश्लिष्या°. 2 Is it रसैः ? 3 Is it रसस्रीता ?
4 Ms. °विना°. 5 Ms. °तो अतो हे°. 6 Ms. °सत्वा°. 7 Ms. °शेषाणां.
8 Ms. °आतव्य°. 9 Read °स्तेनारो°.

यस्सदन्तांसुधकरान्परिहर्तव्यपद्धतीन् .
अत्यन्तगर्जनान्मत्ता(1.13)न्मातङ्गानजयद्रणे ॥

यो मातङ्गान्म्लेच्छांश्च युद्धेजयत् सदन्तानि शोभनधाराणि आयुधानि(1.14)············वरेण च सहितान् तथा त्याज्यमार्गान् म्लेच्छानां दुराचारत्वात्(1.15)············म्लेच्छानां(1.16) 113.

[Lines 17 to end of page missing](** 33)

नत्वम् पदानां सुमिङन्तानां भङ्गेनांशांशिके·········भेदेन नीरसा रसवर्जिताः भिन्नस्स्वर उदा(1.1)त्तादिर्येषां तथा स्वापास्सुलभास्शब्दा न तु लक्ष्यादयोर्था यैस्ते यस्य द्विपश्शेपा इवासन् ॥(1.2) अत्र शत्रुशेपयोः प्रस्तुताप्रस्तुतयोश्श्लेषः ॥ श्लेषत्रयम् ॥ 114.

अत्यन्तशुद्धपक्षा(1.3)णां स्वहंसानामिवान्तरम् .
यत्पूर्वजन्मपुण्यानामज्ञासीत्केवलं विधिः ॥

यस्य पूर्वज(1.4)न्मनि पुण्यानामन्तरं विधिरेवं ज्ञातवान् . अत्यन्तं शुद्धः पक्षस्सिद्धान्तो येपाम् हंसपक्षे पक्षाः प(1.5)तत्राणि ॥ अत्र शुभवस्तुसम्पत्तिलक्षणे कार्येप्रस्तुततत्कारणपूर्वजन्मपुण्याभिधानाद(1.6)प्रस्तुतप्रशंसा ॥ 115.

अनादित्यमिव व्योम तामसा इव वासराः .
अलोचनेवं जनता जज्ञे(1.7) यस्य प्रयाणके ॥

यस्य प्रयाणे सति आकाशादीनां सूर्यादिरहितत्वमिव जातम् ॥ अत्र से(1.8)नारजोवर्णनेप्रस्तुतेनादित्यत्वादितत्कार्याभिधानेनाप्रस्तुतप्रशंसा ॥ 116.

रजन्यामपि प(1.9)द्मिन्यः कुमुदिन्यो दिनेपि यत् .
नापुष्यन्यस्य साम्राज्ये जाड्यमेवात्र कारणम् ॥

---

1 Ms. °दान्ता°. 2 Ms. °भिज°. 3 Ms. °शासि°. 4 Ms. °त्रुश्शे°. 5 Restore last 3 lines—पदभङ्गेन नीरसाः । भिन्नस्वराः स्वापशब्दा ···शेपा इव यद्विपः ॥ 6 i.e. verses 112,113,114 ? If we exclude 112 where श्लेष is specially mentioned then one verse is missing between 113 and 114. 7 Ms. °नेव. 8 Ms. °तस्कर°. 9 Ms. नेन. 10 Ms. °यैर°.

रात्रावपि प(l.10)द्मिन्येस्तथा दिवाप्युत्पलिन्यो यत्र विकासितास्तत्र जाड्यमेव हेतुः ॥ तद्राज्ये जडा एव न विक(l.11)सिता इति सामान्ये प्रस्तुते तद्विशेषकुमुदिनीपद्मिन्यभिधानेनाप्रस्तुतप्रशंसा ॥(l.12) 117.

वर्द्धमानं स्वकुलजैः केषांचित्पुण्यकर्मणाम् .
कल्पान्तस्थायितामेति धनं स्थाने निवेशितम् ॥(l.13)

पूर्वपुरुषैर्वर्ध्यमानं स्थाने निवेशितं सत्कल्पान्तं तावत्स्थैर्यं केषांचिद्भाग्यवतामेति ॥ अत्राज(l.14)[3]················ते सामान्याभिधानेनाप्रस्तुतप्रशंसा············(l.15)············पृथिव्यामपि सं··········
·········(l.16) 118.

[Lines 17 to end of page missing](*)

जीं नगरं कृतवान् येषु काव्येषु तन्नगरं न वर्णितं तानि काव्यानि धन्यानि न भवन्ति ॥ तान्यधन्यानीत्यत्र वै(l.1)धर्म्येणाप्रस्तुतप्रशंसा इदं काव्यं धन्यमिति प्रस्तुतार्थप्रतीतेः ॥ 119.

भवत्यजयमेरुत्वं सार्थं यस्य सु(l.2)रालयैः .
न हि पुण्यप्रभावेण तदस्त्येव न यद्भवेत् ॥

यस्य नगरस्याजयमेरुभावस्सार्थको भव(l.3)ति देवावासैः . मेरुर्हि देवावासः . एतमेव विशेषं सामान्येन समर्थयते . न यद्भवेत्तन्नास्ति किं तर्हि(l.4) सर्वमेव भवेदित्यर्थः पुण्यप्रभावात् ॥ अर्थान्तरन्यासः ॥ 120.

धीर्यत्रावैति नोत्कर्षं शिवपा(l.5)दयुगं विना .
उत्का एव हि सर्वेस्मिन्नृषयो दर्शनं प्रति ॥

शिवपादद्वयादन्यद्वस्तु सोत्कर्षं बुद्धि(l.6)र्न जानाति . एतदेवोत्तरार्धेन

1 Ms. °न्यःस्त°. 2 Ms. °ग्यता°. 3 Restore °अजयराजस्य नगरनिर्माणे प्रस्तुते.
4 This might be part of a shloka. 5 Read स U°.

कारणभूतेन समर्थयते. शिवपाददर्शनार्थं सर्वे ऋषयो यस्मात्सो(l.7)-
त्कण्ठाः ॥ कारणमृषीणामुत्कण्ठितत्वं समर्थकमित्यर्थान्तरन्यासः ॥ 121.

यत्र प्रत्यक्षफ(l.8)लदस्सेवितोऽग्निस्सुकर्मणाम् ·
धूमो हि घनतामेत्य भजते वृष्टिहेतुताम् ॥

यत्र शोभन(l.9)कर्मणां फलदोऽग्निर्भवति. तथा हि यज्ञादिषु धूमो वृष्टिहेतुर्भवति. अत्र अग्निसेवनस्य कार(l.10)[णस्य कार्यं]········ समर्थकम ॥ अर्थान्तरन्यासः ॥ 122.

उच्चेयताराकुसुमा वन्द्य(l.11)[मन्दाकिनीह्रदा] ·
——त्र श्रव्यसप्तर्षितृतीयसवनस्वरा ॥

उच्चेतुं शक्यानि ताराकुसुमानि य(l.12)[स्यां वन्दितुं शक्यो मन्दा]-
किनीह्रदो यस्यां तथा श्रोतुं शक्यश्श्रव्यस्तृतीये सवने स्नाने[1] स्व-
रो(l.13) 123.

[Lines 14 to end of page missing](**34)

[——]प्राप्तप्रवेशाभिरीतिभिस्सुखमास्यते ॥

द्वितीयां व्याजस्तुतिः ॥·········व्य······(l.1)नीरूपया स्तुत्या निन्दायाः पर्यवसाने प्रतीतिः ॥ 124.

तुङ्गत्वात्सर्वतो दृश्यं यदि——⁀——[7](l.2)क्तिकम् ·
सर्वत्र भ्राम्यताद्यापि कलिना यन्न वीक्षितम् ॥

तुङ्गत्वात्सर्वतो दृश्यं वस्तु भ[वती](l.3)ति यदेतदनुपपन्नम् यद्वा

---

1 Ms. °ह्रदो. 2 Ms. श्रातुं. 3 Sic. (!) 4 [पर्यायोक्तम्. गम्यस्योच्चलस्य भङ्ग्यन्तरेणाभिधानात्] 5 Illustration of व्याजस्तुति in which निन्दाभिधीयमानापि प्रमाणान्तराद्बाधितस्व-रूपा स्तुतौ पर्यवस्यति is lost. 6 Is it ईतीनां सुखासनरू° ? 7 Restore वस्तिवत्य-यौक्तिकम्. 8 Should be यदेतत्सदनु°. 9 Is it यथा ?

यन्नगरम्. तथा हि सर्वासु दिक्षु भ्राम्यतापि कलियु[गेनो](1.4)न्नतमपि तत्पुरं न दृष्टम्. कलिस्तत्र न प्रविष्ट इत्यर्थः ॥ आक्षेपः ॥ अत्र वक्तुं युक्तस्यौ-(1.5)न्नत्यस्यायुक्तिमदित्यनेन प्रतिपादितो निषेधो निषेधाभासस्सम्पद्यमानस्सदाचारं क[लि](1.6)प्रवेशाभावप्ररूढं विशेषमाक्षिपति ॥ 125.

न यत्र धार्मिकः कश्चित्कीर्त्तिकामो नरोपि वा .
अना[श्रये](1.7)ण नं प्राप्तः प्रवेशः कलिना क्वचित् ॥

यत्र नगरे धार्मिकः कीर्त्ति[का]मो वा कश्चिन्नास्तीति [सा](1.8)ध्यम्. अत्र साधनमाह अशरणेन कलिना तत्र प्रवेशः क्वचिदपि न लब्धः ॥ आक्षेपः ॥(1.9) निषेधनातिधार्मिकतारूपस्य विशेषस्य प्रतीतेः ॥ 126.

किं नाम वर्ण्यते यस्य धुरीणैरपि वाग्मि(1.10)[भिः] .
——————⌣— -जि सर्वदा वर्णयन्ति यम् ॥

महावाग्मिभिरपि यस्य किं वर्ण्यते(1.11) 127.

[Lines 12 to end of page missing](*)

·········य मित्रभावं विरहिणीमारणं कृत्वा कालपक्षं यमपक्षं कृष्णपक्षं च प्रपत्स्ये ॥(1.1) [आक्षेप]प्रकाराः ॥ 128.

इत्यध्वगवधूसख्यो यत्र वातायने स्थिताः .
निन्दन्ति वन्द्यं विश्वस्य प्रति[पत्सु](1.2) सुधाकरम् ॥

यत्र वातायनगताः पान्थस्त्रीसख्यो विश्ववन्द्यं चन्द्रं प्रतिपत्सु निन्दन्त्येवम् ॥(1.3) 129.

पुण्डरीकैस्सुहरिणैर्मातङ्गैर्यत्र सुद्विजैः .
कृष्णसारैश्च हरिभिश्शोभते राजमन्दिरम् ॥(1.4)

---

1 Ms. आम°. 2 Ms. °मति. 3 Ms. °नयः. 4 Ms. श्रम°. 5 Ms. °ष्पाशा°.

सुहरिणैरतिशुभ्रैः पुण्डरीकैः कैच्छैस्तथा सुद्विजैश्शोभनदन्तैर्मातङ्गैः हस्तिभिः कृष्णैश्च तैस्सां(1.5)रैश्चाश्वैर्यत्र राजगृहं शोभते ॥ विरोधः ॥ विरुद्धाभासत्वात् ॥ तथा हि पुण्डरीका व्याघ्रवि(1.6)शेषाः कथं हरिणा भवन्ति मातङ्गाश्चाण्डालास्ते कथं द्विजाः कृष्णसारा मृगाः कथं हर्यः सिंहाः ॥ (1.7) 130.

राजहंसानुरूप्येण सितोपि पृथिवीभुजाम् ।
असितो यत्र सततं जायते यशसां भरः ॥

यत्र(1.8) राज्ञामसितः खड्गाद्यशो राजहंसानुरूप्येण राजहंससितो मन्वादिप्रशस्तराजयशो(1.9)नुरूपत्वेन·········यशसां भर उत्पद्यते ॥ विरोधः असितशब्दस्य विरोधद्योतकत्वात् ॥(1.10)······[अ]सितश्श्याम इति ॥ 131.

क्षमायां यदकाठिन्यं शैत्ये तापकता द्विषाम् ।
अपालक⏑——(1.11) 132.

[Lines 12 to end of page missing] (**35)

ति नोत्थानं यत्र संपूर्णपादपि ॥

अन्यत्र देशे त्रयाणां पादानां भङ्गेपि धर्म···············(1.1) लायते इत्यर्थः यत्र देशे चतुष्पादपि धर्म उत्थानं निर्गमनं नेच्छति तत्रैव तिष्ठतीत्यर्थः ॥(1.2) विभावना विशेषोक्तिश्च ॥ अनवस्थितेर्हेतुः पादसामग्री तदभावेपि तत्फलं धर्मानव[स्थान](1.3)मुत्पन्नमिति विभावना तथा उत्थानस्य कारणं सम्पूर्णपादत्वं तत्सद्भावेप्युत्थानाभाव[रूपक](1.4)लस्योत्पत्तिरिति विशेषोक्तिः ॥ 133.

आयव्ययेषु कालैक्यं यत्र सर्वस्य दृश्यते ।
व्ययस्त्वादौ(1.5) सुकृतिनामायस्तस्यानुयात्रिकः ॥

1 Ms. °कैच्छ°. 2 Ms. °ग्रैह°. 3 Ms. °श्शारै°. 4 Ms. °यो सिं°. 5 Ms. °सिश°. 6 Ms. °तश्शा°. 7 Restore धर्म इच्छति.

यत्र सर्वस्य लोकस्य धनोत्पत्तित्यागेषु समकालत्वं दृ(l.6)श्यते. अर्जयन्तो जना व्ययं कुर्वन्तीत्यर्थः. यत्र सुकृतिनामादौ व्ययस्तस्य व्ययस्योत्पत्तिरनुयात्रिकी(l.7) पश्चाद्धनागम इत्यर्थः ॥ अतिशयोक्ती ॥ आयः कारणं व्ययः कार्यं भवति कारणका(l.8)र्ययोः पौर्वापर्यं प्रसिद्धम् तत्र त्वायव्यययोस्तुल्यकालत्वम्. तथोत्तरार्धे आयव्यययोः(l.9) कारणकार्ययोः पौर्वापर्यविपर्ययः ॥ 134.

पौराणां हृदये यत्र सन्निधत्ते त्रिलोचनः.(l.10)
अन्तस्तु पौरनारीणां जाज्वलीति मनोभवः ॥

यत्र जनानां चित्ते हरस्सन्निधानं करोति(l.11) कामस्तु पौरस्त्रीचित्ते ज्वलतितराम् ॥ असङ्गतिः ॥ हरः कामदाहस्य कारणम्(l.12) अत्र तु हरः पौरचित्ते संनिहितः कामस्तु पौरस्त्रीचित्ते ज्वलतीति कार्यकारणयोर्विभिन्न(l.13)देशत्वात् ॥ 135.

यत्र स्त्रीणामपाङ्गेभ्यः पूर्णाङ्गो जायते स्मरः.
युवभिर्जीयमानोपि(l.14) रूपेण लभते बलम् ॥

यत्र पुरस्त्रीणां कटाक्षेभ्यः पूर्णाङ्गः कामो जायते तथा तरुणैर्जि(l.15)-[तस्तासां रू]पेण कामो बलं लभते ॥ विषमम् ॥ सर्वत्र कारणानुगुणं कार्यं प्रसिद्धम् (l.16) ·················· कामस्य रूपहेतुकबललाभ- ······(l.17) 136.

[Lines 18 to end of page missing] (*)[5]

यत्र राजशिखामणिः.
विश्वस्य मान्यतां लब्धुं सेव्यते परमेश्वरः ॥

यत्र रक्तैर्विरक्तैर्वा(l.1) [राजशिखा]मणिः राजा चन्द्रः शिखामणिर्यस्य स परमेश्वरस्सेव्यते विश्वकर्तृकं मानं प्राप्तुम् ॥(l.2)[विचित्रं] विकल्पश्च ॥

---

1 Ms. °र्थ्यं° written over °जैं°. 2 Ms. °यसो°. 3 *Scil.* नगरे as well as पूर्वार्धे. 4 Ms. °मायो°. 5 Illustration of सम alamkāra lost. 6 Restore अनुरक्तैर्विरक्तैर्वा. 7 Ms. चन्द्रः. 8 Ms. °स्यप°.

विचित्रस्य विफलप्रयत्नलक्षणत्वात् अत्र हि मानलाभार्थं सेवाख्य-(l.3)स्य प्रयत्नस्य विपरीतफलनिष्पत्तिहेतुत्वम्. सेवाकारिणां हि मान-हानिः ॥ 137.

भूपैर्भुजेपि य(l.4)त्रत्यैर्धार्यते भूस्ससागरा.
कीर्त्तिः स्वच्छतनुस्तेषां न माति भुवनेष्वपि ॥

यत्रत्यै राजभिर्भूमिस्स(l.5)समुद्रा भुजचक्रेपि धार्यते स्वच्छा शुद्धा सूक्ष्मा च तनुर्यस्यास्सा कीर्त्तिर्भुवनेषु न वर्तते ॥ अधिकद्वयम् ॥ अधिक-(l.6)स्याश्रयाश्रयिणोरनानुरूप्यलक्षणत्वात्. अत्र ह्याश्रयस्य भुजस्या-श्रयिभूताया भुवस्तुच्छत्व(l.7)महत्वाभ्यामनानुरूप्यम् भुवनानामाश्रयाणां कीर्त्तेस्तदाश्रयीभूताया महत्वतुच्छत्वाभ्याम् ॥(l.8) 138.

धर्मो विवर्ध्यते यत्र वास्तव्यानां विभूतिभिः.
धर्मेण च विवर्ध्यन्ते वास्तव्यानां विभूतयः ॥

पौरश्री(l.9)भिर्धर्मो वर्धते धर्मेण च पौरश्रियो वर्धन्ते ॥ अन्योन्यम् ॥ परस्परं वर्धनक्रियाजननात् ॥(l.10) 139.

वापीकूपतटाकेषु प्रपासु विविधासु च.
दिवमप्युपयातानां दृश्यते तत्र जीवनम् ॥(l.11)

वाप्यादिषु जीवनं जलं प्राणश्च स्वर्गतानां दृश्यते ॥ विशेषः ॥ अना-धारमाधेयमि(l.12)त्यादिलक्षणत्वात् ॥ अत्र जीवनस्याधारश्शरीरिणः ते स्वर्गं गतास्तथापि जीवनं दृश्य(l.13)ते इत्यनाधारमाधेयम् ॥ 140.

त्रिदिवे दिवि पाताले कीर्त्ति[ः सर्वासु] दिक्षु च.
यदीयानां नरे(l.14)न्द्राणा[मेकरूपा समा]श्रिता ॥

---

1 Read विपरीतफ°. 2 Ms. °त्विरस्व°. 3 Ms. भुजचक्रेपि lc. on margin.
4 Ms. °कीर्त्ते°. 5. Ms. °वस्या°.

स्वर्गादिषु कीर्त्तिरेकरूपा समा समं युगपत्स्थिता ॥ वि[2](1.15) 141.

[Lines 16 to end of page missing](**36)

गैः पुनः राजभिः कीर्त्तिरनुपाल्यते ॥ व्याघातः ॥ उत्पत्तिविनाशयो-रेकोपायत्वात् ॥ अत्र(1.1) राजभ्य एव वृपोत्सर्गैरुत्पत्तिः तैरेव तेभ्य एव च विनाशः ॥ 142.

अवला इति बाध्यन्ते सबलैरन्य(1.2)देशजैः ।
तेनैव हेतुना यत्र रक्ष्यन्ते राजभिः परे ॥

अन्यत्र राजभिरबलत्वाद्राजानो बाध्यन्ते त(1.3)स्मादेव हेतोस्तत्र तैश्शत्रवो रक्ष्यन्ते ॥ व्याघातः ॥ व्याघातार्थं संभाव्यमानस्याबलत्वस्य बाधा(1.4)विरुद्धरक्षणनिष्पादकत्वेन समर्थनात् ॥ 143.

यत्र वीर्यं प्रतापस्य प्रतापः कारणं श्रियः ।
श्रीर्ध(1.5)र्मस्य नरेन्द्राणां धर्मो भोगापवर्गयोः ॥

यत्र वीर्यादयः प्रतापादीनां हेतवः ॥ कारणमाला ॥(1.6) 144.

अर्थो धर्मानुगो यत्र कामश्चार्थानुगो नृणाम् ।
कामस्य शिवकामानां मोक्षोप्यनुगतां गतः ॥(1.7)

यत्र श्रेयस्कामानां धर्माद्यनुगा अर्थादयः ॥ एकावली ॥ अर्थादीनां धर्माद्यनुगतत्वात् ॥ (1.8) 145.

यौवनेन वपुः स्त्रीणां यत्र रूपेण यौवनम् ।
रूपं कान्तिविशेषेण सलावण्येन गर्जति ॥ (1.9)

यत्र यौवनादिभिर्वपुरादयो गर्जन्ति ॥ मालादीपकम् ॥ यौवनादीना-मुत्तरोत्तर(1.10)वपुरादिगर्जनाख्यगुणावहत्वात् ॥ 146.

---

1 Ms. °त्तिरे°. 2 [विशेषः । एकस्याः कीर्तेरनेकगोचरत्वात]. Perhaps one illustration of विशेष—किंचिदारभमाणस्यासंभाव्यवस्त्वन्तरकरणं is lost.

शम्भुर्लोकत्रये सारं तस्य सारं त्रिनेत्रता .
तत्रापि(l.11) चन्द्रमास्तस्य यत्कान्तावदनोपमा ॥[1] 147.

कनकाब्जरजश्छन्ना वातायनविहारिणः .
मानवैर्यत्र सेव्यन्ते स्व(l.12)र्गङ्गावीचिमारुताः ॥

यत्र वातायनगता नाकनदीपवना मनुष्यैस्सेव्यन्ते यतो हेमाब्जैरजः-(l.13)पूर्णाः ॥ काव्यलिङ्गम् ॥ कनकाब्जेत्यादेः पदार्थत्वात् ॥ काव्यलिङ्गस्य च हेतोर्वाक्यप(l.14)[दार्थेत्यादि लक्षणात्] ॥ 148.

द्रष्टुं दिग्भ्यो दशभ्यो यदपर्याप्तदृगष्टकम् .
—————— (l.15) 149.

[Lines 16 to end of page missing](*)

हेतोर्वाक्यार्थत्वात् ॥ पूर्वश्लोकेपर्याप्तदृगष्टक इति विशेषणस्य पदार्थ-त्वाभिमानात् ॥ 150.

सर्वस्वहारिणस्त्रस्तो वरुणो वाडवाद्ध्रुवम् .
यत्कूपान्सेवते तोयं गिरिदुर्गे कुतो(l.1)न्यथा ॥

वरुणस्य सर्वस्वं समुद्रस्तं दहतो वाडवाग्नेर्ध्रुवं भीतो वरुणो यत्कूपान्सेवते . वरुणत्रास(l.2)स्य साध्यस्य साधनमाह . अन्यथा यदि न वरुणस्य भयं स्यात्तद्गिरिदुर्गे तोयं कथं स्यात् . वरुण(l.3)स्य जलाधिपतित्वादिति भावः ॥ अनुमानम् ॥ साधनात्साध्यप्रतीतिरनुमानस्य लक्षणम् ॥ (l.4) अत्र गिरौ जलसंभवात्त्रासानुमानम् ॥ 151.

वरुणादिमहेन्द्रान्तमूर्त्तयो यत्र पार्थिवाः .
शिष्ट(l.5)दिक्पतिमूर्त्तित्वं गृह्णं[10]तेन्यपुरीः प्रति ॥

1 No Comm. [उदारालंकारः—उत्तरोत्तरोत्कर्षणमुदार इति लक्षणात्]
2 Ms. °काञ°. 3 Ms. °जच्छ°. 4 Ms. येतो. 5 Ms. °माञ°. 6 Ms. °काञ्ज°.
7–7 Ms. lc. at the top of page. 8 i.e. only one verse between द्रष्टुं दिग्भ्यो and सर्वस्वहा°. 9 Ms. °न्सव°. 10 Ms. °ह्णन्ते°.

वरुणादारभ्येन्द्रं यावत्पञ्च लोकपालास्तेषां मूर्तयस्ते(l.6)जोंशा येषां तथाविधास्तत्र राजानो भवन्ति. तत्र वरुणत्वमशेषजनाप्यायनात्. वायुत्वं बलि(l.7)त्वात्. कुबेरत्वं धनदत्वात्. शर्वत्वं सर्वोत्कर्षात्. इन्द्रत्वमखण्डि-तज्ञत्वात्. यत्रत्या राजानोवशि(l.8)ष्टा ये दिक्पतयो वह्नियमनैर्ऋतास्तद्भावं शत्रुनगरीषु गृह्णन्ति. अग्नित्वं तासां दाहात्. य(l.9)मत्वं शत्रुमारणात्. नैर्ऋतत्वं शत्रुपुरीनिर्वसत्वकरणात् ॥ अनुमानम् ॥ 152.

स्वर्ग पाल(l.10)ननिर्माणवर्णनैर्देववेश्मनाम्.
ध्रुवं पश्यति यत्रत्यो राजा चित्रकरः कविः ॥

पालनादिभिः(l.11) राजादयस्स्वर्गं गच्छन्ति ॥ यथासंख्यम् ॥ उद्दि-ष्टानामर्थानां क्रमेणानुनिर्देशात् ॥(l.12) 153.

व्यर्थौ यशःप्रतापाभ्यां राज्ञां यत्रेन्दुभास्करौ.
धत्तोर्धरात्रमध्याह्ने छत्रत्वं देववेश्मनाम् ॥(l.13)

यत्र राज्ञां यशःप्रतापाभ्यां हेतुभ्यां व्यर्थौ निष्प्रयोजनौ सन्तौ चन्द्रा-र्कौ अर्धरात्रे मध्याह्ने च दे(l.14)वगृहाणां छत्रभावं धत्तः ॥ प्रतीपम् ॥ यशः-प्रतापाभ्यां चन्द्रार्कयोराक्षेपात् ॥(l.15) 154.

[Lines 16 to end of page missing] (**37)

यत्कान्ताकेशसंस्कारधूपधूमस्सुधासितम्.
श्यामीकरोति सततं सौधं सितकरं ततः ॥(l.1)

यत्स्त्रीकेशसौगन्ध्यार्थं धूमैः पूर्वं सौधं ततश्चन्द्रं श्यामीकरोति ॥ पर्यायः ॥ क्रमेणैकस्या(l.2)नेकस्मिन्ननेकस्यैकस्मिन्नवस्थानात् ॥ 155.

यत्राधत्ते निशि मरुत्सौधेन्दुमणिशीकरैः.
घर्मोद(l.3)बिन्दून्नामाणां गण्डयोश्चन्द्रकान्तयोः ॥

1 Ms. °भ्येन्द्रं. 2 Ms. ताव°. 3 Ms. °प्यय°. 4 Ms. °कार°. 5 Ms. मित्र°. 6 Ms. व्यर्थौ. 7 Read धूपधू°.

यत्र रात्रौ स्त्रीणां वायुरिन्दुसुन्दरयोर्गण्डयोर्घर्म(1.4)जलकणान्गृह्णाति कैस्सौधचन्द्रकान्तकरौः ॥ परिवृत्तिः ॥ चन्द्रकान्तजलकणैस्स्वे(1.5)दाम्बुग्रहणात्समत्वम् ॥ 156.

पञ्चभिर्मार्गणैः पौष्पैस्स्मरो हरति कामिनाम् .
हृत्काञ्चना(1.6)म्बुजवनं वियोगाग्निपरीक्षितम् ॥

पुष्पमयैः पञ्चभिर्बाणैः कामो विरहाग्नौ परीक्षि(1.7)तं चित्तहेमपद्मवनं हरति ॥ 157.

सर्वस्वमपि संत्यज्य स्वगृहाद्यत्र मानिनः .
यशो गृह्णन्ति(1.8) तद्यस्य परे चर्वितचर्वकाः ॥

यस्य यशसः चर्विते चर्वणेपि कृते चर्वका भवन्ति(1.9) तद्यशस्सर्वस्वं दत्त्वा मानिनो गृह्णन्ति॥ परिवृत्तिः॥ सर्वस्वेनाधिकेन यशसो न्यून(1.10)स्य ग्रहणेन न्यूनत्वात्॥ पूर्वत्र पञ्चभिश्शरैर्हैमपद्मवनहरणादधिकम् ॥(1.11) 158.

अपावनं धनं यत्र सर्वथा त्यागिनां गृहे .
अत्यागः स्तूयते मौग्ध्याद्बालाभिर्यत्र कामिनाम् ॥(1.12)

अपगतमवनं रक्षणं त्यागाभावो यस्य तद्धनं त्यागिनां दातॄणां गृहे भवति . बालाभिः(1.13) कामिनामत्यागः अतिशयेनापराधः स्तूयते मुग्धत्वात्॥ परिसंख्या ॥ अपावन(1.14)············त्यागिधनादावेव नियमनात् त्यागिधन······वा······नृ(1.15)·············भिमयः·········(1.16) 159.

[Lines 17 to end of page missing] (*)

[सतां परापवा]दोपि यत्र श्रोत्रमहाज्वरः .
स्वस्याकीर्त्तिर्भवेद्येन तत्तु व्यवहरन्ति के ॥

1 Ms. पौष्पै°. 2 Ms. °र्वत्वं. 3 Ms. "गस्तू". 4 Ms. "तिभ".

परस्यापवादोपि स(1.1)तां महाज्वरः कर्णयोर्भवति येन स्वस्यापयशो भवेत्तत्के कुर्वन्ति. वाच्यां सैवं. यत्र परनिन्दापि(1.2) दुर्वचा तत्र स्वस्याकीर्तिहेतुभूतव्यवहारपरिहार आपतित इति शब्दोपात्तार्थापत्तिरि(1.3)ति सैव वाच्या ॥ 160.

जहौ प्रागुपमानत्वं चरमं चोपमेयताम् .
यस्य संवर्धमानस्य संप(1.4)द्भिरमरावती ॥

प्रतीपम् ॥ आधिकगुणत्वसंभावनयोपमानत्वेन कल्पितामरा(1.5)वती गुणानामन्तरपरीक्षणे सति पूर्वमुपमानत्वमत्यजत् पश्चादुपमेयताम्. अति-(1.6)न्यूनगुणत्वादिति भावः ॥ 161.

पुरान्तरेषु घनया श्वेतन्ते ज्योत्स्नया यदा .
तदा नीलन्ति यत्सौधान्य(1.7)सितागुरुधूम्यया ॥

अन्यनगरे पौर्णिमास्यादौ सौधानि श्वेतन्ति श्वेतानि भवन्ति तत्र तु तदैव काला(1.8)गुरुधूमेन यत्सौधानि नीलानि भवन्ति ॥ गुणक्रियासमुच्चयः ॥ नीलनश्वेतनयोर्गुण(1.9)क्रिययोर्यौगपद्यम् ॥ 162.

शीलालङ्करणं रूपं त्यागालङ्करणं धनम् .
श्रुतालङ्करणं मे(1.10)धा यत्र पुण्यानि शंसति ॥

यत्र रूपादीनि शीलाद्यलङ्कृतानि पुण्यसूचकानि भवन्ति ॥(1.11) सद्योगः ॥ रूपादीनां सतां शीलादिभिस्सद्भिर्योगात् ॥ 163.

सचौरैर्दण्डकच्छमापैर्वर्षैर्देव(1.12)मातृकैः .
निर्धनैर्बहुदुर्भिक्षैर्दुर्जयं तत्पुरान्तरैः ॥

सचौरत्वादिविशेषणविशिष्टैरन्यन(1.13)गरैस्तज्जेतुं न शक्यम् ॥ असद्योगः ॥ पुरान्तराणामसतां चौरादिभिरसद्भिर्योगात् ॥(1.14) 164.

---

1 Ms. °देपि. 2 Ms. वाम्या. 3 i.e. अर्थापत्तिः. Perhaps one illustration of गम्या अर्थापत्ति is lost. 4 Ms. वाम्या. 5 Ms. °नम°. 6 Ms. °थिमा°. 7 Ms. °दांण्ड°. 8 Ms. °दुज°.

धर्मो दम्भं लोभमर्थः कामोऽस्थानप्रसक्तताम् ।
मोक्षश्चार्चनवैमुख्यं दिशन्यत्र न दृश्यते ॥(l.15)

अन्यपुरेषु धर्मादयो दम्भादिकलुषिता दृश्यन्ते ॥ सदसद्योगः ॥ सतां
धर्मादी[ना](l.16)- 165.

[Lines 17 to end of page missing] (**38)

स्य यस्य राज्ञः प्रतिकारासामर्थ्ये सति तत्संबन्धिनां पराभवात् ॥ 166.

यत्र मेघाः पिधीयन्ते गवाक्षा(l.1)गुरुधूम्यया ।
सौदामिनीभिस्तेषां च हेमहर्म्यमरीचयः ॥

जालनिर्गतकालागुरुधूमैर्य(l.2)त्र मेघाश्छाद्यन्ते विद्युद्भिश्च स्वर्णहर्म्यांशवः ॥ मीलितद्वयम् ॥ वस्तुना वस्त्वन्तरनिगूह(l.3)नात् ॥ 167.

अभिन्नैकेन्दुभूरिस्त्रीमुखवातायनाः क्षपाः ।
समरामाननाम्भोजदीर्घिका यत्र(l.4) वासराः ॥

अभिन्नः सदृश एकोऽप्रतिमल्ल इन्दुर्येषां तानि भूरीणि स्त्रीमुखानि येषु(l.5) तानि वातायनानि यासु ताः क्षपा भवन्ति समानि रामाननानि येषां तान्यम्भोजानि या(l.6)सु ता दीर्घिका येषु ते वासरा भवन्ति ॥ सामान्यम् ॥ प्रस्तुतानां मुखानामप्रस्तुतैश्च(l.7)न्द्रपद्मैर्गुणसाम्येन कात्स्न्यो-
पनिबन्धात् ॥ 168.

मध्येऽपि शुभ्रः शुभ्राश्मवेश्मरश्मिभरैः शशी(l.8) ।
यत्र सर्वाङ्गनीलो वा महानीलगृहांशुभिः ॥

यत्र स्फटिकगृहरश्मिसमूहैः(l.9) चन्द्रः कलङ्कस्थानेऽपि शुभ्रो भवति

1 Ms. °रसा°. 2 This might have been an illustration of प्रत्यनीकम्; that of समाधि is therefore lost. 3 Ms. °मी. 4 Ms. °नीवार.

इन्द्रनीलगृहरश्मिभिस्सर्वांगेषु नीलो भवति ॥(1.10) तद्गुणः ॥ अन्यदीयसितासितगुणग्रहणात् ॥ 169.

न शक्यते यदानेतुं कलिना म(1.11)लिनात्मताम् .
तमसा चन्द्रबिम्बं हि सविशेषं प्रकाशते ॥

कलिना यन्नगरं मालि(1.12)न्यं नेतुं न शक्यते यतः चन्द्रस्तमसात्यर्थं शोभते ॥ अतद्गुणः कलिगुणाननुहारात् ॥(1.13) 170.

गृह्येत त्रिगुणं त्वत्तो न स्याद्ग्रहणं यदि .
प्रत्यादिशन्ति शम्भल्यो यस्मिन्नित्यान्तंकामुकान् ॥(1.14)

[यस्मिन्] कुट्टिन्यो······न्तान्कामुकानिति प्रत्यादिशन्ति निषेधयन्ति इति हेतोर्यदि तत्कर्तृ(1.15)कत्वं कर्मकम··············त्यर्थः तदा त्व[त्तः त्वत्]सकाशान्मया(1.16) त्रिगुणं गृह्येत परं सा तु त्वां न गृह्णाति मद्धस्ते त्वया न्यस्तं यद्वस्तु तन्न गृह्णातीत्य(1.17)र्थः ॥ उत्तरम् ॥ अत्र हि उत्तरात्प्रश्नमुन्नीयते . कामुकैर्हि कुट्टिनीनामुक्तमेतत्(1.18) इदं वस्तु तस्यै देहि सा मत्समीपं त्वयानीयतामिति ततः कुट्टिनीभिः पूर्वोक्तमुत्तरं(1.19) दत्तमस्मादुत्तरात्प्रश्नोन्नयनम् . त्वत्त इति कामुकपरामर्शकम् एकवचनं तु प्र(1.20)त्येकं पृथगभापणात् कुट्टिन्यो ह्यभिसारिकाणां गौरवरक्षणार्थं जनानुत्तरयन्ति ॥(1.21*) 171.

कं यत्र पुष्करं गत्वा वरिवस्यन्ति साधवः .
कं पुष्कराद्गृहायातं स्पृष्ट्वा शुद्धिं च मन्वते ॥

पुष्करं ती(1.1)र्थं गत्वा साधवः कं ब्रह्माणमुपासते पुष्करतीर्थाद्गृहायातं कं जलं स्पृष्ट्वा शुद्धिं मन्यन्ते कमि(1.2)ति प्रश्ने कं ब्रह्माणं कं जलमित्युत्तरं[7] द्वितीयम् ॥ 172.

---

1 Ms. शम्ब°. 2 Is it °त्यान्तं° ? 3 Ms. कुथिट°. 4 Is it °न्तान्का°?
5 Sic. Is it तत्कर्तृकं त्वत्कर्मकमग्रहणं ? 6 Ms. °त्यटर्थो°. 7 Ms- °रद्धि°.

यत्र कर्णोत्पलन्यस्तहस्तं दीपावलो(l.3)किनीः ।
दृष्ट्वा वधूः प्रियोपान्ते सखीभिः प्रतिमुच्यते ॥

दीपशमनार्थं कर्णोत्पलेषु न्यस्ता ह(l.4)स्ता यत्रैवं कृत्वा दीपानवलोकयन्तीर्नारीर्भर्त्तृनिकटे दृष्ट्वा सखीभिः प्रतिमुच्यते ॥(l.5) सूक्ष्मम् ॥ रिरंसारूपसूक्ष्मार्थप्रकाशनात् ॥ 173.

शीतः पाणिरपथ्योयं सद्यो मे निरगाज्ज्वरः ।(l.6)
यत्र रामा प्रियस्पर्शप्रस्वेदमिति निह्नुते ॥

इदानीं मम ज्वरो निर्गतोतस्तवायं पाणिः शी(l.7)तत्वादपथ्य इत्यनेन वचसा प्रियैस्पर्शेन प्रस्वेदं रामाच्छादयति ॥ व्याजोक्तिः ॥ स्वेदेनोद्भिन्नस्य(l.8) प्रियस्पर्शसुखस्य ज्वरनिर्गमनेन निगूहनात् ॥ 174.

मा प्रवेक्ष्यति कोप्यन्तर्मा शब्दश्श्रूयते बहिः ।(l.9)
वाक्यं यत्र नवोढानामिति कान्तैर्निगद्यते ॥

नवोढा वक्ति मा हठादिकं कुरु यतः कोप्यन्तः प्रवेक्ष्य(l.10)ति तथा मायुङ्क्ष्व यतो बहिश्शब्दश्श्रूयते एतदेव कान्ता अनुवदन्ति मा निषेधं कुरु यतः कोप्य(l.11)न्तः प्रवेक्ष्यति काकुप्रयोगेण न प्रवेक्ष्यतीत्यर्थः मा निषेधं कुरु यतो बहिश्शब्दश्श्रूयते काकु(l.12)प्रयोगेण न श्रूयते इत्यर्थः ॥ वक्रोक्तिः काकुप्रयोगात् ॥ 175.

कोप्यन्तर्मे न ते स्नेहः कोपवन्तं त्य(l.13)जान्तरात् ।
नतोहमिति मानिन्यो रम्यन्ते यत्र कामिभिः ॥

मैमान्तः स्नेहस्तव नास्ति यद्वा त्वत्कर्तृकः स्नेहो मेन्तर्मयि विष(l.14)-यभूतायां न भवतीति मानिनीनामुक्तिः कामिभिस्त्वन्यथा योजनं कृतम् त्वं

---

1 Ms. °त्तोन्नारीन्भ°. 2 Ms. °थिःस्थी°. 3 Ms. प्रियास्प°. 4 Ms. वक्रो°.
5 Ms. ममा° to यद्वा ie. under l. 18.

[कोपी]कोप(1.15)वान् मे मम नते प्रणते स्नेह इति त्वयोक्तम् तत्कोपमन्तराश्चित्ता[त्यज त]वाहं नेतः प्र(1.16)णामकारीत्युक्त्या कामिभिर्मानिन्यो रम्यन्ते रमणीजनाः. मे इत्येकवचनमेकैककामिन्य(1.17)भिप्रायात् ॥ श्लेषेण सैव ॥ सैवेति वक्रोक्तिः ॥ 176.

यत्र स्तनन्धयान्हस्ते रत्नदीपं जिघृ(1.18)क्षतः .
दृष्ट्वा हाहेति संभ्रान्ता धात्री चेटैर्विहस्यते ॥

रत्नदीपं हस्ते गृह्णतो बालान्दृ(1.19)ष्ट्वा सम्भ्रान्ता हाहेति वदन्ती धात्री चेटैरुपहस्यते ॥ स्वभावोक्तिः ॥ 177.

निपीडितस्य पूर्णे(1.20**39[5])न्दोस्सुधया पङ्किलाङ्गुली .
यत्र मृत्युजितः पादौ भाव्येते भावितैः पुनः ॥

पीडितस्यासनभूत(1.1)स्य पूर्णचन्द्रस्यामृतेनार्द्राङ्गुली मृत्युजितो भगवतः पादौ भक्तैः प्रणिधीयेते ॥ भाविकम् ॥(1.2)अत्यन्तविप्रकृष्टस्य भगवदङ्गुलिपङ्किलत्वस्य प्रत्यक्षायमाणत्वात् ॥ 178.

च्युतकर्पूरकस्तू(1.3)रीपांसुला पण्यवीथिका .
कुरुते पाण्डुरश्यामवाससो यन्निवासिनः ॥

च्युताभ्यां कर्पूरक(1.4)स्तूरीभ्यां पांसुला यत्राट्टवीथी यस्मिन्निवासिनः पौरान्सितासितवस्त्रान्करोति ॥ उदात्तम् ॥(1.5) सातिशयसमृद्धिवर्णनात् ॥ 179.

पारेसिन्धु विजिग्ये यां मध्येसिन्धु व्यधाच्च याम् .
रामः कृ(1.6)ष्णश्च नगरीं ते दास्ये यस्य नोचिते ॥

समुद्रपारे यां नगरीं लङ्कां रामो जितवांस्तथा समु(1.7)द्रमध्ये नगरीं

1 Should be °त्कोपिन°. 2 Ms. °राश्चि°. 3 Ms. °वाहनं न°. 4 Ms. वक्रो°.
5 Ms. पं. रा. ४५ vertically on margin.

द्वारवतीं कृष्णो यां व्यधात्ते नगर्यौ यस्य दासत्वयोग्ये न भवतः ॥ द्वितीयमुदात्तम् ॥(l.8)लङ्काजयद्वारिकानिर्माणयोर्महापुरुषचरितयोरङ्गभूतत्वात् ॥ 180.

चन्द्रांशुस्मेरधम्मिल्ल(l.9)मल्लिकानां प्रियान्प्रति ।
सौधेषु गीतं रामाणां यत्रालिभिरनूद्यते ॥

चन्द्रांशुभिः स्मेराशु(l.10)भ्रतरा धम्मिल्लमल्लिका यासां स्त्रीणां प्रियानुद्दिश्य गीतं सौधेषु सखीभिरनु पश्चा(l.11)दुद्यते गीयते ॥ रसवत् ॥ रतेरङ्गत्वाद्रसवदलङ्कारः ॥ 181.

सौधेष्विन्दूदये शुद्धाः प्रि(l.12)यमार्गस्पृशो दृशः ।
न व्याकुलयितुं भृङ्गा यत्रोत्पलदृशामलम् ॥

चन्द्रोदये प्रियमा(l.13)र्गवीक्षिणीरुत्पलदृशां दृष्टीर्व्याकुलीकर्त्तुं भ्रमरा नालं न शक्ताः अत्युत्कण्ठयेति भावः ॥(l.14) प्रेयोलङ्कारः ॥ प्रियमार्गवीक्षणव्यग्रत्वादौत्सुक्यस्य रत्यङ्गस्य व्यङ्ग्यत्वात् ॥ व्यभिचा(l.15)रि-प्रेयस्वि ॥ 182.

प्रलापशिवभक्तानां श्रूयते यत्र निश्चलैः ।
शिवभक्तैर्गृहद्वारं कुर्वद्भि[रिव(l.16) पङ्किलम्] ॥

....................शिव शिवेति प्रलापहर्षबाष्पेण गृहद्वारं पङ्किलं (l.17) 183.

[Lines 18 to end of page missing](*)

भवतीभिश्चन्द्रोदयेपि कोपो न त्याज्यः. चन्द्राधिकस्य शृङ्गारोद्दीपकस्याभावार्थोऽपिशब्दः. इत्ये(l.1)वं प्रियहासोऽल्पस्त्रीणां कोपोज्वलमल्पीकरोति प्रियहासेन रोषप्रशाम्यतीति अर्थः ॥ समाहितम् ॥(l.2)कोपप्रशान्तेरभ्यङ्गत्वम् इति ॥ 184.

---

1 Ms. धंमि°. 2 Ms. सखि°. 3 Ms. °यारतर्द्वत्वा°. 4 [ऊर्जस्वित्] 5 Is it °ब्वल° ?

हठेन पादपतनं यत्र रामासु सागसाम्.
कोपाग्निं दीपयति(1.3) च प्रसादाम्बु च वर्षति ॥

रामासु सापराधानां संबन्धिं हठेन प्रणमनं कर्तृ कोपाग्निं ज्वलय(1.4)ति हर्षजलं च वर्षति. प्रसादे इति वा पाठः ॥ भावसन्धिः ॥ असूयौत्सुक्ययो रत्यङ्गयोर्भावात् ॥(1.5) 185.

लब्धाभिस्स्वयं दत्तं विलासिषु नवंक्षतम्.
दृष्टं विस्मृत्य रत्यन्ते यत्रैति क्षणविघ्नताम् ॥(1.6)

कामिनां तरुणीभिस्स्वयमेव दत्तं तदेव विस्मृतं सद्रत्यन्ते दृष्टं विघ्नतामेति ॥ भावोदयः ॥(1.7)असूयोदयात् ॥ 186.

यस्मिन्पराङ्मुखी रक्ता सास्रुस्स्मेरा च योषिताम्.
सुसखीसाक्षिकं दृष्टि(1.8)र्भवत्यानमति प्रिये ॥

रमणीनां प्रिये प्रणमति सति दृष्टिः पराङ्मुखत्वादिसहिता स्निग्ध(1.9)सखीसाक्षिकं भवति ॥ भावशबलता ॥ अमर्षासूयानिर्वेदहर्षाणां शबलत्वात् ॥(1.10) 187.

भ्रूभङ्गभङ्गिभिस्स्त्रीणां येनाप्ताश्चापराजयः.
कामस्य कामिभिर्यत्र कृतस्तस्य पराजयः ॥(1.11)

येन कामेन भ्रूभङ्गविच्छित्तिभिर्हेतुभिश्चापानां राजयः पङ्क्तयः प्राप्ताः तस्य कामस्य का(1.12)मिभिः पराजयः कृतः ॥ अनुप्रासयमकयोस्संसृष्टिः ॥ 188.

केलीकोकिलकाकल्याः(1.13) कल्पाः कान्तागिरो जये.
यत्र कामयमानानां नानाङ्गं सुवते सुखम् ॥

---

1 Ms. संबधि. 2 Ms. दत्तुं. 3 Is it नख°? 4 Ms. °खादि°. 5 Ms. °भिहे°.

यत्र प्रियाणां वाच:(1.14) कामयमानानां कामिनां नानाविधं सुखमुत्पादयन्ति केलीकोकिलानां काकलीक(1.15)·········स जये कल्पा: कुशला: ॥ तयोरेव संकर: ॥ 189.

कर्पूरविपण्यौ यत्र सर्वस्मि···(1.16)- 190.

[Lines 17 to end of page missing](**40)

स्थानेनामरावतीन्द्रनगरी भूरिसौभाग्यं स्पृशति. समगुणेति तात्पर्यम्. या च स्त्री पुरुषायि(1.1)तवृत्तिस्सात्यर्थं सुभगा ॥ समासोक्त्युत्प्रेक्षासङ्करः ॥ स्पृशतीति संभावनातात्पर्या(1.2)दार्थ्युत्प्रेक्षा नायिकाव्यवहारारोपाच्च समासोक्तिः ॥ 191.

एवंविधामजयमेरुपुर: प्र(1.3)तिष्ठां
कृत्वा सकौतुक इवाजयराजदेवः.
दोर्वीर्यसंहतनयं तनयं विधाय
सिंहासने त्रि(1.4)दिवमीक्षितुमुच्चचाल ॥

एवंविधामजयमेरुनगरस्य प्रतिष्ठां कृत्वा स्वर्गदर्शनार्थं(1.5) कौतुकीव. नगरान्तरलाभार्थमिति भावः. भुजबलमिलितनीतिं पुत्रं सिंहासने कृत्वा (1.6)चलितः ॥ 192.

अर्णोराजोथ सादाशिवमनिशमनुध्याय रूपं प्रसन्ना-
दस्मादत्रैव(1.7) जन्मन्यतुलबलमिव प्राप्य पञ्चाननत्वम्.
सर्वोर्वीपुण्डरीकप्रकटविघटनोन्मत्तमा(1.8)तङ्गराज-
त्रासायासावतारव्यवसितमकरोत्पुष्करक्षेत्रमेकम् ॥

अथार्णोराजस्सदा(1.9)शिवसंबन्धि रूपं ध्यात्वा प्रसन्नादस्मात्सदाशिवादस्मिन्नेव जन्मनि बहुबलमिव पंचानन(1.10)त्वं सिंहत्वं पंचवक्त्रत्वं च

1 Ms. 'पये. 2 Ms. 'न्वुन'. 3 Ms. भुरि'. 4 Ms. 'गिरः. 5 Ms. प्राप्त.

भाप्यैकमप्रतिमल्लं पुष्करक्षेत्रं समस्तभूमौ पुण्डरीकाणां(l.11) छत्राणां प्रकटं विघटनेनोद्धतानां मातङ्गराजानां म्लेच्छानां त्रासायासोत्पादने व्यवसितं (l.12)शक्रमकरोत् ॥ व्यवहितमिति पाठो नार्षः. सिंहश्च पुण्डरीकाणां व्याघ्रविशेषाणां विघ(l.13)टनादधिकमुद्धतानां हस्तिनां भयमुत्पादयतीति भद्रम् ॥ 193.

श्रीलोलराजसुतप(l 14)ण्डितभट्टनोन-
राजात्मजो विवरणेन स जोनराजः.
सर्गं चिराद्व्यधित पञ्चममत्रि(l 15)——
——◡—◡◡◡—◡◡——◡राजे ॥

श्रीश्रीकण्ठचरित्रकाव्यविवृतौ(l.16)

[Lines 17 to end of page missing](*)

* * * * *

---

1 Ms. °यड°. 2 Ms. °जः. Is it °थितं श्रीपृथ्वीमहेन्द्रविजयाभिधकाव्यराजे ?

[षष्ठः सर्गः]

* * * * * * *

संमीयु-
र्भयं तदेवाजयमेरुनार्यः ॥

प्रथमं चन्द्रस्य राहुणा ग्रहे ग्रासे सति चन्द्रलोके दाक्षा[1]यणीनां ताराणामश्विन्यादीनां यद्भयमासीत्तदेव तत्सममित्यर्थः दुर्गाङ्गनाः प्रापुः [2]विषयणो हस्तश्श्रवणं च नक्षत्रे हस्तः करश्श्रवणं कर्णौ यासां ताः ॥ 1.

रजोभिरेव प्रतिभानभङ्गे[3]
पूर्वस्य पुंसस्तरणेः प्रवृत्ते .
निर्गत्य सोष्मा विदधे स दोष्मा-
नौर्वाग्नितां तत्कटकार्णवस्य ॥

अ[4]र्णोराजस्य पूर्वः पुमानादित्यः तस्य रजोभिरेव प्रकाशनाशे जाते सोष्मा द्दप्तो दोष्मान्भुजशा[5]ली स ·················· [सै]न्य-समुद्रस्य बडवाग्नितामकरोत् तत्कटकमशोषयदित्यर्थः ॥[6] 2.

पराङ्मुखी यत्पृतना प्रपेदे
जनङ्गमानामसुभिर्वियोगम् .
स रौरवाणां सुवसत्वकालो
भा[7]ग्यानि वा भास्करमण्डलस्य ॥

जनङ्गमानां म्लेच्छानां पृतना सेना प्राणैर्वियोगं पलायमा[8]ना सती यत्प्राप्ता स रौरवाणां नरकविशेषाणां सुवसत्वकालः सूर्यमण्डलस्य वा

---

1 Restore विपर्ययाहस्तश्रवंणाः स°. 2 Ms. °स्तश्र°. 3 Ms. °ङ्गे. 4 Ms. दोष्मा°.
5 Ms. °ताक°.

भा(l.9)ग्यानि भवन्ति. यदि हि म्लेच्छा रणे संमुखा म्रियेरंस्तदार्कबिम्बं
भित्वा गच्छेयुः नत्वेवमतो न(l.10)रके पतिताः ॥ 3.

दोश्शालिनामाजयमेरवाणां
यल्लोहघातैः करणीयमासीत्.
भारा(l.11)यमाणैर्निजवर्मलोहै-
स्तदन्वभूवन्बहवस्तुरुष्काः ॥

अजयमेरुभवानां भटानां श(l.12)स्त्राघातैर्यत्कर्तव्यमासीत्तद्भारीभूतै-
रायसकवचैर्बहवस्तुरुष्काः प्रापुः. निजकवचभ(l.13)रैरेव मृता इत्यर्थः ॥ 4.

पुरोगतानामसवो निरीयुः
पिपासया ये मरुधूलिमध्ये.
तैरेव सा(l.14)—⏑⏑—⏑——
——⏑——⏑⏑⏑—— ॥

.........पिपासया(l.15) 5.

[Lines 16 to end of page missing](**41).

—घतस्कराढ्ये
सुखेन पाथेयमिवात्तवद्भिः ॥

अश्वग्रीवास्वायुधप्रहारं दत्वा शोणितं [पीतव](l.1)द्भिः कैश्चिन्मृतम्.
भावे क्तः. अत्रोत्प्रेक्ष्यते पापचोरसंकुले नरमार्गे पाथेयमिव गृह्णद्भिः(l.2).
चौरबहुले च लोकः पाथेयं गृह्णाति ॥ 6.

मरुस्थलीवालुकया व्यधत्त
कांश्चिद्विपन्नांल्लु(l.3)ठतः पृथिव्याम्.

---

1 Ms. दौ°.

संस्कारमात्मोचितमन्तकाले
प्रवर्तयन्ती कृपयेव वात्या ॥

मृतान्भूमौ लुठ(l.4)तोन्यान्वातसमूहो मरुसिकतयाच्छादयन्. अत्रो-
त्प्रेक्ष्यते कृपया हेतुभूतया यवनोचि(l.5)तं प्रेतसंस्कारं भूमिनिखननलक्षणं
प्रवर्तयन्तीव ॥ 7.

रुध्वा स्थितान्कांश्चन राजमार्गं
ग्रा(l.6)म्याश्शवान्गन्धभयेन हुत्वा .
तुरुष्कमांसस्य चिराद्रसज्ञं
क्रव्यादमग्निं रचयांबभूवुः ॥(l.7)

राजमार्गमावृत्य स्थितान्कांश्चन शवान्गन्धभयेन हुत्वा ग्रामिणः क्रव्या-
दमसंस्कृतमग्निं(l.8) तुरुष्कमांसस्यास्वादज्ञं चिराच्चक्रुः ॥ 8.

बभूव यावानवनेः पुरस्ता-
द्भारस्तुरुष्कैर्व्यसुभि(l.9)र्लुठद्भिः .
तावानभून्मेदुरितोदरीणां
तत्पारणाद्धारणतश्शिवानाम् ॥

तुरुष्कैर्गतप्रा(l.10)णैर्लुठद्भिः पूर्वं भूमेर्यावान्भारोभूत्तावानेव भारस्त-
त्पारणात्तुरुष्कग्रसनात्पीवरोदरीणां(l.11) जम्बुकीनां धारणतोभूत्. पार-
णाशब्दो भक्षणे वर्तते. तुरुष्कभक्षणे निवृत्तस्य भारस्य शिवामे(l.12)दुर-
त्वात्पुनरुदयः ॥ 9.

असूचि तेषां विशतामुलूकै-
स्सपादलक्षं यदमङ्गलं प्राक् .
त(l.13)त्तत्पलास्वादननिर्वृतस्य
भद्रं बभाषे बलिभुक्कुलस्य ॥

1 Ms. °भिः लु°. 2 Ms. °निवृ°.

सपादलक्षं नाम देशविशे(l.14)षं विशतां म्लेच्छानाममङ्गलमुलूकैः
कौशिकैर्यत्सूचितं तदमङ्गलमेव कर्तुं काक(l.15)[कुलस्य] शुभमसूचयत्
यतो मृतम्लेच्छमांसप्रासमुखितस्य. आसादनेति पाठो ना(l.16)[र्षः]
...... ॥ 10.

⏑–⏑––⏑⏑–⏑रीति
परस्परस्याप्सरसां हसन्त्यः.
जनङ्गमैर्मूर्धभिरर्ध(l.17)––
⏑–⏑––⏑⏑–⏑–– ॥

...............रुदयं ममेभ्य(l.18) 11.

[Lines 19 to end of page missing](*)

तिस्ते तत्र कथामात्रमपि नाकुर्वन्निति. पांथेष्विति यस्य च भावेन
भावलक्षणमिति सप्तमी(l.1). पांथाः कथामस्यजन्गृध्राद्यस्त्वकुर्वन्निति
तात्पर्यम् ॥ 12.

पवित्रिता वीररसेन धात्री
मुहूर्तमा(l.2)त्रं नृपसैनिकानाम्.
चाण्डालकीलालमलीमसे तु
चिरस्य बीभत्सरसे ममज्ज ॥

राजसै(l.3)न्यानां वीररसेन कर्त्रा भूमिर्मुहूर्त्तमात्रं पवित्रीकृता. तुः प-
क्षान्तरे. म्लेच्छरक्तैरशुचौ बीभत्सरसे(l.4) चिरममज्जत् ॥ 13.

हतप्रसादीकृतनष्टशिष्ट-
प्रविष्टतौरुष्कतुरङ्गमापि.
सेना चकाराज(l.5)यराजसूनो-
रुच्चैश्श्रवस्सर्गमयीरिवाशाः ॥

---

1 Ms. °मुलु°. 2 Pāṇini, 2.3.37.

राज्ञस्सेना दिशस्सर्वा उच्चैश्श्रवस्सर्गप्रकृ(l.6)तीरिव व्यधात्. हृताः प्रसादीकृता नष्टाश्चैतेभ्यश्शिष्टाः प्रविष्टास्तौरुष्कास्तुरङ्गमा यस्यां(l.7) सा. तुरुष्कवाहापहरणात्तत्सेना दिशोऽजैपीदिति भावः. उच्चैश्श्रवा एक एव स च स्वर्ग(l.8) एवास्ति तत्सेना तु वराश्वबाहुल्याद्बहुसंख्योच्चैश्श्रवस्सहिता दिशोपि व्यधादित्यपिश(l.9)ब्दार्थः यद्वा हृतादिभ्यश्शिष्टत्वादल्पप्रविष्टाश्वापि दिशोनेकोच्चैश्श्रवस्सहिता.............[2] ॥ 14.

भीत्या विना कस्य न सुप्रवेश-
मुपक्रमे यत्समरस्य जज्ञे.
भाग्यैर्विना कस्य(l.10) न च प्रवेष्टुं
साध्यं न तत्पार्थिवसैन्यमासीत् ॥

रणारम्भे यद्राजसैन्यं भीत्या विना कस्य न(l.11) सुप्रवेशमभूत्. भीतिरेव तत्र सैन्ये न प्रविष्टा अन्ये तु सर्वे तुरुष्काः प्रविष्टा इत्यर्थः. तद्रा(l.12)जसैन्यं कस्यापि प्रवेष्टुं साध्यं नासीत्कैर्विना. भाग्यैर्विना. भाग्यान्येव समरान्ते प्राविशन्नन्ये तु तु(l.13)रुष्का हृता इत्यर्थः हत्वा तुरुष्कांस्तच्छन्नं प्राप्तमिति भावः. यद्वा निर्भयस्य कस्य न सुप्रवे(l.14)शमिति यज्जनैर्जज्ञे ज्ञातं वद्राजसैन्यं भाग्यानि विना कस्यापि न प्रवेष्टुं शक्यमिति ॥(l.15) 15.

एकैकमु⏑⏑–⏑––
––⏑णीर्भर्तुरिवाभिधातुम्.
संप्रेषिते⏑⏑–⏑––
––⏑–⏑⏑–⏑–– ॥(l.16) 16.

[Lines 17 to end of page missing](**42)

तथा परकटकं सिद्धवत्प्रविष्टा इत्यर्थः पौरस्तुल्यमृतपूर्णास्सादिनोऽशोभन्त ॥ 17.

---

1 Ms. °चैश्र°. 2 Ms. lo. on margin. 3 Ms. °ष्टास्वा°. 4 Ms. °भर्त्त°. 5 Ms. °पूर्णास्सा°.

नृपः(1.1) पताकासिचयप्रपञ्च-
सञ्चारिचित्राम्बरभूषणायाम् .
अलोठयित्वैव नवीकृतायां
पु(1.2)ण्यामपूर्वां श्रियमीक्षते स्म ॥

ध्वजवस्त्राण्येव संचारि चित्रं यस्य तदम्बरं भूषणं य(1.3)स्यामेत
एवालोठयित्वैव लोठनेन विनैव नवीकृतायां नगर्यां स शोभां दृष्टवान्.
शत्रुमारणा(1.4)न्नगर्या नवीकरणम् ॥ 18.

महोत्सवः क्ष्मापतिना सुलग्ने
न ज्ञायते कुत्र स सूत्रितोभूत् .(1.5)
अद्यापि यो रुद्धतुरुष्कयात्रं
तथैव सर्वामवनीमुपास्ते ॥

योद्यापि म्लेच्छानां यात्रां रुद्ध(1.6)वान्सर्वां भुवं च व्याप्नोति स
महोत्सवो राज्ञा कस्मिन्नपि शोभने स्थिरे लग्ने प्रारब्धोभूत्. शोभन(1.7)-
लग्ने एवारब्धस्य स्थैर्योपपत्तेः ॥ 19.

व्यापादि यस्मिन्नपवित्रसेना
स भूप्रदेशश्चिरकाल(1.8)मासीत् .
कङ्कालिकाकालिशृगालमाला-
मेलापकोलाहलकेलिरौद्रः ॥(1.9)

सा चाण्डालसेना यत्र मारिता तत्स्थानं कङ्कादिरौद्रं जातम् ॥ 20.

विशुद्धिहेतोरथ तस्य(1.10) राजा
घ्राणेन्द्रियाकस्मिकरौरवस्य .
अकारयत्कीर्त्तिपटीपिनद्ध-
क्षीरोदनम्रङ्कर(1.11)णं तटाकम् ॥

1 Ms. °लोठ°. 2 Ms. °स्यांम°. 3 Ms. पेवा°. 4 Ms. °लाठ°. 5 Ms. °त्रां.
We take it as an adverb. 6 Ms. °सीत्क°.

नासाया आकस्मिकरौरवाख्यस्य नरकविशेषस्य . उद्वेगोत्पादक(l.12)-दौर्गन्ध्यातिशयादिति भावः . तस्य म्लेच्छमारणस्थानस्य शोधनार्थं स राजा तटाकम(l.13)कारयत् . कीर्त्तिरेव पटी तया पिनद्धस्य क्षीरोदस्य नग्नंकरणम् . क्षी(l.14)रसमुद्रादधिकमित्यर्थः . अधिकश्च हीनं जयन्पटीं गृहीत्वा नग्नं करोति . नग्नपलितेत्या(l.15)दिना कर्तर्यर्थे [ख्यु]टि नग्नं-करणशब्दस्य रूपम् ॥ 21.

तत्तुङ्गमातङ्गघटास्थिकूटा-
वि(l.16)—⌣——⌣⌣—⌣—— .
——⌣——⌣⌣—⌣——
——⌣पीडां मनुते स्म भू(l.17)[यः] ॥ 22.

[Lines 18 to end of page missing](*)

या पुष्करारण्यविहारशीला
मन्दाकिनीवेन्दुनदी प्रसिद्धा .
भगीरथस्सिन्धुमिव स्रवन्त्या(l.1)
तया तटाकं तमपूरि देवः ॥

पुष्करमरण्यमाकाशं च तत्र संचारिणी या चन्द्रनदी(l.2) गङ्गेव प्रसिद्धा तया नद्या स राजा तं तटाकमपूरयत् भगीरथस्समुद्रमिवं . पूरेर्णि-जन्तस्य चिण्ण्यपूरीति(l.3) रूपम् ॥ 23.

पयोभिरीशानकिरीटचन्द्र-
पेयूषगर्भैः परिपूरितोपि .
क्षारत्वमापत्स(l.4)गरात्मजाना-
मपुण्यलेशादिव वारिराशिः ॥

1 Ms. °ग्नपा°. Katantra, 4.3.57. cf. Pāṇini, 3.2.56. 2 Ms. भ° to °व &c. on margin. 3 Ms. °रोपि°. 4 Pāṇini, 3.1.61.

हरमौलिचन्द्रसुधामिश्रैर्जलैः(l.5) पूरितोपि समुद्रस्सगरपुत्राणामभा-
ग्यवशादिव क्षारत्वं प्रापत्. दोषादिवेत्यार्षः(l.6) पाठः ॥ 24.

पुण्यास्तु तस्याजयराजसूनोः
को वेदितुं तत्त्वगतीरभिज्ञः.
शाकम्भरीक्षे(l.7)त्रगतोपि यस्य
क्रीडासमुद्रस्सचिवस्सुधायाः ॥

राज्ञः पुण्यानां परमार्थं ज्ञातुं को(l.8) विदग्धः यस्य क्रीडाब्धिः क्षार-
स्थलस्थोपि सुधायास्सदृशः ॥ 25.

नाम्ना पितुर्वारु(l.9)णबाणलिङ्ग-
प्रासादमुत्तुङ्गमकारयद्यत्.
वारां विवृद्ध्यर्थमिवागतोसौ
हि(l.10)मालयस्तत्सरसो विभाति ॥

पितुरजयराजस्य नाम्ना स वारुणबाणलिङ्गस(l.11)हितं प्रासादं
यदकारयत्तत्प्रासादकरणं सरसो जलानां वर्धनार्थमिवागतो हि(l.12)मालयो
विभाति ॥ 26.

तद्घ्राणपूजागतपाशिहस्त-
स्रस्तैरिवानन्दितघूर्णितत्वात्.(l.13)
नागैर्नगर्यामपि ⏑—⏑—नां
व्यधायि तेन ह्रदनिर्भरा भूः ॥

हर्षघूर्णनाद्धेतोस्तद्घ्रा(l.14)- 27.

[Lines 15 to end of page missing](**43)

सौक्तेन किं भवति. इदमेव सारमिति भावः. यानि देवगृहाणि पूर्वं
जातानि यैश्चाग्रे भ(l.1)विष्यते तेषां स एव न पुनर्देवगृहनिर्मातारः

1 Ms. °द्व्यार्थं°. 2 Ms. हर्म्यं°. 3 Is it वद्धूनोक्तेन ? 4 Ms. °ग्र°.

प्रतिष्ठाफलं प्रापत्. कुतः तुरुष्काणां(1.2) यात्राया विघातात्. यदि हि
स राजा तुरुष्कान्न विहन्याच्चे तुरुष्का देवगृहध्वंसं कु(1.3)र्युरिति भावः॥ 28.

अवीचिभागो मरुभूमिनामा
खण्डो द्युलोकस्य च गूर्जराख्यः.
परी(1.4)क्षणायेव दिशि प्रतीच्या-
मेकीकृतौ पाशधरेण यौ द्वौ॥ 29.

तयोर्द्वयोरप्युदिते नरेन्द्रं(1.5)
तं वव्रतुस्तुल्यगुणे महिष्यौ.
रसातलस्वर्गभवे इव द्वे
त्रिलोचनं चन्द्रकलात्रिसर्गे॥(1.6)

मरुसंज्ञितोवीचिनामा नरकैकदेशस्तथा गूर्जरनामा स्वर्गखण्ड इति द्वौ
खण्डौ प(1.7)श्चिमदिशि वरुणेन परीक्षार्थमिव स्थापितौ यौ तयोर्द्वयोर्मरु-
गूर्जरयोरुत्पन्ने समगु(1.8)णे राज्ञौ वव्रतुः यथा भूतलस्वर्गोत्पन्ने चन्द्रकला-
गङ्गे परमेश्वरं वव्रतुः॥ 30.

पूर्वा तयो(1.9)र्नाम कृतार्थयन्ती
तं प्राप्य कान्तं सुधवाभिधाना.
सुतानवापत्प्रकृतेस्समाना-
न्गुणानिवान्यो(1.10)न्यविभेदिनस्त्रीन्॥

तयोर्महिष्योर्मध्यात्पूर्वा ज्यायसी सुधवानामा तं कान्तं लब्ध्वा नाम
सा(1.11)र्थकं कुर्वती त्रीन्पुत्रान्समबलानन्योन्यभिन्नान्गुणभिन्नांश्च प्रापत्.
अतस्संभाव्यते प्रकृतेर्गुणा(1.12)न्सत्वरजस्तमांसीवेति. तानि[4] च समान्य-
न्योन्याभिन्नानि च भवन्ति॥ 31.

---

1 Ms. °योद°. 2 Ms. °त्लानिस°. 3 Sic. See p. 109, note 5.
4 Refers to सत्वरजस्तमांसि, not गुणान्.

एको दशग्रीव इवाच(l.13)कांक्ष
पितुर्विरुद्धं व्यवहृत्य नाभम् (?) .
अन्येन बाल्येपि न कुम्भकर्ण-
न्यायेन नामाप्यत(l.14)—⏑—— ॥ 32.

——⏑——⏑मधुद्विषोंश-
स्सत्वोन्नतो विग्रहराजनामा .
महाबला(l.15)- 33.

[Lines 16 to end of page missing](*)

गूर्जरेन्द्रो जयसिंहस्तस्मै यां[3] दत्तवान्सा काञ्चनदेवी रात्रौ च दिने
च सोमं सोमेश्वरसंज्ञम(l.1)जनयत् ॥ 34.

उत्पत्स्यते कंचन कार्यशेषं
निर्मातुकामस्तनयोस्य रामः .
सांवत्सरैरित्युदि(l.2)तानुभावं
मातामहस्तं स्वपुरं निनाय ॥

कंचित्कार्यशेषं संपादयितुमस्य राम उत्पत्स्यते इ(l.3)ति ज्योतिर्विद्भिः
कथितमाहात्म्यं तं सोमेश्वरं मातामहो निजनगरमनयत् ॥ 35.

सर्व(l.4)प्रकारं खलु संमुखोपि
तस्यानुरूपं तनयं विधाता .
विधातुमल्पप्रतिभो यदासी-
त्त(l.5)तो न तं सान्वयतां निनाय ॥

सर्वथानुकूलोपि विधिस्तस्य सदृशं पुत्रं कर्तुमनभिज्ञो(l.6) ध्रुवं यदा-
सीत्ततो राजानं सपुत्रतां नानयत् ॥ 36.

---

1 Is it नाकम् ?   2 Ms. थान्द°.   3 Ms. सोयं lo. on top margin.

चतुर्मुखत्वे सदृशो विरिञ्चा-
द्विष्णोर(l.7)लूनाननताविशेषः .
देवस्तु पञ्चाननताविशिष्ट-
ष्षडाननत्वं गुहमानिनाय ॥ 37.

प्र(l.8)कृष्टतामभ्यधिकामतोपि
स्त्रष्टुं पटुर्न ध्रुवमीश्वरोपि .
अतः कुमारं विदधे कुमार(l.9)-
मैच्छन्न तन्न्यूनसमान्ववायम् ॥

विरिञ्चाद्ब्रह्मणस्सकाशाद्विष्णोस्सकाशात्पंचा(l.10)ननत्वेन महेश्व-
रोधिकः स च स्वपुत्रं कुमारं षण्मुखत्वमनयत् अतोपि कुमारादपि प्र-
(l.11)कर्षं कर्तुमीश्वरोपि ध्रुवमसमर्थः अतः कुमारं कुमारमेव कृतवान्
कुमारादपि कु(l.12)मारपुत्रस्य विशेषकरणसामर्थ्याभावादीश्वरः कुमारं
ब्रह्मचारिणं कृतवानित्यर्थः(l.13) महेश्वरः कुमारं न्यूनोथवा समोन्ववायः
पुत्रो यस्य नैच्छत् ॥ 38.

इत्थं विविञ्चन्नृपतिस्सम(l.14)- 39.

[Lines 15 to end of page missing](**44)

कर्मसु धूर्जटिमीश्वरम् ॥ 40.

भविष्यतानेन विमानदातु-
र्हातुं धनेशान्नरयानलज्जाम्(l.1) .
रामस्य पित्रा दुहितुस्सुतेन
सुतेजसा नन्दतु चक्रवर्त्ती ॥

धनेशाद्वैश्रवणान्नरयाने(l.2)न नरस्कंधाधिरोहणेन लज्जां हातुं त्या-
जयितुमिव विमानदातुः पुष्पकाख्यविमान(l.3)प्रतिदायिनो रामस्य पित्रा

---

1 Ms. °स्कु° 2 Add तादृशं.

भवित्रीं भविष्यतानेन दौहित्रेण चक्रवर्त्ती तुष्यतु . जहातिरन्तर्भावि(1.4)-
तण्यर्थः ॥ 41.

श्रुत्वेति दौहित्रमुखारविन्द-
लावण्यलक्ष्मीसहवासमत्ताम् .
विधाय(1.5) दृष्टिभ्रमरीं कथंञ्चि-
त्तत्संमुखीं भूपतिराबभाषे ॥

दौहित्रमुखपद्मलाव(1.6)ण्यसमृद्धिसहवासेन मत्तां दृष्टिभ्रमरीं तस्य
दैवज्ञस्य संमुखीं कृत्वा राजावदत् ॥(1.7) 42.

अश्रौपमेवं बहुधा बहुभ्य-
स्संदेहगेहं च मनो ममाभूत् .
तदस्ति किञ्चिन्नहि जी(1.8)वलोके
प्रियंवदानां न यदीरणीयम् ॥

बहुभ्यः सकाशाद्बहुधा चाहमेवं श्रु(1.9)तवान् मम मनस्तु सन्देह-
स्थानमेवाभूत् चाटुकाराणां न किञ्चिदवाच्यं यतः ॥(1.10) 43.

षाड्गुण्यमन्त्री परमार्थतस्तु
प्रजापतेस्त्वं[3] प्रतिभाससे मे .
ललाटपट्टेपु कृतो नृ(1.11)णां वा
त्वं तेन लिप्यक्षरसूत्रधारः ॥

. विधातुष्षाड्गुण्ये सृष्टिविषये व्यवहारे मन्त्री(1.12) उपदेष्टा त्वं भवसि.
त्वमेव प्रजापतेस्सुखदुःखलेखनोपदेशं करोषीत्यर्थः य(1.13)द्वा प्रजापतिना
त्वं लिपिलेखकरः कृतः . त्वमेव लिखसीत्यर्थः ॥ 44.

आज्ञां त्वदी(1.14)[यामनुवर्त्तमानः]
शरीरभाजां प्रसवमसङ्गे .

1 Ms. भत्रा. 2 Ms. °थंञ्चि°. 3 Ms. °तेः त्वं°.

ज्योतींषि तीक्ष्णांशुमुखान्यमूनि(1.15)
——⏑——⏑⏑⏑—⏑—— —॥

[प्रा]णिनां जन्मकाले त्वदाज्ञानुसारं सूर्यादिग्र(1.16)-…………
…णवन्मुमोच(1.17) 45.

[Lines 18 to end of page missing](*)

भेरणान्तराणि ॥

संशय एव वंशस्तद्भेदं कृत्वा मुक्तारत्नसमम् उक्तं वचनं सूच्यता(1.1)मुच्यतामतः यथा सन्देहो न भवति तथा कथयेत्यर्थः . यद्वा व्यादाय . स्वपित्यादिष्वि(1.2)दं द्रष्टव्यम् . मम हृदये स्थितेन येन भूषणान्तराणि त्याज्यत्वं प्रापुः . त्वद्वचनमेव(1.3) भूषणभूतं हृदि धारयामीत्यर्थः ॥ 46.

सन्देहबीजमाह ॥

इदं हि तद्व्योमनि चित्रकर्म(1.4)
मरुस्थले श्रीसहजस्तरुर्वा .
सूर्योदयो वा भुजगेन्द्रलोके
कलौ युगे यद्भुवि कै(1.5)टभारिः ॥

हिर्यस्मादर्थे . कलिकालेपि विष्णुर्भूमौ यदवतरति तदिदमाकाशे चि-(1.6)त्रं भवति मरौ पारिजातो भवति सूर्योदयो वा पाताले भवति . अतो मम सन्देह इत्यर्थः ॥(1.7) 47.

कस्यार्थं पुण्यानि तथाविधानि
प्रादुर्भवेयुश्चरमे युगेस्मिन् .
यस्याः करिष्यत्युदरं प(1.8)वित्रं
गङ्गाभुजङ्गादपि शार्ङ्गपाणिः ॥

· 1 Restore विधाय मे संशयवंशभेदं तत्सङ्ख्यतां मुक्तकरत्नमुक्तम्, भवन्ति मे येन हृदिस्थितेन त्याज्यानि सर्वाभ° ? 2 Ms. °त्स्य°. 3 Ms. °ष्णुभू°. 4 Ms. °स्माञ्च. 5 Ms. °न्युद°.

इदमपि संशयबीजं हरिर्यस्या उ(l.9)दरं समुद्रादपि पवित्रं करिष्यति तस्याः कस्याः कलावपि पुण्यानि तथाविधानि (l.10) भवन्ति. यैस्संस्करिष्यत्युदरमित्यार्षः पाठः ॥ 48.

आरुह्य संकल्पविकल्पतल्पं
ज(l.11)ल्पन्तमित्थं जयदेवसिंहम्.
स्मित्वा विधातेव स मन्युमूर्ति-
र्मौहूर्तिकः स्फूर्तिम(l.12)दित्युवाच ॥

संकल्पाश्च विकल्पाश्च तदेव तल्पमाश्रित्य पृच्छन्तं जयसिं(l.13)हदेवं मौहूर्त्तिको ज्योतिर्विन्मन्युर्मूर्त्तिः प्रजापतिरिव किञ्चिद्विहस्योर्जितमेवमवो-(l.14)चत् ॥ 49.

दशावतारानुकृतिप्रगल्भैः
पुरा मुरारेर्दशभिश्शिरोभिः.
दिङ्मात्र(l.15)- 50.

[Lines 16 to end of page missing](**45)

⏑—⏑—⏑—⏑तस्थे.
तामुज्जहार त्वरितं स दृष्टिं
सर्वसहां कोसलराजपुत्र्याः ॥

शोकाग्निना पीतेपि वृ(l.1)द्धिं गच्छति बाष्पसमुद्रे ब्रुडितां यासीत्तां कौसल्याया दृष्टिं सर्वसहां शोकसहां स उद्धृ(l.2)तवान् सर्वसहां भूमिं च हरिरुद्धृतवान् ॥ 51.

जीमूतकेशत्वदशोपपन्न-
सौदामिनी(l.3)सोदरपिङ्गलिम्ना.
ममार्ज बाष्पाम्बुनिपातपाण्डू
पादौ जटानां पटलेन चास्याः ॥(l.4)

1 Comm. जयसिंहदेवं. 2 Ms. समन्त°. 3 Ms. मूर्त्तिः lc. under l.13. 4 Ms. किंचि°. 5 Ms. °त्रा:. 6 Ms. व्रलित्वा. 7 Restore शोकाग्निपीतेपि निवर्धमाने बाष्पाम्बुधौ या ब्रुडितेव तस्थे। 8 Ms. °सुत°. See pp. 18 and 42, note 2. 9 Ms. °मनी°.

जीमूतकेशत्वदशयोपपन्नस्सौदामिनीसोदरः पिङ्गलिमा यस्य तेन विद्यु-
त्कपिशे(l.5)नेत्यर्थः . बाष्पजलपाण्डू मातुः पादौ रामो जटापटलेन शोधि-
तवान् प्रणामं कृ(l.6)तवानित्यर्थः ॥ 52.

रामप्रणामानुपदं विमुक्तं
प्रणम्य सुग्रीवविभीषणाभ्याम् ·
त(l.7)त्पादमेकं पवमानसूनु-
रन्यं सुमित्रातनयो ववन्दे ॥

रामस्य प्रणामानन्तरं सुग्री(l.8)वविभीषणाभ्यां प्रणम्य मुक्तमेकं
कौसल्यायाः पादं हनुमानन्यं लक्ष्मणो वन्दि(l.9)तवान् ॥ 53.

त्वं मे महर्षे बहुमानभूमि-
रलं प्रणम्येति ससंभ्रमायाम् ·
पादौ ज(l.10)नन्यामपसारयन्त्यां
जटाधरो लक्ष्मण इत्युवाच ॥

तपोधन मम त्वं बहुमानपात्रं भ(l.11)वस्यतः प्रणम्यालं मा प्रणामं
कृथा इति संभ्रमसहितायां मातरि पादौ संवृ(l.12)एवस्यां सत्यां लक्ष्मण
एवमवोचत् ॥ 54.

आर्यस्य कान्तारविहारकेला-
वहं सदानु(l.13)⏑ ⏑ — ⏑ — — ·
समन्वयातः क्षणमेव दृष्ट्या
विधीयतां मातरनुग्रहो मे ॥

आर्य(l.14)················मनया दृष्ट्या हे मातः(l.15) 55.

[Lines 16 to end of page missing](*)

1 Ms. °सुप°. 2 Ms. °पा° ; °दा° on margin. 3 Ms. °ष्ट्वा .

ज्येष्ठानुरागाख्यनिधानकोशे
मुद्रानिवेशो निहितो हृदीव ॥

ततः कौसल्यया हृदि सू(1.1)दमं मेघनादपातितशक्तिव्रणचिह्नं[1] लक्षितम्. अतस्संभाव्यते श्रीरामविष(1.2)ये स्नेहनामनिधिकोशे न्यस्तो मुद्रानिवेश इव ॥ 56.

किमेतदित्याकुलया स्पृशन्त्या
पृष्टो(1.3)पि मात्रा न स किंचिदूचे.
द्रोणाचलेन्द्रोद्धरणोद्धुरोपि
नेमे च लज्जातिभरात्कपीन्द्रः ॥(1.4)

व्रणं स्पृशन्त्या व्याकुलया मात्रा किमेतदिति पृष्टोपि लक्ष्मणो न किंचिदुक्तवान् व्रण(1.5)चौंपणौपध्यानयनार्थं द्रोणाख्यपर्वतोद्धरणेनोद्धुरोपि हनुमांल्लँज्जाभरादनमत्(1.6) मयि सत्यनेनायोधीति लज्जाभरः ॥ 57.

यथाभवत्तस्य च शक्तिपातो
धंन्वन्तरिर्वायुसु(1.7)तो यथा च.
वितत्य रामेण तथा समस्तं
मातुः पुरस्तात्प्रतिपाद्यते स्म ॥

लक्ष्मणस्य श(1.8)क्तिपातो यथाभूद्यथा च हनुमान्विशल्यीकरणे धंन्वन्तरिरासीत्तथा स प्रकारस्स(1.9)मस्तं विस्तरेण मातुरग्रे रामेण प्रतिपादितः ॥ 58.

स्तुतिर्जगत्प्राणसुतस्य के(1.10)यं
जागर्ति यत्प्राणयितुं जगन्ति.
हरिस्तथा भाति न कौस्तुभेन
यथामुना लक्ष्मण(1.11) लक्ष्मणा त्वम् ॥

---

1 Ms. सूक्ष्मं लक्ष्मणस्य crossed after °हं. 2 Ms. °ष्टो°. 3 Ms. °रपथ्यौ°.
4 Ms. °माह्न° 5 Ms. धान्व°. 6 Ms. °न्वरि°. 7 Ms. °तम्. 8 Ms. °गन्ति य°.

जगन्ति प्राणयतीति जगत्प्राणो वायुस्तस्य सुतो हनुमांस्तस्ये(1.12)यं का स्तुतिः यज्जगज्जीवयितुं हनुमाञ्जागर्त्ति . एतेन न केवलं हनुमता ल(1.13)क्ष्मणः प्राणितो यावज्जगन्त्यपि लक्ष्मणवत्प्राणयतीति प्रतिपादितम् लक्ष्मणे प्राणिते रामस्य······कार्याणि(1.14)············जीवनार्थं य-
·············(1.15) 59.

[Lines 16 to end of page missing](**46)

मनुजस्य सेवा-
मनुस्मरन्वाक्यमिदं बभाषे ॥

लीलयात्तो मनुष्यभावो येन स देवो रामः(1.1) कौसल्योक्तमेव श्रुत्वान्येन कर्त्तुमशक्यां लक्ष्मणस्य सेवां स्मरन्निदमवोचत् ॥ 60.

तिलकम् ॥(1.2)

मातर्मृषा प्रार्थयसे त्वमेवं
भवादृशीनां नहि तत्त्वमेतत् .
देवी भवानी किमु कार्त्ति(1.3)केय-
गाङ्गेययोः किञ्चिदवैति भेदम् ॥

हे मातस्त्वमेवं मृषा याचसे त्वादृशीना(1.4)मेतन्न युक्तं रामो मदीयो लक्ष्मणोन्यदीय इति यतो गौरी कुमारहेरम्बयोर्भेदं न जा(1.5)नाति ॥ 61.

आशंसनीयं तु ममेदमस्ति
यथाग्रजं मामनुजस्सिषेवे .
तथाहमस्या(1.6)नुजतामुपेत्य
सेवाविधानात्कृतनिष्क्रयः स्याम् ॥

1 Ms. °ज्जगन्ति. 2 Ms. lc- on margin. 3 Restore देवः स लीलात्तमनुष्यभावो मात्रोदितं वाक्यमिदं निशम्य । अनन्यकार्यामनु° (?) 4 Comm. युक्त°.

मम त्वेतदाकाङ्क्षणीयं यथा माम(l.7)प्रजं लक्ष्मणोनुजस्सेवितवानेवं लक्ष्मणस्यानुजो भूत्वा सेवनात्कृतार्थमुक्तिस्स्याम्. आ(l.8)शंसनीयमिति पाठो नार्षः ॥ 62.

एतस्य सेवां च चिरस्य कृत्वा
भावान्विदित्वा क्षणभङ्गिनोमून्.(l.9)
अनेन जूटस्य भरेण खिन्नः
काषायधारी भवितास्मि मुण्डः ॥

लक्ष्मणस्य सेवां चिरं कृ(l.10)त्वा तथामून्पदार्थान्क्षणनश्वरान्निश्चित्य जूटभरेण खिन्न इवाहं काषायधारी मुण्डः भविता मुण्डत्व(l.11)भवनाद्‌ ···र्म(?)स्याम्. बुद्धदर्शने काषायं वसनं मुण्डत्वं च धर्मः ॥ 63.

श्रोत्रप्रविष्टादिति भूतधात्री-
जा(l.12)मातृवाक्याद्विनयावनम्रः.
उन्निद्रकीर्त्तिस्तवकैकचैत्र-
स्सौमित्रिरित्थं कथयांचका(l.13)र ॥

उन्निद्राणां कीर्त्तिस्तवकानामेकश्चैत्रः कीर्त्तिं विकासयितेत्यर्थः श्रुताद्धरणीजा(l.14)[मातृ रामस्य] वाक्याद्धेतोर्विनयावनम्रो लक्ष्मण एवमवोचत् ॥ 64.

पाथःकणाः पश्चचि(l.15)-—⌣——
——⌣———⌣⌣—⌣——.
——⌣———⌣⌣—⌣——
[भू]यादयं मे सफ(l.16)[लः]⌣——. 65.

[Lines 17 to end of page missing] (*)

भविष्यामि सहस्रमूर्धा ॥

---

1 Ms. 'विवा°'. 2 Ms. भवनाद् on margin. 3 Ms. written above 'स्या°'. 4 Ms. 'स्तव°'.

अनेन भोगेन मम शोभा नास्ति अतोहमीदृशं भोगित्वं सर्पत्वं(1.1) भोगभाक्त्वं च प्राप्नुयाम् येन त्वत्पादपवित्रां भूमिं स्प्रष्टुं सहस्रं मूर्ध्ना शिरसां फणानां(1.2) च यस्य स स्यामित्यादरम्रोतनम्. शेषो भवेयमित्यर्थः ॥ 66.

इत्थं महीनाथ कथानवद्या
पु(1.3)राभवद्या पुरतो जनन्याः ।
स्नेहानुबन्धादपि दाशरथ्योः
पफाल तस्यां प्रथमस्य वाक्यम् ॥(1.4)

हे राजन्मातुरग्रे या कथा पूर्वमभूत्तस्यां कथायां प्रथमस्य रामस्य वाक्यं फलितम् ॥(1.5) 67.

तथा हि रामत्वमुपेयुषः प्रा-
ग्ज्येष्ठस्य निर्वाहितसाहचर्यः ।
कृष्णः कनिष्ठस्स विवेक(1.6)निष्ठ-
स्तथागतत्वं प्रतिपन्न एव ॥

तथा हीत्यादि प्रथमवागुत्पत्तिपरम् हलधरभावं प्राप्त(1.7)स्य ज्येष्ठस्य भ्रातुर्लक्ष्मणावतारस्य संपादितसाहायकः कनिष्ठः कृष्णो बुद्धत्वं प्राप्तः ॥
(1.8) 68.

अपत्यरत्नद्वयसंनिधान-
निधानभूः कोसलराजपुत्री ।
यथा भवित्री विदितं तथा(1.9) मे
बद्धावधानः क्षणमस्तु देवः ॥

कौसल्या द्वौ पुत्रौ यथा सूते तथा मम विदितमतो (1.10)राजा क्षणं सावधानो भवतु ॥ 69.

चक्षुस्त्रयाणां जगतामवामं
वामं त्रयाणामपि का(1.11)रणानाम् ।

---

1 Ms. °स्था. 2 Ms. °पत्नी (!) 3 Ms. पत्री.

योयं जयत्यत्रिमुनेरिवाब्धे-
रयोनिजं पुण्यमपत्यमिन्दुः ॥

यस्त्रयाणां(l.12) जगतामवाममनुकूलं चक्षुस्तथा ब्रह्मादीनां कारणानां वामं चक्षुः तथात्रिमु(l.13)नेस्समुद्रस्य चायोनिजातमपत्यं चन्द्रोयं जयति ॥ 70.

मयाष्टधा लोकहिताय चक्रे(l.14)
कृता तनुष्पोडशधा त्वयैव.
इतीव यो मूर्धनि धारणीयः
परिश्रमज्ञेन महेश्वरेण ॥(l.15)

मया लोकानां हितार्थं प्रकृतिरष्टधा कृता अनेन चन्द्रेण पुनरेका........... (l.16) 71.

[Lines 17 to end of page missing] (**47)

पाणौ बिभर्त्ति हृदयेमृतकलशान्तर्बिभर्त्ति दृग्गोचरे वामनेत्रे बिभर्त्ति चन्द्रं कर्पूरमिव(l.1). मृत्युञ्जयस्य कर्पूरोद्धूलितस्यागमेष्वभिधानात्. अन्या लोकोत्तरा प्रादेशिकी न प्रदेशे ए(l.2)कदेशे भवा भूषास्य चन्द्रस्य[4] भूषणत्वं भवति किंवद्रत्नवत् शोभामात्रं समानो धर्मः(l.3)चन्द्रमिवेति वान्वयः॥ 72.

लोकार्थमष्टावपि मूर्त्तयोमू-
रतिप्रकृष्टा तु य एष मूर्त्तिः.(l.4)
कामं च कालं च हि सर्वकालं
यतोनुगृह्णात्यविरोधमीशः ॥

हरस्याष्टौ मूर्तयो भूम्या(l.5)दयो लोकहितार्था भवन्ति एष यश्चन्द्रा मूर्त्तिर्भवति सा लोकहितार्थमतिप्रकृष्टा भव(l.6)ति अतो हेतोरीशः कामं

---

1 Ms. °वाप°. 2 Ms. °न्तबि°. 3 Ms. °व°. 4 Ms. भूषा crossed after °स्य. 5 Ms. °न्द°. 6 Ms. °ष्ठा. 7 Ms. सतोव°.

कालं च विरोधत्यागेनानुगृह्णाति . चन्द्रस्य कामोद्दीपकत्वात् काल(1.7)स्य तिथिमुखेन व्यवस्थितस्य चन्द्रेणैव संपादितत्वात् ॥ 73.

अखण्डितेच्छैरपि राजदारैः
प्रि(1.8)यान्तराश्लेपसुखं न लभ्यम् .
इतीव धन्याः प्रति दक्षकन्याः
प्राप्नोति नित्यं नवरूपतां यः ॥(1.9)

राजानो नृपा राजा चन्द्रश्च तत्प्रियाभिरैश्वर्येणाखण्डितेच्छाभिरपि नवनवदयितालि(1.10)ङ्गनसुखं न लभ्यते इत्यत इव भाग्यवतीस्ताराः प्रति यो नित्यं नवत्वं गृह्णाति कलानां च(1.11)याद्पचयाश्चेति भावः ॥ 74.

पक्षस्थिते दैत्यगुरौ विवादं
कृत्वा समं वाक्पतिनान्वयार्थे .(1.12)
य एव लेभे विजयप्रशस्तिं
श्रेयान्हि राज्ञः कविपक्षपातः ॥

चन्द्रस्य पक्षे स्थिते शुक्रे(1.13) सति बृहस्पतिना साकं पुत्रार्थे[1] विवादं कृत्वा य एव चन्द्रो विजयकीर्त्तिं लब्धवान् जी(1.14)·········तः बृहस्पतिचन्द्रयोर्विवादो जातः क्षेत्रिणो ममायं बुधः पुत्र इ(1.15)- 75.

[Lines 16 to end of page missing] (*)

प्रतिबिम्बिता भूर्यत्ततः कलङ्कः कलङ्क इति प्रवादो जातः . कलङ्कः कलङ्क इति द्विरुक्ति(1.1)र्वीप्साप्रतिपादनार्था ॥ 76.

चक्रे बलादाङ्गिरसाङ्गनापि
यदेनमेषोपि कथङ्कल(1.2)ङ्कः .
विहाय देवी दमघोषसूनुं
न रुक्मिणी किं विधुमालिलिङ्ग ॥

1 Ms. 'र्थेति'.

आङ्गिरसो जीवः(1.3) तस्याङ्गना रोहिणी साप्येनं बलाध्वद्भ्रेचकमत सोपि नास्य दोषः शिशुपालं त्य(1.4)क्त्वा रुक्मिणी विधुं विष्णुं किं नालिङ्गत् ॥ 77.

तुषारगौरादपि जातमस्मा-
त्सुत्रामरामा(1.5)श्रवणोचितेन .
इन्दीवरेणेव सुरस्रवन्ती-
ह्रदान्महानीलरुचा बुधेन ॥

शच्या श्रोतुमु(1.6)चितेन . सुरूपत्वादिति भावः . बुधेन महानीलकान्तिना यतो हिमशुभ्रादपि जातम्(1.7) यथा शचीकर्णपूरत्वोचितेन नीलोत्पलेन गङ्गाप्रवाहात् ॥ 78.

अङ्कस्पृशमित्यादि(1.8) बुधस्तुतिपरमनन्तरकुलकम् ॥

अङ्कस्पृशं यं परभागभङ्गी-
सौभाग्यहेतुं स्मरतेव(1.9) बालम् .
अद्यापि नीलोत्पलचारुनेत्रो
नोत्सृज्यते चन्द्रमसा कुरङ्गः ॥

बुधो नील इत्यतः(1.10) परभागभङ्ग्या सौभाग्यस्य हेतुमङ्कारूढं यं बालं स्मरतेव चन्द्रेण मृगोद्याप्यङ्कान्न(1.11) त्यज्यते नीलोत्पलदृष्टिः ॥ 79.

सितेन्दुमुक्तामणिजीवहीर-
भौमार्करक्तोपलगुम्फि(1.12)तो यः .
आकाशलक्ष्म्या इव कण्ठसूत्रे
सहार्किणा नीलमणित्वमेति ॥

सितेन्दू एव(1.13) मुक्तामणी जीव एव हीरो भौमार्कावेव रक्तोपलौ

---

1 Ms. °ङ्गी°. 2 Ms. °त्यद्धृत्रा°. 3 Ms. °च्याश्रो°. 4 Ms. °पी°. 5 Ms. °स्प°.
6 Ms. बे.

पद्मरागौ तेपु गुम्फितो यो बुध:(1.14)··········दलक्ष्म्याः कण्ठसूत्रे इन्द्रनीलभावमेति ॥ 80.

अल्पो महान्वा महसास्तु(1.15)

[Lines 16 to end of page missing](**48)

—न्निकटे स्थित इत्यर्थः. पुत्रा पितुः पार्श्वे वसन्तीति तात्पर्यम्. अयं बुधश्चन्द्रसकाशाद्व्यवहितो(1.1) यदास्ते तत्तस्मादहं मन्ये इति शेषः. जीवाद्गुरोरुपजीव्यादधीत्यायं बुधो भूमिजे भौमे स्वकु(1.2)लजातराजोद्देशेन बुद्धिं ददाति. शनिः पितुरसूर्यस्य सकाशाद्व्युत्क्रमेण पार्श्वे वसतीति नी(1.8)त्युल्लङ्घनप्रकाशनम् बुधस्तु चन्द्रात्क्रमेणैव तिष्ठति किन्तु भौमेन व्यवहितः तथाविधा(1.4) स्थितिः पुण्यार्थमेवास्य भवति. अयं हि गुरोर्नीतिमधीत्य भौमस्य प्रतिपादयति भौमेन(1.5) पुत्रेण नीतिर्भुवो वर्ण्यते सा च स्वपतीनां राज्ञां वर्णयत्यतो बुधस्य पुण्यम् ॥ 81.

रक्षःपराभू(1.6)त्यभयप्रदान-
प्रीतोर्वशीनिष्क्रयढौकितात्मा.
बुधप्रसूतिः पुरुहूतमित्रं
पुरूरवाः पार्थि(1.7)वचक्रवर्त्ती ॥

रक्षसां पराभूतिस्तथाभयप्रदानं तेन प्रीतयोर्वश्या निष्क्रयेण प्रत्युपकारेण(1.8) ढौकित आत्मा यस्य स पुरूरवा बुधपुत्रो वज्रिसखश्चक्रवर्ती बभूव. राक्षसेभ्यो रक्षितयोर्वश्या(1.9) स्वात्मा यस्य प्रतिपादितस्स पुरूरवा बुधपुत्र इत्यर्थः ॥ 82.

शीतोष्णभावेन मिथो विरुद्धौ(1.10)
यां दीक्षितत्वेपि यदैक्षिपाताम्.
संतप्ततां तद्वरुणो बभार
मित्रश्च जाड्यं प्रतिपद्यते स्म ॥(1.11)

---

1 Ms. °न्दु°. 2 Ms. °न्ता. 3 Ms. °व्याधी°. 4 Ms. °तोव°. 5 Ms. °नां.
6 Ms. °ति° crossed after °व. 7 Ms. प°.

वरुणश्शीतो रविरुष्ण इति विरोधिनावपि वरुणार्कौ दीक्षितावपि यामुर्वशीं यद्दृष्ट(1.12)वन्तौ. तत्ततो. वरुणस्सन्तापमवहत् मित्रस्सूर्यो जाड्यं जडत्वमवहत् ॥ 83.

साप्युर्वशी प्रा(1.13)प्य तमुर्वरीशं
तथा च नोजन्मवशंवदाभूत् .
अस्याश्शची पामरकामिनीव
यथा न सं(1.14)—⏑⏑—⏑—— ॥

पुरूरवसं प्राप्य साप्युर्वशी तथा कामातुराभूद्यथा पामरस्त्रीव(1.15) ················ादित्यर्थः ॥ 84.

बहुष्वती—⏑⏑—⏑——(1.16) 85.

[Lines 17 to end of page missing] (*)

·········इन्द्रसमं पुत्रमिच्छतस्तस्य यैस्तपोभिर्हेतुभिः कुशिकस्य गाधिनामेन्द्रस्स्वयमेव जातः ॥ 86.

धर्तुं धरित्रीं(1.1) नवमो बभूव
नगाधिराजस्स न गाधिराजः .
ऐन्द्रीषु यस्येष्टिषु शश्वदासी-
देकाश्रयस्त(1.2)र्पकतर्प्यभावः ॥

स गाधिराजो भुवं वोढुं नवमकुलपर्वत आसीत् कीकासीदेवेत्यर्थः यद्वा स गाधिराजो नासीत्किं तर्हि नवमो नगाधिराजः इन्द्रयागेषु यस्य तं(1.3)र्पकतर्प्यत्वं चैकाश्रयमासीत्. स हि शक्रः तर्पकश्च स एव स एवेन्द्रयागे तर्पणीयः ॥(1.4) 87.

---

1 Ms. प्राप्य°. 2 Restore °र्पेषु. 3. Ms. यैं° to °भिः lc. on margin.
4 Ms. न written below श्रा°. 5–5 Ms. lc. on top margin. 6 Ms. तत°.

को वेद तद्गाधिभुवस्स तत्वं
दधत्पुरस्तादपि राजतत्वम् .
अपारतो यस्तपसः प्रभावा-
त्सुव(l.5)र्णतां भावनयोपनीतः ॥

तस्तस्माद्धेतोर्गाधिभुवो विश्वामित्रस्य माहात्म्यं को जानाति यत्पू(l.6)र्वं राजतत्वं क्षत्रियभावमपि दधत्तपसोपारात्प्रभावाद्धेतोर्भावनया सुवर्णतां शोभन(l.7)वर्णत्वं ब्राह्मणत्वं नीतः . क्षत्रियोपि हि विश्वामित्रस्तपोमाहात्म्याद्ब्राह्मणस्संपन्नः . अथ च(l.8) यः पदार्थः पारदो न भवति राजतं रूप्यं सुवर्णं करोतीत्यपि विरोधाभासकः ॥ 88.

निन्ये ह(l.9)रिश्चन्द्रमधोगतिं य-
दुच्चैः पदं चागमयत्त्रिशङ्कुम् .
कोपप्रसादौ नृपगोचरौ त-
त्यक्त्वा(l.10)पि यो राज्यमपेक्षते स्म ॥

विश्वामित्रो हरिश्चन्द्रं यदधः कृतवांस्त्रिशङ्कुं च यदुच्चैः पदं(l.11) प्रापयत्तद्राज्यं त्यक्त्वापि कोपप्रसादावेवापेक्षते स्म नृपाणां गोचरौ राज्ञामेव कोप(l.12)प्रसादावुपयोगिनौ अयं तु राज्यं त्यक्त्वापि निग्रहानुग्रहोद्यतोभूदित्यर्थः उदारचे(l.13)तसा तेन तयोरेव राज्यफलत्वगणनादिति भावः ॥ 89.

स चक्रवर्त्ती भरतोपि जज्ञे(l.14)
—⏑——⏑⏑—न्दुगोत्रे .
राज्याभयं कर्त्तुमनेकवारं
पुलोमजा यस्य पुरे ययाचे ॥

स ह(l.15)- 90.

[Lines 16 to end of page missing](**49)

---

1 Ms. येत°. 2 Ms. °परी°. 3 Ms °ताप° written above °सुर°.
4 Doublet of पारत, See I.7. 5 Ms. °चरो.

ख्यानकरं जघान.
इतीव यद्दोर्वनदन्तदन्ती
रामेण रामो दमयांबभूवे ॥

मम पूर्वपुरु(1.1)षस्सहस्ररश्मिः तस्य मम गणनकरं कार्तवीर्यमयं हत-
वानित्यस्मादिव कार्तवीर्यभुज(1.2)वनमत्तगजः परशुरामश्श्रीरामेण दमितः.
मत्तश्च हस्ती दम्यते ॥ 91.

द्वाभ्यां शताभ्यां स क(1.3)रैररौत्सी-
त्पंचाशता च ध्रुवमेकमेकम्.
नैकोपि पादश्चलति स्म येन
धर्मस्य तस्मिन्परिरक्ष(1.4)ति क्ष्माम् ॥

पञ्चाशदधिकशतद्वयसंख्यैः करैस्सहस्रबाहुः कार्तवीर्यो धर्मस्यैकमेकं
पादं त(1.5)द्ध्रुवं रुद्धवान् यतस्तस्मिन्भुवं पालयति धर्मस्यैकोपि पादो
नाचलत् ॥ 92.

कलिर्जजागा(1.6)र चुरिक्रियायां
कृतस्य दत्ताभय एव राजा.
तेनास्य पृथ्वीवलयप्रसिद्धिं
प्राचुर्यमूहे(1.7) कलिचुर्युपाख्या ॥

कार्त्तवीर्यस्य कलिचुरिरिति नाम प्रसिद्धं तत्र कविरन्वर्थतामूहते(1.8)
चुर स्तेये इत्यस्य धातोः क्रिया चुरिक्रिया तस्यां हरणेऽर्थात्कृतयुगस्य क-
लिरुद्यतः. कार्त(1.9)वीर्यः कृतस्य दत्ताभयः तेन ध्रुवं कलिचुरिसंज्ञा राज्ञो
भूमण्डले प्रसिद्धिमवहत् ॥(1.10) 93.

तदीयमेवाभरणायमानं
क्रमागतं नाम समुद्वहन्तः.

---

1 Read संख्या°. 2 Ms. °रो°. 3 Ms. पादं lc. on margin. 4 Ms. प्राचुर्य°.
5 Ms. तथा° written under दत्ता°. Is it तत्र दत्ताभयः ?

आसन्प्रवृत्ते कलिघर्मका(l.11)ले
कालीवने केचन भूमिपालाः ॥

क्रमागतं भूपणासमं तन्नाम धारयन्तः केचिद्राजा(l.12)नः कलिग्रीष्मे प्रवृत्ते सति कालीवनमाधृएवन्. ग्रीष्मे च वननिवासौचित्यम् ॥ 94.

तेषा(l.13)मगात्साहसिकाभिधानः
प्रधानभावं प्रधनाध्वगानाम्.
यस्य प्रसन्ना दद्दशेसिलेखा
का(l.14)[लीव देवी रिपु]पार्थिवस्य ॥

प्रधने युद्धे पान्थानां तेषां मुख्यत्वं साहसिकनामा राजा(l.15)...
..........काली देवीव दृष्टा ॥ 95.

सत्यं विना साह(l.16)⏑——⏑——
——⏑——⏑⏑——⏑——.
——⏑——⏑⏑——⏑——
मनन्यगामिन्य(l.17)⏑——⏑—— 96.

[Lines 18 to end of page missing] (*)

माणवयास्स साहसिकस्तपस्विने वामदेवनाम्ने निजराजलक्ष्मीं गुरुदक्षिणायै दत्वा(l.1) सर्वां भूमिं जेतुं प्रस्थितवान् ॥ 97.

चूडामणेस्तस्य महीपतीनां
चूडामणिज्ञोपि न वेद तत्वम्.(l.2)
अहं हि दैवज्ञदशानुगामी
दैवाभिगामी स तु तत्प्रतापः ॥

चूडामणिनाम दैवज्ञशास्त्रं(l.3) तत्र निपुणोप्यहमस्य राजशिरोमणे-

---

1 Ms. °भ°. 2 Is it °नीयमा°?

स्तत्वं न जानामि यतोहं दैवज्ञस्तत्प्रतापस्तु दैवमप्य(1.4)तिवर्त्तते. यावान-
स्य प्रतापस्तावान्वाङ्मनसातिक्रान्त इत्यर्थः ॥ 98.

यत्कार्मुकारोपणमात्र(1.5)यत्न-
सापेक्षमाशाविजयं विजानन्.
स भाग्यसंपत्परिवार एव
बभ्राम सामन्तशिखाम(1.6)णिर्गाम् ॥

धनुष्कर्पणमात्रप्राप्यं दिग्जयं जानन्स राजा भाग्यसम्पदेव परिवारो
यस्य(1.7). केवल इत्यर्थः. स चक्रवर्त्ती भुवं यदभ्रमत् ॥ 99.

विधास्यतस्साहसमानुचर्या-
च्छायामपि च्छे(1.8)त्तुमिवास्य रात्रौ.
विरोचने चुम्बति पश्चिमायां
पपात जातु त्रिपुरी पुरस्तात् ॥

रात्रौ साहसं(1.9) करिष्यतोस्य च्छायामप्यनुचरत्वाच्छेत्तुं वारयितुमिव
सूर्ये पश्चिमदिग्गते सत्यग्रे त्रिपुरी(1.10) नाम प्राप्ता ॥ 100.

अयं पृथिव्यामपि पादचारी
कष्टं द्विपादिंसह इवैकवीरः.
सहस्रपाद(1.11)स्मि दिवि प्रयामि
कथं रथेनेति रविर्ननाम ॥

द्वौ पादौ यस्य सोयं सिंह इवाप्रतिमल्ल(1.12)वीरो भुवि पादाभ्यां च-
रति. रथादि त्यक्त्वा चरतीति यावत्. अहं सहस्रपादस्मि अतो दिवि रथेन
(1.13)कथं गच्छामीत्यस्मादिव रविरदर्शनं गतः ॥ 101.

---

1 Ms. °मा°.　　2 Ms. °त्स्सा°.　　3 Ms. °श्ला°.

क्षीणं क्षपाकान्तमशुद्धपक्षे
दृष्ट्वा विसृष्टै(l.14)रिव सागरेण ।
प्रदीपितेजोवधदन्दशूकै-
रमूच्यत द्यौर्जलदैरकस्मात् ॥

कृष्णपक्षे क्षि(l.15)- 102.

[Lines 16 to end of page missing](**50)

कम्पितुमारम्भमकरोत् ॥ 103.

आजन्मनस्साहसैसादरत्वा-
त्स साहसस्यैव शुभं निमित्तम् ।(l.1)
यथार्थनामा पिशुनं विदित्वा
घने घनं गर्जति नन्दति स्म ॥

नित्यं साहसकरणात्सार्थकनामा स(l.2) राजा तन्निमित्तं बाहुकम्पं साहसस्यैव सूचकं ज्ञात्वा घनं कृत्वा मेघे गर्जति सति साहसि(l.3)को राजातुष्यत् ॥ 104.

ततो घनानां निचयैर्निशातै-
र्निश्शेषतस्तारकधाम्नि शान्ते ।
निशातनुत्वाम्नि(l.4)शशार्म नादं
निकाममायाविनमेष वीरः ॥

निबिडैर्मेघैस्तारकाणां धाम्नि स्थाने तेजसि(l.5) वा शान्ते निशावसानादत्यर्थं विस्तीर्णं शब्दमेष वीरश्श्रुतवान् ॥ 105.

अथ ध्वनेस्संमुख(l.6)मस्यं गत्वा
भयानकेनेव रसेन पूर्णाम् ।

---

1 Ms. °ष्ट्या. 2 Is it °पते° ? 3 Ms. °हसाद°. 4 Ms. °तिनन्द° lc. on top margin. 5 Ms. गजति. 6 Ms, °शास ता°, 7 Ms. °मंष्य°.

श्मशाननामानमसौ गभीरां
पुर्यास्त्रिपुर्याः परिखां(l 7)मपश्यत् ॥

ततोस्य शब्दस्य संमुखं गत्वासौ भयानकेन रसेन पूर्णामिव त्रिपुरी-
नामनग(l.8)रीसम्बन्धिनीं श्मशानाख्यां परिखामपश्यत् ॥ 106.

प्राणैर्भीति कुलकम् ॥

प्राणाधिहो(l 9)त्रीकृतकालकाम-
पुरत्रयाख्याहुतिपंचकस्य.
तृप्तिर्नृकीटेन मयापि का ते
ब्रह्माण्ड(l 10)कोटीशतघस्मरस्य ॥

आकृष्टः पाशो यैस्तैः कालदूतैरिव खड्गहस्तैः पुरुषैः केशेषु गृ(l.11)-
हीत्वा महाकालायतनं प्रवेश्यमानमेवं क्रन्दन्तं स राजा ददर्शेति सम्बन्धः.
ग्रस्तकाल(l.12)कामत्रिपुराख्यपंचाहुतेस्तथा ब्रह्माण्डकोटिशतग्रासिनस्ते नृणां
मध्ये कीटेन मया(l.13) का तृप्तिः ॥ 107.

सर्वाङ्गशुद्धस्य सुधारुचेर-
प्यालोकयामो हृदि कालिमानम्.
त्रैलोक्यकर्णो(l.14)- 108.

[Lines 15 to end of page missing](*)

शेषोपि बलैकरूपो
गोरक्षणं साहसिकः करोति.

तव दर्शनं यद्यप्राप्तं तत्तर्हि सहसा बले(l.1)न करणेन त्वयैव योग्य-
णीत्वं प्रापितः स प्रकाश्यताम् यो शेषो न शेषोपि बलैकरूपो बलसहायो
हलधरसमोयं साह(l 2)सिको गोरक्षणं भूमिरक्षणं करोति ॥ 109.

---

1 Ms. रमगा°. 2 Ms. पगिपा°. 3 Ms. प्राजा°. 4 Ms. °काय°. 5 Ms. °नैकी°.
6 The verse referred to by this part of comm. is lost in the lacuna at the end of the page. 7 Ms. °क° to °र° le. on top margin. 8 Ms. °मयोयसा°. 9 Ms. गोरक्षण le. under l.3.

यः कोपि वा साहसिकोस्ति लोके
यस्यास्ति वा क्षात्रियतावदाता .(l.3)
कृपाकृपाणाभरणोस्ति यो वा
स पातु मां मृत्युभयादमुष्मात् ॥

यो वा साहसिको यो(l.4) वा शुद्धक्षत्रियो वा दयाखड्गभूषणो दया-
मय इति यावत् सोस्मान्मृत्युभयान्मां रक्ष(l.5)[तु] ॥ 110.

[श्रुत्वेति त]त्कालगुरूभवद्भि-
र्मेघैस्स संक्रामणदीक्षयेव .
सौदामिनीदृष्टिभिरी(l.6)[क्ष्यमाणः]
——⏑ निर्घोषमिदं बभाषे ॥

तत्काले गुरूभवद्भिर्बहुलीभवद्भिश्च मेघैः(l.7)··············दृश्यमाणः
अत्रोत्प्रेक्ष्यते संक्रामणं वधनिषेधे प्रेरणं तद्दीक्षयेवेति(l.8)··········[उ]क्त-
वान्······प्रतिपादनदीक्षाया हेतोश्शिष्यं दृष्ट्यां पश्यति(l.9)······॥111.

[अरे वराकाः करुण]प्रलापं
भाग्यैर्दृशो गोचरमागतं मे .
विमुञ्चतैनं द्रुतमन्यथा व-
स्तदा(l.10)⏑——⏑⏑——⏑ दक्षिन् ॥

अरे वराकाः हे अधमाः करुणाक्रन्दिनं स्वभाग्यैर्मम(l.11)······
······गोचरमेनं यूयं त्यजत तूर्णम् अन्यथा यदि न यूयं त्यजथ तदा(l.12)
··········शिनितं(?) लघुष्माकमा······ति स्यात् युष्मानुपहरामीत्यर्थः
सम(l.13)·············सेनापरिक्षारितम्···स(l.14) 112.

[Lines 15 to end of page missing](**51)

* * * * * * * * *[9]

---

1 Ms. °कृपाम°. 2 Ms. सोत्र°. 3 Ms. °हली°. 4 Ms. °हृदय°. 5 Ms. °ह्वा. 6 Ms. °ग्यैद°. 7 Ms. °च्य°. 8 Ms. °नप°. 9 Copyist's remark—अत ऊर्ध्वं त्रिचतुराणि पत्राणि गलितानीति भाति.

[सप्तमः सर्गः]

* * * * * * *

णाश्चेत्यपिशब्दार्थः . कुम्भोदरनामा भवान्या गणस्त्वं हिमाद्रिलतानां भवा-
न्यां भगिनीनामिव य······[जाग](1.1)रूको भवसि ॥ 1.

अवलम्ब्य मृगाधिराजभावं व्रततीनामवता वनेभभङ्गम् .
भय—⏑⏑—⏑—(1.2)कदाचिद्विकृतं वासववारणो ररास ॥

सिंहरूपमभिनीय हिमाद्रिलतानां······[र](1.3)क्षता त्वया भयं प्रा-
पित ऐरावणो विकृतं कृत्वा क्रन्दितवान् ॥ 2.

सदसि ध्वनितेन तेन ——⏑⏑—[न](1.4)न्यकथाप्रसङ्गभङ्गे .
अशपद्द्विरदास्यशब्दशङ्काकुपिता पर्वतराजनन्दिनी त्वाम् ॥

······(1.5)न हरस्य कथाच्छेदे जाते गणपतिबृंहितमिति शङ्कया
कुपिता गौरी त्वां सभाया·········(1.6) 3.

स्वरसेन यथा तथा वनेऽस्मिन्नसि राजेव समुद्यतो विहन्तुम् .
परमेश्वरपाददूरवर्ती व्रज राजैव म(1.7)हीतले भवेति ॥

यथा तथानुचितं स्वातन्त्र्येण राजेव क्रीडितुमस्मिन्वने यत्त्वं प्रवृत्तोऽतो
महेश्वरपादाद्दूरव(1.8)र्ती त्वं भूतले राजैव भव ॥ 4.

शनकैस्सुहृदा निकुम्भनाम्ना तव शापावधिमर्थिता भवानी .
प्रचल(1.9)त्प्रतिबिम्बिताभ्रमुक्ता द्युनदीव प्रससाद चावदच्च ॥

---

1 Ms. °ररा°. 2 Ms. भवान्या lo. on top margin. 3 Is it भवता भयमापितः क° ?
4 Ms. °राज. 5 Ms. °तान°. 6 Ms. °न्दनीव°. 7 Ms. lo. under 1.7.

ततो निकुम्भसंज्ञेन त्वदीयेन सख्या सवि(1.10)नयं शापावधिमर्थिता सती गौरी लोलैरश्रैर्मुक्ता गङ्गेवं प्रससाद च शापावधिं चावदत् ॥ 5.

उप(1.11)यास्यति भूमिपालभावं कलिकाले दशकन्धरातताँयी .
इति निश्चलनिश्चयो यदासौ भविता स(1.12)म्भविता तदास्य मुक्तिः ॥

कलावपि श्रीरामो राजत्वं प्राप्स्यतीति सनिश्चयः कुम्भोदरो यदा भवि(1.13)ष्यति तदा शापमुक्तिरस्य भविष्यति ॥ 6.

गिरिजागिरमीदृशीं निशम्य व्यमृशस्त्वं न ममास्ति शाप(1.14)शान्तिः .
न हि कश्चिदयं स्फुरत्युपाधिः पृथिवीं येन कलावुपैति रामः ॥

एवं गौरीवचश्श्रुत्वा त्व(1.15)मेवं विचारमका............(1.16) 7.

[Lines 17 to end of page missing](*)

......य[दगृ]हीतं तन्नूनं तयैव वासनया लिप्तं त्वां मत्वा शत्रुहस्तिनो द्रष्टुं न शक्ताः ॥ 8.

गणकस्य गिरे(1 1)ति निर्विकल्पो नृपतिर्भूभरधारणानुतापम् .
उदकण्ठत नीलकण्ठलीलावृषलाङ्गूलनभ(1.2)स्वतापनेतुम् ॥

दैवज्ञोक्त्या त्यक्तविकल्पो राजा हरक्रीडावाहपुच्छवातेन भूभारोद्वहनतापं निवा(1.3)रयितुमभ्यलपत् ॥ 9.

अजयत्पृथिवीभृतस्समस्तान्स षडङ्गेन बलेन सर्वकालम् .
झटिति स्फ(1.4)टिकाचलं प्रतस्थे बलमष्टाङ्गमवाप्य योगनिष्ठम् ॥

स षडङ्गेन बलेन सदा राज्ञोजयत् अष्टा(1.5)ङ्गयोगं प्राप्य स्फटिकाद्रिं प्रस्थितवान् . राज्यादप्यधिकस्पृहो योगेभूदित्यर्थः . षड्भ्योष्टानामधिक(1.6)त्वादिति भावः पृथिवीभृच्छब्दस्य श्लिष्टत्वादुक्तिसंगतिः ॥ 10.

अथ गूर्जरराजमूर्जितानां मुकुटाल(1.7)ङ्करणं कुमारपालः .
अधिगत्य सुतासुतं तदीयं परिरक्षन्नभवद्यथार्थनामा ॥

1 Ms. 'ङ्केप्र'. 2 Ms. 'तिता'. 3 Ms. 'भ'. 4 Ms. 'ष्ट'. 5 Ms. Read 'ज क'. 6 Ms. 'स्व'.

तेजस्विनां चू(l.9)डारत्नं गूर्जरेन्द्रं तदीयं दौहित्रं प्राप्य रक्षन्कुमारपालस्सत्यार्थनामाभूत्. कुमारोऽप्राप्तराज्यो रा(l 9)जपुत्रस्सोमेश्वरस्तस्य पालनान्नाम सार्थकम्. कुमारपालस्तदीयो भ्रातृपुत्रः ॥ 11.

प्रथमस्सुध(l 10)वासुतस्तदानीं परिचर्यां जनकस्य तामकार्षीत्.
प्रतिपाद्यजलाञ्जलिं घृणायै त्रिदधे यां(l.11) भृगुनन्दनो जनन्याः ॥

घृणायां प्रतिपाद्यो जलाञ्जलिर्यस्यां तां निर्घृणां यां परिचर्यां शि-(l 12)रश्च्छेदात्मिकां [पर]शुरामो मातुः कृतवांस्तां परिचर्यां पूजां ज्येष्ठस्सुधवापुत्रः पितुः कृतवान्. पितुश्शि(l.13)रश्च्छेदमकार्षीदित्यर्थः ॥ 12.

न परं विदधे वृथा गुणित्वं जनकं स्नेहमयं विनाश्य यावत्.
स्वय(l.14)मेव विनश्य गर्हणीयं व्यतनोद्दीप इवानुरागगन्धम् ॥

स्नेहमयं जनकं केवलं न विनाश्य······(l.15)············विनाशं मरणं प्राप्य············यथा(l.16) 13.

[Lines 17 to end of page missing](**52)

—यन्तृसादिपत्तिव्यवहारेषु विसारिणा चतुर्धा.
युधि वीररसेन शुद्धिमन्तं न समीपादमुचत्कुमार(l.1)पालः ॥

रथादिषु चतुर्भिः प्रकारैर्विसरता वीररसेन शुद्धिमन्तं तं कुमारपालस्स्वसमीपान्नात्यजत् ॥(l 2) 14.

हनुमानिव शैलतस्स शैलं द्विरदेन्द्राद्द्विरदेन्द्रमुत्पतिष्णुः.
छुरिकामपहृत्य कुङ्कुणेन्द्रं गमया(l.3)मास कबंधतां तयैव ॥

शैलाच्छैलं हनुमान्यथोत्पतिष्णुस्तथा हस्तीन्द्राद्धस्तीन्द्रमारोहन्स कुङ्कु(l.4)णेन्द्रादेव छुरिकां हृत्वा तयैव छुरिकया कुङ्कुणेन्द्रं कबन्धतां प्रापयत् ॥ 15.

---

1 Sic. Read °न्द्रस्त°. 2 Is it घृणायै? 3 Ms. °वेयायाप°. 4 Ms. °रच्छे°. 5 Ms. °क. 6 Ms. कन°. 7 Read रथिय°. 8 Ms. कुङ्करे° 9 Ms. शेला°.

इति साहससाह(l.5)चर्यचर्यस्समयज्ञैः प्र[तिपादि]तप्रभावाम् ।
तनयां स सपादलक्षपुण्यैरुपयेमे त्रिपुरीपुर(l.6)[न्द]रस्य ॥

साहसानां साहचर्यं चर्या यस्य स दैवज्ञैः कथितप्रभावां तेजलस्य सुतां कर्पूरदे(l.7)वीं सपादलक्षै[1]: पुण्यैरूढवान् ॥ 16.

इतरेतरचित्रचौर्यचर्याचतुरत्वेपि निकामनिर्विकारम् ।(l.8)
परमेश्वरयोस्तयोर्युगं तत्सुतरामेकशरीरतामयासीत् ॥

तयोः परमेश्वरयोर्महाराजयोरीश(l.9)वयोश्च युगं कर्तृ एकशरीरतामैक्यमभेदं चागच्छत् अन्योन्यं चित्रस्य चौर्यचर्य(हरणं तत्र जाग(l.10)रू-कत्वेपि सति निर्विकारम् ॥ 17.

अविभावितभावभेदलेशौ निजनामादिपदाभिधेयकल्पैः ।(l.11)
शिशिरीभवदाशयौ यशोभिः परितापं न कदाचिदूहतुस्तौ ॥

न विभावितोनुमितो भावस्या(l.12)न्योन्यरागस्य भेदलेशो ययोस्तौ तथा सोमेश्वरकर्पूरदेवीति निजनाम्नोरादिपदे सोमकर्पू(l.13)रशब्दौ तदर्थ-कल्पैर्यशोभिर्हिमीभवच्चेतसौ तौ तापं न······ ॥ 18.

अथ जातु हृदीव(l.14) सन्निधानं ददृशे स्वप्नविधौ विधातुकामः ।
त्रि⏑⏑–⏑⏑–⏑⏑–⏑⏑–⏑–(l.15) पद्मनाभः ॥

हृदये स्थितिं कर्तुकाम इव स्वप्ने············(l.16) 19.

उदयावसरे हरेरभेदं⏑⏑––(l.17) 20.

[Lines 18 to end of page missing](*)

य प्रतिपादयांचकार ॥

साश्चर्यचित्तो राजा तत्स्वप्नद्वयं सृष्टिकर्तुस्सकलकर्मसाक्षिणो ज्योतिर्विदेव(l.1)र्णयत् ॥ 21.

---

1 i.e. °सपादलक्षदेशस्य पुण्यैः (See VI. 10.) 2 Ms. °यो. 3 Ms. °यथौ. 4 Ms. °दश्च°.

स जगाद यदैक्षत क्षपाग्रे क्षितिपस्तद्भविता चिरादमोघम्.
यदुपस्यवलोकितं(l.2) तु देव्यां कलितस्तस्य न कालतोतिपातः ॥

राजा प्रदोषे यदपश्यत्तच्चिरेण सफलं भविष्यति(l.3) यत्तु देव्या प्रात-
र्दृष्टं[2] तस्य चिरकालत्वं नाकलितम् ॥ 22.

उचितामिव वाडवाग्निमैत्रीं मकराङ्कस्थि(l.4)तितः करोति भौमः.
गगने न ममास्ति कापि शोभेत्यधुना कुम्भमिवालसः प्रविष्टः ॥

मकरो रा(l.5)शिविशेषस्तस्याङ्को मध्यम्. मकराङ्कश्च समुद्रः. तत्र
स्थित्योपपन्नां वाडवाग्निमैत्रीमिव भौमः क(l.6)रोति दीप्तो वर्तते इत्यर्थः.
भौमस्य हि मकरराशिरुच्चस्थानम्. आकाशे मम न कापि शोभेत्यत इ(l.7)-
वालसश्शनैश्चरः कुम्भं राशिविशेषं घटं च प्रविष्टः. अलसगामित्वादाकाशे
शोभाभावः ॥ 23.

द(l.8)नुजारिमिवानुनेतुकामो दनुजानां गुरुरेति मीनराशिम्.
अधिरोहति मेषमेष पूषा तुरगा(l.9)णामिव खेदशान्तिकामः ॥

दनुजारिं विष्णुं प्रसादयितुकाम इव शुक्रो मीनराशिं समुद्रं(l.10)
चैति तथाश्वानां विश्रमार्थमिवार्को मेषं राशिं······मध्यमधिरोहति ॥ 24.

विहसन्निव मेषराशिनं तं(l.11) वृषभं याति वृषाङ्कशेखरोपि.
उपलिप्सुरिवोभयस्वभावं मिथुनं संनिदधाति सोमसूनुः ॥(l.12)

मेषो हुडस्तद्गामिनं रविं हसन्निवेन्दुर्वृषं राशिमनड्वाहमपि आयाति
वृषाङ्कशेखरस्त्वात्तस्य वृष(l.13)स्थितिरु[चिता]············स्थिररूपं प्रा-
प्तुकाम इव बुधो मिथुने संनिहितः. द्विस्वभा(l.14)[व]·········[उभ]योर
रवीन्द्वोर्वा स्वभावमुपलब्धुकामो मिथुनं हि द्वन्द्वम् ॥ 25.

---

1 See Canto VIII, verse 46. 2 See p. 185, verse 31. 3 Ms. °नंरा°.
4 Ms. आयाति lo. under l.12. 5 Ms. °न्दो°. 6 Ms. °ष्टु° etc. lo. under l.14.

तिमिरा(l.15)⏑⏑–⏑⏑–⏑⏑–⏑⏑–⏑⏑–मभ्युपैति .
पृथिवीम⏑वं शिखीति बुद्ध्या यजमानः(l.16) 26.

[Lines 17 to end of page missing] (**53)[1]

कुम्भाख्यराशिद्वये निपण्णम्. अन्योपि स्वकार्यमन्येन संपादितं संभाव्य स्वगृहे निप[ण्णो भव](l.1)ति . तुङ्ग इति पाठो नार्षः तयो राश्योस्तयोस्तुङ्गत्वासंभवात् प्रकृतार्थाननुगुणत्वाच्च ॥ 27.

अ⏑–⏑(l.2)भिरेष दीप्तिमद्भिस्तपनाद्यैः कलिकालिकां विहाय .
भुवमेकपदे कृतीबुभूषुर्नृप पञ्चाग्नि [तपश्चरत्य](l.3)नेहा ॥

भुवमयमनेहा कालः पञ्चाग्नि तपश्चरति . अत्र हेतुमाह . कृतीबुभूषुः कृतयु[गं भवितु](l.4)मिच्छुः कलिमालिन्यं त्यक्त्वा·····भिर्दीप्तिमद्भिरु-······ ··[कृ]ती कृतकृत्यो भवि[तुमिच्छ](l.5)ति स मलं त्यक्त्वा पञ्चाग्नि तपश्चरति ॥ 28.

इति शुद्धिमति क्षणेत्र गर्भे स्वयमाधत्त हरिस्स्वमेव दे(l.6)व्याः .
अचिराद्भविता पुरस्तदेषा क्षितिरुन्मूलितरामराज्यगर्वा ॥

एवं शुद्धेस्मिन्क्षणे देव्या गर्भे(l.7) विष्णुस्स्वयं स्वमात्मानमधत्ताहितवान् तत्ततो हेतोरेषा भूमिरचिरेण त्यक्तरामभद्रराज्यदर्पा पुरो भ(l.8)-विष्यति . रामराज्यादप्यधिकस्य विभवस्य प्राप्तेः ॥ 29.

इति वादिनमादिनावसानं वसनाल(l.9)ङ्करणादिदानवर्षैः .
परितः परितोष्य पार्थिवस्तं गणकाग्रेसरमुत्सवं चकार ॥

एवं वा(l.10)दिनं तं गणकं वस्त्रादिभिस्संमान्य राजा प्रदोषं यावदुत्सवमकरोत् ॥ 30.

---

1 Ms. only one letter °मि° or °भि° in the middle of l.17. 2 Ms. °कालि° lc. under l.3. 3 Ms. lc. marks here but no. lc. on margin. 4 Ms. °दुर°. 5 Ms. °नेम°.

गणितासु गतासु या(l.11)मिनीषु प्रजगल्भे मुखपाण्डिमा स देव्याः.
उदरं विशतो हरेरपश्यत्स्वपती नाभिजुपो य(l.12)मम्बुजस्य ॥

स्वपती शयालुस्सोदरं प्रविशतो विष्णोर्नाभिस्थस्य पद्मस्य यं पाण्डि-
मानमपश्यत्स मुखपा(l.13)ण्डिमाल्पासु रात्रिषु गतासु सतीषु संक्रान्त
इवेत्यर्थः ॥ 31.

शनकैश्शनकैश्शशाङ्कमुख्याः कृशभा(l.14)वोवयवेषु सार्वभौमः.
उदरस्य महार्घता भविष्यत्यतिरिक्तेत्युदपादि चिन्तयेव ॥

उदरस्या(l.15)धिका महार्घता भविष्यतीति चिन्तयेव कर्पूरदेव्या अ-
ङ्गेषु शनैश्शनैः कृशत्वमखण्डितमु(l.16)त्पन्नम् ॥ 32.

अपरेपि महस्विनः पृथिव्यां व्यवहर्तुं न यथारुचि क्षमंते.
इति गर्भगुणानिवाभ्यध(l.17)त्त क्रमशोस्याः प्रतिपद्य मान्द्यमग्निः ॥

अन्येपि तेजस्विनो यथारुचि यथाभिप्रायं यथादी(l.18)प्ति च भुवि
व्यवहर्त्तुं न समर्था इत्येतान्गर्भगुणानिव जठराग्निर्मन्दतां प्राप्याभ्यधात् ॥ 33.

अ(l.19)चिरात्तवं नन्दनस्य भोज्या निखिला भूरिति शृण्वती जनेभ्यः.
यदसेवत मन्दयापि रुच्या [मृद](l.20)मास्वादमिवैक्षत क्षितेस्तत् ॥

रुचिर··············यापि मन्दाग्निरपीत्यर्थः··············(l.21)भि-
···यद्बुभुजे तन्नूनं सा त···············(l.22)·······ती भूमेरास्वादं सा
चर्व··············· 34.

⏑—⏑—⏑—⏑—⏑—⏑—⏑—⏑—⏑—⏑—⏑—(l.23*)
उदरेण चिरेण जातमस्यास्त्रिवलीविप्रतिपत्तिपण्डितेन ॥

य एकमेव बलं बलाख्यमसुरमभिनत्तस्ये(l.1)न्द्रस्यायुधं वज्रस्तस्य

1 See above, verses 19 and 22. 2 Ms. °चिर्यं°. 3 Ms. °द्रुन, 4 Ms. °न्नु°. 5 Ms, °सुरम° l.c. on margin.

साम्यं त्यक्तवती उदरेण जातामिति भावे क्तः. तिस्रश्च ताः(l.2) वल्यश्चित्रिवल्यः त्रयाणां वलानां समाहारास्त्रिवली त्रिवलीनां त्रिवल्याश्च विप्रतिपत्तौ पराभवे(l.3) [पण्डि]तेन. एकवलभेदी यस्तस्य त्रिवलीभेदिना सह महद्-न्तरम् ॥ 35.

हरिमध्यरुचिं जयत्यधस्ता(l.4)त्सति मध्ये करिकुम्भकल्पयोर्नौ.
अभवद्बहुचिरद्य सास्ति नेति स्तनयोश्श्याममुखत्वमाविरासीत् ॥(l.5)

हरिस्सिंहस्तस्य मध्यमुदरं तस्य शोभां कृशत्वाज्जयत्युदरेधस्तात्सति हस्तिकवाटसदृशयोराव(l.6)योर्या शोभा पूर्वमासीत्साद्य नास्ति. गर्भेण मध्यस्य स्थौल्यादिति भावः. इतीव स्तनयोश्श्याममुखत्वं(l.7) चूचुककार्ष्ण्यं कालमुखत्वं चासीत् ॥ 36.

मुखमग्निमुशन्ति यस्य सन्तो भविता तेन पुनः स्तनन्धयेन.(l.8)
नृपवामदृशस्तु पूर्वमेव स्तनयोश्श्यामिकया मुखं चुचुम्बे ॥

सन्तोग्निं यस्य मुखमुपदिशन्ति(l.9) तेन विष्णुना पुनः पश्चात्स्तनपायिना भविष्यते श्यामिकया तु देव्याः स्तनयोर्मुखं प्रागेव चुम्बि(l.10)तम्. अग्निः कृष्णवर्त्मा स यत्र प्राप्नोति तत्र पश्चाच्छ्यामिका भवति अत्र तु विपर्ययः ॥ 37.

विनिवे(l.11)शयति स्म यत्र चास्मात्कथमप्युत्क्षिपति स्म पादयुग्मम्.
सुचिरस्य भुवेव भाविवध्वा प्रतिवि(l.12)न्यासमतिप्रणम्यमानम् ॥

सा यत्र च स्थाने पादद्वयमक्षिपदस्मात्स्थानात्सा पादद्वयं कष्टेनोद-(l.13)क्षिपद्भाविन्या स्नुपया भुवा न्यासे न्यासे प्रणम्यमानं कृतप्रणाममिव ॥ 38.

रविणा शशिनं भृतं(l.14)कलाभिस्सकलैरेव करैरिवार्पिताभिः.
दधतीं कमलां सहस्रपत्रं स्वमुखस्योपरि सा द(l.15)दर्श सुप्ता ॥

---

1 Ms. वज्रादपि कृशनेत्यर्थः crossed after °ता. 2 Ms. °व°. 3 Ms. °सदृयो°.
4 Ms. °नस्त°. 5 Ms. °च्छा°.

सकलैस्सहस्रसंख्यैः करैरर्पिताभिस्सहस्रसंख्याभिः कलाभिर्भृतं पूरि-
(1.16)तं चन्द्रमिव सहस्रपत्रं पद्मं स्वमुखस्योपरि धा[रयन्तीं लक्ष्मीं साप]-
श्यत् ॥ 39.

ज्वलदा(1.17)ननलम्बिदन्दशूकं विहगं जातु ददर्श हेमपक्षम् .
विगलद्यमुनार्कबिम्बदिग्धं पुरतो(1.18) मेरुमधीरतामिवाप्तम् ॥

ज्वलति दीप्ते आनने लम्बी दंदशूकस्सर्पो यस्य तं तथा हे(1.19)मम-
यपक्षं विहगं गरुडमधीरतामाप्तमपश्यत् . अत्रोत्प्रेक्ष्यते विगलंती यमुना
य(1.20)········बिम्बेन दिग्धं सहितं सुमेरुमिव . गरुडस्थानीयो मेरुः
अर्कस्थानीयं मुखम(1.21) [सर्प]स्थानीया यमुना ॥ 40.

वलयीकृत[भोगशेषतल्प]स्थितमात्मानमलक्षयत्कदाचित् .(1.22)
[गुरुगर्भभरोष्मणः शमाय त्वरितं]— ⏑ ⏑ — ⏑ ⏑ —[प्रविष्ट]म् ॥

सा देवी आत्मानं वलयी(1.23**54)कृतो भोगैः कायो येन तथाविधे
शेषे एव तल्पे स्थितमपश्यत् अतस्संभाव्यते गुरुर्यो गर्भभर(1.1)स्तेन
ऊष्मा तापस्तस्य शमार्थं तूर्णं चन्द्रमण्डलमिव प्रविष्टम् ॥ 41.

स्वमवैक्षत चन्द्रकान्तशाला(1.2)वलभीशृङ्गनिषण्णिणं कदाचित् .
उपदर्शनवाञ्छयोपनीतं धवलद्वीपमिवोदरस्थिते(1.3)न ॥

सा जातु स्वात्मानं चन्द्रकान्तमये शालावलभीशृङ्गे निषण्णमारूढ-
मपश्यत् अतस्सं(1.4)भाव्यते उदरस्थितेन हरिणा दर्शनार्थं श्वेतद्वीपमिवा-
नीतम् ॥ 42.

अथ पुष्पशरस्य बन्धुमन्यं(1.5) पृथिवी माधवमभ्युपेष्यतीति .
उपयोगमपश्यतीव किञ्चित्स्वगतं गच्छति माधवे समा(1.6)प्तिम् ॥

---

1 Ms. °स°. 2 Ms. °म्भीग्रश्°. 3 Ms. °रू°. 4 Ms. पुरो° crossed and °म° written under it. Is it °मं पुरोप° ? 5 Ms. lc. mark after °तं. 6 Ms. म°. 7 Ms. has ६. on margin. 8 Ms. भागः. 9 Ms. °मज्य°. 10 Ms. °वस्स°.

जनकत्वादुद्दीपकत्वाद्वान्यं लोकोत्तरं कामस्य बान्धवं विष्णुं भूः प्राप्स्यतीत्य(1.7)तस्त्वात्मानमनुपयुज्यमानं पश्यतीव माधवे वैशाखे समाप्तिं गते ॥ 43.

तमसः प्रशमाय(1.8) सत्त्वमूर्त्तेरवतारावसरं विविञ्चतीषु .
कलिबन्धुतयेव बिभ्रतीषु कृशिमानं क्रमशस्तम(1.9)स्विनीषु ॥

कलिबन्धुभावेन हेतुना तमसः पापस्यान्धकारस्य च शमनार्थं सत्वमूर्तेर्विष्णोरवतारसमयं विमृ(1.10)शन्तीष्विव तमस्विनीषु रात्रिषु कृशिमानं तुच्छत्वं क्रमेण धारयन्तीषु. तमस्विनीष्विति सा(1.11)कूतम् ॥ 44.

अचिराद्दिवसेश्वरस्य वंशः परमामृद्धिमवश्यमेष्यतीति .
दिवसेषु विकस्वरीभव(1.12)त्सु स्मयमानेषु च पुष्कराकरेषु ॥

सूर्यवंशोऽचिराद्वृद्धिं प्राप्स्यतीत्यत एव दिनेषु वर्धमा(1.13)नेषु सत्सु पद्मसरस्सु च विकसत्सु सत्सु ॥ 45.

नरकद्विषि भूधरोज्जिहीर्षाजुषि सोमेश्वरवल्लभोदरस्थे(1.14) .
अलसालसगामिनीव शून्यं जलधिं द्रष्टुमिवाक्तमे दिनेशे ॥

दिनेशेऽलसालसं(1.15) गच्छति सति अतस्संभाव्यते भूमिभारोद्धरणेच्छाधारिणि हरौ देवीगर्भस्थिते शून्यं संप(1.16)न्नं जलधिं द्रष्टुमसमर्थे ॥ 46.

सलिलेपि शयालुना विमुक्ता नृपदारोदरगोचरे(1.17)ण निद्रा .
दिवसेष्वनुगन्तुमाविशन्त्यामिति तस्याममुमेव जीवलोकम् ॥

समुद्रे उचित(1.18)निद्रेणापि नृपदाराणामुदरे गोचरो यस्य तेन समुद्रे निद्रा त्यक्तेति तस्यां निद्रायामर्थाद्विष्णुं(1.19)मेवानुगन्तुममुं जीवलोकं दिनेष्वाविशन्त्याम् ॥ 47.

---

1 Ms. °मसुमम्श्वि°. 2 Ms. क° to °ना lc. under 1.9. 3 Ms. विवसिषु. 4 Ms. न° to °पि lc. on margin. 5 Ms. °षु च after °थे. 6 Ms. °न्यपदासो°. 7 Ms. मुक्तः crossed after °ण. निद्रां on margin. 8 Ms. °नुम°. 9 Ms. सुसेवविं lc. after °ष्णु° on margin. Is it °ष्णुं सुसेवितुमे°? 10 Ms. °मन्सु°. 11 °मसु° crossed after °न्सु°.

निवसत्यपरत्र पुष्करा[क्षे सकलं मा स्म](1.20) पिबत्पयोधिमौर्वः .
इति हैमवतीभिरद्भिरर्कें तमिवापूरयितुं विशत्युदीचीम् ॥

अन्यत्र(1.21) विष्णौ वसति सति वडवाग्निरशेषं समुद्रं मा स्म पिबदित्यत इव हिमाद्रि············(1.22)पूरयितुमुत्तरादिशं रवौ प्रविशति सति ॥ 48.

मणिदीपपतत्पतङ्गमालाद⏑——⏑[विभा](1.23)वितानुभावैः .
प्रविवेश पुरः कृतप्रवेशं शकुनैरि⏑—⏑—⏑—⏑——.

·······[पं](1.24*)तन्तीनां पतङ्गमालाना············विभावितो दृष्टोनुभावः स्वभावो येषां तैश्शकुनैराश्रितं म(1.1)नोहरं सूतिकावासं देवी प्रविष्टा ॥ 49.

ज्येष्ठत्वं चरितार्थतामथ नयन्मासान्तरापेक्षया
ज्यैष्ठस्य(1.2) प्रथयन्परन्तपतया ग्रीष्मस्य भीष्मां स्थितिम् .
द्वादश्यास्तिथिमुख्यतामुपदिशन्भानोः प्रतापो(1.3)न्नतिं
तन्वन्गोत्रगुरोर्निजेन नृपतेर्जज्ञे सुतो जन्मना ॥

ज्येष्ठे मासि निजेन जन्मनोत्पत्त्यान्यमासे(1.4)भ्यो ज्यैष्ठमासस्य ज्येष्ठत्वं यथार्थतां कृतकृत्यतां नयंस्तथा परन्तपतया वैरितापनेन च ग्रीष्मस्य भीष्मां स्थितिं कुर्वन्द्वा(1.5)दश्यां जन्मना तस्यास्तिथिषु प्राधान्यं दिशन्गोत्रादेर्भानोः प्रतापौन्नत्यं कुर्वन्सुतो राज्ञो जातो ज्येष्ठत्वं(1.6)·········[इ]ति व्याख्यानं न संगच्छते ज्येष्ठ इति व्युत्पत्तिसिद्धेः ॥ 50.

निश्शेषाणां शिवा(1.7)नामुपरि कृतपदस्साहचर्याधिकारी
सर्वस्यास्तीर्थजातेस्सकलसुरतरुग्रामणीसो(1.8)दरश्च .

1 Ms. °धिमोषः. 2 Ms. °न्त्युदी°. 3 Ms. °तङ्गामा°. 4 Ms. °वैः. 5 Ms. °द्रामा°. 6 Ms. °ष्ट°. 7 Ms. °ती° 8 Ms. कृ° to °ता lc. under 1.4. 9 Ms. °यस्त°. 10 Ms सुतराज्ञोतो°

बालः कोप्येष राजेत्वमुपगतवानित्यकस्मात्सरस्व-
त्यस्मिन्नुत्पन्नमात्रे मुखमल(l.9)मकृत व्योमंमूर्तेर्मृडस्य ॥

सर्वेषां शिवानां श्रेयसामुपरि कृतं पदं चरणं(l.10) येन तथा सर्वती-र्थानां साहचर्याधिकारी तुल्यः पवित्रत्वात्सर्वेषां कल्पवृ(l.11)क्षप्रधानानां सोदरश्चैप बालः कोप्यद्भुतोपूर्वो राजा चन्द्रश्चेति सरस्वती वाणी व्योमरू-पस्य(l.12) भगवतो मुखमभूषयत् . आकाशाद्वागुच्चरितेत्यर्थः . चन्द्रो ह्येक-स्यैव शिवस्य शिरसि(l.13) स्थितः अयं तु सर्वेषां शिवानां . चन्द्रो गङ्गाया एकसहचरः अयं तु सर्वस्यास्तीर्थे(l.14)जातेः . स पारिजातस्यैव सोदरः अयं तु सर्वेषां कल्पवृक्षाणामिति भद्रम् ॥(l.15) 51.

श्रीश्रीकण्ठचरित्रकाव्यविवृतौ विश्वस्य निश्वस्य च
च्छायाभाजि किरातकाव्यविवृतौ वि(l.16)श्रम्य [रम्य]श्रियि .
पृथ्वीराजजयाख्यकाव्यविवृतौ संवेशमिच्छाम्यहं
शास्त्रक्षोदजखे(l.17)दमेदुरमतिर्ज्योत्स्नाकरो लाचरिणः ॥

श्रीलोलराजसुतपण्डितभट्टनोन-
राजा(l.18)त्मजो विवरणेन स जोनराजः .
सर्गं सुखं व्यधित सप्तममत्र पृथ्वी-
राजाख्यराजवि(l.19)जयाभिधकाव्यराजे ॥

पृथ्वीराजविजयविवरणे सप्तमस्सर्गः ॥(l.20)

---

1 Ms. राजा°. 2 Ms. सु°. 3 Ms. व्योव°. 4 Ms. श्रेयसांशुप°. 5 Ms. Copy leaves space between सु° and °प°. and before °ये but no letter seems missing. 6 Ms. °रजः. 7 Ms. वा°. 8 Ms. °वैं. 9 Ms. °जे च°. 10 Ms. वजी. 11 Ms. व्योस°. 12 Ms. °तिज्यो°. 13 Ms. °दे°.

[अष्टमः सर्गः]

अथ शब्दगुणं व्योम सत्यमित्यवदन्निव ।
सङ्गीतकप्रसङ्गेन पुरन्दरपुराङ्गनाः ॥

अ(l.21)थाप्सरसो[1] गीतातिशयेनाकाशं शब्दगुणं सत्यमित्यकथय-
न्निव ॥ 1.

दिव्यदुन्दुभिजीमूत(l.22)———⌣भाविनी ।
पुष्पवृष्टि[र]रोचिष्ट किञ्जल्कतडिदुज्ज्वला ॥

दिव्यदुन्दुभिरेव जी(l.23)·········नी तथा किञ्जल्क एव तडि-
त्तयोज्ज्वला पुष्पवृष्टिरशोभत ॥ 2.

पुष्पवर्ष(l.24)मिलद्दिव्यभृङ्गपक्षसमीरणैः ।
[प्रमृ]ष्टानीव यान्ति स्म दिङ्मुखानि प्रसन्नताम् ॥(l.25**[3]55)

पुष्पवर्षे मिलन्तो ये दिव्यभृङ्गास्तेषां पक्षवातेन प्रमृष्टानीव दिङ्मुखानि
प्रसादं प्रापुः ॥(l.1) 3.

[4]इत्यन्तं कुलकम् ॥

सनाथां पृथिवीं मत्वा राजपुत्रस्य जन्मना ।
रजोपि पस्पृशुस्तस्यास्त्रासा(l.2)दिव न मारुताः ॥

राजपुत्रेण जातेन सस्वा[5]मिकां पृथ्वीं[6] संभाव्य भयादिव वायवो रजो-
पि भूमेर्न [प](l.3)स्पृशुः ॥ 4.

अकाण्डे न प्रवेष्टव्यं प्रजास्विति हविर्भुजा ।
मृत्युर्न्येयम्यतेवार्चिःकराग्रैर्दक्षिणासु(l.4)खैः ॥

1 Ms. °प्सरो. 2 Ms. पु° to °त lc. under l.25. 3 Ms. has ९. on margin. 4 See verse 10 below. 5 Ms. स्वस्मा°. 6 Ms. °ह पृथ्वीं lc. under l. 3.

भवता प्राणिषु प्रवेशोसमये न कार्य इत्यग्निना दक्षिणाभैर्ज्वालाहस्तै-
र्निषिद्ध(1.5) इव . यमस्य दक्षिणाशापतित्वाज्ज्वालानां दक्षिणामाणां निषे-
धकत्वमुचितम् ॥(1.6) 5.

स्ववंश्यमेलकोत्कर्षं पश्यन्तौ शशिभास्करौ .
यशःप्रतापवैशद्यदीप्तिपात्रीबभूवतुः ॥(1.7)

निजकुलजातयोस्संगमेनोत्कर्षं पुत्रजन्मलक्षणं पश्यन्तौ यशःप्रतापा-
भ्यामिव वैशद्यकीर्त्योः पात्रीबभूवतुः ॥(1.8) 6.

गुणवद्भिर्वृता लक्ष्मीः पद्मैरस्मत्प्रसूतिभिः .
इति वैमल्यमाजग्मुरव्याजं सलिलाशयाः ॥(1.9)

अस्मज्जातैर्गुणिभिः पद्मैश्च श्रीर्वृतेतीव सरांसि वैमल्यं गुणं प्रापुः ॥ 7.

विभाव्य स्वामिनः प(1.10)त्नीं समुत्पन्नजगन्निधिम् .
भूरप्यसूययेवाभूद्दूरोद्भिदुरशेवधिः ॥

समुत्पन्नो जग(1.11)न्निधिर्विष्णुर्यस्यास्तां महिषीं विमृश्य स्पर्धयेव
भूरपि प्रकटीकृतहेमकुम्भाभूत्(1.12) . हेमकुम्भप्रादुर्भावोक्तिर्बालरक्षणौ-
चित्यादत्यर्थं संगच्छते ॥
8.

धर्मकर्मक्रियाविघ्न(1.13)हरे जाते नृपात्मजे .
प्रसेदे यजमानानां न केषामन्तरात्मना ॥

यज्ञादिविघ्नहरे(1.14) पुत्रे जाते सति सर्वेषां याज्ञिकानां चित्तेन प्रसादः
प्राप्तः तज्जन्मना चेतः प्रसन्नमभू(1.15)दात्मनः प्रसन्नत्वादिति भावः ॥ 9.

इति विष्णुमयं मूर्त्तिभेदं मानुषतां गतम् .
मत्वेव दे(1.16)वदेवस्याप्यनन्दन्ताष्टमूर्तयः ॥

---

1 Ms. °वाग्नं. 2 Ms. °कसु°. 3 See Supra, Canto I. 34. 4 Ms. lc. under lc. 7. 5 Ms. दीप्त्योः on margin. 6 Ms. °तैगु°. 7 Ms. श्रीवृ°. 8 Ms. lc. under l.10 9 Ms. यज्ञि°.

हरिमवतीर्णं मत्वाष्टमूर्तेरष्टौ मूर्तयोतुष्यन्निवेत्थम्.(1.17) क्षित्यादीनां रजोभावादावानन्दोत्प्रेक्षणाम् ॥ 10.

नृत्यन्तीनां सुरस्त्रीणां त्रुट्यद्भिर्हारदाम(1.18)भिः.
जेतुं मरुत्तसम्राजं मुक्तावर्षं इवाभवत् ॥

नृत्यवशाच्छिन्नैर्हारैर्हेतुभिर्मुक्ता(1.19)वर्षं मरुत्तं राजानं जेतुं जितं कर्तुमिवाभूत्. अन्तर्भावितण्यर्थोत्र जयतिः ॥ 11.

प्रक्रान्त(1.20)मित्याद्यष्टभिः कुलकम् ॥

आहृतैर्व्योमगङ्गातो वातेन कनकाम्बुजैः.
नृत्तप्रवृत्तनागा(1.21)रिभ्रष्टपत्राङ्किता इव ॥

आकाशगङ्गातो वातेनानीतैस्सुवर्णपद्मैर्हेतुभिर्नृत्यद्ग[रुड](1.22)पतत्पक्षभूषिता इव ॥ 12.

स्वनितेन मृदङ्गानामप्सरो[नृत्त]योनिना.
लक्ष्मीमहो[त्सवोत्साह](1.23*)गर्जदैरावता इव ॥

अप्सरसां नृत्ते जातेन मृदङ्गशब्देन हेतुना श्रीमहोत्सवे उत्साहेन गर्जन्नै(1.1)रावणो यासु. पत्युरवतारान्महोत्सवः. स्त्रियो हि भोगलम्पटत्वाद्भर्त्तारमनेकरूपमिच्छन्ति.(1.2) ऐरावणस्य गर्जनं लक्ष्म्या गजवाहत्वात् ॥ 13.

नृत्यदेववधूवक्त्रगलद्धर्माम्बुशीकराः.
पृथिवीं(1.3) सुधया सेक्तुं प्रवृत्तेन्दुशता इव ॥

नृत्यन्तीनामप्सरसां मुखेभ्यो गलन्तो घर्मकणा यासु ताः(1.4) भूमिममृतेन सेक्तुं वर्षितुं प्रवृत्तानीन्दुशतानि यासु ता इव ॥ 14.

---

1 One verse missing. See Notes. 2 Ms. °त्तमांसाज्यां. 3 Sic. It should be प्रक्रान्तमेवमष्टाभिरित्यन्ते for there are 10 verses, not 8. 4 Ms. °रिर्भ्र°. 5 Comm. °वषा. 6 Ms. °वृत्तेन्दु°. 7 Ms. भुमि°.

उत्सवालोकनायातब्रह्महं(1.5)सपरिच्युतैः ।
पत्त्रांशैर्विगलत्पूर्वराजकीर्त्तिच्छटा इव ॥

उत्सवस्य वीक्षणार्थमागतस्य(1.6) ब्रह्मणो हंसेभ्यः पतितैः पक्षकरौहे-
तुभिः पतन्ती पूर्वराजानां कीर्त्तिच्छटा याभ्यः. तत्कीर्त्यपेक्ष(1.7)या पूर्व-
राजकीर्त्तेरल्पत्वाद्विगलनम् ॥ 15.

ध्वनिभिर्दिव्यशङ्खानामसंख्यैर्मुखरीकृताः ।
स्वं(1.8)कुल्यैः पाञ्चजन्यस्य गीयमानगुणा इव ॥

अगणितदिव्यशङ्खमुखराः पाञ्चजन्यस्य वं(1.9)श्यैर्हरेर्गुणा गीयमाना
यासु ॥ 16.

अनभ्रंवर्षपृषतैः प्रसवद्भिस्सहस्रधा ।
पटवास(1.10)कषायाक्षचन्द्रांशुकलुषा इव ॥

मेघान्विना वर्षकणैः पतद्भिस्सहस्रसङ्ख्यैः कर्पू(1.11)रादिक्षोदकलुषित-
नेत्रेन्दुबाष्पाविला इव ॥ 17.

दास्यत्यानन्दितो भास्वान्कस्मैचिद्यदि वा(1.12)जिनः ।
तदनूरुगतिः का स्यादिति वाचालचारणाः ॥

स्वकुले हरेरवतारेण हृ(1.13)ष्टोर्कः कस्मैचिद्यद्यश्वान्दास्यति तदाऽवि-
द्यमानोरोररुणस्य गतिः केति मुखरचारणाः ॥(1.14) 18.

प्रगीतरोहिणीवक्त्रप्रसभारोहणोत्सुकम् ।
स्वलाञ्छनमृगं रोद्धुमपि व्यग्रसुधाकराः ॥(1.15)

गातुं प्रवृत्ताया रोहिण्या मुखे बलेन रोहणे लुब्धं स्वाङ्कमृगं रोद्धुं
सुधाकरोपि व्यग्रो(1.16) यासु ॥ 19.

---

1 Ms. कीर्त्ते°. 2 Is it सक्तु°? 3 Ms. पान्ज°. 4 Read °व्यग्रहृदय°.
5 Ms. °नन्त°. 6 Ms. °चक्रा°. 7 Ms. °त्वान्वन्दितो. 8 Ms. °जिन,
9 Ms. °रणः; 10 Ms. °करः. 11 Ms. क्षब्धं.

प्रसृतैर्मृगशीर्षस्य चन्द्रशुद्धान्तसीमनि .
स्वगीतपरगीताभ्यामानन्दाश्रुभि(l.17)रञ्चिताः ॥

चन्द्रावरोधेषु निजगीतेन परगीतेन च निर्गतैर्मृगशीर्षस्य हर्षबाष्पै(l.18)-
र्स्मिक्ताः ॥ 20.

प्रमोदाश्रुप्रवाहेण देवानां क्षालिता इव .
अतिप्रसन्नतां जग्मुर्गलत्क(l.19)लिमला दिशः ॥

देवानां हर्षबाष्पस्रोतसा धौता इव दिशो गलत्कलिमलो याभ्यस्ताः
(l 20)[प्रसा]दं प्रापुः ॥ 21.

प्रक्रान्तमेवमष्टाभिर्दिक्पालैः प्रमदोत्सवम् .
सुरैस्तद्वीर्यपिण्डस्य नृ(l.21)[प]तिर्निरवाहयत् ॥

एवं लोकपालैरारब्धं पुत्रस्य संबन्धिनमुत्सवं तेषां लोकपालानां(l.22
**56[5])वीर्यस्य भिण्डस्य राशेः पुत्रस्य राजा समापयत्.. पिण्डस्य चाष्टा-
ङ्गानि[7] ॥ 22.

[अदेयमपि यत्]·प्रादादनर्थिभ्योपि पार्थिवः .
अशो(l 1)धयदृणं पित्र्यमिति किं नाम कौतुकम् ॥

अदेयं छत्रचामराद्यप्ययाचद्भ्योपि राजादात्(l.2) पितॄणामृणमशोधय-
दिति नाश्चर्यम्. पितरो ह्यर्थिनः पितॄणां चर्णशुद्धिरवश्यं कार्या. अ(l 3)यमर्थः
ऋणमस्मै सन्नमतीति[8] वाक्यात्पुत्रे जाते पितुर्ऋणान्मुक्तिः पित्रा गृहीतं च
ऋणं(l.4) पुत्रश्शोधयतीत्यथान्तररणितम्[10] (?) ॥ 23.

ददाने नृपतौ रत्नचामीकरकरम्बकम् .
विमुक्ति(l.5)मौक्तिकप्रायैरपि वर्द्धैरवाप्यत ॥

---

1 Ms. °तैमृग°. 2 Ms. °चन्द°. 3 Ms. °कल्क°. 4 Ms. °भिमिर°.
5 Ms. पू on margin 6 Ms. राशिः. 7 °स्य, °त्रस्य, पिण्डस्य चाष्टाङ्गानि lc.
above l. L, पु° lc. under l. 1. 8 ऋणमस्मिन् संनयति Aitareya Br. 7.13.4,
Shānkhāyana Shr. Sutra, 15.17. 9 Ms. °श्रेयते. 10 Is it °त्यर्थान्तर-
भणितम् (!)? The figure is अर्थापत्ति.

राज्ञि रत्नादि ददति बंद्धैराभरणीकृतैर्हारादिभिर्विमुक्तिः कण्ठा(l 6)देरवरोहणं प्राप्तम् निजकण्ठहारा अपि दत्ता इत्यर्थः . अपि शब्दात्काराबद्धानां मुक्तिः(l 7) किमर्थमाख्यायते इत्यर्थापत्तिरार्थी ॥ 24.

उद्यत्कर्पूरकस्तूरीकश्मीरजरजश्छलात् .(l 8)
मुक्त्वेव वैरमन्योन्यं दृष्टं ज्योत्स्नातमोरुणैः ॥

उत्तिष्ठत्कर्पूरादिधूलिव्याजाज्ज्योत्स्नादिभिर्वैरं त्यक्त्वा(l.9)न्योन्यमिव दृष्टम् . तत्कालं भयवशात्सर्वै राजादिभिर्वैरत्यागः कृत इति भावः ॥ 25.

असाध्य(l 10)मित्यादि कुलकम् ॥

असाध्यं कोशतां प्राप्तैर्मेरुरोहणसागरैः .
अशक्यं निधिनाथे(l.11)न कोशाध्यक्षत्वमीयुषा ॥

असाध्यमित्यादि महोत्सवविशेषणम् . कोशीभूतैर्मेरुमुखैः करणैरन्ये(l.12)नासाध्यं कर्तुमशक्यं तथा कोशाध्यक्षेण वैश्रवणेनाशक्यम् ॥ 26.

कष्टं कल्पद्रुममयैर्निष्पा(l.13)द्यमपि निष्कुटैः .
क्रीडाद्रिभिरनिर्वाह्यं चिन्तामणिमयैरपि ॥

कल्पवृक्षकृतैर्गृहारा(l.14)मैः कष्टेन संपाद्यम् चिन्तारत्नमयैश्शैलैरप्यशक्यम् ॥ 27.

अवाप्ते कामधेनूनां विराटत्वे(l.15)पि दुर्घटम् .
रक्षाभिरपि दुस्साधमणिमादिभिरष्टभिः ॥

कामधेनूनां विराटत्वे वि(l.16)राटराजभावे प्राप्तेप्यशक्यम् . सरागाभिरप्यष्टभिरणिमादिभिस्सिद्धिभिरशक्यम्. शक्ति(l 17)भिरित्यार्षः पाठः ॥ 28.

---

1 Ms. बन्धै°. 2 Ms. °हारा[दि]भि° lc. under l.6. 3 Ms. °अच्छ°. 4 Ms. °तैव. 5 Ms. °भिवै°. 6 Ms °तैर्मे°. 7 Ms. °दिभि°. 8 Ms °भ्राप्य° corrected to °स्साध°. 9 Ms, प्राप्ते lc. on margin. 10 Where can it fit in the text ? °[दि]भिः शक्तिभिः would be no worse than °दिभिः सिद्धिभिः ! Or, is some one criticising the commentary ?

स्वप्रकर्षपरीक्षार्थमुपदिष्टमिव श्रिया .
निर्माय पृथिवीपालः पु(l.18)त्रजन्ममहोत्सवम् ॥ 29.

पृथ्वीं पवित्रतां नेतुं राजशब्दं कृतार्थताम् .
चतुर्वर्णधनं नाम पृ(l.19)थ्वीराज इति व्यधात् ॥

स्वमाधिक्यं दर्शयितुं लक्ष्म्येवोपदिष्टं पुत्रजन्ममहोत्सवं कृत्वा रा-
(l.20)जा भूमिं पवित्रयितुं राजशब्दं च चरितार्थतां नेतुं पृथ्वीराज इति
चतुरक्षरं पुत्र[ना](l.21)माकरोत् ॥ 30.

पूर्णैः पुण्यैस्तमुत्सङ्गे कृत्वा कारणमानुपम् .
पूर्णपुण्याभवद्धा[त्री पवित्र](l.22)त्वमवाप च ॥

म्लेच्छवधेन कारणेन मानुषं तं पृथ्वीराजं पूर्वपुण्यैरगण्यैरङ्क⋯⋯
⋯(l.23*)⋯⋯⋯⋯पूता चाभूत् ॥ 31.

यथाकामार्पितार्थित्वं यद्बालस्यैव(l.1) पप्रथे .
तन्मन्ये सुरभिस्स्तन्यं तस्मै धात्रीतनुर्ददौ ॥

तस्य बालस्यैव सतोऽर्थिनां कामपूरणं(l.2) यत्प्रसिद्धं तस्मादहमेवं मन्ये
धात्रीरूपा कामधेनुस्तस्मै स्तन्यमदात् . स्तन्यप्रदानानुसारेण वास(l.3)ना-
नुपक्रात् ॥ 32.

स्तनं श्रीखण्डधवलं कस्तूरीलिप्तचूचुकम् .
पपौ दक्षिणपूर्वाभ्यां दि(l.4)ग्भ्यां सारमिवार्पितम् ॥

श्रीखण्डेनेव श्वेतं कस्तूरीलिप्ताग्रं स्तनं स पीतवान् दक्षिणपू(l.5)र्वा-
भ्यां दिग्भ्यामर्पितमिव सारम्. तयोस्तदुत्पत्तेः ॥ 33.

बभौ स्तनस्य गौरस्य मुखे गृह्णन्स(l.6) चूचुकम्.
कलङ्करूपं हृच्छल्यं शशाङ्कस्योद्धरन्निव ॥

---

1 Ms. कृवा. 2 Is it °र्पिता° (Raghu, I.6)? 3 Ms. °स्तस्मै lc. under l. 3.
4 Ms. °प्रदानु°. 5 Ms. पपै.

गौरस्य स्तनस्य चूचुकमास्ये गृ(l.7)ह्णन्स हृच्छल्यं कलङ्कं चन्द्रस्यो-द्धरन्निवाशोभत. स्तनश्चन्द्रत्वेन चूचुकं कलङ्कत्वेन संभावितम्.(l.8) मुख-मिति पाठो न तथार्थः ॥ 34.

तस्य धात्रीकुचाज्जातु कुङ्कुमं वदनं विशत्.
गाढतां शा(l.9)रदादेशानुरागं हृदयेनयत् ॥

धात्रीस्तनान्मुखं प्रविष्टं कुङ्कुमं कर्तॄ शारदादेशे(l.10)नुरागं मूर्त्तता-मिव चित्ते नीतवान् ॥ 35.

वंशशुक्तयुद्भवान्धात्रीहारमुक्तामणीन्स्पृशन्.
गि(l.11)रिसागरसारस्य ग्राहित्वं तत्करोग्रहीत् ॥

वंशाच्छुक्तेश्चोत्पन्नान्धात्रीहारमणीन्स्पृशंस्त(l.12)त्करोद्रिसमुद्रसारग्रा-हित्वं गृहीतवानिव. स्तन्यपाने हि कण्ठभूषानिरोधो बालानां स्व(l.13)-भावः ॥ 36.

ताम्रपर्णीव तद्धात्री स्तनयोस्संनिधिं व्यधात्.
मौक्तिकानीव निर्यान्ति वदनाद्व(l.14)दतोस्य यत् ॥

तद्धात्री स्तनविषये ताम्रपर्णीव संनिधानमकरोत् यतो वदतोस्य मुखा(l.15)न्मुक्ताफलानीव निर्गच्छन्ति. अव्यभिचारगतार्थत्वादनुपात्ते वचनरूपे विषये मुक्तानां((l.16) विषयित्वम्. वदतस्सेति(?) पाठ आर्षः ॥ 37.

अव्यक्तवर्णया तस्य भाविन्या शुद्धवर्णया.
स(l.17)रस्वत्या च लक्ष्म्या च मुखपद्ममचुम्ब्यत ॥

वर्णशब्दोक्षराणां यशसश्च वाचकः. बा(l.18)ल्येनाव्यक्तवर्णया पुरत-

---

1 Ms °शोभत le. under l. 8 2 Correct नीतवत्. 3 Ms. °गृही°.
4 cf. 33. above. 5 Ms °दने°.

श्शुद्धवर्णया भविष्यन्त्या सरस्वत्या लक्ष्म्या च तस्य मुखपद्मं चुम्बितम्
(1.19). सरस्वत्या मातृत्वाल्लक्ष्म्याः प्रियात्वाच्चुम्बनमुचितम् ॥ 38.

अव्यक्ता न तथा भाति न व्यक्तापि त(1.20)[था] यथा .
व्यक्ताव्यक्तेन रूपेण रुरुचेस्य सरस्वती ॥

अतिबाल्येनाव्यक्ता बाल्यातिक्रमे च(1.21) व्यक्तास्य वाङ् तथा भाति यथा किञ्चिद्व्यक्तेन रूपेण वाक्शुशुभे . रुरुचेति पाठ आँ[र्षः](1.22) . सरस्वती नदी चेत्यर्थान्तरध्वनिः . तत्पक्षे अव्यक्तं मुक्तथेकपदं परव्याप्तिकं च
व्यक्तं(1.23**57) भोगैकपदमपरव्याप्तिकं चेत्यागमिकार्थे·········(1.1) 39.

[सर्वलो]केक्षणप्रिया .
रवेरिवाविशिष्टार्थकरपादा गतिक्रिया ॥

ईक्षणं दर्शनं नेत्रं च तत्र सर्वे(1.2)लोकानां प्रिया तथार्थः प्रयोजनं पदार्थश्च सोविशिष्टो यस्य तत्करपादं यस्यां सास्य ग(1.3)तिः रिङ्खणं शुशुभे ॥ 40.

जितराजीवलावण्ये मनोज्ञस्खलनाकुला .
मुखे व्यक्तिं ययौ तस्य(1.4) वाणी पादद्वये गतिः ॥

पद्मसुन्दरे मुखपादद्वये चास्य गतिर्व्यक्तिं गता स्खलनं वर्णव्य(1.5)-
त्यासः पतनं च तेनाकुला यतस्ततो मनोज्ञा च ॥ 41.

शुकेष्वध्याप्यमानेषु धात्रीभिस्तेन भू[रि](1.6)शः .
पर्वते पर्वते राम इत्याकर्ण्योन्मनायितम् ॥

पर्वते पर्वते राम इति वचनं धात्री(1.7)भिश्शुकेषु पाठितेषु तच्छ्रुत्वा
तेनोत्कण्ठितचित्तेन संपन्नम्. पूर्वजन्मस्मरणादिति भावः ॥ 42.

---

1 Ms. °पर्व lc. under line 19. 2 Which, then, is the अनार्ष reading ?
3 Ms. पृ. रा. on margin. 4 Is it °र्थस्याप्रस्तुतस्य ध्वननम् ? 5 Ms. रण°.
6 Ms. सोवषि°. 7 Ms. °द्वये lc. under l. 5. 8 Ms. °तिव्य°.

द(l.8)शावताराभरणं कण्ठे रक्षार्थमाहितम्.
अनन्यरक्तमात्मानमशंसत्तस्य रक्षितुः ॥(l.9)

अस्य बालस्य रक्षार्थं[1] कण्ठे स्थापितं दशावतारसंज्ञमाभरणं कर्तृ तस्य रक्षितुरात्मा(l.10)नं नान्यस्माद्रक्ता यस्य तमशंसत्. हरेरेव दशावतारत्वात् अस्य च नारायणावता(l.11)रत्वात् ॥ 43.

त्रैलोक्यरक्षकस्यास्य किमर्थोऽस्मीति कान्तिमान्.
स्वेनैव स्वं जहासेव कण्ठे व्या(l.12)घ्रनखाङ्कुरः ॥

त्रिभुवनरक्षितुरस्याम्मि निष्प्रयोजन इत्यतो व्याघ्रनखो दीप्तिसारा-(l.13)त्मनैवात्मानमहसदिव ॥ 44.

चूडाकरणसंस्कारसुन्दरं तन्मुखं बभौ.
पाश्चात्यभागसंप्रा(l.14)प्तलक्ष्मेव शशिमण्डलम् ॥

पश्चाद्भागे सकलङ्कमिवेन्दुबिम्बं तन्मुखं चूडाकर्म(l.15)शोभनं बभौ ॥45.

अत्रान्तरे पुनर्देवीवपुः प्रैक्षत पार्थिवः.
स्वंप्नदृष्टभुजङ्गेन्द्रभोगका(l.16)न्त्येव पाण्डुरम् ॥

राजा देवीगात्रं स्वप्ने दृष्टस्याहिराजस्य भोगकान्त्येव पाण्डु पुनरपश्यत्(l.17) ॥ 46.

प्रसूतपृथिवीराजा देवी गर्भवती पुनः.
उदेष्यत्कुमुदा फुल्लपद्मेवं सरसी बभौ ॥(l.18)

जनितपृथ्वीराजनामपुत्रा पुनर्गर्भिणी देवी बभौ उद्भेत्स्यमानकैरवा फुल्लपद्मेव(l.19) सरसी ॥ 47.

अन्तर्वत्नी विशेषेण देवी पुत्रेण पिप्रिये.
ज्येष्ठानुवृत्तिसंस्कारं गर्भस्थेने[व पा](l.20)ठिता ॥

---

1 Ms. °र्थे माहितस्या°. °माहित° corrected to कण्ठे. 2 See VII. 22.
3 Ms. °थै°. 4 Ms. °न्तव°.

सगर्भा महिषी तेन पुत्रेणाधिकमतुष्यत् गर्भस्थितेन पुत्रेण ज्ये[ष्ठ-
······शि](1.21)क्षितेव ॥ 48.

माघस्याथ तृतीयस्यां सितायामपरं सुतम् .
प्रसादमिव [पार्वत्या मूर्तं प](1.22)रमवाप सा ॥

मूर्त्तं गौर्याः प्रसादमिव सा द्वितीयं पुत्रं गौरीतृतीयस्यामवाप-
[त्] ॥ 49.

——(1.23*)——⌣————————⌣———— .
———पदानां यत्कृतार्थत्वाय पस्पृशे ॥

यु(1.1)द्धेष्वस्य हस्तिदलनलीलां भविष्यन्तीं जानतेव हरिराजनाम्नायं
भ्वस्य कृतार्थत्वाये(1.2)व स्पृष्टः . हरिराजो हि हस्तिमर्दनः ॥ 50.

उष्णशीतलयोर्मध्ये पावनं ज्येष्ठमाघयोः .
सोमे(1.3)श्वरभुवोर्जन्म वह्निगङ्गाम्भसोरिव ॥

सोम उमासहित ईश्वरः सोमेश्वरो राजा च तद्भवोर्(1.4)र्योशकुमार-
यो राजपुत्रयोश्चोष्णशीतयोर्ज्यैष्ठमाघयोर्मध्येग्निगङ्गाजलयोरिव जन्म पाव-
नमभूत् ॥(1.5) 51.

निदाघमाघजन्मभ्यां पीत्वां(?) तीव्रत्वमाययौ .
ताभ्यामातपशीताभ्यामिव प्रत्यर्थिकर्णयोः ॥(1.6)

निदाघे माघे च जन्म ययोस्ताभ्यां राजपुत्राभ्यामातपशीताभ्यामिव
वैरिकर्णयोः पीर्त्वा(1.7) तीव्रत्वं प्रापत् ॥ 52.

अथ भ्रातुरपत्याभ्यां सनाथां जानता भुवम् .
जग्मे विग्रहराजेन कृतार्थेन शि(1.8)वान्तिकम् ॥

---

1 Sic. 2 Ms. गौ°. 3 Ms. °जापु°. 4 Ms. °वाभू°. जन्म पावन° l.c. on margin. 5 Sic. Is it पीडा ?

ताभ्यां भ्रातृपुत्राभ्यां रक्ष्यमाणां भूमिं जानता विग्रहराजेन कृतकृत्येन सता शि(l.9)वसमीपं प्राप्तम् ॥ 53.

सुतोप्यपरगाङ्गेयो निन्येस्य रविसूनुना ।
उन्नतिं रविवंशस्य पृथ्वीराजे(l.10)न पश्यता ॥

वीरत्वब्रह्मचारित्वाभ्यां द्वितीयो भीष्मो विग्रहराजस्य पुत्रो यमेन नीतः पृथ्वी(l.11)राजेन हेतुनार्कवंशस्यौन्नत्यमिव पश्यता ॥ 54.

कैलासं जग्मुषो यातं पश्चाद्विग्रहभूभुजः ।(l.12)
कविबान्धव इत्येकं भूमावशरणं पदम् ॥

मृतस्य विग्रहराजस्य पश्चात्कविबान्धव इत्येवं[3](l.13) पदमशरणं यातं सम्पन्नम् ॥ 55.

प्रत्यानेतुमिवाकाण्डे पूर्णोपि सकलैर्गुणैः ।
पितृवैरि(l.14)तनूजोपि प्रतस्थे पृथिवीभटः ॥

विग्रहराजं प्रत्यानेतुमिव गुणवान्पृथ्वीभटोपि प्रस्थितः ॥(l.15) 56.

मुक्त्वेति सुधवावंशं गलत्पुरुषमौक्तिकं ।
देवं सोमेश्वरं द्रष्टुं राजश्रीरुदकण्ठत ॥

गलन्ति(l.16) पुरुषा एव मौक्तिकानि यत्र तं सुधवावंशं त्यक्त्वा राजलक्ष्मीस्सोमेश्वरं द्रष्टुमुत्कण्ठिताभूत् ॥ 57.

आत्म(l.17)जाभ्यामिव यशःप्रतापाभ्यामिवान्वितः ।
सपादलक्षमानिन्ये महामात्यैर्महीपतिः ॥

यशःप्र(l.18)तापाभ्यामिव पुत्राभ्यां सहितो राजा महासचिवैस्सपादलक्षनामानं देशमानीतः ॥ 58.

---

1 Ms. °स्यो°. 2 Ms. °त्यकं. 3 Ms. °व. 4 Ms. सद्दा°.

कर्पूर(1.19)देव्यथादाय दानभोगाविवात्मजौ.
विवेशाजयराजस्य संपन्मूर्तिमती पुरीम् ॥

मूर्त्ता श्रीरिव(1.20) [कर्पू]रदेवी दानभोगाविव पुत्रौ गृहीत्वाजयराजस्य नगरं प्रविष्टा ॥ 59.

तस्यां प्रविष्टमात्रायां(1.21) [गङ्गायामि]व सागरः.
देशस्संपूर्णभावं च पावनत्वं च लब्धवान् ॥

यथा गङ्गायां समुद्रस्त(1.22)[था तस्यां] प्रविष्टायामेव देशस्संपूर्णतां पावकतां च प्रापत् ॥ 60.

त्यक्ता पितुर्गिरा राज्यं यत्र रामो(1.23) [वनं ययौ].
कुलं कलङ्कयांचक्रे तदाद्यः सुधवासुतः ॥

यस्मिन्कुले रामः पितुराज्ञया रा(1.24**58)ज्यं त्यक्त्वा वनं गतः तत्कुलमाद्यस्सुधवासुतोदूषय[त्] ॥ 61.

[सुतः] काञ्चनदेव्यास्तं कलङ्कं यदशोधयत्.(1.1)
तद्रामावतरस्यैव पृथ्वीराजस्य चेष्टितम् ॥

काञ्चनदेव्याः पुत्रस्तं पितृहत्यारूपं कलङ्कं यद(1.2)क्षालयत्तच्छ्रीरामावतारस्य पृथ्वीराजस्य कृत्यम् ॥ 62.

तथा चास्य पितृभ्रात्रोस्सिद्धं प्रासादमा(1.3)त्रकम्.
अयं तु पितृनामाङ्कं नगरं निरमापयत् ॥ 63.

भग्नानां गिरिदुर्गाणां सङ्ख्याप्रतिनिधी(1.4)निव.
प्रासादान्विविधान्त्र पुरो यानग्रजो व्यधात् ॥ 64.

यूथनाथमिवैतेषां मध्ये भवगदागदम्.(1.5)
प्रासादं वैद्यनाथस्य प्रजाक्षेमङ्करो व्यधात् ॥

---

1 Ms. °गज°. 2 Ms. °दास्यसु°. 3 No Comm. 4 Ms. पूर्णं°.

ध्वंसितानां शैलकोट्टानां गणनाप्रतिनिधीं(l.6)निव यान्प्रामाद्रांस्तत्र नगरेऽप्रजोकरोत्तेषां मध्ये यूथनाथमिव संसाररोगभेषजं वैद्यना(l.7)थस्य प्रासादं प्रजाहितोऽकरोत् ॥ 65.

दत्ते हरिहयेनेव शुद्धरीतिमये हरौ ।
प्रतिष्ठां ल(l.8)म्भितस्तत्र शुद्धरीतिमयः पिता ॥

रीतिर्धातुविशेषः । तत्प्रकृतौ हये सूर्येणेव दत्ते शुद्धरीतिः(l.9) शुद्धाचारश्च पिता तेन प्रतिष्ठापितः ॥ 66.

पितुः रीतिमयस्य रीतिवाह्यारूढस्य प्रतिष्ठापि(l.10)तस्याग्रे रीतिमयं स्वात्मानं प्रतिष्ठाप्य राजा स सर्गं त्रिधा रीतिमयं कविरिवाकरोत् । कवि(l.11)पक्षे गौडीवैदर्भीपाञ्चाली चेति तिस्रो रीतयः ॥ 67.

एकस्थाने प्रतिष्ठाप्य ब्रह्मविष्णुम(l.12)हेश्वरान् ।
त्रिपूरुषमिव श्राद्धं धन्यो निर्मितवान्पितुः ॥

एकस्मिंस्थाने ब्रह्मादींस्त्रीन्देवा(l.13)न्प्रतिष्ठाप्य पितुस्त्रिपुरुषं श्राद्धमिव सोऽकरोत् । प्रतिष्ठाप्येत्यविवक्षितपूर्वकालम् ॥(l.14) 68.

कृते यथेष्टफलदे तेनायतनपञ्चके ।
सुरद्रुममदो जिग्ये मेरोरजयमेरुणा ॥

तेन रा(l.15)ज्ञां प्रासादपञ्चके कृते सत्यजयमेरुदुर्गेण मेरोर्मदो जितः अभिलषितफलदायि(l.16)त्वात् ॥ 69.

तन्निर्मितसुरागारैर्ग्रामैर्गङ्गानकादिभिः ।
अल्पावशेषवास्तव्या मन्ये जज्ञेऽमरा(l.17)वती ॥

---

1 Ms. दन्ते. 2 No verse corresponding to this comm. The 1st, 3rd and 4th lines can be restored—पितु रीतिमयस्याग्रे……राजा सर्गं त्रिधा रीतिमयं कविरिवाकरोत ॥ 3 Ms. °समो. 4 Ms. राज्ञः. 5 Ms. राज्ञेम°.

तेन निर्मितानि सुरागाराणि येषु तैर्गङ्गानकादिभिर्ग्रामैर्हेतुभिरमरावती अल्पेत्रशेषा(l.18) वास्तव्या देवा यस्यामिति जाने. अमरावतीतोप्यत्राधिकगुणत्वादिति भावः ॥ 70.

ऋणशुद्धिं(l.19) विनिर्माय निर्माणैरीदृशैः पितुः.
तत्वरे दर्शनं कर्त्तुं परलोकजयी नृपः ॥

देव[ालयनि](l.20)र्माणैः पितुः ऋणं शोधयित्वा पितुर्दर्शनं कर्त्तुं परलोकं जितवान्राजात्वरत् ॥ 71.

ए[काकिना हि](l.21) मत्पित्रा स्थीयते त्रिदिवे कथम्.
बालश्च पृथिवीराजो मया कथमुपेक्ष्यते ॥ 72.

[इतीवास्या(l.22*)भिषिक्तस्य रक्षार्थं व्रतचारिणीम्.
स्थापयित्वा निजां देवीं पितृ(?)]भक्त्या दिवं ययौ ॥

मत्पित्रा केवलेन स्व(l.1)र्गे कथं स्थीयते कथं च बालः पुत्रो मया [उपेक्ष्य]ते इत्यत इवाभिषिक्तस्य पुत्रस्य रक्षार्थमिव व्र(l.2)तानुष्ठायिनीं देवीं स्थापयित्वा पितृभक्तस्स स्वर्गमगात् ॥ 73.

तं पृथ्वीभटपर्यन्ताश्चाहमानपुर(l.3)स्सराः.
आदित्यद्युतयस्सर्वे प्रत्युज्जग्मुर्महीभुजः ॥

सर्वेपि स्ववंश्यास्स्वर्गे तं प्रत्युद्गताः ॥(l.4) 74.

तेषामेकतमं मध्ये नापश्यत्पितृवैरिणम्.
क्वचिदप्यन्धतामिस्रे मग्नं व्रीडावशादिव ॥

तेषां म(l.5)ध्ये एकं पितृवैरिणमेव स नापश्यत्. काप्यन्धतामिस्रे लज्जयेव मग्नम् ॥ 75.

---

1 Ms. °हैर्तुभि° lo. under l. 18.

पुरः प्रदक्षिणं चक्रे(l.6) तस्य प्रत्युद्गतो नृपः .
सर्वाङ्गसङ्गिनीर्दृष्टीर्नेष्यन्निव कृतार्थताम् ॥

सर्वाङ्गेषु सङ्गिनीर्दृष्टीः(l.7) कृतार्थतामिव नेतुमस्य प्रदक्षिणमिन्द्रोऽकरोत्. प्रदक्षिणेन हि पश्चात्स्था अपीन्द्रदृष्टयः(l.8) पश्यन्ति ॥ 76.

यावज्जङ्गमकैलासमारोहति सुरद्विपम् .
तावत्कैलासमेवैष निन्ये शङ्कर(l.9)किङ्करैः ॥

जङ्गमं कैलासमैरावणं स यावदारुरुक्षति तावद्गणैः कैलासमेव नीतः ॥ 77.

उभौ(?) (l.10)विशत एवास्य रुद्राद्रिमुदपद्यतं .
स्वपुत्रभूपदायादकन्दर्पजयि लोचनम् ॥

पृथ्वीराज(l.11)प्रतिमल्लकामजेतृ नेत्रं कैलासं प्रविशतोऽस्योत्पन्नम्. ईश्वरसारूप्यं प्राप्तवानित्यर्थः ॥ 78.

अ(l.12)कस्मात्पूर्वपुरुषौ पत्न्यास्तस्य च तेजसी .
चुचुम्बतुस्तं सस्नेहं वामदक्षिणयोर्दृशोः ॥

तस्य(l.13) तत्पत्न्याश्च पूर्वपुरुषौ तेजसी चन्द्राकौं तं नेत्रयोस्स्नेहेन चुचुम्बतुः ॥ 79.

अस्मिन्क्रुद्धे न मे भाव्यम(l.14)स्मिश्चन्द्रकलाच्छलात् .
स्वचापपुष्पदाम्नेव तं मनोभूरपूजयत् ॥

सोमेश्वरे क्रुद्धे सति म(l.15)म न जीवितव्यमित्यतश्चन्द्रकलाव्याजान्निजधनुःपुष्पगुणेनेव कामस्तमपूजयत्. अयं(l.16) भावः. पूर्वमीश्वरो मह्यमकुप्यद्यदा तदोमया रहितो हरोभूदत उमाप्रसादात्पुनरहं(l.17) प्राणान्प्राप्तवान् अयं तु सोमेश्वरो यदि मह्यं क्रुद्ध्यति तदा मम प्राणा न भवितारः ॥ 80.

1 Sic. Is it ननो.? 2 Ms. 'पश्यन. 3 Ms. °म् स्वर°. 4 Ms. तश्चे°.

जिता(1.18) कर्पूरदेव्यास्मि कस्माद्दयितया तव .
केशग्रहमितीवास्य चकार त्रिदशापगा ॥

शुचि(1.19)त्वात्त्वत्प्रिययाहं कस्माज्जितेतीवास्य गङ्गा केशग्रहणमकरोत् ॥ 81.

भूमेर्भरस्त्वदीयेन गृ(1.20)[ही]तस्तनयेन मे .
इत्यालिलिङ्ग चाकाण्डे तं[1] स्वकीर्त्तिसितः फणी ॥

त्वत्पुत्रेण मम भूभारो(1.21)·········तीव निजकीर्त्तिशेषस्तमालिङ्गत् ॥ 82.

जाता स्वरूपहानिर्नः पाताले तव कीर्त्ति(1.22)[भिः] .
[चूडामणी]न्न सहते कुटिलानां सुतश्च ते ॥ 83.

इतीव कर्णयोर्बाहुद्वये शिरसि पादयोः .(1.23)
————[समा]श्लिष्टो यथाशक्ति स पन्नगैः ॥

सितस्यास्मत्स्वरूपस्य तव यशोभिर्हानिर्जाता(1.24**59) तव पुत्रः कुटिलनां चूडामणीनपि कुटिलान्न सहते यद्वा वक्राणां चूडामणीन्न सहते अ(1.1)स्यैव चक्रवर्त्तित्वेन चूडामणिधारणौचित्यात् इतीव कर्णादौ सर्पैस्स परिरब्धः ॥ 84.

अलङ्क(1.2)रणभोगीन्द्रफणमाणिक्यमालया .
दीपवृक्ष इवाभूत्स शम्भोः प्रथमदर्शने ॥

भूषणा(1.3)हिफणरत्नश्रेण्या स हरप्रथमदर्शने दीपवृक्ष इवाभूत् ॥ 85.

मा गाः पुत्रं प्रति स्नेहं त्वं न त(1.4)स्योपयुज्यसे .
इतीव रूक्षतां निन्ये कुतोप्येतत्स भस्मना ॥

---

1 Ms. त्वं. 2 Read °र्त्तिश्वेतश्शे°. 3 Ms. °र्नं. 4 Ms. पत्र°. 5 Ms. has ९ on margin.

पुत्रे स्नेहं त्वं मा गमः यतस्त्वं तस्य नो(l.5)पयुज्यसे तस्य त्वत्तोप्यधिकगुणत्वात् इतीव भस्मना स रूक्षतां नीतः ॥ 86.

सुतस्य निर्मली(l.6)कर्त्तुं राज्यस्थितिमिवाहृतम् .
कलिकालं दधौ कण्ठे रुद्धावतरणं हृदि ॥

स राजा अहि(l.7)तं विषं हृदये रुद्धप्रवेशं कलिकालमिव कण्ठेवहत् पुत्रस्य राज्यं निर्दोषीकर्त्तुमिव(l.8). आहृतमिति पाठो नार्थः अहितमिति पाठस्साधुः ॥ 87.

ये श्रूयन्ते त्रयस्तापास्ते शूलारोपि(l.9)ता इव .
प्रजाक्षेमाय तत्पाणौ शिखात्रयमिषाद्बभुः ॥

आणवदयस्तापा ये श्रूयन्ते ते(l.10) तद्धस्ते शिखात्रयव्याजात्प्रजासुखार्थं शूले आरोपिता इव बभुः ॥ 88.

अपश्यद्वृषमारूढमात्मा(l.11)नं चन्द्रपाण्डुरम् .
यशसेव निजेनैव नीयमानं शिवालयम् ॥

शशिशुभ्रं वृषमारोहन्तमा(l.12)त्मानं सोपश्यत् स्वयशसेवेश्वरनिकटं नीयमानम् ॥ 89.

बलात्पुरुषकारेण जेतव्यस्यात्मजन्मना .(l.13)
मुण्डमालोकयामास करामलकवद्विधेः ॥

बलाद्धेतोः पुरुषेणैं करणभूतेन पृथ्वीराजेनें जेतव्यस्य(l.14) विधेर्मुण्डं करामलकमिव सोपश्यत् ॥ 90.

ज्योतीरूपेषु पुत्रस्य संक्रान्तेष्विव तेजसि .
शुद्धा(l.15)भिर्लोकपालानामस्थिस्रग्भिरभूष्यत ॥

---

1 Comm. °हितम्. 2 Ms. °षाद्बभुः (!). 3 Read पौरु°. 4 Ms. पृथ्वीराजेन Is. on maigin. 5 Ms. °धेमु°.

पुत्रसम्बन्धिनि तेजसि विषये लोकपालानां प्र(l.16)शस्तेषु तेजस्सु सङ्क्रान्तेषु सत्सु शुद्धाभिस्सतीभिर्लोकपालानामस्थिमालाभिस्स भूषि-(l.17)तः. अशुद्धमपि वस्त्रं वह्नौ पतितं शुद्धं भवति ॥ 91.

पुष्करं कलिरूपेण कलिं हन्तुमिवा(l.18)गमंत्.
विदार्य कृत्त्या तस्यैव क्रीडया पिदधे वपुः ॥

पुष्करं तीर्थं पद्मं च हस्तिरूपेण ह(l.19)न्तुमागतमिव कलिं पाटयित्वा तच्चर्मणा लीलया गात्रं व्यधात् ॥ 92.

इति लज्जाकरं जन्म(l.20) मर्त्यांत्सूनोर्हरन्निव.
परमेश्वरसायुज्यं देवस्सोमेश्वरो ययौ ॥

अमर्त्यपतेरपि पुत्रस्य मर्त्या[ज्ज](l.21)न्म लज्जाकरं सन्निवारयन्निव सोमेश्वरः परमेश्वरसायुज्यं गतः ॥ 93.

वैद्यनाथप्रतिष्ठायाः(l.22) प्रभावात्स शिवालये.
मरुत्तश्वेतयोस्तुल्यप्रतिपत्तिरजायत ॥

देवप्रतिष्ठायाः प्रभावा(l.23*)[च्छंक]रावासे मरुत्तश्वेतसमानादरस्सं-पन्नः ॥ 94.

पुष्करस्नातकायातनारदादिमुखादसौ.(l.1)
पुत्रराज्यस्थितीश्शृण्वन्रुद्रलोके सं पिप्रिये ॥

पुष्करे स्नात्वागतानां नारदादीनां मुखात्पुत्रसा(l.2)म्राज्यं श्रुत्वा स रुद्रलोके च प्रीतोभवत् ॥ 95.

प्रसादपात्रमाकर्ण्य श्वेतन्यायेन तत्र तम्.
मृत्युर्विश(l.3)ति नाकाले तत्पुत्राधिष्ठिताः प्रजाः ॥

---

1 Comm. °भागतम् (?) 2 Ms. पद्माघि°. 3 Ms. सत्यास्स्°. 4 Ms. °नोर्नंदन्नि°. 5 Ms. °रसांसु°. 6 Ms. °ष्ठायाप्र°. 7 Ms. lc. under l. 1.

श्वेतसमं तं प्रसादपात्रं श्रुत्वा सत्पुत्रपालितं देशं यमो(1.4) नाद्याप्य-
काले विशति . अद्यापीत्युभयोश्श्लोकयोर्योज्यम् ॥ 96.

पादाधिष्ठितपृष्ठं तं वृषमारोहतीश्व(1.5)रे .
पश्यन्त्यद्यापि सासूयं नन्दिप्रभृतयो गणाः ॥

पादेन तत्पृष्ठमधिष्ठायेश्वरे वृषमारोहति(1.6) सति नन्दिरुद्रादयो गणा-
स्सोमेश्वरं सासूयमद्यापि पश्यन्ति. परस्योत्कर्षासहनमसूया . तदु(1.7)त्कर्षं
न सहन्ते इत्यर्थः ॥ 97.

स्वयं निर्मितपूर्वस्य सरसः परिवृद्धये .
गृहीतामिव वास्तव्यसौम(1.8)नस्यमहोदधेः ॥ 98.

पितुर्मन्दाकिनीं मूर्ध्नि भगवद्भावलाञ्छनम् .
स वारुणस्य बाणस्य प्रतिष्ठा(1.9)फलमैक्षत ॥

ईश्वरसायुज्यज्ञापिकां गङ्गां वरुणबाणप्रतिष्ठायाः फलं स दृष्टवान्(1.10)
स्वेन निर्मितस्य सरसो वृद्ध्यर्थं पौरसौमनस्यसमुद्राद्गृहीतामिव ॥ 99.

स सर्वपूर्वपुरुषान्पश्यन्रु(1.11)द्रत्वमागतान् .
आत्मैव पुत्र इत्यर्थं श्रौतं सत्यममन्यत ॥

ईश्वरभावं प्राप्तान्सर्वान्पूर्वपुरुषा(1.12)न्पश्यन्स राजा पुत्र आत्मैवेति
वैदिकं वचनं सत्यं मतवान्. स्वस्यापि रुद्रत्वप्राप्तेरिति भावः ॥ 100.

किं(1.13) भूयसा गिरिशवत्स सर्वगततामगात् .
पृथिवीराजकीर्त्तीनामियत्तामिव वीक्षितुम् ॥(1.14)

बहुनोक्तेन किम् . ईश्वरतुल्यं स राजा सर्वगतोभूत् पुत्रयशसामियत्ता-
मिव द्रष्टुम् . पृ(1.15)थ्वीराजयशांसि सर्वव्यापीन्यभूवन्निति तात्पर्यम् ॥ 101.

---

1 i.e. 96, 97. 2 Ms. °त्यथा°. 3 Ms. °मन्दा°. 4 Ms. °सांयु°. 5 Ms. °वेंपु° lc. under l. 10. 6 Ms. °न्पश्यन्न°. 7 cf. आत्मा वै पुत्रनामासि. Shatapatha Br, 14, 9, 4, 26.

योमां प्रागुदमूलयद्दशमुखे(1.16)स्तस्यापि यो निर्ममे
मूलोन्मूलनमात्मजत्वमगमत्सोप्यस्य पुण्यात्ममः.
कुर्वाणो मम वर्तते(1.17) स च दिवारात्रौ यशोराशिभि-
र्वृद्धिं विन्ध्यवदित्यमन्यत शिवं तेन त्रिनेत्राचलः ॥

यो राव(1.18)णो मामुदखनत्तस्यापि मूलानामुत्खननं योकरोत्सोस्य पुत्रत्वमागतः स च पृथ्वीराजो(1.19) यशोभिर्विन्ध्यस्येव मे वृद्धिं करोतीति तेन सोमेश्वरेण कैलासस्साध्वमन्यतेति भद्रम् ॥(1.20) 102.

श्रीश्रीकण्ठचरित्रकाव्यविवृतौ विश्वस्य निश्वस्य च
च्छायाभाजि किरातकाव्यवि(1.21)वृतौ विश्रम्य रम्यश्रियि.
पृथ्वीराजजयाख्यकाव्यविवृतौ संवेशभाजोष्टम-
स्सर्गोगादि(1.22)[ति] जोनराजकवितुः खिन्नस्य शास्त्राध्वनि ॥

श्रीलोलराजसुतपण्डितभट्टनोन-
रा(1.23**60)जात्मजो विवरणेन स जोनराजः.
सर्गं व्यधात्सु—⏑⏑—⏑⏑—त्र पृथ्वी-
राजाख्यराजविज[याभिधका](1.1)व्यराजे ॥

पृथ्वीराजविजयविवरणेष्टमस्सर्गः ॥

---

1 Ms. °खः त°. 2 Ms. °दैमे. 3 Ms. has ६. on margin.

[नवमः सर्गः]

इति हृद्गतेन द[यितेन रु](1.2)द्रता-
मुपजग्मुषा मुषितमोहदोहदा .
अपवर्गपद्धतिमिवानुपप्लवां
तनयश्रियं नृपवधूर(1.3)शिश्रियत् ॥

एवं रुद्रभावं गतेन हृद्गतेन भर्त्रैव निवारितमोहोत्पत्तिः कर्पूरदेवी
निर्बाधां मोक्ष(1.4)वीथीमिव पुत्रलक्ष्मीमधारयत् ॥ 1.

तनयोऽभ्यषिच्यत यदा तदापत-
न्गगनादनभ्रमलिनादपां(1.5) कणाः .
असमञ्जसव्यवसितापसारण-
प्रथितग्रहाम्बुजलशीकरश्रियः ॥

यदा राजपुत्रो(1.6)भिषिक्तस्तदा निरभ्रादाकाशाज्जलकणाः पेतुः अस-
मञ्जसमनुपपन्नं यद्व्यवसितं व्यवसायः(1.7) प्रजापीडनं तस्यापसारणं त्या-
गस्तेन प्रथिता निर्गता ये ग्रहाश्रुकणास्तत्समाः". उपमोपक्रमो(1.8)त्प्रेक्षेयम् .
व्यथितेति पाठो नार्थः वक्ष्यमाणविरोधात् . यद्वा व्यथितेति पाठः विपूर्व-
स्यायतेः(1.9) निष्ठायां रूपम् ॥ 2.

शशिसूर्ययोः ससुतयोर्हि[8] मानसं
कुलपक्षपातमतिमात्रमश्नुते .
परि(1.10)पालितां स्वयमवेक्ष्य मातरं
न महीसुतः स्पृशति जातु वक्रताम् ॥

---

1 Ms. °वपू°. 2 Ms. °वेथी°. 3 Ms. °तद्°. 4 Ms. °सरण°. 5 Ms. °गत्°.
6 Ms. °षंव°. 7 Ms. स्वसु°. 8 Ms. शनिबुधयोः written above °र्हि under l. 9.

हि शब्दस्तथाह्यर्थे . चन्द्रा(l.11)र्कयोश्चित्तं सपुत्रयोः कुले पक्षपातं भजते तथा स्वमातरं भूमिं पालितां दृष्ट्वा भौमो वक्रत्वं न स्पृ(l.12)शति . असौम्यग्रहाणां वक्रत्वे प्रजापीडोत्पत्तिरिति भावः ॥ 3.

क्रतुभिस्स्वशिष्यकुलतृप्तिनि(l.13)र्वृतो
बृहतां पतिर्न भजतेतिचारिताम् .
दनुजद्विषि प्रभुपद्व्यवस्थिते
प्रतिभैव का भृगु(l.14)भवस्य दुर्नये ॥

तद्राज्ये यज्ञैस्स्वशिष्याणां देवानां कुलस्य तृप्त्या सुखितो देवाचार्यो नाति(l.15)चारमेति. शुभग्रहाणामतिचारे प्रजापीडोत्पत्तेरिति भावः . दानवशत्रौ राज्ञि सति दानव(l.16)गुरोर्दुर्मार्गे स्मृतिरेव का ॥ 4.

अनयद्य एव वदनावशेषता-
मवनेस्स एव परिपालनोद्यतः .(l.17)
तदुपर्यतीव मृगयाकुतूहली
शममेतु मा तदिह सिंहिकासुतः ॥

य एव राहुं मु(l.18)खमात्रशेषत्वमनयत्स एव हरिर्भूमेः पालकः तदुपरि राजा मृगयाकरः तत्तस्मात्(l.19) सिंहिकासुतो राहुस्सिंहश्च मा शममेतु . काका एत्वेवेत्यर्थः ॥ 5.

उदरंभरिर्नरपतेर्यशो(l.20)हिमै-
र्न दिशां गणः स्पृशति दाहसाहसम् .
अत एव जातुचन न प्रतन्यते
कलिकालि(l.21)का क्वचन धूमकेतुना ॥

राज्ञो यशोहिमैः पूरितोदरो दिशां गणो दाह एव साहसं ना……-

1. Ms. स्वपु°. 2 Ms. °वृतो. 3 Ms. वृ°. 4 Ms. °भग्ये corrected to °र्मार्गे. 5 Ms. गजः. 6 Ms. गजा.

…(1.22)तथा धूमकेतुना प्रजापीडासूचकेन शिखातारकेण कलिकालिका दुर्भिक्षादि का………(1.23*)…………हिमे च सति दाहं[1] न भवति[2] धूमकेतुरग्निः…………करोति ॥ 6.

नवभिर्ग्रहैरिति विधेयतां गतै-
र्नव(1.1)खण्डयापि धरया सुखं स्थितम्.
ग्रहचक्रवर्त्तितनयोपि सोन्तकः
स्पृशति प्रजास्वसमये न कं(1.2)चन ॥

शुद्धैर्नवभिर्ग्रहैर्हेतुभिर्नवखण्डया भुवा सुखेन स्थितम्. स यमोपि प्रजासु मध्ये कं(1.3)चिन्नाकालेमारयत् यतो ग्रहचक्रवर्त्तिनः सूर्यस्य पुत्रः. पृथ्वीराजस्य सूर्यवंशयत्वादिति भावः ॥(1.4) 7.

अतिवृष्टिभीरुरुदधिः पयोमुचा-
मुपयुक्तमेव सलिलं प्रयच्छति.
स्मरतीव रामतनुना वि(1.5)निर्मितां
क्षितिपेन पूर्वमनलास्त्रखण्डनाम् ॥

अतिवृष्टेर्भीतः इव समुद्रो मेघानामुपयु(1.6)ज्यमानमेव जलमदात् श्रीरामेण राज्ञा कृतामाग्नेयास्त्रखण्डनां स्मरतीवाब्धिः ॥ 8.

अभिन(1.7)न्दितोपगमनाः कृषीवलैः
शबलीभवन्ति समये बलाहकाः.
चरणोदकं क्षितिपतेस्तर(1.8)ङ्गिणी
गगनस्थितेव परिपूरयत्यमून् ॥

कृषीकरैस्स्तुतागमना मेघा वर्षासु श्यामीभवन्ति(1.9) नारायणावतारस्य राज्ञः पादजलं नदी गङ्गाकाशस्था मेघानिवापूरयत्. गङ्गाजल(1.10)मेव

1 Ms. दा° to °ति lc. on top margin. 2 Ms. °ग्रहै°. 3 Ms. °यत्वा°.
4 Ms. °निन्दितां. 5 Ms. °नग्. 6 Ms. °शैशव°. 7 Ms. °यमस्य°.

मेघा वव्रुषुर्न तत्र सामुद्रमित्यर्थः. गाङ्गसामुद्रयोर्जलयोर्लक्षणं गुणान्तरं
चायुर्वे(1.11)दशास्त्रेपूक्तम् ॥ 9.

प्रतिमुच्य भूतलजुषो निधीनपि
क्वचिदप्यगम्यत पलाय्य पन्नगैः.(1.12)
प्रतिपद्य दुर्विवरचारचातुरीं
कथमुर्वरामभिभवेयुरुन्दुराः ॥

भूतलस्थान्निधीनपि(1.13) त्यक्त्वा सर्पैः क्वापि गतम्. राज्ञैव निधिपाल-
नादिति भावः। पलाय्येति पूर्वकालश्छिन्त्यः. दुर्विवरेषु चारस्तत्र चातुरीमा-
श्रि(1.14)त्याखवो भूमिं कथं खनेयुः ॥ 10.

न स भूतलस्य लव एव विद्यते
नृपतेः प्रतापदहनश्रितो(1.15) न यम्.
अत एव कुत्रचिदपि प्रपद्यते
शलभावली न सुलभावकाशताम् ॥

राज्ञः प्र(1.16)तापाग्निर्यं देशं नाश्रितस्स नास्त्यत एव शलभमाला सु-
लभाश्रयतां न प्राप्ता. शलभा(1.17) हि वह्निना दह्यन्ते ॥ 11.

विततान रात्रिचरचक्रवर्तिनो
दशकन्धरस्य किल यः कुलक्षयम्.(1.18)
स यदा पुनाति पुनरेव मेदिनीं
शुकसारणाद्यभिभवस्तदा कुतः ॥

रक्षःपते रावणस्य(1.19) यो वंशक्षयमकरोत् स एव यदा भूमिमव-
तरति तदा शुकानां सारणादिना संचारादिना(1.20)······भवः कुतः.
शुकसारणौ रावणमन्त्रिणौ च ॥ 12.

---

1. Ms. गङ्गासा°. 2 Ms. पत्र°. 3 Ms. रा° to °वः lc. on margin.
4 Ms. दद्य°. 5 Ms. °याभि°. 6 Ms. छूतः. 7 Ms. रामरा° Is it °णौ नाम राव°?

नरनाथकीर्त्तिविभवस्य दूरतो
भवति स्म(l.21) दिव्यमपि राजमण्डलम् .
अतिमात्रमासदनतो महीभुजां
तदरुन्तुदः कथमुपप्लवो(l.22) विशाम् ॥

दिव्यमपि राजमण्डलं चन्द्रबिम्बं च राजयशसो दूरेभवन् यशसोतिसितत्वात् (l.23**61) तस्तो दिव्यस्य राज्ञां स्वामिनां मण्डलस्य दूर-……………पतीनां कर्तॄणां विशां कर्मभू[ताना](l.1)मुपप्लवः कुतः. अतिमात्रमासदनतो नैकट्यात् ॥ 13.

बहलैर्यथैव शबला बलाहकै-
र्गगनस्थली(l.2) भवति निर्गते तपे .
शरदागमं प्रति तथैव जायते
खलधान्यराशिभिरपह्नुता मही ॥

वर्षा(l.3)सु यथाभ्रैर्द्यौश्शवला भवति तथैव शरदि धान्यैः कणैर्भूश्छादिताजायत ॥ 14.

न तदस्ति किंचि(l.4)दपि यद्व्यपेक्ष्यते
सुवसीभवज्जनपदासु सीमसु .
गृहमेधिनां तु हृदयान्यनिर्वृति-
र्न(l.5) जहाति भिक्षुमुखदर्शनं विना ॥

सुवसीभवन्तो जनपदा यासु तासु सीमसु सतीषु यद्व्य(l.6)पेक्ष्यतेन्वेष्यते तन्नास्ति . सर्ववस्तूनां सुलभत्वादिति भावः . तुर्व्यतिरेके . भिक्षूणां याचकानां मु(l.7)खदर्शनं विनाऽनिर्वृतिश्चित्तदौस्थ्यं गृहस्थानां चित्तानि नात्यजत् . याचकदुर्भिक्षमेवाभू(l.8)दित्यर्थः ॥ 15.

---

1 Ms °भुजं. 2 Ms. °भ्रमा° lc. under l. 2. 3 Is it खलु ? 4 Ms. करे°.
5 Ms. °ति° crossed after °न्य°. 6 Ms. जहति.

अपराधमेव न करोति कश्चन
क्रियते जनस्य कतमस्य निग्रहः.
कलिनाप्य(109)भिन्नचरणस्त्वनुग्रहं
नृपतेरवाप परिपूर्णपाद्दृपः ॥

राज्ञां प्रजासु निग्रहानुग्रहौ(110) युक्तावित्याह. कोपि नापराधमकरो-
दतः कस्य निग्रहः क्रियते अपराधे सति दण्डस्य युक्त(111)त्वात्. तदेवा-
पराधाभावं व्यतिरेकद्वारेण दर्शयति. कलिनापि. अपिशब्दः किंपुनस्त्रे-
ता(112)द्वापराभ्याम. अभिन्नाश्चरणा यस्य स वृषो धर्मोत एव चतुष्पाद्रा-
ज्ञोनुग्रहं प्रापत्. परिपूर्ण(113)पादिति चिन्त्यम ॥ 16.

अधिदैवते शिखिनि नित्यतर्पिते
न मधौ धुनोति कुसुमानि तत्सखः.(114)
अतितर्पणादरुचिमानिवाचर-
त्यचलेषु नोष्मसमये भयं शिखी ॥

अग्नये स्वाहा(115) वसन्ताय स्वाहेति श्रुतेरग्निर्वसन्तस्य देवता. व-
सन्तस्याधिदैवतेग्नौ नित्यतर्पिते सति(116) तत्सखो वायुर्मधौ वसन्तेषु पुष्पा-
णि नाधुनोत्. ग्रीष्मे शैलेष्वग्निर्दाहं नाकरोत् यज्ञेष्वति(117)तृप्त्या गतबु-
भुक्ष इव ॥ 17.

अतिदातृतामतिकदर्यतां च न
प्रकटीकरोति जलदस्त(118)पात्यये.
विहितोपदेश इव मध्यमां स्थितिं
नृपशिक्षया जनपदैरुपागतैः ॥

वर्षासु(119) मेघोतिदातृतामतिवृष्टिमतिकदर्यतां वृष्टिप्रतिबन्धं च ना-
करोत् अतस्संभाव्यते नृ(120)पाच्छिक्षया मध्यमां स्थितिं श्रयद्भिर्जनैः कृ-
तोपदेश इव. तदा हि राज्ञो नीत्या लोको यु[क्ता](121)व्ययोभूत् ॥ 18.

1 Ms. किंपु°. 2 Ms. °श्याममि°. °म° ie. under 112. 3 Panini, 5.4. 110.
Also cf. V. 133.

परिरक्षणाभिमुखशालिपालिका-
नयनश्रिया कृतपराभवा इव ।
[तृ](1.22)णमेव कुत्रचन भूरि मन्वते
न पतन्ति शालिषु शरत्क्षणे मृगाः ॥

शालिरक्षिकाया······(1.23*)······या जिता इव मृगास्तृणमेव···-
·········[तृ]णमात्रोशनदानेऽभिवयस(?)योऽस्या इत्यर्थः क्वापि(1.1)·······-
······षु मृगा नापतन्. तृणमात्रेऽप्यनर्हाणां का शालिस्पृहेत्यर्थः ॥ 19.

मृगयाकुतूहलिनि बाल(1.2)पार्थिवे
विमुखैर्निरुद्धगतयो मृगैरिव ।
अतिदारुणा न रजनीषु हैमनी-
ष्वपि वातुमुद्यमभृतस्स(1.3)मीरणाः ॥

बाले राज्ञि मृगयोद्यते पलायितैर्मृगैर्निरुद्धगमना इव वायवो हेमन्त-
रात्रिष्व(1.4)पि नावहन्. वायुर्हि मृगवाहनः ॥ 20.

परिरक्षके सुमनसां महीपतौ
शिशिरो रिपुस्सुमनसा(1.5)मपि क्षितिम ।
पिदधाति कुन्दकुसुमैस्तथा यथा
बहुना ह्रियेव न हिमेन पत्यते ॥

सुमन(1.6)सां साधूनां रक्षके राज्ञि सुमनसां पुष्पाणां शत्रुरपि शिशिरः
कुन्दपुष्पैर्भूमिं तथाच्छादय(1.7)द्यथा लज्जयेव तुहिनेन न पतितम् ॥ 21.

वपुषा जितोऽप्यनुचरीकृतस्तथा
युवभिर्यथा परक(1.8)लत्रदर्शने ।
परिहृत्य कार्मुकशरौ करद्वया-
त्पिदधाति दृष्टिमिव पुष्पसायकः ॥

---

1 Ms. °मत्रा°. 2 Ms. °णां न. 3 Ms. °रणः. 4 Ms. पात्य°. 5 Ms. °शरो.

तद्गुणैः(l.9) रूपेण जितः कामोपि तथा विधेयीकृतो यथा यूनां परस्त्रीदर्शने काम एव हस्तद्वयाद्ध(l.10)नुश्शरौ त्यक्त्वा यूनां दृष्टिं हस्ताभ्यामिव पिदधाति. तरुणाः परस्त्रीदर्शनं न कुर्वन्तीत्यर्थः ॥(l.11) 22.

सुरसद्मभिः प्रतिपदं नवैर्नवै-
स्त्रिदिवादिवाविरतमागतैर्महीम्.
निजमेव कर्म विमलं(l.12) न मानवा-
नमरावतीमनयदुद्वसामिव ॥

शुद्धं निजमेव कर्म कर्तृ मानवानमरावतीं ना(l.13)नयत्. स्वर्गादप्यतिगुणे कूले तत्रैव स्वर्गमभुञ्जतेत्यर्थः. अतस्संभाव्यते उद्वसामि(l.14)व. अत्र हेतुमाह. प्रतिस्थानं नवैर्नवैर्निर्मितैर्देवगृहैः स्वर्गादिव भूमिमागतैः ॥ 23.

प्रथि(l.15)मानमेति रजनी यदा तदा
यदुदेति कुम्भतनयो महामुनिः,
प्रतिचत्वरानवरतोद्भवन्मठ-
द्विज(l.16)वेदशब्दरुचिरत्र कारणम् ॥

यदा रात्रिर्वृद्धिमेति तदागस्त्यो यदुदेत्यत्रोदये प्रतिचत्वु(l.17)ष्पथेष्वविच्छिन्नमुच्चरन्तो ये मठद्विजवेदशब्दास्तेषु रुचिश्श्रवणेच्छा भवति हेतुः ॥ 24.

ग(l.18)णनातिगान्युपवनानि वापिका-
स्सरसीः प्रपाश्च दधती वसुन्धरा..
दिननायकस्य जगदे(l.19)कचक्षुषो-
प्यधुनाश्नुते दशमभागदृश्यताम् ॥

असंख्यान्युद्यानादीनि दधती भूस्सूर्येण(l.20) [द]शमभागे दृश्यतां

---

1 Ms. 'श्व' corrected to 'द्व'. 2 Ms. तदा l.c. under l.16. 3 Comm. 'तोच्चरन्म'.

द्रष्टव्यस्त्वमेति भूमेर्नवभागेपूपवनादीनि सन्तीत्यतस्सूर्येण दशमे(1 21) भागे दृश्यत इत्यर्थः ॥ 25.

पृथिवी तथा सरसतामुपागता
नृपतेर्यशोभिरमृतातिशायिभिः .(1 22)
समुदेति हस्तयुगमात्रकाद्यथा
प्रतिकूपकं [जित]रसायनं पयः ॥

अमृतादधिकै रा(1.23)[जय]शोभिस्सरसतां भूमिस्तथा प्राप्ता यथा प्रतिकूपं जितामृतं जलं हस्तद्वयमात्राद्उ(1.24**62)त्पद्यते ॥ 26.

न विनास्ति मासमपरो मलिम्लुच-
⏑ ⏑ – ⏑ – ⏑ ⏑ ⏑ ⏑ – ⏑ – ⏑ ⏑ ·;
[बटवस्तृतीयस](1 1)वनस्वरैः पुनः
कलिमेव तस्करमवन्ति रात्रिषु ॥

·········सं विनान्यो मलिम्लुचो नास्ति या(1.2)मिकाः प्राहरिका रात्रिषु वृथैव निष्फलं जाग्रति. बटवो ब्राह्मणपुत्रास्तृतीयसवने वेदध्वनिभिस्तं क(1.3)लिमेवावन्ति रक्षन्ति. वेदध्वनिं श्रुत्वा कलिचौरैः पलायित इत्यर्थः ॥ 27.

प्रपतन्ति कस्यचन(1 4) नास्त्रसंपदः
प्रथिते प्रतापदहनेपि भूपतेः.
विनिधाय वारिदगणेष्वतो भिया
शिशिरीक(1 5)रोति मघवा शरासनम् ॥

राज्ञः प्रतापाग्नौ प्रथिते सति कस्याप्यस्त्राणि न पतन्ति प्रभवन्ति(1 6) दीप्यन्ते च अतोस्त्रज्वलनाभावाद्धेतोर्मेघेषु विन्यस्यन्द्रस्स्वधनुश्शीतलीकरोतीत्युत्प्रेक्षा ॥ 28.

---

1 Ms. दृष्ट°. 2 Is it °नो रजनीषु जाग्रति वृथैव यामिकाः ? 3 Ms. °रे पु°. 4 Ms. अमि°. 5 Ms. गविरु le. under 12. 6 Ms. °रोप°.

न यथा त(1.7)था व्यवहरत्युषर्बुध-
श्शुभमेव चिन्तयति सर्वसद्मनाम्.
विजहत्सु शूरतनयेषु शस्त्रितां
स्वप(1.8)दे न लोहचरणोपि दृश्यते ॥

उषर्बुधोग्निस्स्वेच्छया न व्यवहरति सर्वगृहाणां शुभमेव ध्याय(1.9)ति तथा शूरा वीराः शूरोर्कश्च तत्पुत्रेषु शस्त्राणि त्यजत्सु सत्सु शूरतनयो लोहचरणः स्वस्थाने न दृ(1.10)श्यते ॥ 29.

यमकिङ्करेष्वपि निरुद्धसंचरे-
ष्वविशन्न यातुपतिसैनिकाः क्षितिम्.
मरुमेदिनी(1.11)ष्वपि विहाय विक्रियां
मधुरत्वमेव वरुणेन सेव्यते ॥

यमकिङ्करेष्वपि रुद्धप्रवेशेषु सत्सु(1.12) यातुपतिसैनिका राक्षसा भुवनं न प्रविष्टाः. क्षारत्वं त्यक्त्वा वरुणेन मरुषु माधुर्यं सेवितम् ॥ 30.

परिर(1.13)क्षतीव कमलास्थितां श्रियं
सरसामुपान्तविपिनेषु मारुतः.
धनदस्य जाग्रति वसुंधराधवे
न(1.14) निधिप्रजागरमकुर्वतोरगाः ॥

सरसामन्तेषु वायुः पद्मालक्ष्मीमिव रक्षति तथा राज्ञि रक्षा(1.15)र्थं जाग्रति सर्पा निधिरक्षार्थं प्रजागरं नाकुर्वन् ॥ 31.

नृपतिस्स्वयं स्फुरति वैष्णवं मह-
स्तदुपर्यु(1.16)पस्क्रियत रुद्रतेजसा.

---

1 Ms. °न्स्युष°. 2 Ms. सस्त्रियां. 3 Ms. °कः. 4 Ms. °विशः. 5 Cfr. verse 10, supra. 6 Ms. °परिस्क्र°.

रविसंख्यया विवदमानमानम-
त्तदशेषमेनमधिराजमण्डलम् ॥(1.17)

राजा स्वयं वैष्णवं तेजो भवति तत्राप्येकादशानां रुद्राणां तेजसोपबृंहितः
अतो द्वादशतेजो(1.18)मयस्सम्पन्नः ततो रविसंख्यया द्वादशसंख्यया अविव-
दमानं विवादरहितं द्वादशविधं रा(1.19)जमण्डलं समस्तमप्येनमानमत् ॥ 32.

इति मूर्त्तयोष्ट परमेश्वरं यथा
वरुणप्रभंजनहुताश(1.20)नादयः ।
जगदीशमित्थममुमध्युपासते
विरचय्य तेजसि पदं वशंवदाः ॥

वरुणादयो(1.21)ष्टमूर्त्तयः परमेश्वरं यथा सेवन्ते तथा तस्य तेजसि
स्थानं कृत्वा य·········रता अमुं राजानं सेवन्ते ॥(1.22) 33.

धृतसर्वरुद्रमहसः क्षमापते-
र्जननी निजारभत पत्तनं निजम् ।
उपलभ्यते तदुपल⌣(1.23)नीतये
सममेव रुद्रवृषभैः कुतूहलम् ॥

रुद्रतेजोमयस्य राज्ञो माता यन्नगरं निर्मे······(1.24*)···········
सममेव लब्धम् ॥ 34.

इति रामराज्यसुख(1.1)[संप]दां पदं
समपादि यत्कलियुगेपि मेदिनी ।
कुलकौमुदी कलिचुरेरवाप त-
त्पतिदेवता(1.2)व्रतफलं विपक्किमम् ॥

कलावपि रामराज्यसुखश्रियां स्थानं भूमिर्यत्संपन्ना तत्कर्पूरदेवी(1.3)पति-
व्रतात्वफलं पक्वम् । तस्याः पातिव्रत्याचरणादेव भूस्सुखेनासीदित्यर्थः ॥ 35.

---

1 See I. 68, II. 13. 2 Ms. तथा lc. under l. 22. 3 Ms. ॰त्तिमम्.

गुरुशुक्रयोस्स(1.4)चिवयोरुपर्यधो
बलंविद्विपा च बलिना च वर्त्यते.
इति मध्यमं भुवनमाश्रितस्तयो-
रुभयोरपि(1.5) प्रतिभया भयाय यः ॥ 36.

स कदम्बवास इति वासवादिभिः
स्पृहणीयधीर्व्यसनमध्यपाति(1.6)भिः.
अवगाहते सहचरस्सुमन्त्रितां
परिरक्षितुं क्षितिधरस्य सद्गुणान् ॥

जीवे सचिवे सति(1.7) बलंविद्विपेन्द्रेण दिवि परिवर्त्यते. स्वार्थेणिच्.
शुक्रे सचिवे सति बलिदानवेन पाताले वर्त्यते(1.8) इति बुद्ध्येव यः कद-
म्बवासनामा सचिवस्तयोर्भयार्थं मध्यमं स्वर्गपातालमध्यस्थं भुवनं भू(1.9)-
मिमाश्रितस्स सहचरो राज्ञष्षड्गुणान्रक्षितुं मन्त्रित्वं धारयति व्यसनप-
तितैरिन्द्रादिभिः(1.10) काङ्क्षणीयबुद्धिः ॥ 37.

हनुमन्तमेनमपि रुद्रमामन-
न्त्यपरानसौ दशसु दिक्षु रक्षितुम्.
नृ(1.11)पतेर्यशो नियुयुजे स्वयं पुन-
स्सकलक्रियानुचरभावमश्नुते ॥

जना एनं कदम्बवासं ह(1.12)नुमन्तं रुद्रमामनन्ति तथा हि राज्ञो
यशो रक्षितुं दशसु दिक्षु सैन्यान्विसृष्टवानसौ(1.13) कदम्बवासः स्वयं
निखिलकार्येष्वनुचरत्वं भजते ॥ 38.

कपिलक्षणां कपि(1.14)लतां वहन्निति
प्रतिभाधनैः प्रतिपदं परीक्षितः.

---

1 Ms. फल°. 2 Comm. षड्गुणान्. 3 Ms. बलिवि°. 4 Ms. °न्तमपि. 5 Ms. हनु-(1.13)मान् crossed with vertical strokes after °सौ. 6 Ms. पुनः crossed with vertical strokes after °सः. प्रायः written under स्वयं. 7 Ms. °क्षणां.

न यशोमयेन वपुषा वितीर्णवा-
न(l 15)वलम्बमेव चतुरोपि योर्णवान ॥

तेजस्विभावात्कपिलतां कपिलक्षणं हनुमच्चिन्हं(l 16) वहन्न यशोमयेन शरीरेण न वितीर्णवानतरत्काका तीर्णवान्नेवेत्यर्थः बुद्धिमद्भिः प्र(l.17)ति-
स्थानं कृतपरीक्षः ॥ 39.

रथकेतुसंनिधिमिवागतः पुरा
कपिलः किरीटकिरणैः कि(l.18)रीटिनः ।
दनुजस्य येन महसादहत्पुरीं
तदिवाधुनापि वदनैर्बिभर्ति यः ॥

रथे के(l 19)तुस्तत्र स्थितिमागतोर्जुनस्य ध्वजीभवन्नित्यर्थः अनेनार्जुन-
स्य मौलिरश्मिभिरिव कपिलो(l.20) हनुमान्पुरापि कदम्बवासरूपत्वेपि तदिव
मुखेन वहति येन सहसा रावणस्य नगरीमदहत्(l.21) . [मौ]लिरश्मयः
कपिलत्वेपि हेतुस्संभावितः ॥ 40.

मणिभिर्विलङ्घितचरस्य(l 22) [वारि]धेः
क्षितिभर्तुरोषधिभिरुद्धृतस्य च ।
निजतेजसेव परिवारितः क्रमा-
दविचिन्त्यमन्त्र(l.23)[महि]मत्वमेति यः ॥

पूर्वं लङ्घितस्य समुद्रस्य रत्नैस्तथोद्धृतस्य शैलस्योषधिभिरिव निज(l.24)-
[प्रभ]या परिवारित इव योतुलमन्त्रमाहात्म्यत्वमेति. मन्त्रौषधिमाहात्म्येन
हि मन्त्रमहि(l.25**63)मा स्फुरति ॥ 41.

स्वपरिश्रमोद्धृतविलङ्घितक्षमा-
धरसिन्धुनायकपरिच्युताविव ।

1. Sic. Is it °नवि° ? 2 Ms. सुखे°. 3 सहसा Ic. under l. 20. Text. मह°.
4 Ms. °योग्निधारयं crossed with vertical strokes after °श्मि°. 5 Ms. °शस्य.
6 Ms. °द्धतस्य. 7 Ms. °रिव Ic. on margin.

⏑⏑––⏑(1.1)तुङ्गिमगभीरते गुणा-
वितरेतराव्यवहितौ दधाति यः ॥

स्वपरिश्रमेणोद्धृतोल्लङ्घितौ यौ(1.2) क्षमाधरसिन्धुनायकौ ओषधिपर्वत-
समुद्रौ ताभ्यां पतिताविव तुङ्गत्वगाम्भीर्ये गुणौ अन्योन्य(1.3)मव्यवहितौ
संमुखश्रितावविरोधकरौ यो दधाति . तुङ्गत्वं गाम्भीर्यविपर्ययः गाम्भीर्यं
तुङ्गत्व(1.4)विपर्ययः. अविरोधकाविति चिन्त्यम् ॥ 42.

फलशङ्कया विहितझम्पयोः पुरा
शशिसूर्ययोश्चकितयोश्च्युतं महः.
परिवृ(1.5)द्धतामिव नयत्यहर्निशं
दधदन्वयाभरणदासकर्म यः ॥

चन्द्रार्कौ फले इति भ्रान्त्या दत्तो(1.6)त्प्लुतित्वाच्चकितयोश्चन्द्रार्कयोः
पतितं तेजः कर्मभूतं यो वृद्धिं नयति . अत्र हेतुः चन्द्रार्कयोरन्वया(1.7)-
भरणं पृथ्वीराजस्तस्य दास्यं धारयन् ॥ 43.

सचिवेन तेन सकलासु युक्तिषु
प्रवरेण तत्किम(1.8)पि कर्म निर्ममे .
मुखपुष्करं शिशुतमस्य यत्प्रभोः
परिचुम्ब्यते स्म नवयौवनश्रिया ॥

स(1.9)मस्तेषूपायेषु सामादिषु चतुरेण कदम्बवासेन तत्कर्म कृतं येन
बालस्यापि राज्ञो मुख(1.10)पद्मं यौवनोचितया लक्ष्म्या परिचुम्बितम् .
यौवनोचितं समस्तपृथ्वीजयं बाल एव कृतवानित्य(1.11)र्थः ॥ 44.

---

1 Can it be °अतिमात्रतु° ?.　　2 Ms. अ° to °न्त्यम् lc. after °यः under l. 4. *Querry.* Is it written by some one who revised the Comm. ? The word described चिन्त्य is not the author's, but the Comm's. In the text °तरव्यव° would also suit. Cf. p.196, note 10.

जलदाः क्षमापरिवृढस्य देवता-
तनुमाश्रितस्य चिकुरीभवन्ति ये ।
शितिकण्ठता(1.12)ण्डवनिदानमाप तं-
द्ध्वनितं तदीयमिव वाचि सन्निधिम् ॥

विष्णुरूपमाश्रितस्य पृथ्वी(1.13)राजस्य ये मेघाः केशीभवन्ति तदीयं ध्वनितं गर्जितमिव वाचि सन्निधानमकरोत् मयूर(1.14)नृत्तकारणम् ॥ 45.

अवलम्ब्य जानुयुगलं श्रितामिव
प्रणयेन वैरिनगरागतां श्रियम् । (1.15)
क्षितिपस्य सान्त्वयितुमिच्छुना शनै-
र्भुजयोर्युगेन युगदघ्नता दधे ॥

शत्रुनगरेभ्य आगतां(1.16) लक्ष्मीं जानुद्वयमवलम्ब्य तिष्ठन्तीं सान्त्वयितुमिच्छुनेव तस्य भुजद्वयेन रथकाष्ठपरिमा(1.17)णता जानुव्यापित्वं दधे ॥ 46.

रसनासहस्रयुगले यया यया
भुजगाधिपस्य किल विद्य(1.18)या श्रितम् ।
उपगम्यते मिलितया तया तये-
त्यवलम्बते स्म सुविशालतामुरः ॥

शेष(1.19)स्य जिह्वासहस्रद्वये यया यया विद्यया श्रितं तया तया विद्यया मिलितया पृथ्वीराजे(1.20) आगम्यते इतीवोरो विस्तीर्णतामधात् ॥ 47.

पृथिवीभरेण सह दिग्गजाष्टका-
त्सह दानसौर(1.21)भभरेण चाहृता ।
पुरतोनुपार्श्वगतभाग्यमध्यगा
गतिरेति मन्थरतया समागमम् ॥

---

1 Ms. °लदः. 2 Ms. °पित्वं°. 3 See pp. 18 and 12, note 2.

अ[ष्ट](1.22)भ्यो दिग्हस्तिभ्यस्सकाशाद्भूभारेण दानसौरभभरेण सह धानीतेव गतिर्मन्थरत्वमागता . म(1.23)न्थरगामित्वे हेतुरुत्प्रेक्ष्यते. पुरतः पार्श्वगतभाग्यमध्यगतत्वादिव गतेर्मन्थरत्वम् ॥ 48.

सुच[रित्र(1.24*)कीर्त्तन]विचक्षणान्कवी-
निव वक्रिमाणमुपदेष्टुमुद्यता .
स्मरचापचापलजिगीषया भ्रुवो-
रपरैव(1.1)[का]चिदुददीपि चातुरी ॥

राजयशःकीर्तनपरान्कवीन्वक्रत्वलक्षणाश्रयां भङ्गिं कौटिल्यं चोप-(1.2)देष्टुं प्रवृत्तेव काप्यवाच्या परा लोकोत्तरा चातुरी स्मरधनुर्जिगीषयेवो-ददीपि दीप्ताभून् ॥ 49.

अपि(1.3) दृष्टिपातवशवर्त्तिनो विधे-
रुपयातयेव वदनारविन्दतः .
धनदान्तकाभिहितवामदक्षिणा-
श्रि(1.4)तबन्धया नयनयोश्श्रियोदितम् ॥

विधेर्ब्रह्मणः स्थानपद्मादागतयेव यतो दृष्टिपातमात्राय(1.5)त्तस्य श्रिया तस्य नेत्रयोरुदितं श्रितम् . कीदृश्या धनदान्तकाभ्यां वैश्रवणयमाभ्यामभिहि-तो वाम(1.6)दक्षिणाश्रितो बन्धो यस्यां सा . दृष्टिपातवशवर्त्तित्वे अयं भावः तद्दृष्टिपातोनुकूलः प्रतिकूलम(1.7)पि दैवमनुकूलयति प्रतिकूलस्त्वनुकूलमपि प्रतिकूलयति अत एव वामे नेत्रे. यमोनुकू(1.8)ले धनदः . उपहितेत्यार्षः पाठः. उपहित उपरञ्जितो वामदक्षिणो स्थितिबन्धो यस्याः ॥(1.9) 50.

रणसाहसाय हरितां वराहतां
क्षितिधारणाय मिलितां भुजद्वये .

1 Ms. °याभ°. 2 Comm requires वसनार°. 3 Ms. °स्थितिब°. 4 Ms. °त्वेयं. 5 Ms. वास°. 6 Ms. °ह्च्यर्थंत्त°. 7 Ms. °ताां.

मुखयोर्दिदृत्तुरिव भू (l.10)तपूर्वयो-
र्दृगभून्मुहुर्मुहुरपाङ्गचुम्बिनी ॥

अस्य दृष्टिर्नेत्रान्तगामिनी पुनः पुनरभूत्. अतः(l.11) संभाव्यते रणार्थं सिंहतां भूमिधारणार्थमादिसूकरतां भूतपूर्वयोर्मुखयोर्द्रष्टुमिच्छुरि(l.12)व अस्य भुजद्वये श्रितामुँ ॥ 51.

कपिलस्य पश्चिममुखस्य या रुचिः
कुपितेषु तामपि कदा(l.13)चिदुद्वहत् .
अपरत्र वर्तितुमिवाविचक्षणा
वदनं बलात्परिचुचुम्ब दिव्यता ॥

पंचानन(l.14)स्य विष्णोः कपिलं मुखमित्यागमः. कपिलवर्णस्य पश्चिममुखस्य या रुचिराताम्रता ता(l.15)मपि कुपितेषु कोपेषु बिभ्रत्तस्य मुखं दिव्यता देवतात्मता रमणीयता च बलाच्चुचुम्ब अ(l.16)तस्संभाव्यते तस्मादन्यत्र स्थातुमकुशलेव ॥ 52.

वदने दृशोश्च वनजश्रिया स्थितं
हरिता च(l.17) वामनतया सहोदरे .
धियि भार्गवत्वमभिरामकृष्णता
चिकुरेषु सर्वविषयेषु बुद्धता ॥(l.18)

वनजं पद्ममुत्पलं च तच्छोभया मुखे दृशोश्च स्थितम्. केशेषु मनोहरासितता स्थिता. सर्व(l.19)पदार्थेषु प्रबुद्धता स्थिता. वनजा मत्स्यकूर्मवराहाः हरिर्नरसिंहः वामनो बलिजित् भार्गवः परशु(l.20)रामः अभिरामश्श्रीरामः कृष्णो वासुदेवः बुद्धस्सुगतः ॥ 53.

नव लक्षणान्यपि पुरातनान्यमूं(l.21)-
[न्यवलम्ब्य] भूपतिरधत्त तद्बलम् .

1 Ms. मिहितां. 2 Ms °तम्. 3 Ms. °खस्य. 4 Sic. Read कोपेषु ?
5 Ms. म°. 6 Ms. वराहाः lc. under l. 20. 7 Ms. °न्यमू°. 8 Ms. °रभ्यप°.

निरुपप्लवां रचयितुं क्षितिं यतो
दशमावतारकरणीयम(1.22)[ग्रहीत्] ॥

एतानि नवसंख्यानि पूर्वजन्मभवानि अपि लक्षणान्यवलम्ब्याश्रित्य राजा तद्बलमवहत् (1.23**64). तत्समबलोभूदित्यर्थः. ततो भूमेरुपद्रवं निवारयितुं दशमावतारे कर्तव्यमग्रहीत् ॥ 54.

अयशस्वि[ता](1.1)प्रथमबीजकल्पया
विजितस्य रूपविषयान्मनोभुवः
वदनाधिवासमिलितालिरेखया
कृ(1.2)तपूर्वरङ्गमिव कूर्चलेखया ॥

मुखपद्मसौगन्ध्यागतभ्रमरमालासदृश्या तथा रूपेण जि(1.3)तस्य कामस्य अपयशोबीजसदृश्या श्मश्रुलेखया कृतोर्थाद्यौवनस्य कामजयस्य वा पूर्वरङ्गो(1.4) येन तत् ॥ 55.

अवतंसकुण्डलमरीचिरोचितं
शशिबिम्बतां स्पृशति गण्डमण्डलम्.
परितापस(1.5)म्पदमिवान्यपार्थिवै-
र्जनितां न्यपोहितुमृतस्य तिष्ठतः ॥

भूषणकुण्डलरश्मिभूषितः कपोलः(1.6) चन्द्रकान्तिं धारयति मुखमध्ये वसतस्तस्यान्यराजैः कृतं तापमिव वारयितुम् ॥ 56.

यदि चापकौ(1.7)शलकलामवाप्नुया-
ममुतो भवेयमभयस्तदीश्वरात्.
इति चेतसा च वपुषा च निर्जितो-
प्यभिको(1.8) रतेरनुचरत्वमाययौ ॥

---

1 Ms. अपि lc. under l. 23. 2 Ms. °म्बाश्रि°. 3 Scil. गण्डमण्डलं,(verse 56).

यद्यहमेतस्मात्पृथ्वीराजाद्धनुर्विद्यामाप्नुयां तदा हरान्निर्भयः स्यामित्यत (l.9)इव रलेरभिकः कान्तः कामोप्यस्य राज्ञोनुचरत्वमागतः . शान्तेन चेतसा कान्तेन च देहेन जितः ॥(l.10) 57.

प्रथमं शरेण पृथिवीभृतं ततो
भुजयोर्बलेन शिवचापतां गतम् .
किल यो बभञ्ज विशिखाः(l.11) शिलाभिदो
यदमुष्य संप्रति किमेतदद्भुतम् ॥

अस्य राज्ञश्शराशिशिलाभिदः पाषाणविदा(l.12)रका यद्भवन्ति तन्नाश्चर्यम् यतो यः पूर्वं शरेण क्रौञ्चाद्रिमभिनत् ततो भुजबलेन शिवचापत्व(l.13)माप‍न्नं पृथिवीभृतं मन्दरपर्वतं बभञ्जास्फोटयत् ॥ 58.

जविना हयेन विहरन्नलङ्घय-
न्नृप(l.14)तिर्यदेकमन इत्यदः कियत् .
अतिरंहसोस्य दधते हि वाजिनः
पटुतामनेकमनसां विलङ्घने ॥(l.15)

वेगवताश्वेन संचरमाणो राजा यदेकमप्रतिमल्लमनः शकटमलङ्घयज्जितवानित्यदः किय(l.16)द्भवति . न किंचिदित्यर्थः . अस्याश्वा ह्यधिकवेगा अनेकमनसां जये सामर्थ्यं दधते . चित्तादप्यति(l.17)वेगास्तदश्वा इत्यर्थः . अनेकमनोजयशक्तो यदेकमनो जयति तन्न किंचित् एकापेक्षयानेके(l.18)षामधिकत्वात् ॥ 59.

हयमेष यं यमधिरोढुमिच्छति
प्रसभं प्रयाति स स तार्क्ष्य(l.19)तामिव .
विशिखं च कुत्रचन यं यमस्यति
प्रतिपद्यते स स महास्त्रतामिव ॥

---

1 Ms. ममा° le. under l. 8. 2 Ms. 'व्य' le. under l. 10. 3 Ms. 'शिष'.
4 Ms. क्रोंश्च°. 5 Ms. वाग्विनः.

यं यमश्वम(l.20)यमारोहति स सोऽश्वो गरुडत्वं प्राप्नोति यं यं शरं च
क्वापि क्षिपति स स शरो महास्त्रताभिवाप्नोति ॥(l.21)　　60.

अपि यं यमाश्रयति मत्तवारणं
स स सोदरत्वमिव गच्छति श्रियः .
करपुष्करं नयति यं य(l.22)मप्यसिं
स स नन्दकत्वमवनेः प्रपद्यते ॥

तस्य वाहभूतो हस्ती श्रियस्सोदर ऐरावणस्तद्भावमि(l.23)व गच्छति
तत्करस्थः खड्गो भूमेर्नन्दकत्वं ह्लादकत्वं विष्णुखड्गत्वं च प्राप्नोति ॥　61.

[अतिच(l.24*)श्चलं य]दतिदूरवर्त्ति य-
द्यदतीव तीक्ष्णमपि कर्कशं च यत् .
मदनस्य चित्तमिव नावहेलया
सुभिदं(1.1) [ब]भूव न तदस्य धन्विनः ॥

अतिचलत्वादियुक्तं यल्लक्ष्यं तदस्य सुभिदं शोभना भिदा भेदो य-
(1 2)स्य तन्न नाभूदभूदेवेत्यर्थः. यथा चित्तं कामस्य सुभिदं तच्चातिचलत्वा-
दिसहितम् ॥(1.3)　　62.

सकलाभिरिन्दुवदनाभिरात्मनो
रजनीषु कण्ठगत एव वीक्ष्यते .
बहुवल्लवीपतिदशोप(1.4)योगिनीं
बहुरूपतां पुनरपि श्रयन्निव ॥

सर्वाभिस्स्त्रीभिस्स राजा स्वप्ने कृतालिङ्गनो दृश्य(1.5)ते अतस्संभाव्यते
बहूनां षोडशसहस्रसंख्यानां वल्लवीनां गोपीनां पतित्वे उपयुक्तामने(1.6)-
करूपतां पुनरपि श्रयन्निव ॥　　63.

---

1 Ms. सौद°.　2 Ms. समनस्य,　3 Ms. दन्वि°.

उपगन्तुमेतदनुगत्वमर्थिता
हृदि पोस्फुरीति यदपि द्वयो(1.7)रपि .
अपरागतस्तदपि बिभ्यतो ध्रुवं
मदनं वसन्तशशिनौ न मुञ्चतः ॥

कामाद्राज्ञोधिक(1.8)सौन्दर्यदर्शनाद्वसन्तचन्द्रयोरेतस्यैवानुचरत्वं लब्धुं यद्यपि अभिलापोत्यर्थं स्फुरति तथापि ध्रु(1.9)वं लोकापवादभयाद्वसन्तचन्द्रौ कामं न त्यजतः ॥ 64.

इति यौवनेन विनयानुयायिना
क्रिय(1.10)माणसेवमवलोक्य पार्थिवम् .
अनुरक्तभाव इव शिश्रिये बला-
न कया निविश्य हृदि राज(1.11)विद्यया ॥

एवं विनयानुगतेन यौवनेन तं राजानं कृतसेवं दृष्ट्वा तस्य बुद्धौ श्रित्वा कया न राज(1.12)विद्ययानुराग इवाश्रितः . अनुरागवत्य इव राजविद्यास्तं भेजुरित्यर्थः . यं च पुरुषा अपि(1.13) कामयन्ते तं प्रति सर्वाः स्त्रियोनुरागिण्यो भवन्ति ॥ 65.

कुलशैलदिक्करिभुजङ्गमाग्रणी-
कम(1.14)ठेन्द्रकोलपतिकालरुद्रभाक् .
इयमेककेन सकला मयोह्यते
पृथिवीति विंशति(1.15)मुवाह यो भुजान् ॥

कुलपर्वतादीन्भजन्ती . कुलपर्वतादिभिरूढेत्यर्थः . इयं पृथ्वी स(1.16)कला मया केवलेनोह्यते इतीव विंशतिसंख्यान्भुजान्योवहत् ॥ 66.

विदलय्य तं कुलम(1.17)हीधरादिका-
नवधार्य विस्मृतधराधृतीनिव .

---

1 Ms. सदनं. 2 Ms. °शचिनी. 3 Ms. °मेव°. 4 Ms. °यानु°.
5 Ms. °वींस्त्रियानु°.

उपगम्य दिव्यतनुतां कराङ्गुली-
दश(l.18)कद्वयेन वसुधां बभार यः ॥

तं रावणं हत्वा कुलपर्वतादीन्विस्मृतभूधारणाभ्यासा(l.19)न्निश्चित्येव
दिव्यतनुतां चतुर्भुजत्वं प्राप्याङ्गुलीविंशकेन यो भुवमवहत् ॥ 67.

स पुनर्मद(l.20)ग्रजसुतासुतो भव-
न्द्विभुजोपि रक्षति चराचरं जगत् .
इति वार्तया कृतकुतूहलः क्रमा(l.21)-
द्भुवनैकमल्ल इति बन्धुरायय़ौ ॥

स नारायणो मद्भ्रातृपुत्रीपुत्रो भवन्द्विभुज एव सम(l.22)स्तं विश्वं
धारयतीति श्रुत्वा कौतुकी भुवनैकमल्लनामा बन्धुः पृथ्वीराजमागतः ॥ 68.

निव(l.23)[सन्ति] शक्रदिशि कल्पशाखिनो
मणयो यथेप्सितफलाश्च रोहणे .
शितिकण्ठवा(l.24**65)हनवृषानुरागिणी
सुरभिः प[वित्रयति चोत्तरां दिशम्] ॥

............[द](l.1)क्षिणदिक्स्थिते रोहणे रत्नानि कांक्षितफलप्र-
दानि सन्ति ईश्वर............(l.2)उत्तरां दिशं पावयति ॥ 69.

उपयाम्युदारचरितोपसेव्यतां
कथ—⌣—⌣⌣⌣—⌣—⌣—(l.3)
अगमद्यथा वरुणदिक्पवित्रतां
भुवनैकमल्लचरणाब्जधूलि[भिः] ॥

............(l.4)तैः कल्पद्रुमादिसमैः पुरुषैः सेवनीयतां कथं ग-
च्छामीत्यतो नू[नं]............(l.5)यथा सा भुवनैकमल्लस्य चरणरेणुना
पवित्रतामगच्छत् ॥ 70.

---

1 Ms. °ताभू°. 2 Ms. °सक्त°. 3 Ms. °ती° le. under l. 22. 4 Ms. सि°.
5 Ms. पृ. रा. वि. on margin. 6 Ms. रत्ना°.

युधि कश्शरीरनिरपेक्षतां(1 6) विना
प्रविशेदुपेक्षिततनोश्च किं धनैः .
इति यो दधात्यखिलदातृतामयं
स्फुटमेक एव(1.7) पुरुपार्थलक्षणम् ॥

देहनिरपेक्षा एव युधि प्रविशन्ति . युद्धे जयपराजययोरनिश्च(1 8)यात् . शरीरनिरपेक्षस्य धनैः किम् . शरीरोपयोगित्वादेव तेषामिति भावः . इत्यवो द्देतोर्योशिष(1.9)दातृत्वमयमेव पुरुपार्थं दधाति ॥ 71.

यदि न प्रदक्षिणमिषेण रक्षकौ
प्रभविष्यतो शशिरवी द्व(1.10)योर्दिशोः .
विदलय्य तद्विरचयिष्यदेव यः
कनकाचलं सकलमेव पात्रसात् ॥

दक्षिण(1.11)पार्श्वप्रक्रमणव्याजेन चन्द्रार्कौ मेरुसम्बन्धिन्योर्द्वयोर्दिशोः पार्श्वयो रक्षकौ यदि न स्यातां तत्स मे(1.12)रुं शकलीकृत्य पात्राधीनं कुर्यात् ॥ 72.

न स रोहणस्य मणिरस्ति रक्षितुं
भुवनैकमल्लभय(1.13)मस्य यः क्षमः .
द्विजवत्सलात्पुनरतो वदन्यतः
परिरक्षिता कलशनन्दनो मुनिः ॥

तस्मा(1.14)द्दातुर्यो रोहणं रक्षितुं शक्तस्स कोपि मणिरस्याद्रेर्नास्ति अगस्त्यस्तु ब्राह्मणप्रियाद्दातु(1 15)स्तस्माद्रक्षिताभूत् . अयं भावः . यद्यहं रोहणाद्रत्नान्यानेतुं गच्छामि तदागस्त्यब्राह्मणो द(1.16)क्षिणदेशे निवसं क्षोभात्क्षोभं करिष्यति अतो भुवनैकमल्लो रत्नाहरणार्थं नागच्छत् ॥ 73.

1 Ms. अधि. 2 Ms. °निभेन. 3 Ms. °काः. 4 Ms. पार्श्व°. 5 Doublet of वदान्य. Cf. p. 120, note 4, (V. 83).

अपग(1.17)र्जिता नयनयोर्न निर्वृते-
रविधायिका चेर कदाचिदीक्षिता.
तडिदीदृशीति कनक ⌣ —(1.18)भृता:
ककुभो विभाव्य जनता विसिस्मिये ॥

इतः प्रभृति इति. ये इत्यन्तं मरुत्तवर्णनपरं कुल(1.19)कम् ॥

गर्जितवर्जिता तथा दृशां भीतेरकर्त्री विद्युन्न जातु दृष्टेत्यतो हेतोर्लोक-
स्सुवर्णपूर्णा(1.20) दिशो दृष्ट्वा साश्चर्योभूत् ॥ 74.

सुरदीर्घिकात इव मारुताहृतैः
कनकारविन्दमकरन्दबिन्दुभिः(1.21)
प्रथमैश्शशंसे पृषतैर्हिरण्मयैः
क्षितिरुप्तसर्षपकणेव मङ्गलम् ॥

वायुना गङ्गाया आ(1.22)नीतैर्हेमपद्मकिञ्जल्कैरिव नवैस्सुवर्णवृष्टिक-
णैः कणैरुप्तसर्षपेव भूर्मङ्गलमसूचयत् ॥(1.23) 75.

अथ मेरुसन्धिगतपादपस्रव-
त्कनकापगाभिरिव मेदुरोदरैः.
जलदैः प्रदाय [कनकानि](1.24*) भूरिशः
परिशोध्यते स्म कनक[णमात्मनः] ॥

............ये पादपास्तेभ्यस्स्रवन्तीभिस्सुव(1.1)र्णनदीभिरिव पू-
रितोदरैर्मेघैर्बहुव............कनकवर्षणाद्दणमिवं शोधितम् ॥(1.2). 76.

क्रमशस्सुवर्णगिरिपक्षतिद्वयं
शतकोटिपाटितचरं शतक्रतुः.

---

1 Ms. Sic Is it च न? 2 Is it °कप्रभाम्° ? 3 See verse 83, below.
4 Ms. मरुभु°. 5 Ms. °मैस. 6 Ms. यपा°. 7 Ms. °ककर्षगा°. 8 Ms. °मेव.

विरचय्य चूर्णश इव प्रद्दष्ट(1.3)वा-
न्विविधैः प्रसादमुपगम्य मन्युभिः ॥

शतकोटिना वज्रेण पूर्वं पाटितं मेरुपक्षद्वयं क्रमे(1.4)ण चूर्णी कृत्वेवे-
न्द्रो नानाथर्ज्ञैः प्रसन्नो ववर्ष . मन्युभिः क्रोधैः प्रसादं प्राप्येति विरोधः ॥ 77.

शनकैर्हि(1.5)रण्यरसमेव लोहितं
स हिरण्यगर्भ इव सर्वतोमुखः .
अविशङ्कशङ्करकराङ्गुलीनख(1.6)-
क्षणलूनपञ्चममुखोचमद्दिवं ॥

स हिरण्यगर्भो ब्रह्मेव लोहितं रक्तं हिरण्यरसं द्रुतसु(1.7)वर्णमेव दिव-
स्स्वर्गादमुचत्. हिरण्यगर्भत्वाद्धिरण्यवमनमुचितम्. सर्वतोमुखश्चतुर्मुखः(1.8)
तथा निश्शङ्कं शङ्करेण करांगुल्या क्षणेन लूनं पंचमं मुखं यस्य सः . यद्वा
तु सुवर्णवर्षमपत(1.9)त्तच्छिन्नशि[रसो ब्र]ह्मणो रक्तमेवापतदित्यर्थः ॥78.

शिववीर्यपानमतिदुष्करं पुरा
विरचय्य हव्यम(1.10)पि नव्यमश्नता .
अधिरुह्य शून्यमिव दूरमम्बरं
वमनं व्यधीयत हिरण्यरेतसा ॥

अतिदुर्धरं(1.11)मपि शिववीर्यपानं पूर्वं कृत्वा नवं हविश्च भुंजानेन
हिरण्यरेतसाग्निना वमनमिव कृतम्.(1.12) वमनस्य जुगुप्सनीयत्वाच्छून्यं
दूरमाकाशमधिरुह्य . हिरण्यरेतस्त्वाद्धिरण्यवमनोक्तिस्सं(1.13)गच्छते . दुं-
र्धरं भुक्त्वैव यः स्नेहं भुङ्क्ते स च वमति ॥ 79.

अवचित्य पूर्वममरापगान्तरा-
त्तपनीयपुष्करवनी(1.14)रिवाखिलाः .

1 Ms. °सश्रिवनः. 2 Is it यदा तत्सु° ? 3 Ms. °स्नुता. 4 Ms. सूर्ये°.
5 Ms. वचनं. 6 Sic. Is it °दुष्कर° ? 7 Is it दुर्जरं ? 8 Ms. °खिलः.

समपादि गालितवता निजोष्मणा
पृथिवीसुतेन पृथिवी हिरण्मयी ॥

गङ्गो(l.15)या हेमपद्मवनीरुचित्य स्वोष्मणा करणभूतेन द्रावयता भौमेनेव भूमिर्हेममयी संपादिता(l.16). मातुर्हि माहात्म्यं पुत्रा जनयन्ति ॥ 80.

उपनीयमान इव खेचरीगणै-
श्चरुकर्मणे खगपतौ विप(l.17)क्षताम्.
हरितालपिञ्जरितदिग्वधूमुखै-
श्च्युतमन्तरालगरुतां लवैर्लवैः ॥

अन्तराले मध्ये ग(l.18)रुतां सूक्ष्मसूक्ष्माणां पक्ष्मणामिवांशैरंशैश्च्युतम् पतितं. भावे क्तः. नभश्चरीभिश्चरुनिमित्तं ग(l.19)रुडे लुञ्चितपक्षत्वं नीते सति. खेचरीणां खगचरोरुचितत्वादिति भावः. हरितालेनेव क(l.20)पिशीकृतं दिङ्मुखं यैः. नेयं कनकवृष्टिः किं तर्हि गरुडसुवर्णमयपक्षकणा इव पतिता इ(l.21)त्यर्थः ॥ 81.

द्रुहिणाण्डभाण्डमतिमात्रसंकटां
परिपूर्य कीर्त्तिषु गतासु दुस्स्थताम्.
परितक्ष्य(l.22)माणमिव तत्प्रजासृजा
निरवग्रहं कनकवर्षमाचरत् ॥

तैद्ब्रह्माण्डमिव निर्निरोधं सुवर्ण(l.23)[वृष्टिं व्यधा]त्. अत्र हेतूत्प्रेक्षा. ब्रह्मणा तक्ष्यमाणमिव. तक्षणे हेतुमाह मरुत्संयशस्सु ब्राह्म(l.24)-······रयित्वा दुस्स्थतामसान्त्वं गतासु सतीषु यतोतिमात्रसंकटाम् ॥ 82.

इति यः प्रसीदति(l.25**66) विभाविलाष्टता-
दविशिष्टतां ग[मितवा]न्सौ भारतम्.

1 Ms. गङ्ग°. 2 Ms. °हलु°. 3 Ms. °त° lc. under l. 19. 4 Ms. उद्ग°.
5 Ms. °रुश्रुय°. 6 Read ब्रह्माण्डं पूरयित्वा. 7 Ms. °टम्. 8 Ms. °स्स.

स मरुत्त–⏑⏑⏑–⏑ –⏑–
[भुवनैकम](1.1)ल्लमुपमानमिच्छति ॥

विभौ परमेश्वरे प्रसन्ने सति इलावृतव............[भार](1.2)-तवर्षं भूमण्डलमनन्यत्स मरुत्तोपि हरपुरे भुवनैकमल्लमुपमा............[मि](1.3)च्छतीत्यर्थः ॥ 83.

अहिमांशुवंश्यसुभटानुयायिता-
मिति सोमवंशसु⏑–⏑⏑–⏑⏑–
[अतितप्ततां च](1.4) जडतां च पस्पृशु-
र्न विशस्सनातनमधूत्सवा इव ॥

चन्द्रान्वयेषु म................(1.5)न्सूर्यवंश्यस्य पृथ्वीराजस्यानुचरत्वं प्राप्ते सति प्रजास्तापं च जाड्यं च नाग[च्छन्]............(1.6) इव . वसन्ते हि शीतातपयोस्साम्यम् ॥ 84.

प्राज्यप्रजाभ्युदयवर्धनदत्त[चित्ते
दैवातिशायिबलयुग्भुव?](1.7)नैकमल्ले .
संकीर्णबाल्ययुवभावगुणानुभावं
पस्पर्श वर्महरता हरि[राजदेवम्].

............(1.8)मिश्रो बालत्वयौवनयोर्गुणानुभावो यस्य तं हरिराजं वर्महरतास्पृशत्............(1.9)दित्यर्थः . प्राज्ये महति प्रजोदये विषये सावधाने तथा दैवोल्लंघिपौ[रुष]............(1.10)हरिराजो बाल्यमुल्लंघयति स्मेत्यर्थः ॥ 85.

यन्मेघनादफणिपाश[निपीडनेन
प्राग्राम](1.11)लक्ष्मणतनावभिभूतिरासीत् .

---

1 Ms. °रूमु°. 2 Ms. °तव°. 3 Ms. °नेक°. 4 Is it °समुकुदे (or सुभ्रदे) समाश्रिते ? 5 Ms. जन्हुता. 6 Ms. °दशु°. 7 Ms. °बहता.

तेनायमत्र जनने जननीपितृव्य-
मूर्त्योद[पद्यत सदानुचरो गरु](l.12)त्मान् ॥

पूर्वजन्मनि रामलक्ष्मणावुभौ मेघनादस्य रावणसूनोः फणिपाशैः पी-
डित············(l.13)भवो यदासीत्तेनैव हेतुनेवास्मिञ्जन्मनि नित्या-
नुयायी गरुडो मातृपितृव्यरूपेणोत्पन्नः. पूर्वं मेघ(l.14)नादेन सर्पास्त्रं दत्वा
रामलक्ष्मणौ मत्सन्निधानाभावात्पीडिताविति‍व विमृश्यास्मिञ्जन्मनि भुव-
नै(l.15)कमल्लरूपेण गरुडः पृथ्वीराजसेवां नात्यजदित्यर्थः ॥ 86.

मैनाकशैलवदखण्डितपक्षपाते
पित्रन्वया(l.16)भरणताञ्जुषि तत्र वीरे.
देवी व्यराजत कुमारविनायकाभ्यां
कर्पूरदेव्यचलराजसुता सुताभ्याम् ॥(l.17)

अचलराजस्य पुत्री कर्पूरदेवी पुत्राभ्यां कुमारविनायकाभ्यामप्राप्त-
प्राप्तराज्याभ्यां शुशुभे पितृकु(l.18)लस्य भूषणभूतेखण्डितस्नेहे भुवनैकमल्ले
सति. अचलराजसुता गौरी च मैनाकेखण्डितः पक्षा(l.19)भ्यां पातो यस्य
तस्मिन्सति गणपतिकुमाराभ्यां पुत्राभ्यां शोभते ॥ 87.

नागानां दमने स एव पटिमा सत्यं तदे(l.20)कात्मतां
प्राप्तं दिव्यपथावगाहनविधौ सैवातिरंहस्विता.
पृथ्वीराजसहायतामनुभवन्नेकं सुप(l.21)र्णः पुन-
र्यच्चामीकरपक्षपातममुचत्तन्मानवत्वं दधौ ॥

नागानां हस्तिनां फणिनां च दमने स एव पटि(l.22)मा भवति. गरु-
डसदृश इत्यर्थः. सत्यं गरुडेन सहैकात्म्यं प्राप्तम्. गरुडो हि सत्यः स च
सत्यभाषी(l.23). दिव्यपथस्य भव्यमार्गस्याकाशस्य चावगाहने स एव वेगः
सुपर्णश्शोभननागवल्लीदल············(l.24*)············[प]क्षपातं

1 Ms. °नेपि°. 2 Ms. °त्यौद°. 3 Ms. °वैमे°. 4 Ms. °त्रर्धया°.
5 Ms. मेना°. 6 Ms. °व्यमया°. 7 Ms. °र्यांश्च°. 8 Ms. दमने lc. under l. 22

लोभं सुवर्णमय[पक्ष]त्या पातं यदत्यजत्ततो हेतोर्मानव(1.1)········-···[पृ]थ्वीराजस्य सहायतां भजन्. नागदमनोदिभिर्गुर्गौर्यशयं गरुड ए(1.2)व·············यां सुवर्णपक्षपातमोच्चान्मौनवत्वमवंह्न········सैत्यशब्दस्य गरुडवाचिनो नपुंसकलिङ्गं········· ॥ 88.

इति गरुडहनूमं(1.3)[न्मूर्तिभेदानुगत्वा-
न्नृपतिरथ] षमर्णो रामभावप्रभावम् .
तरितुमतितरस्वीभूय सप्तापि सिन्धूं(1.4)-
⌣⌣⌣⌣⌣⌣—––⌣––मियायँ ॥

एवं गरुडहनुमतोर्मूर्तिभेदस्य भुवनैकमल्लस्य कैदम्बवासस्य चानुगत्वा(1.5)·········[पृ]थ्वीराजस्सप्तसमुद्रांस्तरितुं बलं प्राप्य लोकहिताय प्रयत्नं कृतवान्(1.6)······येन समुद्रमतरत् अहं पुनर्गरुडहनुमदवताराभ्यां भुवनैकमल्लकदम्बवासाभ्या(1.7)······[मगच्छ]छदिति भद्रम् ॥ 89.

श्रीश्रीकण्ठचरित्रकाव्यविवृतौ विश्वस्य निश्व(1.8)[स्य च
च्छायाभाजि किरात]काव्यविवृतौ विश्रम्य रम्यश्रियि .
पृथ्वीराजजयाख्यकाव्यविवृतौ(1.9)[ज्योत्स्नाकरो लावशिः?]
[सं]वेशं परिवाञ्छति प्रतिपदं शास्त्राध्वनि ग्लानिमान् ॥

श्रीलोल(1.10)[राजसुतपण्डितभट्ट]नोन-
राजात्मजो विवरणेन स जोनराजः .
सर्गं व्यधत्त नवमं सुखमत्र पृ(1.11)[थ्वी-
राजाख्य]राजविजयाभिधकाव्यराजे ॥

पृथ्वीराजविजये नवमस्सर्गः ॥(1.12)

---

1 Ms. °नाभि°. 2 Ms. °न्दान°. 3 Ms. °स्वंवं°. 4 Ms. lc. at top of page. 5 Ms. संघस्य. 6 Ms. °नुम°. 7 Sic. Is it °रथ जुपायो ? 8 Ms. °सासि. 9 Ms. °न्धु°. 10 Ms. °मिवाय. 11 Ms. क° to °च(° lc. on margin.

[दशमः सर्गः]

अथ विघटनसज्जबाल्यसख्ये
पिशुनगिरामपथेपि यौवनस्य .
दिशि दिशि विचचार पु(l.13)ष्पचापो
नृपतिसुताशयसन्धिबन्धभूतः ॥

पिशुनगिरो भेदमुत्पादयन्ति . तासामविषये(l.14)पि यौवने विघटमानं विदीर्यमाणं बाल्येन सख्यं यस्य तस्मिन्सति कामो राजकन्याचित्तस्य राजविषये(l.15)·········तः प्रतिदिशमचरत् . पृथ्वीराजस्य यौवनं श्रुत्वा सर्वा राजकन्या रागमभज(l.16)न्नित्यर्थः ॥ 1.

प्रथमसमयविप्रलम्भखिन्ना
स्वसमसमग्रगुणावरोधभङ्ग्या .
अथ ज(l.17)नकसुतेव मूर्त्तिभेदै-
र्बहुभिरमुं परिरभ्य निर्ववार ॥

पूर्वजन्मनि विरहेणोद्विग्ना सीतेवात्मसमानां(l.18) संपूर्णगुणानामन्तःपुराणां व्याजेनानेकैर्मूर्त्तिभेदैरमुमालिङ्ग्यातुष्यत् . अन्तःपुररूपा बहुमूर्त्तीः(l.19) कृत्वा सीतेव तमसेवतेत्यर्थः ॥ 2.

अनुगतनवयौवनश्रियापि
व्यपनयतापि धृतिं पतिव्रतानाम् .(l.20)
समसमयमयत्यताङ्गनानां
नरपतिरूपगुणेन कञ्चुकित्वे ॥

---

1 वि° to °यं lc. under l. 14. 2 Ms. °क्ष्यतु°.

सयौवनशोभेनापि सतीनां धृतिं(l.21) हरतापि राजरूपगुणेन स्त्रीणां सौविदल्लत्वे समकालमेव यत्नः कृतः. पृथ्वीराजादन्यराज्ञानाम(l.22)···-·········रतेषु स्त्रीणां स्पृहा नाभूदित्यर्थः. श्रीधृत्योः स्त्रीलिङ्गत्वादपि विरोधवाचकः क(l.23)·········रस्त्रीगाङ्गेया(?)···भवन्ति ॥ 3.

अपि सलिलशयस्य यस्य सेवा-
मकुरुत तं(l.24**67) परिरब्धुमुत्सुकानाम्.
⏑⏑⏑⏑⏑[मसूययेव] निद्रा
नयनपथं न ज[गाम कामिनीनाम्] ॥

[जलशय](l.1)नस्यापि यस्य निद्रा सेवामकार्षीत्तमा[लिङ्गितुं का]ङ्क्ष-न्तीनां स्त्रीणां नयन·········[श्चत्रो](l.2)त्प्रेक्ष्यते असूययेवेति. यं ज-लेपि श्रितं [न तत्या]ज तमथैताः कथं प्रार्थ············. 4.

⏑⏑⏑⏑(l.3)रवदेवं तं सिषेवे
विनयवशंवदता वदान्यता च.
परिकलितवतीव दु⏑––
⏑⏑⏑⏑–⏑⏑–⏑(l.4)याचन श्रीः ॥

कामातुरेव विनीतिर्दातृता च तं सिषेवे विनीतिर्दातृते··········(l.5)परिचयं नास्पृशत्. विनयपूर्वं दातृत्वेपि सति तस्य लक्ष्मी रसिकैवा-भूदित्यर्थः ॥ 5.

परमपुरुष[का](l.6)रदुश्श्रताभ्या-
मुपगमितो वशवर्त्तितां भुजाभ्याम्.
विधिरविधुर एव भूरिवारं
रणसमयानवतारयां(l.7)चकार ॥

---

1 Is it मदनपरवशेव ?. 2 So Ms. Is it कदा° ?. 3 or is it °दमीरथि° ?. 4 Ms. °तै.

महत्ता विक्रमेण दुश्श्रिताभ्यामूर्ध्मीयमाणाभ्यां भुजाभ्यामायत्तीकृतो विधिरनुकूल एव त(1.8)स्य बहून्वारान्संग्राममुदपादयत् ॥ 6.

अथ कुविधियदृच्छयेव नागा-
र्जुन इति निन्दितभिक्षुयोग्यना(1.9)मा ।
निगडगृहपरिग्रहाय मातु-
र्ग्रह इव विग्रहराजवल्लभायाः ॥ 7.

पितुरखिलनृपाविल(1.10)ङ्घ्यभाग्या-
द्भुतबलनिर्मथनैकवीरजन्मा ।
गुडपुरमिति दुर्गमध्यरोह-
न्मधुररसाहृतिदोहदेन बालः ॥(1.11)

नागार्जुनस्य यः कुविधिः कुत्सितं पूर्वकर्म तेन हेतुना या यदृच्छा तया हेतुभूतया निर्मितं मातापितृ(1.12)भ्यां कृतं भिक्षुयोग्यं भिक्षुषु प्रचुरतयाश्रितं नागार्जुन इति नाम यस्य स बालो विवेकशून्यो गुडपु(1.13)रसंज्ञितं कोट्टमारोहत् । केन हेतुना मधुरा या रसा भूमिस्तस्या आहृतौ हरणे दोहदो लौल्यं । किमर्थं स्व(1.14)स्या मातुर्निगडगृहे बन्धने परिग्रहार्थं न तु कोट्टजयायेत्यर्थः । पितुर्विग्रहराजस्य संबन्धिनस्सक(1.15)लै राजभिरलङ्घ्यस्य भाग्यानामद्भुतबलस्य निर्मथने एकवीरं जन्म यस्य सः । बालार्थं बालाश्र-(1.16)यो ग्रहो मातुर्निगडायैव भवति तस्याः पुत्रोपयोज्यमध्यासितत्वात् । मधरस्य रसस्याहृतौ(1.17) आहारे लौल्येन ॥ 8.

प्रशमितभुवनैकमल्लवीर्य-
ज्वलनविलम्बकदम्बवासवायुः ।
समुदितपुरु(1.18)षार्थभागधेयो
निरगमदाहवसाहसाय देवः ॥

1 Ms. °मुष्मा°. 2 Ms. °द्भुत°. 3 Ms. °ह्राज°. 4 Is it बालस्य च ?
5 Is it °योगिपथ्याश्रितात् or °योग्यमेध्याश्रितात् ? 6 Ms. °स्यह्न°.

भुवनैकमल्लस्य यो वीर्यज्वलनस्तेन विलम्बो(1.19)र्थाद्दरिद्रीकरणं तथा
कदम्बवास एव वायुस्तौ प्रशमितावनपोहितौ येन सः यतो युगप(1.20)भि-
विष्टपौरुषभाग्यो देवः पृथ्वीराजो युद्धाय निर्गतः ॥ 9.

कुलमुदधिनिवासि कालदत्ता-
भय(1.21)मिव हैमवतीसहोदरस्य ।
युधि सहचरतां नरेन्द्रमूर्ते-
र्नरकरिपोः करिचक्रमाललम्बे ॥

समुद्रे(1.22) निवसत्तथा रणकाले दत्ताभयं पार्वतीसोदरस्य मैनाकस्य
कुलं गिरिसमूह इव हस्तिगणो(1.23) राजरूपस्य विष्णो रणे सहचारित्व-
मापत् ॥ 10.

नृपतिमनुचचार चारुरिक्थ-
क्रमत इवो⏑⏑––⏑–⏑(1.24*)––
⏑⏑⏑⏑⏑⏑⏑–इवान्तरिक्ष-
भ्रम⏑⏑–⏑[म]नन्तमश्वयूथम् ॥

अन्तरन्तरिक्षे भ्रा(1.1)············वमानमित्यर्थः अश्वकुलं राजा-
नमन्वगच्छत् अतः संभाव्यते रिक्थं(1.2)············[सू]र्यस्याश्वानां
यूथमिव······वेगवत् . अनन्तं बहु . पृथ्वीराजो हि सूर्य(1.3)··· 11.

[अतिभरसहनप्रवृद्ध]कीर्त्ति-
द्विषमिव शेषमहीशमेव मत्वा ।
अहिकवलनकेलि(1.4)[कोविदं त-
स्करभकुलं हयसं?]घमन्वयासीत् ॥

राज्ञोतिभरसहनेन प्रवृद्धां कीर्तिं द्विषन्तं शेषं(1.5)·········
[प्रा]सोद्यतमुष्ट्रकुलमश्वसेनामन्वगच्छत् ॥ 12.

---

1 Ms. ए°. 2 Ms. अम°.

गलितमयुगपद्यु(1.6)गत्रयेण
क्षितिपतिना युगपत्कृतं नवीनम् .
गिरिशवृषपदत्रयं विदित्वा
धवलबलं वलव(17)द्वले ववल्ग ॥

अयुगपत्क्रमेण युगत्रये गिरिशवृपस्य धर्मस्य पादत्रयं गलितं सम्रा-
ज्ञा(1.8) नवीनं कृतं ज्ञात्वेव धवलबलं वृषयूथं कटकेवल्गत् ॥ 13.

नरपतिदयितेति माननीयां
क्षि(1.9)तिमिव पादयुगेन न स्पृशन्ती .
चतुरचरणचारचारुरासी-
द्गगन इवात्र पदा पदातिसेना ॥(1.10)

भूमिपतेर्भूमिः प्रियेत्यतो मान्यां भूमिं मत्वेव पदाभ्यामस्पृशन्ती
पत्तिसेनाकाशे न्यस्तपदेवासीत् (1.11) चतुरो यश्चरणयोश्चारः क्रमविशेषस्त-
या चारुः ॥ 14.

नृपतिरखिलकृष्णपक्षरक्षा-
मणिरिति क(1.12)र्णजुषेव किंवदन्त्या .
उपससृपुरतीतभाविराका-
रमणगणस्सुसितातपत्रभङ्ग्या ॥

अ(1.13)यमखिलानां सर्वेषां कृष्णात्पापाद्बहुलाच्च पक्षाद्रक्षार्थं मणिरिति
श्रुतया वार्तयेव भूता(1.14) भविष्यन्तश्च पूर्णचन्द्राश्छत्रच्छलादागताः ॥ 15.

महितमुदधिसप्तकेन सर्वं
सकलघनेभ्य इ(1.15)वैन्द्रचापचक्रम् .
दिशि दिशि शिखिपिच्छनिर्मिताना-
मघटत मण्डलमुष्णवारणानाम् ॥(1.16)

1 Read °षस्तेन. 2 Ms. °तम°.

सप्तभिस्समुद्रैस्समस्तमेघेभ्यो विसृष्टमिन्द्रधनुश्चक्रमिव मयूरपक्षकल्पि-
तानां छत्राणां(l.17) मण्डलं दिशि दिश्यमिलत् ॥ 16.

असितधवलधूयमानवाल-
व्यजनसहस्रसहायदिग्वि(l.18)भागा ।
चकितकलितमोनुलग्नवल्ग-
त्कृतयुगचन्द्रकरेव भूर्बभूव ॥

कृष्णानां श्वेतानां च चम(l.19)राणां सहस्राणि सहाया येषां ते दि-
गन्ता यस्यां सा भू राजभयाच्चकितो यः कलिस्स एव तम(l.20)स्तस्यानुल-
ग्नाः कृतयुगस्य चन्द्रस्येव कराः किरणाश्च यस्यां सा भूरभूत् ॥ 17.

हृदि हृदि रिपुयोषि(l.21)तां निधातुं
विभजनपूर्वमिवोपतापनाय ।
ध्वजपटपल्लानि पाटनाय
प्रववृतिरे प्रच(l.22)[लन्ति] सूर्यधाम्नः ॥

चलन्तो ध्वजास्सूर्यतेजोदलनाय प्रवृत्ताः अतस्संभाव्यते शत्रुश्रीणां
प्रतिच्चि(l.23)............संतापनार्थम् रवितेजो निधातुमिव ॥ 18.

अविरलरथचक्रचक्रधारा-
खननिभेन पृथक्पृथक् पृथिव्याः ।(l.24)
[अपरनृपनिखातताप]शल्यो-
द्धरणमिवाशयतो विधीयते स्म ॥

रथचक्राण्येव चक्रधारास्ताभिर(l.25**68)विरलं कृत्वा खननस्य व्या-
जाद्राज्ञान्यरा[ज]कृतस्य सन्तापशल्यस्योद्धर............(l.1)स्य । 19.

1 Ms. °हाहदि°. 2 Ms. वि°. 3 Ms. °दिवो°. 4 Ms. °ते छत्र°.
5. Ms. lc. at the bottom of page. 6 See p. 39, note 4; p. 234, note 2.
7 Ms. °न्यर°. 8 Ms. °शल°.

रथचरणविपाट्यमानधात्री-
तलतलिनोच्चरिताहिवाहिवक्रम्.
[करभकुलमुवाह तत्पताका-
प](1.2)टमिव तुल्यगुणं विरूपतायाः ॥

चक्रपाटितभूतलातुलिनं तनु············(1.3)यस्य तत्करभकुलं
कर्तृ पताकापटमिवावहत् उष्ट्रैर्ग्रस्यमानेषु············(1.4)गुणं कुतो विरू-
पत्वात्. यद्वा भूतलस्य तलिनं तनुप्रदेशः ॥ 20.

पटं⏑⏑⏑⏑–⏑–⏑––
[रिपु](1.5)बलनिर्दलनाय कालदूतान्.
प्रतिनिनदनिभादुपागताः स्मो
द्रुतमिव–⏑⏑–⏑–⏑––॥

[दु](1.6)न्दुभिश्शत्रुमारणार्थं यमकिङ्करानिवाह्वयत् वयमागतास्स्म इ-
तीव भू············॥(1.7) 21.

कटकभरनिपीड्यमानधात्री-
नमनमितोन्नमितो महीध्रवर्गः.
उपजिग[मिषु]–⏑–⏑––(1.8)
चलितुमिवारभताक्षमो ग्रहीतुम् ॥

सैन्यभरेण निपीड्यमानधा[त्री]············(1.9)किंचिदिवोन्नमितः
भूमिनमने पर्वतानामौन्नत्यसंभावनात् शत्रूनागच्छ············(1.10)तः
पर्वतवर्गो भयवशाच्चलितुमिवारब्धवान् ॥ 22.

करभरभसभीरुभिर्भुजङ्गै-
स्त्व[रितमवेशि यदा](1.11) तलं रसायाः.

---

1 Ms. °र्थं°. 2 Ms. °श्व°. 3 Sic. Is it °तलात्तुलितं ? The text would then be °तलतुलितोच्चरि°. 4 Is it पटहविरव आजुहाव भूयो ? 5 Ms. °ह्रप्र°. 6 Ms. दुलं.

अतिभरविवशस्य भोगिभर्त्तु-
स्तदिव सहायदशां प्रयातुमीषुः ॥

करभेभ्यो रभस(l.12)भीतैस्सर्पैः[1] पाताले द्रुतं यत्प्रविष्टं तत्प्रवेशवशैः(?)
संभ्रांतस्य शेषस्य साहायकं कर्त्तुं सर्पो(l.13) अकार्षन्निव(?) ॥ 23.

पटहविरटितानुवादविद्या-
पतिभिरकारि निवेदनं दिगन्तैः.
द्युसरिति जलके(l.14)लिनिर्वृतानां
दलति भरेण धरेति दिग्गजानाम् ॥

पटहानां विरटितस्य ध्वनेरनुवादे(l.15) प्रतिशब्दे विद्यापतिभिर्विदग्धै-
र्दिगन्तैर्गङ्गाजलक्रीडाप्रवृत्तानां[2] दिग्हस्तीनां भरेण भूस्फुटतीवे(l.16)···
··········· ॥ 24.

◡ ◡कमदलयन्दमाय(?)मस्मि-
न्सति नृपतौ तव वक्रता न योग्या.
निगदितुमि(l.17)◡—◡—◡—
◡◡◡—◡◡—◡—◡— ॥

·············विषर·············(l.18) 25.

[Lines 19 to end of page missing] (*)

·············मुखसहस्रेण शेषे·············ति गृहीतमूर्त्तिसहस्रो
बलवद······(l.1)·········कृतां भूमिमवहत्. नाम्नी शेषनिश्वासाः किं
तर्हि भूमिधारणार्थं कु(l.2)············· ॥ 26.

तुरगखुरपरम्परापरागैः
प्रथमतरं गतमस्तमन्तरिक्षम्.
पुन(l.3)◡◡◡◡—◡—◡—[3]
[क्व]चिदपि मातुमिभैरशक्नुवद्भिः ॥

1 Ms. नभसेन crossed before °भी°. 2 Ms. °क्रीडा° lo. under l. 15.
3 Is it °रिव निरस्यमि देहकान्त्या ?

अश्वखुररजोभिराकाशं विनाशं(l.4)············नैर्हस्तिभिस्स्वशरी-
रश्रिया पुर्नारिव निर्मितम् ॥ 27.

प्रतिपदमघटन्त वै(l.5)[जयन्ती-
भुज ⏑ ⏑ –दभिभूत?]वैजयन्त्याः .
दशमुखहृतपूर्वराजराज-
प्रमुखविमानमदच्छिदो नि(l.6)[वेशाः] ॥

············[म]ण्डपा मार्गे मार्गे संपन्नाः वैजयन्त्यः पताकास्ता
एव भुजास्तैर्हेतुभिरभि(l7)············[जि]तश्शक्रप्रासादो यैस्ते तथा
दशमुखेन हृतपूर्वाणि यानि राजराज···(l.8)············विमानानि
तेषां मदच्छिदः पुष्पकादिविमानसदृशा इत्यर्थः ॥ 28.

तिसृभि(l.9)[रनुसृतेव शक्तिभिस्तं]
प्रणयपरा परिरभ्य राजलक्ष्मीः .
अविरतकरिकर्णतालवात्या-
जडिमभयं(l.10) ⏑ ⏑ – ⏑ [मुञ्चति स्म?] ॥

तिसृभिश्शक्तिभिरनुसृता सहितेतीव तं प्रणयेनालिंग्य राज्यश्रीर-
विरतं(l.11)············यो[2] जडिमा ततो भयमत्यजत् तिसृणां मध्या-
त्काचिदेनं मा स्म रुज(l.12)············गातुं. परिरम्भेण च जाड्य-
भयं शाम्यति ॥ 29.

प्रतिपथमिलितानुलग्नतत्त(l.13)-
त्पु[रदयिता]हृदयोपदिष्टरंहाः .
गुडपुरमथ वेष्टयांचकार
क्षितिपतिरुद्धतयुद्धतत्वदर्शी ॥(l.14)

अथोद्द्रष्टुमागतानां प्रतिपथं मिलितानामनुलग्नानां तासां तासां पुर-

---

1 Ms. °जस्तै°. 2 Ms. या. 3 Ms. °डु°.

स्त्रीणां हृदयैरिवोप(1.15)दिष्टं रंहो यस्य स मनोवच्छीघ्रगामीत्यर्थः वधो-
द्धतेषु युद्धतत्त्वस्य दर्शको राजा गुडपुरम(1.16)वेष्टयत् ॥ 30.

दलयितुमयतन्त दुर्गभाजा-
मथ हृदयं नृपसैन्यसिंहनादाः ।
असमसमरस(1.17)त्रनिर्विविक्त-
त्पितृपतिमङ्गलसूक्तपाठकल्पाः ॥

दुर्गप्रविष्टानां मनो दलितुं राजकटकसिं(1.18)हनादाः प्रवृत्ताः असमो यस्समरस्स एव सत्रंमनवरतान्नदानस्थानं तत्र निर्विविक्तप्रवेष्टुकामः(1.19) यः पितृपतिर्यमस्तस्य मङ्गलसूक्तपाठसदृशाः । सत्रे च भोक्तुकामो ब्राह्मणस्सूक्तानि पठति ॥(1.20) 31.

अवनिपतिभयादुपेत्य पार्श्वे
सह चलता कलिनेव दत्तशिक्षः ।
दयितमपि विमुच्य वीरधर्म(1.21)
क्वचिदपि विग्रहराजभूरयासीत् ॥

सह चरता सहचरेण कलियुगेन राजभयान्निकटमे(1.22)[त्य दत्तो]-
पदेश इव विग्रहराजपुत्रोभीष्टमपि वीरधर्मं त्यक्त्वा क्वापि पलायितः ॥ 32.

समर ⏑(1.23) ⏑ ⏑ – ⏑ – ⏑ – –
समरसहेषु बहुष्वपि स्थितेषु ।
स मरणमपवादसंज्ञमाप्तुं
समरस[योर्भयलज्जयोर्ममज्ज?] ॥(1.24)

............हेषु वीरेषु बहुष्वपि स्थितेषु स राजा पुत्रसंग्रामार्थी न प्रवृ......(1.25**69).........[अय]शोनामकं मरणं लब्धुं तुल्ययोर्भय-[ल]ज्जयोर्मग्नः । अन्योपि कि............ 33.

---

1 Ms. °तन्तु. 2 Ms. °ल्पः. 3 Ms. धत्रु.° 4 Ms. °ताद्य°. 5 Ms. °र° written above °ल°. Comm. चर°. 6 Sic. Is it राजा यस्स° or राजपुत्रस्स°?

⏑⏑⏑⏑(1.1)मपदे विमुक्तसत्वं
⏑⏑⏑रजोपि तमोदशां मपन्नं.
तदपि समरसाक्षि[णोप्यवृत्वन्
⏑⏑⏑⏑देवभटा?](1.2)दयः प्रवीराः ॥

राज्ञा भीतानां मारख्याभावादपदे अस्थाने भ्रष्टसत्वं तं तमोदशां प्रा-
प्तुवद्रजो य······(1.3)दयस्तद्देवभटादयः संवव्रुः. देवभटादिभिस्तत्सत्व-
भ्रंशो गोपितं इत्यर्थः. रजस्तमसी गुणौ. 34.

[प](1.4)रिवृढरहितशिरोविहीनो
भवति पुमानिति यः पृथुप्रवादः.
अहितभुजभृतां⏑⏑⏑——
[त](1.5)मगमयच्चरितार्थतां नरेन्द्रः ॥

अस्वामिको लोकशिरोरहितो भवतीति यो महाञ्जनप्र[वादस्तं श]-
(1.6)त्रुभटानां शिरांसि च्छित्वा सत्यार्थत्वमनयत्. विग्रहराजपुत्रे चलिते
शत्रूनवधीदित्यर्थः ॥ 35.

[भुवि पति](1.7)तवतां स्वयोधमूर्ध्नां-
मनुसरणार्थमिवावनम्रमुख्या.
सममहितमहीपतेर्जनन्या
सुभटघटीः प्रभु[रानि](1.8)नाय बध्वा ॥

छेदेन भुवि पतितानां निजभटशिरसामनुगमनार्थमिवा[न]तमुख्या
शत्रुराजमात्रा सह बध्वा(1.9) राजा सुभटपंक्तीरानयत् ॥ 36.

असुररुधिरसिन्धुतीर्थिकानां
नर[रुधिराच्छ]मनं ह्यपेयपानं.

---

1 Ms. °दे.° 2 Ms. °दयसंवव्रुः. 3 Ms. °तं. 4 Is it अहितभटशिरांसि कर्तयित्वा? 5 Ms. °र्थ. 6 Ms. °ट्राप्र°. 7 Sic. Read °च्छीरा.°

इति नृ(l.10)पतिशरा इवं त्रपातो
झगिति निपङ्गनिषङ्गितामगच्छन् ॥

पृथ्वीराजेनासुरसमाश्शत्रवो नित्यं······(l.11)अतोसुरग्रक्ताब्धौ ती-
थिकानां तद्वाणानां नररुधिरेणाचमनमपेयस्य पानमयुक्तं भवतीतीव लज्जा-
सो राज्ञ(l.12)शरास्तूणे तूर्णं प्रवेशमगच्छन् ॥ 37.

अथ विजयिनि राजनि प्रविष्टे
क्षणमपि निर्गमनं श्रियोतिभीमा ·
अरु[ण](l.13)दजयमेरुगोपुरस्य
प्रतिभटमूर्धभिरेव तोरणस्रक ॥

ततः प्राप्तजये राज्ञि पुरं प्रविष्टे सति शत्रु[मस्तक](l.14)कृता अजय-
मेरुदुर्गस्य तोरणस्रगेवातिभीमत्वान्निर्गमनं श्रियोरुधत् · श्रीस्तत्रैव स्थिरा-
भूदित्यर्थः ॥(l.15) 38.

मरुदिव दिशि पश्चिमोत्तरायां
मतिबलवानधिपस्समस्त एव ·
तदुपरि परमार्थपौरुष[द्धयां हय](l.16)-
पतिरेव तिरस्करोति सर्वान् ॥

यथा वायुस्तथा पश्चिमोत्तरायां वायव्यविदिशि सर्व एव प्रभुरति-
[बल](l.17)वान्भवति तदुपरि हयपतिरेव सहजविक्रमसमृद्धस्सन्सर्वान-
भिभवति ॥ 39.

तमपि मुषितग[र्जना](l.18)धिकारं
विरसलघुं शरदभ्रवद्व्यधाद्यः ·
कदशनकुशलो गवामरित्वा-
त्समुदितगोरिपदापदेश[मुद्रा](l.19). 40.

1 Ms. °तिथि.° 2 Ms. °वाभ्र.° 3 Ms. °च्छत. 4 Ms. °नाश°.
5 Ms. °मोन्तरायोसति°. 6 Ms. °मोन्तरायं. 7 Ms. °गौरि°.

श्वपचरणनिपातपातकित्व-
प्रकरणसामयिकः कलेर्युगस्य .
स किल सकलराजमण्ड[लश्री](l.20)-
व्यवधिविधानविधुन्तुदत्वमैच्छत् ॥

गर्जनाख्यो देशविशेषो गर्जनं गर्जितं च तत्र मुपितोधिकार[ो यस्य तं] (l.21)यश्शरदभ्रमिव विरसं हृतभूमिकं निर्जलं चातो लघुमनादरणीयं हे-लातुल…………(l.22)गोघ्नत्वात्कुत्सितभोजनकारी तथा समुदिते संभूय स्थिते[1] गोरिरिति व्यपदेशो मुद्रा [यस्य]…(l.23*)…………[प]-दच्छेदेन पातकित्व………णप्रकर्षणक्रिया तत्र क……(l.1)……-…[चन्]द्रो नृपाश्च राजानस्समस्तराजमण्डलशोभायाश्छादने राहुभ[ाव] …………(l.2)… ………छादयति ॥ 41.

किमपरमपरीक्ष्य दीक्षितत्वं
क्षपणविधौ नररक्षसां स पापः .(l.3)
[व्यसृ]जदजयमेरुमेरुभूभृ-
त्कुहरहरेरपि दूतमेकमग्रे ॥

किमन्यत्तस्य वर्ण्यत इति शेषः . न(l.4)[रर]क्षसां म्लेच्छानां विनाशकरणे तस्य प्रतिज्ञामविमृश्य स म्लेच्छराजोजयमेरुनामदुर्गमेव मेरुप(l.5)-………रे हरेस्सिंहस्येन्द्रस्य सूर्यस्य वा दूतमेकं विसृष्टवान् ॥ 42.

तैमित्यन्तं दूतवर्णनपरं कुलकम् ॥(l.6)

निरवधिकपिलावर्धप्रशस्ति
लिखितुमतीव विशालभालपट्टम् .
कृतमिव विधिनैव बुद्धिपूर्वं(l.7)
खलतिदशां गमितं शिरो दधानम् ॥

---

1 Is it °तितस्संभूय स्थितो गो°? 2 Ms. °यमेरुमू.° 3 Ms. °क्षसां.
4 See note 2, p. 254. 5 Ms. °धिप्र°. 6 Ms. °भम्.

राजद्वास्थवर्गस्तमापतन्तं सन्तं कथमपि निपिषेधेति संबंधः(l.8). खलतिदशां लुञ्चनं प्रापितं शिरः कर्मभूतं दधानम् अतस्संभाव्यते निरवधीनामसंख्यानां कपिला(l.9)नां गोविशेषाणां वधो मारणं तत्प्रशस्तिं लेखितुमिव वेधसैव विस्तीर्णललाटपट्टं सृष्टम्. लि(l.10)खितुमिति चिन्त्यम् ॥ 43.

परिहृतकचकूर्चपक्ष्मरोम-
व्रजमिव कालिकयाप्यवद्यभीत्या.
स्वपदसु(l.11)लभगोस्तनीगुलुच्छ-
प्रतिफलितामिव बभ्रुतां वहन्तम् ॥

स्वपदे गर्जनदेशे सुलभा या गोस्त(l.12)नी द्राक्षा तद्गुलुच्छेभ्यस्संक्रान्तामिव कपिलवर्णतां दधानं अतस्संभाव्यते पापभयात्कालत्वेना(l.13)पि त्यक्तकेशादिकम् ॥ 44.

दधतमपुनरुद्गमाय लूनै-
स्सह चिकुरैरिव लुप्तमूर्धवर्णाम्.
विपिन(l.14)विहगवाशितायमानां
तनुमिव धिग्गिरमप्यशुद्धवर्णाम् ॥

धिङ्निन्दायाम्. वनपक्षिरुतसमां(l.15) गिरं दधतम् लुप्ता मूर्धवर्णा ऋटवर्गरषा यस्यास्ताम् तनुमिव. तत्पक्षे मूर्धवर्णः कालत्वं अशुद्धो(l.16) [व]र्णो जनक्रमत्वं यस्याम् ॥ 45.

हृतमिव हिमतश्शुचित्ववर्णं
जननभुवः ककुभो हिमाद्रिमत्याः.
सि(l.17)[च]यसमुचितं विपाण्डिमानं
वपुषि वहन्तमवद्यरोगकल्पम् ॥

---

1 Ms. °षेधिम.° 2 The verse referred to by this part of the Comm. is lost. 3 Ms. °षंख.° 4 Ms. °साना.

सिचयानां वाससामुचितं पा(l.18)[ण्डुर]त्वं शरीरे धारयन्तं. पांडुवर्ण-मित्यर्थः. अथवो गर्ह्यो रोगैश्चित्रादिः तत्समम् अतस्संभाव्यते शु(l.19)-[चि]त्वं शुद्धिश्शुभ्रत्वं च तद्वर्णो यत्रैवं कृत्वोत्तरदिशो जन्मभूमेर्हिमाद्रिवा-हृतम् ॥ 46.

कलयति कथ(l.20)[मा]ङ्गिकस्य शोभा-
मशुचिनि जन्मनि वाससोपि शुद्धिः .
इति वृजिनमिवेत्यं कञ्चुकित्वं
कृतपरिरंभ(l.21)⏑–⏑[मुद्वहन्त]म् ॥

अशुचिनि जन्मनि चाण्डालत्वे मलिने च जन्मनि सत्याङ्गिकस्य शा-रीरस्थस्य(l.22)............[विहि]तालिङ्गनं वृजिनं पापं कर्मभूतमुद्वह-न्तम् ॥(l.23**70) [6] 47.

* * * * * * * * * * *

निधस्थानेषु मग्नास्सर्वव......यस्य भाजनं दृष्ट्वा राज्ञां षडङ्ग........ ...(l.1)न केवलं जनानामङ्गान्य...मग्नानि यावद्राजाङ्गान्यपि दुर्गाङ्ग मग्नानीत्यर्थः. भयात्सर्वे दुर्गं प्रविष्टा [इ](l.2)ति तात्पर्यम् ॥ 48.

भाषादोषवशाद्गिरां बलरजस्तोमैर्दिशामम्भसा-
मक्ष्णां भानुरुचां च दुष्कृतभरा[द्धा](l.3)वापृथिव्योरपि .
काठिन्यात्कुलिशस्य मारकफलासङ्गादिषूणां वधा-
द्धेनूनां [च] धरण्यरोधि दशधा [तथ्या](l.4)भिधैर्गोरिभिः ॥

दशधा गौरिभिर्गवामँरिभिर्बधकैर्धरणी गौररोधि विप्लुता. तानेव दशप्रकार[न्भा](l.5)षादोषेत्यादिनाह. भाषादोषवशाद्गिरां रोधः. बलरेणु-निकरैर्दिशां गवां रोधः. तथाम्भसां गवां तै[रे](l.6)व रोधः. तथाक्ष्णां गवां

1 Ms. पाडु°. 2 Ms. °मश्रिश्र°. 3 Ms. °ब्जि°. 4 Ms. °भास°. 5 Ms. °वैत्य.
6 Copyist's remark अत ऊर्ध्वं द्वित्राणि पत्राणि प्रायः गलितानि. 7 Ms. °गौं°. 8 Ms. गौ°.

त्तैरेव रोधः. पापभराद्द्यावापृथिव्योर्गवोर्बाधा. कुलिशस्य गोः कोठिन्याज्जयः. (l.7)शराणां मारफलकफले[1] लोहमये मुखे आसङ्गाद्धेनूनां गवां वधात्. तथा च कोशः.

वाग्भूदिग्रश्मि(l.8)वज्रेषु पश्वक्षिस्वर्गवारिषु

गोशब्दस्य स्मरणाद्दशधा वध्याभिधैस्सत्यार्थनामभिः ॥ 49.

कारागाराधिका(l.9)राहितरणरणकैः प्रेतनाथस्य याव-
त्तैर्दुर्गे गूर्जराणां नृतनुभिरसुरैर्नड्वलाख्ये निमग्नम्.
पृथ्वीराज(l.10)स्य तावन्निखिलदिगभयारम्भसंरम्भसीमा-
भीमा भ्रूभङ्गभङ्गी विरचनसमयं कार्मुकस्याचचक्षे ॥(l.11)

कारागारे बन्धनस्थानेधिकाराय प्रेतनाथस्य जनितं रणरणकं चिन्ता यैः. पूर्वं यमकारागारस्य शून्यत्वा(l.12)च्चिन्ता नाभूत् तदा तु यमेन कारागारं प्रवेशिताः अतो यमस्य प्रत्यवेक्षाचिन्ता जातेत्यर्थः. तैर्मनुष्यरू(l.13)-पैरसुरैर्नड्वलनाम्नि दुर्गे यावन्निमग्नं तावद्दिशामभयदानस्य सीमावधिः भ्रुकुटिर्धनुषो न(l.14)मनमाख्यत्. राज्ञा यदा भ्रुकुटिः कृता तदा भटैर्धनुर्नमितमित्यर्थः ॥ 50.

भ्रुकुटिकुटिलः पृथ्वीभर्तुर्गद(l.15)न्नवनेशिवं
मिलदरुणिमा भाले कोपि व्यभाव्यत कालिमा.
जलधर इवाकस्मादैरम्मदेन सहार्चि(l.16)षा
चिकुरसरणिं प्राप्तः कर्तुं प्रतापहतिं द्विषाम् ॥

राज्ञो भ्रुकुटिरूपः कुटिलश्च तथा मिलन्न(l.17)रुणिमा कोपरागो यस्य स कालिमा कार्ष्ण्यं ललाटे जनने(?) व्यभाव्यत दृष्टः शत्रूणां प्रतापं हन्तुं वैद्यु(l.18)तेनाग्निना सह केशसीमां प्राप्तो मेघ इव. नेयं भ्रुकुटिः किन्तु मेघः न चायं कोपरागः कि(l.19)न्तु विद्युदग्निः. विद्युत्सहितो मेघश्शत्रूणां प्रतापाग्निं शमयितुं संप्राप्त इति सम्भावनमिति भ(l.20)द्रम् ॥ 51.

---

1 Ms. °शगोका°. 2 Ms. °य. 3 Sic. Is it °रफलके ? Is the text °मारफलका°?. 4 Ms. तिध्या°. 5 Ms. °गैगूं°. 6 Ms. नसू°. 7 Ms. °रै°. 8 Ms. मद्दा°. 9 Ms. वैरिणा crossed before के°.

श्रीश्रीकण्ठचरित्रकाव्यविवृतौ विश्वस्य निश्वस्य च
च्छायाभाजि किरातकाव्यविवृतौ(l.21) [1]विभ्रम्य रम्यश्रियि ॰
पृथ्वीराजजयाख्यकाव्यविवृतौ संवेशमिच्छाम्यहं
शास्त्रोद्जखेदमेदु(l.22)रमति[2]र्येस्स्नाकरो लावणिः ॥

श्रीलोलराजसुतपण्डितभट्टनोन-
राजात्मजो विवरणेन स [जो](l.23)नराजः ॰
सर्गं चकार दशमं सुखमत्र पृथ्वी-
राजाख्यराजविजयाभिधकाव्यराजे ॥(l.24)

पृथ्वीराजविजये[3]विवरणे श्रीजोनराजकृते दशमस्सर्गः ॥[4]

---

1 Ms. °हम्र्या°. 2 Ms. °तिर्ज्यो°. 3 Ms. °राजविव°. 4 Ms. ॐ नमश्शि[वाय](l.52*).

[एकादशः सर्गः]

——— ⌣—————— ⌣तेजसा .
तेजोन्तरतिरोधानं व्यानञ्ज नृपतेर्मुखम् ॥

आ ···· ······(11)···· ··· ···स्पृष्टं राज्ञो मुखं तेजोन्तराणा
मन्येषां तेजसामन्तर्धानमकरोत् ॥ 1.

दर्पणेष्विव सं(12)क्रान्तं मुखेषु भुजशालिनाम् .
सहस्रमुखतां प्राप तस्य शूरस्य तन्महः ॥

आदर्शेष्विव वीराणां मुखे(13)षु संक्रान्तं तस्य शूरस्य रवेश्च तेज-
स्सहस्रप्रकारतां प्रापत ॥ 2.

ततः कदम्बवासेन धैर्यावासेन मन्त्रिणा .
वि(14)ज्ञप्तस्सत्यदासेन सभाव्यासेन पार्थिवः ॥

धैर्यावासत्वादिगुणविशिष्टेन कदम्बवासाख्येन मन्त्रिणा(15) राजा
विज्ञप्तः ॥ 3.

राजन्नवसरो नायं रुषां भाग्यनिधेस्तव .
किं क्रमेलकभक्ष्येषु तार्क्ष्यः फणिषु कुप्यति ॥(16)

भ······वतो नायं रोषकालः उष्ट्रैर्भोक्तुं शक्येषु सर्पेषु गरुडः किं
पराक्रमते ॥ 4.

तिलोत्तमामिवोद्दि(17)श्य रसामतिमनोरमाम् .
सुन्दोपसुन्दभङ्ग्या ते स्वयं नंक्ष्यन्ति शत्रवः ॥

———

1 Ms. °सव्या°. 2 Ms. °क्षिपु. 3 Ms. गरुडः written above क्रमेलकः(!)

यथा तिलोत्तमामुद्दिश्य(1.8) सुन्दोपसुन्दौ नष्टौ तथा तव मनोज्ञां ल-
क्ष्मीमुद्दिश्य शत्रवस्स्वयं नाशमेष्यन्ति ॥ 5.

इति तस्मिन्वदत्येव(1.9) महीनं विनयानतः .
तेजसेव भ्रमदृष्टिः प्रतीहारो व्यजिज्ञपत् ॥

एवं तस्मिन्कथयत्येवं वि(1.10)नयेन नतोतस्तेजसेव सम्भ्रान्तदृष्टिः प्र-
तीहारो विज्ञप्तवान् ॥ 6.

हृद्यमान्तमिवानन्दं विकस्वरमुखो(1.11) वमन् .
लेखहस्तः पुमान्प्राप्तो देव गूर्जरमण्डलात् ॥ 7.

आकर्ण्येति प्रतीहारभारतीं भारतेश्वरः .(1.12)
तूर्णं प्रवेशयेत्यूचे स च दूतमवीविशत् ॥

एवं प्रतीहारविज्ञप्तिं श्रुत्वा त्वमेनं प्रवेशयेति(1.13) राजा तमेवं प्रत्यु-
क्तवान् प्रतीहारश्च दूतं प्रवेशितवान् ॥ 8.

मुखे प्रसादसंवादसंमतैस्स मितैः(1.14) पदैः .
गूर्जरोपज्ञमाचख्यौ घोरं गोरिपराभवम् ॥

मुखे प्रसादस्य संवादेन प्रियैरल्पैः पदैः(1.15) स दूतो गूर्जराणामुपज्ञाद्य-
ज्ञानं. प्रथमं गूर्जरैरेव कृतमित्यर्थः. गोरीणां म्लेच्छानां पराभवं कथि(1.16)-
तवान्. उपज्ञोपक्रमंमिति नपुंसकम्. उपज्ञा ज्ञानमाद्यं स्यादित्यमरः ॥ 9.

उच्चैश्श्रवस्स्वसा(1.17) लक्ष्मीरमुनैव कलङ्किता .
इति क्रोधेन निश्शेषैः परित्यक्तं तुरङ्गमैः ॥

उच्चैश्श्रवसस्सोदरी श्रीर(1.18)········दूषितेतीव रुषा सर्वैरश्वैस्त्य-
क्तम् ॥ 10.

---

1 Ms. °गतः. 2 Ms. °त्येव. 3 No Comm. 4 Ms. °रति.
5 Ms. °यं गो°. 6 Pāṇini, 2. 4. 21. 7 Amara. 2. 692.

द्विजराजो मम भ्राता द्विजराजाश्रयः पतिः .
कथं(l.19) [मातङ्ग]सङ्गो मे न्याय्य इत्युज्झितं श्रिया ॥

द्विजराजश्चन्द्रो ब्राह्मणश्च मम भ्राता भवति द्विजराजो गरुडस्तदा-
(l.20)············तो मम मातङ्गैर्म्लेच्छैश्चाण्डालैश्च सङ्गः कथमुचित इति
लक्ष्म्या त्यक्तम् ॥ 11.

अपत्रि(l.21)[त्रमु]खन्द्रष्टुमसमर्थैरिवासुभिः .
पृष्ठव्रणमुखेनैव त्यक्तनिश्शेषसैनिकं ॥

अशुचित्वान्मुं(l.22**7)खं द्रष्टुमशक्तैरिव······पृष्ठव्रणमार्गेणैवो-
ज्झितसर्म[स्त]············(l.1)इत्यर्थः ॥ 12.

निशम्य दुर्यशोमात्रसैन्यं हयपतिं गतम् .
विज्ञापयितुमारेभे पार्थिवं [पृथिवीभटः] ॥(l.2)

अपयशोमात्रमेव सैन्यं यस्य तं हयपतिं गतं श्रुत्वा पृथिवीभटो रा-
जानं विज्ञप्तवान् ॥ 13.

————‿(l.3)मासाद्य स्वामिन्मा स्मावमन्यथाः .
भाव्यर्थदर्शिनात्मानं धन्यं मन्यस्व मन्त्रिणा ॥

हे स्वामि·········(l.4)त्वं मावमंस्थाः भविष्यन्तमर्थं जानता कव-
म्बवासेन मन्त्रिणा करणभूतेन त्वमात्मानं धन्यं मन्यस्व ॥ 14.

[तिलोत्तमे](l.5)व हि रमा रज्यन्ती त्वयि गोपतौ .
स्वयं जगाम लोभान्धगोरिक्षयनिमित्तताम् ॥

गोर्भूमेस्स्वर्गस्य·········[त्व](l.6)यि सानुरागा लक्ष्मीस्तिलोत्तमा
यथा लोभान्धानां गोरीणां म्लेच्छानां क्षयकारित्वं गता ॥ 15.

---

1 Ms. ब्राह्मणश्च lc. under l. 20. 2 Ms. द्विग°. 3 Ms. सम. 4 Ms. °ष्ठुसमम°. 5 Ms. °वासु°. 6 Ms. °ष्ट°. 7 Ms. °नैव. 8 Ms. °त्वा-मुन्मुखं°. 9 Ms. has ए on margin. 10 Ms. °मस°. 11 Ms. °ना°. 12 Ms. °व्यार्थदाश°. 13 Ms. धनं. 14 Ms. रसा.

इ———⌣—(1.7)———मन्तहरिरभ्यधात्.
उपमानं श्रियः केयमिति प्रासङ्गि—⌣—॥

............क्यान्त......(1.8)वदत् केयं लक्ष्म्या उपमानं उक्तेति शेषः॥ 16.

इतिहासशताभ्यासव्यासः क्ष्मावास[सन्निधौ](1.9).
इतिहासशुचिं वन्दी भूयोप्युदहरद्गिरम्॥

पुरावृत्तज्ञाने व्यासो वन्दी राजान्तिके एव.........(1.10)तां वाचं पुनरभ्यधात्॥ 17.

तिलोत्तमेति लिखिता काप्येषा चतुरक्षरी.
देव व्यस्तसमस्तत्वात्प[श्लेषोः] (1.11)पंचसायकी॥

तिलोत्तमेत्यक्षरचतुष्टयं पञ्चबाणस्य पञ्चशरा भवन्ति व्यस्तसम-............(1.12)गुणस्य उकारस्य विश्लेषेण पञ्चाक्षरतोदयात्॥ 18.

रूपस्योत्तममुच्चित्य रम्भादि⌣⌣लंति—[1].(1.13)
परीक्षापूर्वकारी यां ससर्ज चतुराननः॥ 19.

भवद्रुमफलं मत्वा यन्मुख—⌣—⌣—.(1.14)
मिथस्सुन्दोपसुन्दाभ्यां युद्ध्वा चक्रे पदं दिवि॥

यन्मुखदर्शनमेव जन्मवृक्षस्य............(1.15)सुन्दाभ्यां स्वर्गे युद्ध्वा स्थितिः कृता॥ 20.

आनन्दसम्पदो मा गात्तन्मुखस्या[र्धं]भागिताम्.
[इतीव?]—⌣—(1.16)व्याधिमन्दामिन्दुं व्यधाद्विधिः॥

तस्य मुखस्य संबन्धिन्या हर्षश्रियोर्धंभागी चन्द्रो मा......(1.17)-राजयक्ष्मणा हतं चन्द्रं विधिः कृतवान्॥ 21.

---

1 Is it °दिकललतिकाम्? 2 No. Comm. 3 Ms. °ता. 4 Ms. चन्द्र crossed after °र्धं°.

रूपमायत्ततां यातं तथास्यास्सुरयोपितः.
[अनुरक्त?](l.18)मिवोपास्ते चित्रस्थामपि तां यथा ॥

रूपं······विधेयं तथाभूयदनुरागादिव रूप······[लि](l.19)खि-
तामपि तां सेवते ॥ 22.

तथा च पूर्वचारित्रे त्वदीयं यत्र चित्रितम्.
देव तत्रेयमभ्ये[ति पश्य धा](l.20)त्रीसुतामपि ॥

तथा हि त्वदीयं पूर्वजन्मचरितं यत्र यत्र लिखितमस्ति त······
······[सीं](l.21)तामप्यभ्येत्यनुकरोति ॥ 23.

इति पृथ्वीभटेनोक्ते दूतं संतोष्य पार्थिवः.
विसृज्य म[न्त्रिणः सर्वानावि](l.22)शच्चित्रमण्डपम्.

वन्दिनेत्युक्ते दूतं प्रतिमुच्यामात्यान्विसृज्य स चित्रस्थानम······
(l.23*) 24.

——————⏑——————⏑—⏑—.
——————⏑— —— ——जो व्यजिज्ञपत ॥

समस्तानां रा············(l.1)···तयाङ्गुल्या चित्रं दर्शय······
···[विज्ञ]प्तवान् ॥ 25.

लूनैरत्र दशाननस्य भगवान(l.2)[ष्टाभिराद्यै?]र्मुखै-
र्मन्ये मानवदेव शस्तुरकरोदष्टावधीनास्तनूः.
कृत्तं यद्वदनं त्वनेन नवमं प्रायच्छदस्मात्फ(l.3)[लं]
[त्वत्तो मृत्यु]मतोधिकं त्वसुलभं मत्वाप्यरौत्सीत्करम् ॥

हे मानवानां देव कृत्तैरष्टाभिर्मुखैर्हेतुभिर(l.4)[ष्टौ पृथि]व्यादीस्तनूः
मूर्ती रावणस्यायत्ताः कृतवान् ततो रावणेन नवमं मुखं यल्लूनं फलं त्व-
त्कृतं मरण(l.5)[मदात्] ततो दशमशिरश्छेदारम्भे हरोस्य करं रुद्धवान्

1 Ms °स्समरयापित. 2 Ms °तम°. 3 Ms. °नै°. 4 Ms. °सै°.
5 Ms. °नूम्°. 6 Add तस्य. 7 Ms. °श्छे°.

अहं मन्ये त्वत्कृतमरणादधि(1.6)[कं]······मत्वा. अयमर्थः. अष्टशिरश्छेदफलाभिजाष्टमूर्तिषु प्रभुत्वदानादधिकं नवमंशिर(1.7)[श्छेद]फलं नारायणहस्तेन मरणं रावणस्य मया दत्तम्. दशमं शिरोसौ यदि मत्कृत्था [लुनाति](1.8) तदा किमतोधिकं फलं ददामीति दशमं शिरश्छिकर्तिपो रावणस्य महेश्वरो हस्तं रुद्ध्वा(1.9)[नि]ति संभावनम् ॥ 26.

पयोधेरुत्पन्नान्करितुरगधन्वन्तरितरू-
न्दविष्ठीभूतायां जननभुवि खिन्ना(1.10)[निव] विदन्.
इमानेतां लङ्कां यदपि दशकण्ठो यदनय-
त्तदप्येते सीदन्त्यपहृतिकुकीर्तेरसह(1.11)[नात्] ॥

समुद्राज्जातानैरावणोच्चैश्रवोधन्वन्तरिपारिजाताञ्जननभुवि जन्मभुवि समुद्रे दविष्ठीभू(1.12)[ता]यां दूरं गते सति खिन्नानुद्विग्नानिव जानन्. जन्मभूमिस्समुद्र एषां दूरस्थ इत्युद्विग्नानामै(1.13)[रा]वणादीनां संभावनादित्यर्थः. रावणस्तानिमानैरावणादीँल्लंकां यदनयत्तथापि हठापह(1.14)[र]-णलज्जया ते सीदन्ति ॥ 27.

विजित्य ब्रह्माण्डभ्रमणनिपुणं पुष्पकमयं
विलासप्रासादं पुर(1.15)—हृत(?)[6] लङ्कां दशमुखः.
असन्तुष्टो भ्रातुस्तदपि नियतं नेतुमलका-
मुदस्यन्कैलासं वरदमिम(1.16)[मीशं] ज्वलयति ॥

ब्रह्माण्डेपि भ्रमणं तत्र निपुणं पुष्पकसंज्ञं विलासप्रासादं प्राप्याप्यसन्तु(1.17)ष्टो रावणो लङ्कां नगरीं यदहृ(?)त्तदपि ततो नूनमसन्तुष्टो रावणो भ्रातुरलकां हर्तुं कैला(1.18)[समु]त्क्षिपन्रावणो वरदमीश्वरं ज्वलयति ॥ 28.

---

1 Ms. इत्यध्याहारः crossed after °न्ये. 2 Ms. °रच्छे°. 3 Ms. °वर°.
4 Is it °यक्रोयम°?. 5 Ms. °धान्व° See p. 163, note 5. 6 Is it यदहरत ल°? or यदनयत ल°?. 7 Is it °दहरत्त°? or °दनयत्त°?

उत्क्षिप्तोयं मुहूर्तं स्फटिकगिरिरितश्चक्रवर्त्तिन्यमु(1.19)[ष्मि-
न्नन्त]स्संक्रान्तिभाजि प्रथमजलधरश्यामले राक्षसानां .
देवस्यार्धेन्दुमौलेर्वपुरनुपग(1.20)[तत्वेपि?] मृत्युंजयाख्यं
पुष्णाति स्पष्टलक्ष्माभरणकुमुदिनीकान्तबिम्बासनत्वम् .

सजल(1.21)[मेघनि?]कामेस्मिन्राक्षसानां चक्रवर्तिनि रावणे प्रतिबिम्बिते सति मृत्युंजयसंज्ञं रूपमधा(1 22**72)रय[तो]प हरस्य प्रकटकलङ्कचन्द्रबिम्बाननत्वं कर्म स्तु············(1.1)यदा कैलासो रावणेन कराग्रे उत्क्षिप्तस्तदा रावणे प्रति[बिम्बिते?]·········[मृत्युंजय](1.2)रूपोचितं चन्द्रासनत्वं संपादयति ॥ 29.

लङ्कायां पुरि—⌣—⌣⌣⌣———⌣———⌣—(1.3)
प्रायं सोदरजातमातुरतमा यावत्प्रयुंक्ते रमा .
तावत्त्वां⌣⌣—⌣—⌣⌣⌣———⌣———⌣(1.4)णि-
ग्रामण्यं कृतकप्रसुप्तममरस्तोमः स्तुतिं प्रस्तुते ॥

·········(1.5)दप्राप्तावसादं समुद्रमुखाच्छूत्वात्याकुला लक्ष्मीस्त्वां या[व]······(1.6)ण क्रीडासहाये फणि·····पे कृतकं कृत्वा त्वां प्रसुप्तं बुध्वा स्तुतिम······अयमर्थः रावणो(1.7)···द्रुतांनामै[राव]णादी······मुपद्रवनिवारणार्थं लक्ष्मीस्त्वां यावत्प्रेरयति [तावद्देव]वर्गस्स्तुतिं कर्त्तुं प्र(1.8)-वृत्तः ॥ 30.

आवेदितेषु दशकन्धरदुर्नयेषु
लज्जाभरानतमुखैस्त्रिदशै[ः पुरस्ते] .
एतानि पश्य तनु[भृ(1.9)न्ति?] भृशं ज्वलन्ति
पातालसंतमसजिन्ति तवायुधानि ॥

राक्षसमात्रेण वयं जिता इति लज्जा(1.10)भरेण नम्रैश्च सद्भिर्देवै रावणाप[न]येषु तवाग्रे निवेदितेषु सत्सु देवतारूपमूर्त्तीनि तवायुधानि भृशं ज्व-(1.11)लन्ति . अतः पाताले संतमसं जितवन्ति क्रोधादिति भावः ॥ 31.

---

1 Ms. °ःका° 2 Ms. °चन्दा°. 3 Ms. °त्व. 4 Ms. °सस°. 5 Ms. तना°.
6 Ms. देवतारूप lc. under 1,10.

पश्यामी चरणनखांशुभिस्त्वदी(1.12)यै-
र्गङ्गाम्भभ्भिररचितानुचर्यचर्याः .
पेयूषोद्धरणादिनाधिकप्रमोदाः
क्षीरोदादमृत[भुजः ख](1.13)मुत्पतन्ति ॥

त्वत्पादनखरश्मिभिर्हेतुभिर्गङ्गाजलेनेव चिरं रचितानुचर्यचर्या······-
(1.14)···नखरश्मिभिः कृतगङ्गास्नाना इवेत्यर्थः अमृतभुजोमराः पेयूष-
स्योद्धरण······(1.15)दो येषां ते क्षीराम्बुनिधेर्दिवं गतास्त्वं पश्य . अयमर्थः
रावणकृतमवमानं·········(1.16)प्रणम्य देवा गता नाकम् ॥ 32.

नाकेसदां परिषदि प्रतिमुच्य यान्त्यां
संवाहने चरण[योर्विहितो](1.17)द्यमायाः .
श्रीर्हारमध्यमणिदर्पणबिम्बितेयं
गर्भप्रवेशमिव वाञ्छति कर्तुमुर्व्याः ॥

······(1.18)मुच्य देववर्गे गते सति त्वत्पादसेवोद्यतायाः भूमेर्हार-
मध्यप्रतिबिम्बिता लक्ष्मीरन्तः प्रवेशं कर्तुमि(1.19)वेच्छति . अयमर्थः श्री-
स्स्वामिनोतिप्रियां भुवं मत्वा तत्प्रवेशे इव प्रवृत्तेति अन्यश्च·········
[क](1.20)रोति ॥ 33.

शान्तां कान्तां च बिभ्रत्स्वतनुमिव तनुं पुत्र[कामेष्टियाजी?]
सावित्रस्यैष राज्ञो मुनिसदसि प(1.21)रामृश्यतामृश्यशृङ्गः .
शृङ्गं श्रुत्वा ललाटे⏑⏑⏑तैरलितः काममस्यैव मध्या-
दग्नेरु[द्धृत्य पा](1.22)त्रं कनकमयमयं पूर्णपात्रीकरोति ॥

नाम्ना शमित्वेन च शान्तां कान्तां कान्तिमतीं······(1.23)मूर्तिं द-
धत्सावित्रस्य सूर्यवंश्यस्य राज्ञो दशरथस्य पुत्रकामेष्टियाजक ऋश्य···-
······(1.24*)············शो शृङ्गं श्रुत्वा साश्चर्यायं दशरथोग्नेर्मध्यात्सु-

1 Ms. °रादा°. 2 Ms. श्रीहा°. 3 Ms. वाञ्छ°. 4 Is it कुतुकत°?

वर्णपात्रमुत्पाद्या(l.1)·········तीत्यर्थः . अयमर्थः दशरथस्य पुत्रकामेष्टि-
मृश्यशृङ्गो[1] यदाकरो(l.2)त्तदाग्नि·········चरुपूर्णां दधत्पुरुषः प्रादुर्भूतः
ततो दशरथस्तां सुवर्णपात्रीमृश्यशृ(l.3)ङ्गाय दत्तवान् ॥ 34.

योयं पयश्चरुरयं तुहिनांशुबिम्ब-
मेतत्तले कनकभाजनमेष भानुः .
अग्नेरुदेति(l.4) पुरुषोयमिति क्षयाय
धामत्रयं घटितमत्र निशाचराणाम् ॥

यः क्षीरचरुस्स चन्द्रः क्षीरच(l.5)र्वाधारभूतं हेमपात्रं स सूर्यः अग्नेर्यः
पुरुषो निर्गतस्सोयमग्निरिति निशाचराणां क्षयार्थं धामत्रयं संघ(l.6)टित-
मिति संभावनम् ॥ 35.

अम्भोधेरुदरे चिरस्य जनितं तेजोवधं निद्रया
संमृज्येव महर्षिमन्त्रनिन(l.7)दैः[6] पुत्रीयया चानले .
वीर्यं वैष्णवमुद्गतं चरुमिषादेतद्धरित्रीभुज-
स्सावित्रस्य करद्वयेत्र पुरुषः(l.8) कोप्येष विन्यस्यति ॥

चिरं समुद्रमध्ये निद्रया जनितं तेजोवधं मन्त्रध्वनिभिरग्नौ पुत्रीये-
ष्टया च होमेन(l.9) संमृज्य निवार्येव चरुरूपमुद्गतं विष्णुतेजः कोपि दिव्य
एष पुरुषस्सावित्रस्य राज्ञो हस्तद्वये न्यस्यति(l.10) . अयमर्थः तेजोजलयोर-
न्योन्यप्रतिपक्षभूतत्वात्समुद्रान्तर्निद्रया हरेस्तेजोवधो जातस्तस्य च शब्दै-
(l.11)र्होमैर्न च निवृत्तिरुचिता ततो वीर्यं दशरथस्य दिव्यः पुमान्प्रति-
पादयति ॥ 36.

दत्तात्कोशलकेकयेन्द्र(l.12)सुतयोरभ्यर्थिताभीष्टयो-
र्वाग्देवीरमयोरिवामृतचरोश्चित्तादिवांशावुभौ .

1 Ms. °श्यशृङ्गो° lc. on margin, °दशरथो° crossed in the text. 2 Ms. °तत्तुले.
3 Ms. समूहः. 4 Ms. °चराणां lc. under l. 5. 5 Ms. संसृ°. 6 Ms. °निनन्दैः.
7 Ms. °रेत्वये°. 8 Ms. °सुषतं lc. under l. 9. 9 Ms. °र्हैमे°. 10 Ms. °कैक°.

लेभेसौ मलयेश्वरस्य(1.13) तनया पुण्यंप्रतापौ यथा
नीतेः पूर्णमिवाप्तवान्सुतचतुर्वर्गं ततः पार्थि(1.14)वः ॥

सरस्वतीलक्ष्म्योरिव पूज्यवल्लभयोः कौसल्याकैकय्योः(1.15) दत्ताभि-
त्तादिव द्वौ भागौ पुण्यप्रतापाविव सुमि(1.16)त्रा लेभे ततो राजा नीतेः
पूर्णं नीतिमयं सुतानेव चतुर्वर्गं धर्मार्थकाममोक्षांल्लब्धवान्(1.17). पूरणगुणे-
ति षष्ठी. अयमर्थः कौसल्या वाग्देवीवदभ्यर्चिता कैकेयी लक्ष्मीवदभीष्टा
(1.18)ताभ्यां दशरथाच्चित्तवच्चरुभागः प्राप्तः ताभ्यां च दाक्षिण्यात्सुमित्रायै
भागांशौ दत्तौ इति पुत्रचतु(1.19)ष्टयोत्पत्तिरित्यर्थः ॥ 37.

जन्मान्तरं स्वयमरिष्टगृहे तदेत-
देव त्वमत्र परिभावय रामनाम .
हस्ता(1.20)ङ्गुलीर्विनिदधद्वदने पुरैव
पौलस्त्यमूर्धगणनामिव निर्मिमाणम् ॥

राम इति नाम यत्र(1.21) [तज्जन्मा]न्तरमर्थात्पूर्वरूपं परिभावय पश्य
अरिष्टगृहे सूतिकागृहे मुखे हस्ताङ्गुलीः विं(1.22)······संभाव्यते पुरैव
प्रथममेव रावणशिरोदर्शकसंख्यामिव कुर्वत् ॥ अयमर्थः स्वभावे(1.23)-
······ङ्गुलीर्बाला आस्ये क्षिपन्ति तत्रोत्प्रेक्ष्यते दशाननस्य शिरोगणना-
हेतोः क्षिपतीति ॥(1.24**73[7]) 38.

सेयं कोसलचक्रवर्तितनया त्वत्पीतवामस्तनी
देवी ल[क्ष्मणपीतदक्षिणकुचा?]————(1.1)दृशोः .
शत्रुघ्नेन सह स्तनंधयंयुता कैकेय्यसावप्यसौ
————————[सु](1.2)मित्रा मुखम् ॥

सेयं कौसल्या देवीहास्ति कीदृशी त्वया पीतो वामस्त[नो यस्याः]

---

1 Copyist leaves a blank between °यय° and °भ°, °र्थि° and °वः, °य्योः° and °द°, °भि° and °आ°. 2 Ms. °तापो. 3 Ms. °र्वंग. 4 Panini, 2. 2. 11. 5 Ms. °शसं°. 6 Ms. °र्वंन्. 7 Ms. has ए. रा. ए. vertically on margin. 8 Ms. °नंधयु°.

.........(l.3)पीतो दक्षिणः कुचो यस्याः अतस्तासापत्न्येये स्नेहाधिक्यादह्द्र्ष्ट्योर्गोक्क्र्यायात्रेत्यारोपः(?) भरतशत्रुघ्नाभ्यां पीत(l.4)स्तनी असौ च कैकेयी असौ सुमित्रा सपत्नीविनयान्नतमुख्यस्ति. हेतुरुत्प्रेक्ष्यते. निष्प्रयोजना-स्तन्य(l.5)भरात्. स्नेहदाक्षिण्यवशात्कौसल्याकैकेयीभ्यां सुमित्रातनययोः पोषितत्वादिति भावः ॥ 39.

अ[न्वितौ](l.6) रामभरतौ रविनारायणाविव.
इमौ लक्ष्मणशत्रुघ्नौ विनतानन्दनाविव ॥

सूर्यनारायणावि(l.7)व रामभरतौ अन्विताववियुतौ सह लिखिता-विह स्तः विनतानन्दनौ अरुणगरुडाविव लक्ष्मण(l.8)शत्रुघ्नाविह स्तः. अयं भावः रविनारायणौ कश्यपसुतौ तयोर्द्वैमातुरौ विनतासुतौ यथा त(l.9)था रामभरतयोर्लक्ष्मणशत्रुघ्नौ ॥ 40.

उपनयनगृहं तदेतदस्मिन्मुनिरयमाभरणाय(l.10)ते वसिष्ठः.
अधरिततपनैर्महोभिरस्य प्रबलयतीव निजं वपुः कृशानुः ॥

तदुपनयनगृह(l.11)मेतत्. अस्मिन्नुपनयनावासेयं वसिष्ठो भूषणीभूतः सूर्याधिकैरस्यैव तेजोभिरत्राग्निस्स्वदी(l.12)प्तिं प्रबलामिव कुरुते. आज्यादि-जाता तेजोवृद्धिर्वसिष्ठतेजोभिः कृतेति सम्भावनम् ॥ 41.

चूडापं(l.13)चकमण्डनीकृतनखज्योत्स्नाप्रसूनोत्करः
पर्यायेण मुनिर्विभाति भवतां पा—श्चतुर्णामयम्.(l.14)
मन्येनेन सुतेजसा विरचिते पञ्चाङ्गमन्त्रार्पणे
देवस्याद्यतनेपि जन्मनि मनाङ्नास्ति क्वचिद्दुर्न(l.15)यः ॥

क्रमेण चतुर्णां भवतां चूडापञ्चके मण्डनीकृतो नखज्योत्स्नापुष्पस-मूहो येन तेजस्वि(l.16)ना पञ्चाङ्गस्य मन्त्रस्यार्पणे कृते सत्यस्मिञ्जन्मन्य-पि क्वापि न तव दुर्नय इत्यहं जाने. पूर्वजन्मा(l.17)न्तरे यस्तेनाशीर्वादः प्रयुक्तस्तन्माहात्म्यादद्यापि भवतां सर्वत्र प्रसिद्धिरित्यर्थः ॥ 42.

---

1 Ms. °या° lc. under l. 4. 2 Ms. °योर्द्वैमातरौ. 3 Ms. °योव°. 4 Ms. °स्माद°.

अयमृषि(1.18)नृपा विश्वामित्रस्तपोग्निदिधिक्षित-
त्रिजगदभयक्रीडादानप्रतिग्रहिवेधसम्.
उपकरणतां(1.19)मानेतुं त्वां जगन्निधिमध्वरे
रघुकुलपतेर्धन्यस्याग्रे प्रसारितवान्करम् ॥

अयं विश्वामित्र(1.20) ऋषिर्दशरथस्याग्रे हस्तं प्रसारितवान् किं कर्तुं त्वां यज्ञे उपकरणतां नेतुं तपसाग्निनेव(1.21) दग्धुमिष्टं यत्त्रिभुवनं तस्याभयक्रीडादाने प्रतिग्रही वेधा ब्रह्मा यस्य तम् दश······(1.22)को भूत्वा विश्वामित्रस्त्वां यज्ञरक्षणार्थं नीतवानित्यर्थः ॥ 43.

उपाकुरुत कौशिक⏑⏑⏑–[त्रि](1.23)शङ्कुं पुरा
ततः कुलपरम्परागतमृणं मृजां नेष्यतः.
अनन्तवपुषा धृता⏑⏑⏑⏑–⏑–⏑––(1.24*)
⏑–⏑⏑⏑–⏑–⏑⏑⏑[पा]दपातेन ते ॥

कौशिको विश्वामित्रस्त्रिशङ्कुनामानं राजानमु(1.1)[प]······त्रिशङ्कौ ऋणं पातितम्. ततो हेतोः कुलक्रमागतं त्रिशङ्कूपकाराख्य(1.2)मृणं शुद्धिं नेष्यत[स्त]व पदपातेन भूरियं सुस्थतां व्रजति शेषशरीरेण शिरसि धृता सती दौस्थ्यं म(1.3)न्यमाना. अयमर्थः. पूर्वर्णं शोधयतस्तव पादपातं शेषशिरोधराणामुत्तमं मन्यते इति ॥ 44.

देव(1.4)स्यैकशरेण भिन्नहृदया सेयं पुरस्ताटका
पुत्रस्याब्धिमुपेष्यतोऽस्त्रमरुता मार्गोपदेशोन्मुखी.
त(1.5)त्कालं स्तनभृङ्गसङ्कटविनिर्यातेन रक्तापगा-
पूरेणैव निजेन लाघववती दूरं यतो नीयते ॥(1.6)

भवत एकेनैव शरेण भिन्ना ताटका सेयमत्र लिखितास्ति इयमस्त्रवा-

---

1 Ms. °नश्रुति°. 2 Ms. °रणा°. 3 Ms. मरंतु. 4 Ms. °ग्निरेव.
5 Ms. तत, 6 Ms. °धाप्यता. 7 Ms. °क्षौपति°.

युना समुद्रं गमिष्य(l.7)तः पुत्रस्य मारीचनाम्नो राक्षसस्य मार्गोपदेशे सं-
मुखी ताटका पूर्वं समुद्रं प्राप्ता पश्चात्तत्पुत्र इत्यर्थः(l.8) . अत्रोपपत्तिमाह
स्तनावेव शृङ्गसङ्कटे ततो निर्गतेन रक्तनदीप्रवाहेण स्वेनैव यस्माद्दूरमपसा-
(l.9)र्यते सप्तसमुद्रं(?) प्राप्यते ॥ 45.

न्यस्तं दीर्घतपःप्रसादनकृते स्वदन्तिकुम्भस्थला-
दाहृ(l.10)त्यैव विडौजसा सुभगतासर्वस्वमाबिभ्रता .
काठिन्यं कुचमण्डलेन दधती गात्रान्तरैरुज्झि(l.11)तं
पश्येमां स्वमहोभिरुद्धतमनश्शल्यामहल्यामितः ॥

दीर्घतपसो गौतमस्य प्रसादना(l.12)र्थं रोषनिवारणार्थं विडौजसेन्द्रे-
णैरावणकवाटादानीय दत्तं सौभाग्यमेव सर्वस्वं धारय(l.13)······ताङ्गा-
न्तरैस्त्यक्तं निबिडत्वं स्तनाभ्यां दधतीति·········ल्यां स्वया निजतेजोभि-
रुद्धृतं मनश्शल्यं शि(l.14)लाभावप्राप्तिलक्षणश्शापो यस्यास्तां पश्य ॥ 46.

विश्वामित्रमुनेस्तपोवनमिदं भित्त्वा सुबाहुं बला(l.15)-
देत्स्यात्र सहायतामुपगतैः प्राणैस्तदीयैरिव .
सान्द्रत्वं गमितेन पक्षमरुता मायामृगत्वो(l.16)चितं
मारीचं पुरतोयमाशुगदशामध्यापयत्याशुगः ॥

विश्वामित्रस्येदं तपोवनं भवति अत्र(l.17) तपोवने सुबाहुं हत्वायमा-
शुगश्शरो मारीचनामानं राक्षसमाशुगदशां द्रुतापसरणमध्याप(l.18)यति .
शरे दत्ते मारीचः पलायते इत्यर्थः . सोयया मृगस्तद्भावे उचिता . मृगा हि
द्रुतगामिनः(l.19) . अत्र संभाव्यते साहायकं कुर्वद्भिस्सुबाहुप्राणैरिवाधि-
कीकृतेन पक्षवायुनेति . मारीचो भीत्या न पला(l.20)[यितः किं] तर्हि शर-
पक्षपवनेनैव दूरमपसारित इत्यर्थः आशुगस्याशुगमनाध्यापनमुचितमि(l.21)
·········ति ॥ 47.

---

1 Ms. पूर्वं lc. under l. 7. 2 Ms. °डौज°. 3 Ms. °ज्झितां. 4 Copyist leaves space between °स्वं and धा° but no letter seems missing. 5 Ms. °ङ्गार° 6 Ms °रीत्रि°. 7 Ms. °यतेत्यर्थेमा°.

श्वशुरवसतिस्सेयं प्राची पुरो मिथिलापुरी
प्रथममटनिन्यासादुर्वीमयं(1.22) [वपुरैश्वरम्?].
चरममनमच्चापं यस्यां पुरा धरणीसुतां
स्वभुजमहिमा देवायादात्ततो ज(1.23**74°)नकेश्वरः ॥

श्वशुरस्य जनकराजस्य वसतिर्नगरी सेयं············(1.1)भवति यस्यां धनुष्कोटिन्यासाद्भूमिमयमीश्वरसंबन्धि वपुः·········(1.2)अनमत यथा यस्यां भवते स्वभुजबलं सीतां पूर्वं ददौ पश्चाज्जनकः ॥ 48.

अ[त्रुट्यद्घटनाङ्गवासनतया?](1.3) मुक्तापि गौरीशतां
गाढाकर्षणलीलया विघटनाभीतेन देहार्धयोः.
मन्दं मन्दमकर्षि यद्भ(1.4)गवता दोर्लाघवालोकने
कोदण्डं तदपण्डितं दलितवानत्र प्रभुस्तत्रपे ॥

प्रभुर्भवांस्तत्रपे(1.5) ललज्जे. अत्र हेतुमाह कोदण्डं दलितवान्भग्नवान्. कीदृशं तदपण्डितं तस्मिन्दलने अपण्डि(1.6)तमनभिज्ञं सहसैव दलनादिति भावः. सहसा हि मारितश्चौरादिः कारणं न जानाति. केन(1.7) हेतुना दलितवानित्याह दोषोर्भुजयोर्लाघवस्यालोकने. निमित्तसप्तमीयं. तत्किमित्याह(1.8) परमेश्वरेण यन्मन्दं मन्दं कृष्टम्. कदाचित्तस्य देहार्धे गौरी स्यादित्याह गौरीशतामर्धनारीश्व(1.9)रतां त्यक्त्वापि. यद्यस्य देहार्धे गौरी नासीत्केन हेतुना धनुर्मन्दमाकृष्टमित्याह गाढं बलेनाक(1.10)र्षणं तस्य लीला विधानं तया निजदेहयोर्देहार्धयोर्विघटनायास्संधिविश्लेषाद्भीतेन. भीतौ हे(1.11)तुमाह घटनया संयोजनेन यदङ्गमर्धनारीश्वरत्वं तस्य वासना संस्कारस्मृतिरत्रुट्यन्ती स्थिरा य(1.12)स्य तद्भावेन. अयमर्थः गौर्या वामार्धं योजितमपनीय स्ववामार्धं मया योजितमतो गाढं धनुष्क(1.13)र्षणात्तन्मा भाङ्क्षीदिति भगवान्यन्मन्दमकृषत्तच्चापमहं भग्नवानिति लज्जां प्राप्तवान्

1 Ms. °दूर्वी°. 2 Ms. has पू. रा. प. on margin. 3 Ms. पु. Restore पूर्वमनमत् पश्चाद्धनुः श्र°. 4 Ms. °श्चोरा°. 5 Ms. °मानं. 6 Ms. भङ्क्षी°.

वीराणां(1.14) न तदुपयोग्यमिति धनुर्भङ्गो लज्जाकरः . संभावनेयम् . अथवा त्रुट्यदिति गौरी·········हेतुः(1.15) अत्रुट्यन्ती स्थिरा घटना यस्य तस्मिन्नङ्के वासना यस्य तद्भावेन यथा धनुष्कर्षणेऽङ्गानां क्षेपो भवति(1.16) ततो गौरीशस्त्वे त्यक्तेऽपि स्वाङ्गसन्धिभङ्गभयाद्धनुषो मन्दकर्षणं संभाव्यते ॥ 49.

अस्मादैवतमूर्तिलोचन(1.17)युगाच्चन्द्रार्कतेजोमया-
दानन्दाश्रुजलायमानमुदितं राजन्यवंशद्वयम् .
निश्शेषं प्रममार्ज(1.18) यः करयुगं व्यापारयन्क्रीडया
पुण्यैर्नेत्रयुगं पवित्रयति नस्सोयं मुनिर्भार्गवः ॥

हर्षबाष्पक(1.19)णसमानं सूर्येन्दुमयादस्मान्नेत्रयुगादुत्पन्नं राजवंशद्वयं दैवतमूर्तिकमपि यो भुजद्वयव्या(1.20)पारमात्रेण हतवान्सोयं भृगुपुत्रो मुनिः पुण्यैर्नो दृष्टिं पवित्रयति . पुण्यवशादेतद्दर्शनं(1.21) भवतीत्यर्थः ॥ 50.

चापं चक्रायुधस्य(?) श्वसुरगृहगतत्र्यक्षविक्षेपचाप-
द्रोहव्रीडातिभारा(1.22)नतमुखमिलितोदात्ततावीरधर्मः .
वीर्येणार्धेन दोष्णोर्मृदुमृदु दलनातङ्कसा——(1.23)-
न्देवो वैलक्ष्यहासद्युतिकुसुमचयैरर्च्यते भार्गवेण ॥

जनकस्य गृहे निक्षिप्त·········(1.24*)·········नतमुखं कृत्वा मिलितावुदात्ततावीरधर्मौ यस्य स भगवान्किंचिद्दले(1.1)······वेण वैलक्ष्यहासरूपाहासितं तस्य द्युतिभिरेव पुष्पप्रसरैः पूज्यते ॥(1.2) 51.

अवनिमपहृतां जहौ यदेकः क्षितिपतिसाद्विदधे पुनर्यदन्यः .
समसमयमतस्स्थितं नताभ्यां जितज(1.3)यिनोरिह रामयोर्मुखाभ्याम् ॥

रामभद्रपरशुरामयोर्मध्यादेको हृतां जितां भूमिं तत्याज अन्यो दाश(1.4)रथिः पुनरवनिं राजसादकरोत् अत इव जितस्य परशुरामस्य जयिन-

1 Ms. °थांत°. 2 Ms. गोरी°. 3 Ms. °रघ°. 4 Ms. °श्कये°.
5 Ms. °मक्षी°. 6 Is it °निक्षेप°?.

श्श्रीरामस्य मुखाभ्यां सम(1.5)समयं युगपन्नताभ्यां स्थितम्. श्रीरामस्य आ-
ज्ञाणजयित्वादन्यस्य च जितत्वाल्लज्जाया हेत्वन्तरसंभावनं ॥(1.6) 52.

आशाचतुष्टयविभङ्गुरजामदग्न्य-
कीर्त्तिप्रतापमिथुनाराचितानुचर्यैः.
कान्तानुगैरनुगतस्तनयैश्च(1.7)तुर्भि-
स्सोयं नृपो दशरथः प्रविशत्ययोध्याम् ॥

आशाचतुष्टयाद्विभङ्गुरमानेतं यज्जामदग्न्यस्य की(1.8)र्तिप्रतापरूपं मिथुनं तेनाचरितानुचर्यैरनुगतैर्जायासहितैः पुत्रैश्चतुर्भिस्सहितो दशरथस्सोयं वि(1.9)शत्ययोध्याम् ॥ 53.

ज्येष्ठप्रवासविधिरस्य न सन्निधाने
धर्मानुबन्धनधनस्य भविष्यतीति.
आकृष्यमाण इ(1.10)व रावणदुर्निमित्तै-
र्मातामहस्य भवनं भरतोयमेति ॥

धार्मिकस्यास्य सन्निधाने सति ज्येष्ठस्य(1.11) प्रवसनं न संपद्यते इत्यतो रावणपापैराकृष्यमाण इव भरतो मातामहगृहं गच्छति ॥ 54.

जानक्येत्र(1.12) गुणानुबन्धनतया देवो धनुर्लेखया
शत्रुघ्नप्रथमेन सार्धममुना भ्रात्रेव तूणेन च.
सत्येन स्वखलि(1.13)ता पितुर्वसुमती राज्याभिषेकेण मे
यद्यार्द्रत्वमुपेष्यतीति चकितो मुञ्चत्ययोध्यामयम् ॥(1.14)

गुणानां शीलादीनां गुणस्य मौर्व्याश्चानुबन्धेन नतया सीतयेव चापलतया सह तथा शत्रुघ्नेषु(1.15) प्रथमेन निषङ्गेणेव लक्ष्मणेन च सहायं रामोयोध्यां त्यजति. कथं चकितं. चकितत्वे हेतु(1.16)र्मोह मम राज्याभि-

1 Ms. °मिथु°. 2 Ms. °ताश्चुच°. 3 Ms. °मागतं. 4 Ms. °म्नः प्र°.
5 Ms. मार्गे°. 6 Ms. blank before °मा°.

षेकेण भूर्यद्यार्द्रत्वमेष्यति तदा पितुस्सत्येन स्खलिता स्खलनं प्राप्स्यते. रा(1.17)ज्यं त्यक्त्वा रामस्तूर्णीं वनं गत इत्यर्थः. स्खलितेति लुट्. ॥ 55.

भृङ्गवेरपुरमेतदिङ्गुदीपादपोयमिय(1.18)मालवालभूः.
अत्र नूतनजटाधरे प्रिये पाणिरुद्धनयनास्ति जानकी ॥

अत्र शृङ्गवेरपुरा(1.19)दौ रामे जटाधरे संपन्ने सति सीता हस्ताच्छादितनेत्रास्ति ॥ 56.

बदरीविपिने तपस्विनोर्नरनारा(1.20)यणयोरिवानयोः.
अयमेकपदेत्र जायते द्युनदीपोतयुतस्सखा गुहः ॥

बदर्याश्रमे तपस्य(1.21)[तोर्नरना]रायणयोरिव रामलक्ष्मणयोरयं गुहनामा गङ्गाप्रवहणसहितस्सन्नत्रैकपदे स(1.22)[खा]······गुहो गङ्गामेतावंवतारयदित्यर्थः. गणपतिकुमारौ च नरनारायणयोर्बदर्याश्रमे सखायौ संपन्नौ ॥(1.23**75ª) 57.

जनकदुहितृसोदरत्वबुद्ध्या धरणिरुहैरतिमात्रमातिथेयैः.
ज[यति ‒ ⌣ ‒ ⌣ ‒ ⌣ ‒ ⌣ ‒ प्रथमत](1.1)पोवनमेप चित्रकूटः ॥

सीतायास्सोदरा वयमिति मत्वेवात्यर्थमर्थि·········[जय](1.2)ति सर्वोत्कर्षेण वर्तते प्रथममाद्यं तपोवनम् ॥ 58.

गङ्गेवोपरि शङ्करस्य न जटाबन्धं विना शोभते
मेध्या मेत्र(1.3)जपादुकेति भरतो ज्येष्ठानुवृत्तिव्रती.
पौलस्त्याभिभवावसानसमयं वक्तुं गतं नाकिना-
मावासं पितरं निवे(1.4)द्य विमुखो यात्येप रामान्तिकम् ॥

रावणकृतपराभवसमाप्तिं देवानां वक्तुमिव स्वर्गं गतं पितरं दशर(1.5)थं निवेद्य विमुखो रामेणं कृतप्रार्थनाभङ्गस्सन्नेप भरतो हरस्येव मे गङ्गेव

---

1 Ms. °रीं दिं°. 2 Ms. °ताम°. 3 Ms. has पृ. रा. प. vertically on margin. 4 Ms. °ध्याम°. 5 Ms. °मेन.

रामपादुका जटाबन्धं वि(1.6)ना न शोभते इति ज्येष्ठस्य श्रीरामस्यानुवृत्ति-
व्रती सन्रामसमीपाद्याति निवर्तते ॥ 59.

कुचतटम[नघ्न](1.7)याद्त्तदिव्याङ्गराग-
च्छुरितमभि दधानो मातुलुङ्गीफलेच्छाम्.
अवनिदुहितुरैन्द्रिस्संस्पृशन्नेप(1.8) काक-
स्समुपलभतेच्चणोरेकशेषं स्वजात्या ॥

अनसूयादत्तेन दिव्याङ्गरागेण च्छुरितं स्तनम[ण्डलम](1.9)भि बी-
जपूरफलभ्रांति दधानस्मनतम्मंस्प्रशंस्तक्षयन्नेप ऐन्द्रिः काकस्स्वजात्या
काककुलेन सह(1.10) नेत्रयोरेकशेपमेकनेत्रत्वं लभते. सीतास्तनस्पर्शात्का-
कस्य श्रीराम इषीकास्त्रं दत्तवान्. रामवि(1.11)सृष्टेषीकास्त्रप्रभावात्समस्ता
अपि काकाः काणास्संपन्ना इत्यर्थः ॥ 60.

रुद्धा विराधरुधिरेण धरेति(1.12) कामं
काकास्सहस्रनयनत्वमिमे चकाङ्क्षुः.
धाराधरस्य चरितेन दुरात्मनस्तु
नैसर्गिकं द्विनयन(1.13)त्वमपि व्यतीयुः ॥

रामेण हतस्य विराधनाम्नो रक्षसो रक्तेन भूर्व्याप्तेति लोभात्काकास्स्वा-
त्मनोक्षिसह(1.14)स्रमभ्यलषन्. धंराधरनाम्नः काकस्यापराधेन स्वाभाविकं
द्विदृष्टित्वमपि ते तत्यजुः. सर्वे का(1.15)काः काणास्संपन्ना इत्यर्थः ॥ 61.

करेणाकूवाराचमनशुचिना मूर्धनि मुनि-
र्धृतेनायं रामे नि(1.16)जमिह महस्संक्रमयति.
अशङ्काहङ्कारावगमयदधो यः क्षितिभृतौ
कृतेच्छौ मेरोरप्युपरि भवि(1.17)तुं विन्ध्यनहुषौ ॥

योगस्त्यमुनिर्विन्ध्यनहुषौ क्षितिभृतौ पर्वतराजानौ अधो गमयन्नीचीकृ-

---

1 Text धारा°. 2 Ms. °निः धृ°. 3 Ms. °ह्रुषो.

तवान् (l.18) कीदृशौ मेरोरप्युपरि भवितुं मेरुमपि जेतुं कृतेच्छौ तथा महा-
हंकारौ अयमगस्त्यः समुद्रा(l.19)चमनशुद्धेन शिरसि स्थापितेन हस्तेन
दाशरथौ स्वतेजस्संक्रामयति प्रतिपादयति ॥(l.20) 62.

सुरतरुपञ्चकमेषा मुनिष्वशरणेषु जयति पञ्चवटी ।
शूर्पणखाच्छललक्ष्मा लक्ष्मणयत्नोयमत्रा(l.21)स्ते ॥

मुनिष्वशरणेष्वेषा पञ्चवटी कल्पवृक्षादीञ्जयति । मुनीनां रक्षणा-
त् । शू[र्पणखाया](l.22) अच्छलं छलवर्जं लक्ष्माणि कर्णनासाच्छेदो य-
स्मात्स लक्ष्मण एव यत्नोत्रास्ते य.........(l.23*) 63.

——⌣——⌣[श्रवणद्वयनासि?]कौष्ठ-
पञ्चाहुतिप्रगुणितं पुरतोनुजेन ।
पत्नीसमक्षमिह पंचवटी ⌣——(l.1)
[रक्षस्समिद्भिरजुहोद्द्विज]जाठराग्निम् ॥

अनुजेन लक्ष्मणेन पुरतः पूर्वं शूर्पणखाकर्णनासौ(l.2)छेनैवं पञ्चाहुति-
भिः प्रगुणितं द्विजानां क्रव्यात्पक्षिणां गृध्रादीनां जठराग्निमुदराग्निं राम-
स्सीताग्रे(l.3) रक्षस्समिद्भिः राक्षसैस्सह युद्धैरजुहोदतर्पयत् । अग्निहोत्रे च पं-
चाहुतयो भवन्ति । समिद्भिरि(l.4)ध्मैश्चाग्निस्तर्पितो भवति ॥ 64.

विशिरसि शर्वरीचरसहस्रचतुर्दशके
तदिह कबन्धनृत्तमुदपादि(l.5) चतुर्दशधा ।
भयचकितेषु येन भुवनेषु चतुर्दशसु
त्रिपुररिपोर्व्यलम्बत दिनान्तमहानटता ॥

शर्वरीच(l.6)राणां सहस्रचतुर्दशके विगतशिरसि सति चतुर्दशप्रकारं

1 Ms. जयति lc. under l. 21. 2 Ms. शीर्पन°. 3 Ms. °क्ष्मा lc. under l. 20.
4 Ms. शी°. 5 Ms. °काष्ट°. 6 Ms. शीर्पन°. 7 Ms. °हे°; blank after °सी°.

नृत्तमुत्पन्नं येन भुवनेषु(1.7) भयसम्भ्रान्तेषु सत्सु हरस्य नृत्तविलम्बो जातः.
हरस्यापि नृत्तं दृष्ट्वाश्चर्यमुत्पन्नमित्यर्थः ॥ 65.

देशस्सोयं(1.8) शबररमणीगीतकाकुत्स्थकीर्ति-
श्रुत्युत्कण्ठावहितनिहतप्राणिसुप्रापनाकः .
मायात्मापि व्यधित(1.9) नयनस्पर्धया वर्धमान-
क्रोधः प्राणैरपि स हरिणो यत्र सीतापकारम् ॥

शबररमणीभिर्गीतायाः(1.10) काकुत्स्थकीर्तेश्श्रुतावाकर्णने उत्कण्ठिता-
वहितास्सावधाना अत एव निहता ये प्राणिनो मृगास्तैस्सुप्रा(1.11)पस्सु-
लभो नाको यत्र सः. नारायणं हि स्मरतां मरणप्राप्त्या स्वर्गप्राप्तिः. एवं-
विधस्सोयं देशः ने(1.12)त्रस्पर्धयेवातिक्रुद्धो हरिणरूपो मारीचः प्राणैरपि
सीतापकारमकरोत् ॥ 66.

रूपं न मन्त्रमहसामपि तत्प्रकाश्यं(1.13)
[दूरं मनो] नयति यज्जनकात्मजायाः .
इत्थं विदन्निव विशन्नुटजं पुरोगं
वैरूप्यमेव विदधे दशकण्ठ(1.14)भिक्षुः ॥

यद्रूपं रामात्सीतायाश्चित्तं दूरीकुरुते तद्रूपं मन्त्रमहसां देवानामपि
न प्रकाश्यम् (1.15) देवानामपि तद्रूपमसंभाव्यमित्यर्थः एवं जानन्निव राव-
णभिक्षुः पर्णशालां विशन्नेव पूर्वमेव वि(1.16)रूपतामकरोत् ॥ 67.

प्राणान्स्वयौवनजवातिजवान्विसृज्य
स्वर्गस्थितं दशरथं प्रति बालमित्रम् .(1.17)
उत्कृत्तपक्षतिरिहाद्य निशाचरेण
नोद्ग्रीवतां भजति मानधनो जटायुः ॥

---

1 Ms. Blank after °पु. 2 Ms. °पठावि°. 3 Ms. °स्य° °ते°. 4 Ms. lc. under l. 13. 5 Ms. °न्तिन. 6 Ms. °शालं. 7 Ms. °त्वप°. 8 Ms. °यमु° (!)

बालमित्रं स्वर्गस्थं दशर(l.18)थं[1] प्राणान्स्वयौवनजवबदतिजवांस्तूर्णगामिनः प्रतिमुच्य जटायुर्दशास्येन लूनपक्षो नोद्ग्री(l.19)वतां भजति शिरो नोन्नमयति मानधनो जटायू रावणेन हत इत्यर्थः. मानी चावमानितस्स-ञ्शिरो(l.20) [नोन्नमय]ति ॥ 68.

नीत्वा पावकतां जटायुवपुषा सर्वाशिनं पावकं
देवोयं पितृमित्रघातिनम(l.21)[रिं बुध्वाचि?]राद्रावणम्.
सुग्रीवस्य चकार दुन्दुभिवपुःकङ्कालवैकर्तनि-
क्रीडापर्वतमारुतास्त्र(l.22) ⏑ ⏑ — — ⏑ पूतं शिरः ॥

सर्वाशित्वादपवित्रमग्निं जटायुदेहहोमात्पवित्रीकृत्य पितृमित्रं(l.23**76) जटायुं हतवन्तं रावणमरिं बुध्वा रामस्सुग्रीवस्य शिरः पूतमकरो[न्‌·····कङ्का](l.1)लः कलेवरमेव वैकर्तनिक्रीडापर्वतो यमलीलाद्रिस्तस्य मारुता[स्त्र·············](l.2)हिकं कृत्वा सुग्रीवं स्वपक्षीकृतवानित्यर्थः ॥ 69.

कक्षाकुक्षिगतस्य [हैहयधनुर्ज्याबन्धपीडाजडा-
न्स](l.3)व्रीडो दशकंधरस्य निविडं नापीडयद्यो भुजान्.
तस्मिन्वालिनि सप्तलोकविजयस्तम्भायमानान्पु(l.4)र-
स्तालान्सप्त विदार्य दारुणजवो रामेषुरेष च्युतः ॥

हैहयस्य कार्तवीर्यस्य धनुर्ज्याबन्धपीडा त(l.5)या जडात्रावणस्य बाहुमूलगतस्य भुजान्यो दृढं नापीडयत्तस्मिन्वालिवानरेयं बाणो दुस्सहज-(l.6)वस्सन्सप्तभुवनजयस्तम्भसमान्सप्त तालान्भित्वा पतितः. हैहयावष्टब्धस्य रावणस्य संबन्धनेन(l.7) किं फलमिति सव्रीडत्वम् ॥ 70.

शैलेमुष्मिन्दशमुखभुजस्तम्भसंस्तम्भनार्हे
दृष्टे पुत्रे भुवि निप(l.8)तिते नाकमेवोद्धते च.

---

1 Add प्रति. 2 Ms. has पृ. रा. वि. on margin. 3 Ms. "दयाकप्रु". 4 Ms. है. 5 Ms. भुजा.

बाष्पैश्शोकप्रमदरसयोर्यौगपद्यप्रवृत्तै-
स्साहस्राक्षैरिव घनजलै(1.9)र्विव्यथे रामभद्रः ॥

अस्मिन्पर्वते मेघाम्भोभिः रामो व्यथितः. अत्रोत्प्रेक्ष्यते साहस्राक्षै-
रिन्द्रसंब(1.10)न्धिभिर्बाष्पैरिव. कीदृशैश्शोकानंदयोस्सहावस्थानेन प्रवृत्तैः.
हर्षशोकयौगपद्यहेतुमाह पुत्रे वा(1.11)लिनि हते स्वर्गे च प्राप्ते दृष्टे सति.
पुत्रस्य वधाच्छोकः स्वर्गप्राप्त्या हर्षः रावणभुजस्तंभनयोग्ये. सांह(1.12)-
स्राक्षैरिति साभिप्रायम्. सीताविरहाद्रामोत्राद्रौ रुरोदेत्यर्थः ॥ 71.

श्रुत्वा भ्रातुरमर्त्यलोकगमनं(1.13) तत्कालसंपातिना
वार्ष्पौघेण निदर्शितार्णवपथस्संपातिना मारुतिः.
लङ्कामेत्य तथा व्यचे(1.14)ष्टत यथा स्वस्मै च पित्रे पितु-
र्मित्राय स्पृहयालुतां च मरुते निन्ये षडाशां[प]तीन् ॥

भ्रातुः(1.15) जटायोस्स्वर्गगमनं श्रुत्वा तत्कालं पतता बाष्पप्रवाहेणैव
हेतुना कर्तृभूतेन सम्पातिना पक्षिणा(1.16) निदर्शितसमुद्रमार्गस्सन्मारुति-
र्हनुमांल्लङ्कां प्राप्य व्यचेष्टत तथा शक्तिमदर्शयद्यथा स्वस्मै(1.17) पित्रे पव-
नाय पितुर्मित्रायाग्नये च षड्लोकपालान्स्पृहयालुतां श्रद्धालुत्वमनयत्. यत्पुत्रो
लङ्का(1.18)दाहकस्स वायुर्धन्यो यन्मित्रपुत्रोयं हनुमान्स चाग्निर्धन्य इति
लोकपालाः स्तुतिं चक्रुरित्यर्थः ॥(1.19) 72.

दत्वा देव्यै रामभद्राङ्गुलीयं
तद्दत्तं च प्रत्यभिज्ञानरत्नम्.
लङ्कादाहं स्वैर्मयूखैर्बुवाणं
पा(1.20)णौ पत्युस्सत्यसन्धो निधत्ते ॥

अभिज्ञानं रामाङ्गुलीयं सीतायै दत्वा स्वरश्मिभिर्लङ्कादा[हं क]थ-

1 Ms. °लैः वि°. 2 Ms. °म्बोभिः. 3 Ms. °स्रधि°. 4 Ms. °नं° lo. under l. 11.
5 Ms. स°. 6 Ms. °ष्पो°. 7 Ms. °इस. 8 Ms. °डास°. 9 Ms. °शुक°. 10 Ms. दिव्यै.

(l.21)यन्तमिव सीतासंबन्धिनं प्रत्यभिज्ञानमणिं सत्यसन्धो हनूमान्रामस्य हस्ते न्यस्यति ॥ 73.

———(l.22)गमसंस्कारकुमारब्रह्मचारिणः ।
अमी कपिशिताकाशाः पिबंत्याशाः प्लवङ्गमाः ॥

………(l.23*)जा ब्रह्मचारिणः निस्संख्या इत्यर्थः कपिशितमाकाशं यैस्ते वान(l.1)[राः]……… ॥ 74.

——[रत्ना]करत्वं निबिडयति तटाघातसातत्यहेला-
खेलन्मातङ्गनक्राहत(l.2)[गिरिशकलारब्धमाणिक्यवर्षः] ।
[अ]म्भोधेर्देवसेतुर्जलधरकरणिं गृह्णतो यस्य पार्श्वे
विद्युज्ज्वालायमा(l.3)नैर्ज्वलितमिदमितश्चामुतश्च प्लवङ्गैः ॥

तटाघातेषु सातत्येन नित्यं हेलया निखिलाभिं(?)मातङ्ग(l.4)नक्रैराहता ये गिरिशकलास्तैरारब्धं माणिक्यवर्षं यस्य स देवसेतुर्जलनिधे रत्नाकरत्वं करोति । से(l.5)तुशैलरत्नैरेव रत्नाकरस्समुद्रो जात इत्यर्थः यस्य मेघसाम्यं दधतो निकटे इतश्चामुतश्च विद्युत्स(l.6)मैर्वानरैरिदं ज्वलितम् ॥ 75.

एतान्पश्य निशाचरेन्द्रनगरीचामीकराट्टालक-
द्युत्युत्कर्षदुरीक्ष्यदुस्स(l.7)हसहोवैश्वानरान्वानरान् ।
एषामेव शिरोभिरेभिरभितो रुद्धान्तरः प्रत्युत
प्राकारः कपिशीर्षपं(l.8)क्तिरचनारिक्तोयमाभासते ॥

लङ्काप्राकारहेमाट्टालकदीप्तिभिरुत्कर्षेणाधिकं दुरीक्ष्यो दुस्स(l.9)हस्तेजोभिर्येषां तान्सहसा वैश्वानरानिति वारोपः । एषां वानराणामेव शिरोभिर्निरुद्धमध्यो(l.10)यं प्राकारः कपिशीर्षपंक्तिसंज्ञया रचनयातिरिक्त आभासते

1 Ms. °न्यस°. 2 Ms. °निगृ°. Is it सरोर्गिगृ° ? 3 Ms. °मानज्व°. 4 Sic. Read °या खेलद्भिर्मा°. 5 Ms. °ग्नियै°.

आमुखे प्रतिभासते . हेमवप्रे कपि(1.11)शीर्षपङ्क्तिरपि बाहुल्यान्न विभाव्यते इत्यर्थः ॥ 76.

व्यतिकरितहरितपिशङ्गरक्षःकपिवलयोधकब(1.12)न्धताण्डवेयम् .
असुलभसुरसुन्दरीविमाना रघुपतिरावणसंपरायगोष्ठी ॥

हरितां का(1.13)लानां रक्षसां पिशङ्गानां कपीनां च कवन्धताण्डवं व्यतिकरितं भिलितं यस्यां सा तथा दु(1.14)र्लभाप्सरोविमाना . बहूनां वीराणां मारणादिति भावः . रामरावणगोष्ठीयं भवति ॥ 77.

राममेव(1.15) किल शेषशायिनं शेषमेव च विचिन्त्य लक्ष्मणम् .
गाढतां ध्रुवमिदं न शिश्रिये मेघनादभुज(1.16)गास्त्रबंधनम् ॥

रामं विष्णुं शेषे शयानं लक्ष्मणं शेषमेव चिन्तयित्वा मेघनादकृतं सर्पास्त्रबंध(1.17)नं गाढतां नाश्रयत् . अहीन्द्रेणाराध्यस्याहिपतेश्च कथं वयं बन्धनं कुर्म इति चिन्तयित्वेव सर्पास्त्र(1.18)बन्धनं सद्यो विगतम् इत्यर्थः ॥ 78.

ज्येष्ठानुवर्तनरसे कथमेतदीये
भाव्यं मयेति तमिवाखिलमुज्जि(1.19)हीर्षुः .
शक्तिं न्यधाद्दशमुखो हृदि लक्ष्मणस्य
वेगादयं पवनभूः प्रतिहन्ति तां च ॥

एतदीये ल(1.20)क्ष्मणसंबन्धिनि ज्येष्ठानुवर्तनरसे रामभक्तिरसे सति मया कथं भाव्यं जीवनीयमित्यतस्तं रामभक्ति(1.21)[रसमु]द्धर्तुकाम इव रावणो लक्ष्मणहृदये शक्तिं न्यधात्ततो हनूमांस्तां शक्तिं प्रति शल्योद्धरणा-
(1.22)······ ॥ 79.

[अर्धोद्धृ]तेशगिरिपीडितदोर्बलस्य
द्रोणाचले करगतेपि विलंघिताब्धिः .

1 Ms. कपिकपिशी°. 2 i. e., कपिबा°. 3 Ms. °गोष्टी°. 4 Ms. °मुज्झि°.

लंकापतेः कपिर(1.23)[यं हृदयं बभ]ञ्ज
पुत्रं पुनर्दशरथस्य सुतस्तृतीयः ॥

अर्धमुत्खातेनेशगिरिणा कैलासेन पी(1.24**77[1])डितभुजबलस्य रावणस्य हृदयं हनुमान्द्रोणाद्रौ हस्तगेपि........(1 1)पुत्रमिन्द्रजितं लक्ष्मणो बभञ्जावधीत् रावणः कैलासं किंचिदु......(1.2)हस्ते धारयित्वा समुद्रं तीर्ण इत्यनयोर्महदन्तरमित्यर्थः ॥ 80.

अ—⏑—⏑⏑⏑—⏑⏑—[धूं](1.3)मे
घ्राते चितादहनजन्मनि कुम्भकर्णः.
सुग्रीवनिष्फलविकर्तितकर्णनास-
——⏑—[श्रयति विश्र](1.4)वसोभिधानम् ॥

इन्द्रजितं हतं श्रुत्वास्येन्द्रजिताश्चिताधूमे घ्राते सुग्रीवेण निष्फलं कृत्तकर्ण[नासो](1.5)पि एष कुम्भकर्णो विश्रवसः पितुर्नामाद्य धत्ते. अयमर्थः आदावेव यदि कुम्भकर्णस्य क[र्णौ नासां](1.6) च सुग्रीवोच्छेत्स्यत्तदा छेदः सफलोभविष्यत् कर्णयोरभावे सतीन्द्रजिन्मरणस्याश्रवणान्न[ासाया](1.7)अभावे धूमस्य घ्राणाभावात्. स्वपितृनामधारणं कर्णरहितत्वादिति भावः ॥ 81.

रामशरकु[म्भ](1 8)सम्भवसंरम्भात्कुम्भकर्णविन्ध्यगिरिः.
शशितरणिसरणिरोधी न्यपतदसावपुनरुत्पतनः ॥

राम(19)शर एवागस्त्यस्तस्य संरम्भेण कुम्भकर्ण एव विन्ध्याद्रिश्चन्द्रार्कमार्गरोधी सन्नपुनरुत्थानः पतितः ॥ 82.

श(1.10)तकोटिकोटिशतमिव
हृतमिव जितस्य वज्रिणः.

---

1 Ms. has पृ. रा. पृ. on margin. 2 Ms. °अव°. 3 Is it श्रुत्वेन्द्रजिद्धननमस्य तथा च धू°?. 4 Ms. °लक°. °विकर्तित° added to suit metre and sense. 5 Ms. °वशो°. 6 Ms. °धाम्, 7 Ms. घमि°. 8. Ms. °गस्त°. 9 Ms. °मिष. 10 Ms. °त° lo. under l. 11.

दर्शयति करगतं समरे
निशिताग्रपाणिज(1.11)मिषाद्दशाननः ॥.

जितस्येन्द्रस्य हृतमिव वज्रधाराशतं रावणो[1] नखव्याजाद्धस्तगतं दर्शयति ॥(1.12) 83.

हिमकिरणकिरीटकुट्टित-
स्ववदनवेदनया स्मृतिस्पृशा.
झटिति विघटितान्पितामह(1.13)-
स्समघटयत्प्रपितामहोस्य यान् ॥.

हरेण लूनं यत्स्वमुखं तस्य व्यथया स्मर्यमाणयेव हेतु(1.14)भूतया अस्य प्रपितामहो ब्रह्मा यान्विघटितान्सततस्तूर्णं समघटयदयोजयत् ॥ 84.

तत्ताद्दग्रघु(1.15)वीरकैतवशिरस्स्वच्छन्दसन्दर्शन-
क्रीडापञ्चमपातकप्रणयितामत्रौयमायातवान्.
[तैः कृत्तैः] पुर(1.16)तो विदेहदुहितुस्संदर्शितैर्मूर्धभिः
प्रायश्चित्तमिदं चकार दशधा तात्कालिकं रावणः ॥.

तै(1.17)र्दशभिश्शिरोभिः कृत्तैस्सीताया दर्शितै रावणो दशप्रकारं प्रायश्चित्तं स्वीकरोत्. प्रायश्चित्ते हेतु(1.18)माह स रामो ताद्दक्चासौ रघुवीरस्य रामस्य कैतवेन मायया शिरसि स्वच्छन्दस्वाच्छन्द्यं भेदस्तस्य(1.19) संदर्शनमेव क्रीडा सैव पंचमं पातकं तत्र प्रणयितां कर्तृत्वं[8] प्राप्तवान्. अन्यश्च पातकी प्रायश्चित्तं करोति ॥ (1.20) 85.

कृत्तेषु मूर्धसु नवस्वपि रावणस्य
यावल्लुलाव दशमं वदनं न रामः

1 Ms. °नख°. 2 Ms. °तार्थे°. 3 Ms. °मन्त्रा°. 4 Ms प्रायाश्चित्र°.
5 Sic. 6 Ms. °दृका°. 7 Sic. Is it °न्स्येन मे° ?. 8 Ms. कत्व°.

श्रीस्ताम्र तावदमुचद्दलि(l.21)ते तु तस्मि-
स्तुल्यं व्यभज्यत मुखेपु दिशां पतीनाम् ॥

नवसंख्येपु रावणस्य शि······(l.22)सत्सु यावन्न रामो दृशमं शिर-
श्छिन्नवांस्तावच्छ्रीशिरांसि नात्यजत् तस्मिन्द··············(l.23')······
विभागेन गता . अयमर्थः प्राग्वत्पुनस्संधानशंकित्वान्नवसंख्य(l.1)······-
···श्वस्ताः ॥ 86.

पत्युर्देवरपुत्रयोश्च वदनैः कल्पान्तभानुप्रभै-
र्लंकातोरणमा(l.2)[लिकां विरचितां दृष्ट्वापि तां वानरैः?]
स्वःस्त्रैणैरपि वीक्षिताश्रुनयनैः कारागृहान्निर्गतैः
प्राणैर्वज्रमयै(l.3)रियं तदपि नो मन्दोदरी मुच्यते ॥

रावणस्य तथा देवरपुत्रयोश्च मुखैर्वानररचितां लङ्कायां तो(l.4)रण-
मालां मन्दोदरी यद्यप्यपश्यत्तथापि सा बन्धनिर्गतैश्शोकाश्रुपूर्णदृष्टिभिस्स्वर्ग-
बन्दीन्द्र(l.5)न्द्रैर्वीक्षितापि वज्रकठिनैः प्राणैर्न वियुज्यते[1]. अयमर्थः बन्धुसहि-
तस्य भर्तुर्मरणं पश्यन्त्या[5] अपि(l.6) मन्दोदर्याः प्राणा न निर्यान्ति[6] ॥ 87.

इयमपि रघुराजपुत्रपत्नी
कनकमयत्वमिवागता पुरैव .
सम(l.7)धिकसमवेतकान्तिरूपा
प्रमुषितमन्युमला निरेति वह्नेः ॥

इयमपि सीताग्निमध्यान्निरे(l.8)ति अत एव पुरैव परित्यागात्पूर्वमेव
सुवर्णमयत्वमिव प्राप्ता . सीतां त्यक्त्वा हि रामो हेममय्या(l.9) सीतयैव प-
त्न्या सह यज्ञानकरोत् . अधिकं जातकान्तिः तथा प्रमुषितो निवारितः
मन्युमलोपयशो य(l.10)या ॥ 88.

---

1 Ms. °द्दजिते. 2 Ms. °नां. 3 Ms. °प्रहा°. 4 Ms. मुच्यते.
5 Ms. पश्यन्त्या. 6 Ms. °रैव.

लङ्कादाहप्रसङ्गप्रथमपरिचितेनामुना स्वामिभक्ति-
स्वस्सिन्धुस्नातकेन द्रुतमनिलसुता(1.11) वन्दिताभ्यां पुरैव .
पद्भ्यां लङ्केन्द्रचूडामणिगुणितनखश्रेणिमाप्य(?)त्रपाभ्यां
मातुर्निर्माय पापघ्न(1.12)यमथ विदधे पुष्पकस्यात्र देवी ॥

युद्धात्पूर्वमेव लङ्कादाहप्रसंगपूर्वपरिचितेन रामभक्तिगङ्गायां स्नातकेन ह(1.13)नुमतैव प्रथमं वन्दिताभ्यां ततो बिभीषणस्य मुकुटरत्नैः प्राप्तौ नखसंपर्केण त्रपा ययोस्ताभ्यां . नखानां(1.14) रत्नाधिकद्युतित्वादिति भावः बिभीषणेन प्रणताभ्यामित्यर्थः . पादाभ्यां सीता पापघ्नयं भूमेः(1.15) कृत्वा पुष्पकस्य पापघ्नयमकरोत् . अयमर्थः रावणस्पर्शदोषात्तयोर्यत्पापमासीत्तत्सीतापा(1.16)दस्पर्शेन शान्तम् ॥ 89.

आरूढे प्रसभापहारनिबिडव्रीडाजडं राक्षसे
मन्दं मन्दमुवाह वा(1.17)हनमिदं दिव्यं धनस्वामिनः .
देवेनेदमधिष्ठितं तु गुरुतायोगेऽपि तल्लाघवं
धत्ते येन बिभे(1.18)ति सोऽप्यचतुरंमन्यः खगानां पतिः ॥

रावणेन हठापहरणलज्जयेव जडं पुष्पकं रावणे(1.19) आरूढे सति मन्दं मन्दमवहत्तत्पुष्पकं रामेणाधिष्ठितं सद्गौरवे सत्यपि तल्लाघवं धारय(1.20)ति येन लाघवेन हेतुना गरु[डो] मन्दमात्मानं मन्यमानो भयं प्राप्नोति . अयमर्थः मन्दगामि(1.21)[नं मां] त्यक्त्वा नारायणः पुष्पकमेवारोक्ष्यतीति गरुडभयं . गौरवेऽपि लाघवमिति विरो(1.22)[धः] ॥ 90.

[सु]ग्रीवश्च बिभीषणश्च कृतिना रामेण निष्कण्टकी-
कृत्याप्यर्पितया तथा न भजतो रा(1.23)[ज्यश्रिया] निर्वृतिम् .
लङ्काश्लेषणशीतलीकृतमनस्स्वामिप्रियादत्तया
दृष्ट्या भाग्यवता(1.24**78)भवेति हनुमानात्मानमाद्यं यथा ॥

---

1 Ms. °नल°. 2 Sic. Comm. suggests °श्रेणिमाप्त° which would be bad metre. 3 Ms. lc. under l. 12. 4 Ms. प्राप्ते. 5 Ms. °साप्य°. 6 Ms. गम°. 7 Sic. Is it °श्लेष°? 8 Ms. has ह. U. on margin.

सुग्रीवबिभीषणौ रामे·········[य](l.1)था लङ्कादाहसुखितसीतादत्तया दृष्टया हनुमान्महाभाग्यवन्तमा··············(l.2)सीनाद्दष्टिरित्यर्थः ॥ 91.

मृडतनुरनुप्राणद्विश्वा भुजङ्गमजङ्ग[मा-
भरणभरणी शम्भोः(?) प्रिय](l.3)ङ्करणी दृशः ..
अजनयदमुं कौमारेण क्रमेण ततोंकरो-
त्सुरहितकृत[ो विष्णोस्साहायकं कपिकेसरी?](l.4) .

अनुप्राणज्जीवज्जगद्विश्वं यया सा मृडस्य तनुरीश्वरमूर्तिर्वायुरूपा हरस्य भुजङ्गमा एव जङ्ग(l.5)मान्याभरणानि तेषां भरणी पोषिका हरस्य ललाटदृष्टचग्नेः प्रियंकरणी ज्वालाकरी हनुमन्तम(l.6)जनयत् अयं हनुमान्कौमारेण क्रमेण रामस्य विष्णोस्साहायकमकरोत् केसरी राजा ह···
···(l.7)न्कुमारः स्कन्दश्च दैत्यदलनाद्विष्णोरुपकारं कृतवान् . अयममुमित्यनयोर्मध्यादेकस्य पाठे······(l.8)रस्यार्थलभ्यत्वम् ॥ 92.

वैदेहीकिंवदन्त्या रघुपतिहृदयं लक्ष्मणस्याथ वक्ष-
स्संजीवन्या विशल्यं(l.9) विरचयितुमयं द्विः पयोराशिपारे .
यातायातं विधाताप्यधिवसति यतो विस्मयस्यानिभूमिं(l.10)
भूमा(?)रंहो निरंहो वहति हनुमतस्संमतं तद्विमानम् ॥

सीतावृत्तान्तेन राम·········(l.11)जीवनौषध्या लक्ष्मणस्य च वक्षो विगतशल्यं कर्तुं द्वौ वारौ समुद्रस्य पारे गता[गतं]······[ह](l.12)नुमान्येनाश्चर्यस्यातिशयं प्राप्तः तद्धनुमतो मनोहरं निरंहो निष्पापं रंहो·········
(l.13) धारयति ॥ 93.

लङ्कायामपि चन्द्रशेखरधनुर्मौर्वीकिणश्यामिकां
कान्तां दाशरथे[र्भुजादिव मनो](l.14)राज्योपधानीकृतात् .

---

1 Ms. ततोक°. 2 Ms. lc. mark before "क" but nothing is written on margin. 3 Ms. "जीवि". 4 Ms. "जव". 5 Ms. "रच".

न्यस्तां पत्रलतां दधत्रिजटया काकुत्स्थकान्तामुखं
पुष्यत्पुष्पक⏑–⏑––[भ्रकुह](1.15)रे श्वेतांशुतां शंसति ॥

काकुत्स्थस्य कान्तायास्सीताया मुखं कर्तृ श्वेतांशोश्चन्द्रस्य भावं शंस-
[ति](1.16) पुष्पकमेवाभ्रकुहरं तस्मिन्पुष्यद्विकासितम् तथा लङ्कायामपि त्रि-
जटया राक्षस्या······(1.17)लितां पत्ररचनां दधत् अत्र संभाव्यते सीता-
या मनोराज्येपूपधानीकृताद्रामभुजादी(1.18)श्वरधनुर्गुणश्यामिकां संक्रा-
न्ताम्. नेयं पत्रलता किं तर्हि मौर्वीकिणा इवेत्यर्थः ॥ 94.

एतस्मिन्दृ(1.19)ष्टमात्रे रघुतिलकयशोहंसवीतंसकल्पे
द्वैगुण्यं दृक्सहस्रं व्रजति सुरपतेर्निर्भरत्वान्मु(1.20)देति.
पौलस्त्यस्य प्रपित्सोस्समरमरणतो देवभूयं शरौघै-
र्द्वैधाक्लृप्ताक्षिमार्गं नयति दिवम(1.21)यं मातलिर्वर्म दिव्यम् ॥

रामयश एव हंसस्तस्य वीतंसकल्पे भूषणसदृशे(1.22) तस्मिन्नावयो
दृश्यमानेन मुदा हर्षेणेन्द्रस्य दृष्टिसहस्रं द्वैगुण्यविकासं·········(1.23*)
······तस्य रावणस्य बाणवर्षैर्द्वेधा द्विसहस्रसंख्यः क्षिप्तोक्षिमार्गो(1.1)
········· ॥ 95.

तेजोवधं रचयितुं रजनीचराणां
रामाय यत्करसहस्रमिव स्वमर्कः.(1.2)
स्नेह⏑–⏑⏑–⏑–⏑⏑–⏑–जतश्च
बिभ्रद्रथो हरिसहस्रमनेन निन्ये ॥

रक्षसां तेजोहानिं कर्तुं सूर्यस्स्वै(1.3)रश्मिसहस्रं रामाय यद्विसृष्टवांस्त-
द्वाजिसहस्रं धारयन्रथो मातलिना नीतः ॥ 96.

1 Ms. °कुत्स्थ°. 2 Ms. °ट्या. 3 Is it लिखितां? 4 Ms. °रीवै°. 5 Ms. कल्पस°. °भूषण° crossed out. 6 Ms. इते इत्यर्थः crossed after °शे. 7 Ms. ringed with a line. 8 Ms. °स्यर°. 9 Ms. °हस्र.—°वाजिरूपं struck out after °स्र.

अ(l.4)यं नंदिग्रामस्सुकृतफलभूमिर्नयनयो-
र्जटाभारं यस्मिन्सममवनिभारेण भरतम् .
क्षिपंतं दृष्ट्वैवा(l.5)ग्रजचरणयोरानतमुखौ
समं जातावेतौ रजनिचरशाखामृगपती ॥

यत्र भूभारेण सह जटा(l.6)[भारं रामपा]दयोरुपरि क्षिपन्तं भरतं . राज्यं प्रत्यर्पयन्तमित्यर्थः . दृष्ट्वैव सुग्रीवविभीषणौ ए(l.7)तावधोमुखौ संपन्नौ . ताभ्यामग्रजयो रावणवालिनो राज्यहरणाल्लज्जेति[1] भावः . नेत्रयोः पुण्यफ(l.8)लस्सोयं नंदिग्रामः ॥ 97.

अयोध्येयं ध्येयं कथमपि विरिञ्चप्रभृतिभि-
र्जनास्सर्वे यस्यां त(l.9)[मपि नयना]तिथ्यमनयन् .
न यं दृष्ट्वा पारं न भवजलधेर्यांति पशवो
यतस्तं सेवित्वा कपिभि(l.10)[रपि तीर्णो] जलनिधिः ॥

यं दृष्ट्वा पशवोपि संसाराब्धिपारं लभन्ते तं विष्णुमपि ध्यातव्यं सर्वे ज(l.11)······तिथ्यमनयन्नपश्यन्नित्यर्थः सेयं अयोध्या भवति पशुप्रा-णानां हरिदर्शी(l.12)·········वानरैरपि समुद्रस्तीर्णः ॥ 98.

निश्शेषानुदधीन्नदीश्च निखिलास्तीर्था(l.13)[नि सर्वाणि च?]
भ्रान्त्वा वारिभिराहृतैर्जनकजाचारित्रमित्रैरमी .
विद्युत्वन्त इवाम्बुदाः कपिचमूमिश्रा(l.14)[स्त्रिया]माचरा-
श्चक्रुः कारणमानुषस्य जलधिक्रीडानिवासस्मृतिम् ॥

विद्युत्सहिता मेघा इ(l.15)व वानरसहिता राक्षसा हेतुमानुषस्य राम-रूपस्य विष्णोस्समुद्रलीलागृहस्मरणं चक्रुः स(l.16)मुद्रादीन्गत्वानीतैर्जलैः अयमर्थः राज्याभिषेकार्थं तावन्तः कलशाः क्षिप्ता यावद्भिस्तस्य स(l.17)-मुद्रस्मरणं जातम् ॥ 99.

---

1 Ms. °जेति. 2 Ms. °तिमप्यनयन्. 3 Ms. °वानेषे°. 4 Ms. हेतुमाह crossed before वा°. 5 Ms. °क्रिडा°. 6 Ms. तावत्क°.

आ देवाद्दिवसेश्वराद्दशरथं यावत्सदेश्ये कुले
सर्वस्मिन्ननरण्यमन्युश(l.18)मने प्रस्ताविते नाटके.
स्वत्र स्वत्र महर्षिरेष भरतः पात्रक्रमे मेनका-
मुख्यानाममरावतीमृग(l.19)दृशां शिक्षागुरुर्लक्ष्यते ॥

सूर्यात्प्रभृति दशरथं यावत्समानदेशे कुले आकाशस्थिते इत्यर्थः(l.20) अनरण्यहन्तुर्दशाससनस्य वधादनरण्यमन्युंशमननाम्नि नाटके आरब्धे सति मेनकादीनामप्सर(l.21)[सां स्व]स्मिन्स्वस्मिन्पात्रक्रमे भूमिकारम्भे शिक्षा-
गुरुरेषं लक्ष्यते ॥ 100.

सेयं देव तिलोत्तमा स्व(l 22)⏑ ⏑ — — — चमायात्थचां(?)-
वेतावायतनारविन्दमुकुलौ लावण्यरूपश्रियोः.
अस्थानाभि(l.23**7⁵9)निवेशतां न दधतुः सुन्दोपसुन्दौ ⏑ —
स्पृष्टौ तद्यशसोरनाम ⏑ ⏑ — — — ⏑ — — — ⏑ — ॥

···(l.1)न्दयोस्संबन्धिनोर्यशसो राम······णार्थं प्रकटावमृतघटा-
············(l.2)त्तः स्तनयोस्सौन्दर्यात्सुन्दोपसुन्दयोस्तिलोत्तमायामनु-
रागो नास्था[ने]············(l.3)धिका तिलोत्तमा ॥ 101.

अस्याः पश्य विदेहराजतनयानेपथ्यलीलायित-
स्व — — ⏑ ⏑ — ⏑ — ⏑ ⏑ ⏑ —(l.4)ह्लादं रघुस्वामिनः.
एतस्यां निभृते दृशौ विनिहिते स्मृत्वोज्झितानीतया
देव्या सेर्ष्यतया यथैषं न [पुनः](l.5) स्पृष्टो विशन्त्या भुवम् ॥

तिलोत्तमायास्सीतारूपाभिनयो रामस्य चित्तं तथा रञ्जयति यथेर्ष्या-
वशा(l.6)दिव भूमिं प्रविशन्त्या रामेण न्यस्तां दृष्टिं स्मृत्वा त्यक्तानीत-
यापि सीतया रामः पुनर्न स्पृष्टः ॥ 102.

---

1 Ms. °त्परे°. 2 Ms. °मन्यु° lo. under l. 20. 3 *Scil.* भरतः.
4 Is it °याः स्तनावे° ? 5 Ms. has पृ. रा. वि. on margin. 6 Ms. °र्थप्र°.
7 Ms. °नैप°. 8 Is it °त स्वान्ते देव तथा परं जनयति ल्हा°?. 9 Ms. °येष.

आव(1.7)र्जितो जनकराजसुताभिनीत्या
नूनं तथायमनयाप्सरसात्र देवः.
वाञ्छन्त्यरोचकितया(?) वरमेतमेत्र
ज(1.8)न्मान्तरेष्वपि यथा स्ववशं विधाता ॥

सीतारूपाभिनयेन तिलोत्तमया रामस्तथा वशीकृतो यथा(1.9)रोच-
कितयान्यस्मिन्नभिलाषाभावात्सा जन्मान्तरेष्वपि तमेव भर्तारं वाञ्छन्ती
तमेव स्ववशं नय.........(1.10)पि स्ववशं करिष्यति इत्यर्थः ॥ 103.

स्वरचितमिति प्राज्यं चित्तस्थितं पृथिवीभटे
भणति पृथिवीरा[जो जातो](1.11) मुहुर्मुहुरुन्मनाः.
नयनविषयं याता चित्रीकृतिस्तु तिलोत्तमा
तमपि विदधे चित्रन्यस्तं ⏑—⏑(1.12)विलोकिताम् ॥

पूर्वजन्मचरित्रं पृथिवीभटे वर्णयति सति राजोत्कण्ठितो जातः चित्रे
स्थित[ा दृष्टा](1.13)तिलोत्तमा राजानमपि चित्रस्थितमिव चक्रे अतस्संभा-
व्यते एकत्वमिव राजानं नेतु(1.14)मिच्छुः. अत्यनुरागाद्धि द्वयोरेकत्वं भ-
वति ॥ 104.

चक्रे राज्याश्रमपदमुनेस्संनिधानेस्य सत्वै-
र्वैरत्यागस्स्वय(1.15)मिति दिशः किंवदन्त्या भ्रमन्त्या.
यस्मिञ्जन्मप्रभृति भगवान्सन्निधत्ते [स्मरारि]-
स्स्थातुं वाञ्छामकृत हृद(1.16)ये तत्र तस्य स्मरोपि ॥

राज्यमेवाश्रमपदं तत्र मुने राजर्षेः पृथ्वीराजस्य संनिधाने सत्वैः प्रा-
णि(1.17)भिर्वैरत्यागः कृत इति वार्तया भ्रमन्त्या हेतुभूतया यत्र चेतसि
स्मरारिस्संनिहितः स्मरोपि तत्र चेत(1.18)सि स्थातुं संनिधानमकरोत्.

---

1 Ms °नत्त°. 2 Ms. °मेतदे°. 3 Ms. यथाचाकि° (?) 4 Ms. cross mark above °स्य°. 5 Ms. स्वयं सं. cross mark above सं°. 6 Ms. Read स्वचरित°. 7 Ms. °भटो. 8 Ms. चित्ता°. 9 Ms. Is it निर्नीपुरिवैकताम् ?. 10 Ms. °थोर°. 11 Ms. °स्स्थातुं. 12 Ms. °सक्व°.

पूर्वोक्तस्य श्लोकस्य हेतुमतोयं श्लोको हेतुत्वेन व्याख्येय इति भद्रम् ॥
(1.19) 105.

श्रीश्रीकण्ठचरित्रकाव्यविवृतौ विश्वस्य निश्वस्य च
च्छायाभाजि किरातकाव्यविवृतौ विश्रम्य रम्य(1.20)श्रियि .
पृथ्वीराजजयाख्यकाव्यविवृतौ संवेशमिच्छाम्यहं
शाक्यसोत्थजखेद[मेदु]रमतिर्ज्योत्स्ना(1.21)भिधो लावणिः ॥

श्रीलोलराजसुतपण्डितभट्टनोन-
राजात्मजो विवरणेन स जो[नराजः] .
[स](1.22)र्गे दशान्त्यमकरोत्सुखमत्र पृथ्वी-
राजाख्यराजविजयाभिधकाव्यराजे ॥[1]

---

1 Ms. ॥ प······(1,23*).

[द्वादशः सर्गः]

◡◡–◡◡–◡◡–◡–

[निपुणध्यानफ]ले(1.1) विलोचने ।
नृपतेः [सम]योपयोगिनं
द्विगुणीभावमिवाधि[जग्मतुः] ॥(1.1)

............निपुणं कृत्वा ध्यानमेव फलं ययोस्ते नेत्रे तत्कालोप-
योग्यं द्वै............(1.2)..............कामित्वादिति भावः ॥ 1.

अमृतप्रपया तया दृशो-
र्विषयं भू(1.3)मिपतेः प्रयातया ।
यदियाय रुचिर्न मन्दतां-
मनुकूलो विविदे विधिस्ततः ॥

हर्षकारित्वाद(1.4)मृतपुष्करिण्या तिलोत्तमया राज्ञो नेत्रविषयमाग-
तया रुचिर्मन्दतां यन्न गता दर्शनतृप्तिर्नाभू(1.5)दित्यर्थः ॥ 2.

नयने श्रवणे मनश्च य-
त्सममेव व्यकसन्महीभुजः ।
विपुलीकृतलक्ष्यपञ्चक-
स्सुकृती(1.6) पंचशरस्ततोभवत् ॥

राज्ञो दृशौ कर्णौ मनश्च युगपदेव यद्विचकासे ततो हेतोः पञ्च लक्ष्या-
णि(1.7) गोचरीकुर्वन्पञ्चशरस्सुष्ठु कृतकृत्योभवत् । पंचानां शराणां युग-
पल्लक्ष्यपंचकप्राप्तेः ॥ 3.

---

1 Ms. °लो. 2 Ms. °पते. 3 Ms. चन्द्र°. 4 Ms. °स्मृत°. 5 Incomplete.
6 Ms. °वणे. 7 Sic. Is it सफली°? or, better, विषयी°?, 8 Sic ! 9 Ms. °ष्टु.

प्रविवेश(1.8) [विनिर्य]यौ च य-
श्नयनाग्नेर्मदनः पिनाकिनः.
नृपतिं प्रबलप्रतापम-
प्युपसर्पन्नत एव नात्रसत् ॥

ह(1.9)रस्य नेत्राग्निं कामः प्राविशन्नेत्राग्नेर्यश्च निर्गतस्ततो महाप्रताप-
मपि राजानं प्रवि(1.10)शन्नात्रसन्. अग्निं सेवमानस्य तापत्रासाभा-
वात् ॥   4.

मिलितभ्रमरालिकालिकं
बहुभेदैः कुसुमैः(1.11) कृतं धनुः.
स्वकरादिव जिष्णुनार्पितं
क्षितिजिष्णोर्विजिगीषया वहन् ॥

मिलितेत्यारभ्योपकर्(1.12)तुमित्यन्तं कामवर्णनपरं कुलकम् ॥

भ्रमरालिरेव कालिका मेघपंक्तिरपि मिलिता यत्र त(1.13)था वर्णवै-
चित्र्याद्बहुभेदैः पुष्पैः कृतं धनुर्दधत् अतस्संभाव्यते क्षितिजिष्णो राज्ञो
विजिगीषया(1.14) हेतुभूतया इन्द्रेण स्वहस्तादिव दत्तम् तद्धि मेघपंक्तिसहितं
बहुफलं च भवति. क्षितिजिष्णोरि(1.15)ति साभिप्रायम् ॥   5.

अलिपंक्तिमयं मुहुर्मुहु-
र्मकरन्दाङ्कितमास्पृशन्गुणम्.
विरलाभिशि(1.16)खाभिवासितं-
प्रतिपक्षेक्षणधूमधूसरम् ॥

भ्रमरमालामयं रजोयुक्तं गुणं पुनः पुनस्स्पृशन् अल्पाभि(1.17)रग्नि-
ज्वालाभिस्सहितो यः प्रतिपक्षस्य हरस्य नेत्रधूमस्तेन धूसरम् ॥   6.

---

1 Ms. °र्दमनः.   2 Is it °यंश्च ?.   3 Ms. तीव्रप्रतापमपि crossed after °नं.
4 Ms. °भात्रवस°.   5 See verse 8, below.   6 Ms. °सिताग्र°.   7 Ms. °यत्प्र°.

त्रिदिवोपवने फलन्ति(1 18) ये
तरवः पञ्च यथामनीषितम् ।
स्वयमेव समर्पितं नय-
नृजुतां तैः कुसुमेषुपञ्चकम् ॥

ये(1 19) नाके वृक्षाः प्रार्थितं ददति तैरिव पुष्पशरपञ्चकं दत्तं ऋजुतां नयन् ॥ 7.

उपकर्त्तुमुपेतमप्युमा(1 20)-
मुपनीयाज्वलयद्य एव माम् ।
तमसौ वरिवस्यतीत्यभू-
न्मदनो योद्धुमनाः क्षमाभुजम् ॥(1.21)

·········य्योपकर्त्तुं प्राप्तमपि मां योदहदेव तं हरमसौ राजा सेवत इतवि राजानं प्रहर्तुका(1.22)[म इव कामोभू]त्. योद्धुमना इति पाठ आर्षः ॥ 8.

रजसा कपिशा दिशो बभूवु-
र्धनुराकर्षति कौसुमं(1.23) [मनोजे] ।
[व]निता इव पत्युरप्सरो-
विषयां वीक्ष्य हठप्रतारणाम् ॥

कामे पुष्पचापं कर्षेति र(1 24**80)जसा कपिशा दिशो बभूवुः निजस्य पत्युः पृथ्वीराजस्य तिलोत्तमा·················(1.1) 9.

शरगोचरतामनीतयो-
र्नियतं शिक्षितमस्त्रविद्यया ।
पुरतो गुह[रामयो]⏑–
⏑⏑––⏑⏑⏑–⏑–⏑– ॥(1 2)

---

1 Which is the अनार्ष reading ? 2 Ms. °क्षता. 3 Ms. °षयावी°.
4 Ms. °रणम्. 5 Ms. °तिरर°. 6 Ms. has पृ. रा. द्वा. on margin.

ब्रह्मचारित्वात्कामेन शरविषयभावं न नीतयोः कुमाररामयोरग्रे का-
················(1.3)रोपि भूभृतं पर्वतमपि भिन्नवान् . तौ हि क्रौञ्चा-
द्रिं बिभिदतुः ॥ शिक्षितयाश्वविनये(1.5)ति पाठस्समीचीनः ॥ 10.

कमलासहजद्रुमाग्रजै-
स्सुधया(1.4) हालहलेन चोक्षितैः .
कुसुमास्त्रशरैर्वशं ययौ
सममानन्दविमोहयोर्नृपः ॥ 11.

चतुरश्चतुरश्शरानधा-
दसमास्त्रः परिवर्ज्य मारणम् .
हृदि तस्य ततस्तिलोत्त(1.6)मा
सचतुर्द्वार इव न्यविक्षत ॥

चतुर आशुकारी कामो मारणनामानं शरं वर्जयित्वा चतुरश्शरान्या-
भि(1.7)हितवांस्ततश्चतुर्द्वारसहिते इव चेतसि तिलोत्तमा प्रविष्टा ॥ 12.

तेषां चतुर्णां शराणां कर्माण्याह ॥(1.8)

समसुह्यदबाधि निद्रया
समतापि प्रललाप चापदे .
इति तस्य चतुर्दशे मनो-
भवने स्वाम्य[मवाप(1.9) साप्सराः?] ॥

राजा संमोहं प्राप्तवान् . निद्रया स बाधितः . राजातप्यत. राजा अ-
स्थाने च प्रलापं कृतवान्(1.10). एवं चतस्रो दशा यस्य तस्मिन्राज्ञो मनोगृहे
स्वाम्यमैश्वर्यं तिलोत्तमा प्रापत् . गृहं च चतुर्भूमिकं भव(1.11)ति ॥ 13.

---

1 Ms. This part of Comm. is given after verse 11. 2 Ms. °जस्तु°.
3 Ms. °योनृ°. 4 Ms. No Comm. on verse 11. 5 Ms. °न्यथा°.

अणिमानमतिप्रसादिता-
वृषुपतेर्जातुचिदाससाद सा.
मतिमम्बुजनालवच्चत-
श्शुचिसूक्ष्मां(l.12) प्रविवेश भूपतेः ॥

अतिसेवितादिन्द्रात्सा तिलोत्तमा कदाचिदणुत्वं प्रसादं प्रापत् यतो हेतोर्मृणा(l.13)लसूत्रवच्छुचिं सूक्ष्मां मतिं राज्ञः प्रविष्टा. अणुरेव हि सूक्ष्मं प्रविशति. इन्द्रश्च मृणालनालं ·········(l.14)अवंधे(?) प्राविशदित्यागमः ॥ 14.

सहजस्य तरोश्शरीकृतै-
र्हृदि रुद्धे कुसुमैर्मनोभुवा.
मुमुदे मुखदेव(l.15)ता रमां
नृपतेश्श्वाससमीरसौरभैः ॥

लक्ष्म्यास्सहजस्य तरोः पारिजातस्य पुष्पैश्शरीकृतैः कामेन रु(l.16)द्धे सति हृदि राज्ञो निश्वाससौगन्ध्यैर्मुखदेवता लक्ष्मीर्मुमुदे तुष्टा ॥ 15.

अमरत्वमु‿‿र°(l.17)
प्रविशन्त्येव हृदि द्युयोषिता.
नृपतेर्व्रनिमेषतां दृशा-
वतिमात्रं बिभरांबभूवतुः ॥

·········[प्रवि](l.18)शन्त्या सुरस्त्रिया देवत्वमिवोपायनीकृतम् यस्माद्राज्ञो दृशौ निर्निमेषभावमवहता[म्. देवा हि निर्नि](l.19)मेषाः ॥ 16.

द्युवधूपरिरम्भसाक्षिणः
प्रथमे सौ वयमेव भूभुजः.

---

1 Ms. °दर्मं. 2 Is it कृते वृत्रवधे प्रा°? 3 Ms. रसा. 4 Ms. °दमा°. 5 Is it °त्वमुपायनीकृतं ?. 6 Ms. °मेस्सौ.

इति नूनमहर्षि रोमभि-
र्मक(1 20)राङ्काशुगपक्षवात्यया ॥

आशास्तिलोत्तमालिङ्गनसाक्षिणो वयमेव ऐमो भवामः इत्यतो हेतो-
र्नू(1.21)नं रोमभिरहर्षि हृपितम्. अत्र हेत्वन्तरं संभाव्यते. कामशरपक्ष-
वातैः. साक्षिण इत्यारोपः वि(1.22)शेपणेन नपुंसकता स्यात् ॥ 17.

कतिचिन्नपतन्कणास्ततो
नयनाभ्याममृतं न्यपायि यत्.
⏑ ⏑ – ⏑ ⏑ –(1 23*) ⏑ – ⏑ –
⏑ ⏑ – – ⏑ ⏑ [घर्मबिन्द]वः ॥

राज्ञा तिलोत्तमादर्शनामृतं यत्पीतं ततः कणा एव·········(1.1)
···········[ग]ण्डयोर्मध्ये घर्मकणाः पतिताः. नामी घर्मकणाः किन्तु
पीतस्य(1.2) तिलोत्तमामृतस्य कणा एवेत्यर्थः ॥ 18.

ददृशेऽङ्कमिवाधिरोपिता
पुलकाङ्केन मुखेन तस्य सा.
हरिणं(1.3) शशिमत्सरादिव
प्रगुणैर्गीतगुणैर्जिघृक्षया ॥

कामवशादभूतार्थदर्शिना तस्य रोमाञ्चितेन मु(1.4)खेनाङ्कमिवाधिरो-
पिता जनेनं ददृशे संभाविता. अङ्काधिरोपणे हेतुमाह. तिलोत्तमासंबन्धि-
भिर्गीतगुणैर्हे(1 5)तुभिर्हरि[णं गृही]तुकामेनेव चन्द्रमत्सरात् हरिणानय-
नार्थमिवाङ्कं तिलोत्तमारोपितेत्यर्थः ॥(1 6) 19,

परिरक्षितव[र्ण]संस्थितिं
नृपमेतावति मण्डले भुवः.

---

1 Ms. °वस्सैा. 2 Ms. °वायः. 3 Ms. °न्नृपतर्के°. 4 Ms. °खेनशङ्कामि°. 5 Ms. °अनेन lc. under l. 4. 6 Ms. संभाविता lc. under l. 5. 7 Ms. °रि°. 8 Ms. °यान°.

अपदेशमयद्विवर्णतां
प्रथमो विप्लवका(1.7)रिणां स्मरः ॥

परिरक्षिता वर्णानां ब्राह्मणादीनां संस्थितिर्येन तं राजानमुपद्रवकारिणामाद्यः कामो वि(1.8)भिन्नो वर्णो मुखरागो यस्य तद्भावमपदेशमनयत् . वर्णरक्षितुर्वर्णनाशनमनुचितमित्यर्थः ॥ 20.

पदमै(1.9)न्द्रमुपेत्य दर्शित-
स्सकलेऽस्मिन्नवनीतले पुरा .
त्रिदिवप्रमदानुरागिणा
स्वरभेदश्चरमन्तु जल्पिते ॥(1.10)

ऐन्द्रं पदं प्राप्य राज्ञा भूतले स्वरभेदः स्वर्गभेदः प्रथमं भूतले दर्शितः चरमं पश्चाज्जल्पिते(1.11) कथासु स्वरभेदस्स्वरसादो राज्ञा तिलोत्तमानुरक्तेन दर्शितः ॥ 21.

अयमेष्यति दिव्यमूर्त्तिता-
मनुर(1.12)क्तस्त्रिदिवाङ्गनां प्रति .
इति भूरमणस्य मानुषी
प्रचकम्पे तनुरौपचारिकी ॥

तिलोत्तमाया(1.13)मनुरक्तोऽयं मानुषीं मूर्त्तिं त्यक्त्वा दिव्यां मूर्त्तिं पुनर्ग्रहीष्यतीतीव राज्ञ औपचारिकी कार्यसिद्ध्य(1.14)र्थमभिनीता मानुषी तनुः कम्पते स्म ॥ 22.

अविलम्बितमीयुरुष्णतां
शिशिराः प्राक्प्रमदाश्रुशीकराः .(1.15)
⏑⏑–⏑–⏑–⏑––⏑–
शशिनस्स्थान इव त्विषा रवेः ॥

---

1 Ms. °र्येषु°. 2 Ms. °ज्ञा श्री°. 3 Ms. °रः प्रा°.

प्रथमं तद्दर्शनजाता हर्षबाष्पकणास्तूर्ण(l.16)[मुष्णत्वं] गृहीतुमैच्छन् अतस्संभाव्यते चन्द्रस्य स्थाने कामेन धृतस्य रवेस्त्विषेव तापिताः कामेन च(l.17)न्द्रो राजसन्तापनार्थं सूर्यः कृतः तद्दीप्त्यैवोष्णा इत्यर्थः ॥ 23.

हृदये लिखितां पुरः स्थिता-
दपि चित्राद्द्रु(l.18)चिरां ददर्श यत् .
अविदत्परमार्थतस्तत-
स्स मनोराज्यमनोतिशायिनीम् ॥

अमन्थाश्चित्राद्प्यति(l.19)रुचिरां हृदि लिखितां तां राजा यद्दृष्टवांस्ततो हेतो राजनां मनोराज्येषु मनसा तिलोत्तमाभोगे(l.20)ष्वतिशायिनीं परमार्थतो जायामविदन्. उत्तरोत्तरमाधिक्यदर्शनात्कृपाधिक्यमनुचितमित्यर्थः(?).(l.21) [अ]विदद्दिति चिन्त्यम् ॥ 24.

विकसन्मदने हरेः पदे
सुमनश्चिन्तितकल्पपादपे .
इति नित्यविकस्व(l.22)[रेवस]-
त्रिदिवोद्यान इवास्य सा हृदि ॥

विकसन्मदनः कामो वृक्षविशेषश्च यत्र तथा हरेर्विष्णो(l.23**81[b])-रिन्द्रस्य च स्थाने[7] सुमनसां सज्जन[ानां] चिन्तितेषु कल्पपादपे[षु]····-·········(l.1) नित्यविकसिते नन्दनवन इव तस्य चित्ते सावसत् ॥ 25.

स ⏑––⏑⏑–⏑–⏑–
⏑⏑–––⏑⏑––⏑–(l.2)ग्रहीत् .
अनुरागरसच्युतोपि य-
न्मिलितः सात्विकभावसंप[दा] ॥

---

1 Ms. °न्द्रा°. 2 Ms. °रस्यि°. 3 Ms. °द्द्रुवा°. 4 Ms. °न.
5 Ms. °कसु°. 6 Ms. ए. रा. on margin. 7 Ms. °न.

............(l.3)निस्याभ्यां सफलं तत्प्रापत्. यत्सात्त्विकभावानां
कम्पस्वेदादीनां............[संपत्](l.4)तितोपि मिलितः ॥ 26.

उद्भिद्यत घर्मबिन्दुभिः
प्रथमं चित्रकरस्य [कौशलात्?].
⏑⏑—⏑⏑—⏑—⏑⏑—(l.5)
रतु मध्यन्दिनदुन्दुभिध्वनिः ॥

चित्रकरस्य रवेरालेख्यकृतश्च कौ............(l.6) 27.

[Lines 7,8 missing]

शेषं नयने न्यमज्जयत् ॥

चित्रमण्डपे पटहशब्दस्यानुवादिनि संप्रति शब्द इत्य............
(l.9)तसरसि दृशो निममे मध्याह्नविध्यनुष्ठानार्थमवश्यगमनेन दर्शनविघ्न-
संभावन.........(l.10) 28.

अनुबन्धमवेक्ष्य तादृशं
क्षितिभर्त्तुस्सुरसुन्दरीं प्रति.
गणयन्नपराधमात्मनो
मनसीत्थं पृ[थिवीभ](l.11)टोभ्यधात् ॥ 29.

उपमानपदे तिलोत्तमां
यदि मन्त्री विदधे श्रियं प्रति.
अपरीक्ष्य पुनस्तदीदृशं
कथम(l.12)र्थं तदनूदितं मया ॥

लक्ष्मीं प्रत्युपमानत्वे कदम्बवासस्तिलोत्तमां यदि विदधे तत्तदीदृशं-
मर्थम(l.13)विमृश्य तदेव मया कथमनुकथितम्. तिलोत्तमाकथैव कथ-
मारब्धेत्यर्थः ॥ 30.

---

1 Ms. कार°. 2 Ms. °टोन्य°. 3 Ms. No Comm. 4 Ms. °भूचि°.
5 Ms. °र्थम°. ie. mark before °म°. but nothing on margin.

इदमीदृगनर्थसंश(1.14)यं
कथमालेख्यगृहं च दर्शितम् .
अनयन्मदनः शरव्यतां
विशतो यत्र महीपतेर्मनः ॥

ईदृगीदृ(1.15)शोनर्थविषयस्संशयो यत्र तच्चित्रगृहं कथं मया दर्शितम् यत्र विशतो राज्ञश्चित्तं लक्ष्यतां कामो(1.16)नयत् चित्तमभिनदित्यर्थः ॥ 31.

क ललाम तिलोत्तमा दिवः
प्रभुता च क मनुष्यमण्डले .
⏑ ⏑ –[1] (1.17)पुरुषस्य नेदृशी
घटनेयं पुरुषोत्तमं विना ॥

दिवो ललाम भूषणं तिलोत्तमा क भवति [मनुष्यमण्ड](1.18)ले ऐश्वर्यं क भवति पुरुषोत्तमं विष्णुं विना पुरुषस्य नेदृशी घटना भवति ॥ 32.

इयती ⏑ ⏑ – ⏑(1.19)मानसीं
रुजमाशा मम हन्तुमीश्वरी .
अभवन्न कदम्बवासवा-
न्नृपतेः काचि[दनर्थकारिणी?] ॥

[म](1.20)म मानसीं रुजं चिन्तां हन्तुं सेयमाशा परं केवलमीश्वरी समर्था भवति यत्कदम्ब............(1.21) राज्ञोनर्थकारिणी नाभूत् ॥ .... ॥ 33.

पुरतः पुरुहूतपत्तन-
प्रमदानाम स– ⏑ – ⏑ –[6].(1.22)
तदवश्यमितोपि सङ्कटा-
दयमेव कुलमुद्धरिष्यति ॥

---

1 Ms. °स. 2 Is it अथवा ? 3 Ms. °णतिजौ°. 4 Ms. °तीं.
5 Is it परमास्ति ? 6 Is it स एव व्याश्यथात् ?

स एव प्रथमं तिलोत्तमाना[म]·············(123*)·········रि-
ष्यति ॥ 34.

विदधात्ययमुत्तमं यदि
प्रभुभक्त्या पृथिवीबृहस्पतिः .(1.1)
⏑⏑–⏑–⏑· [तिलोत्तमा
सदनं स्वामि]कृते प्रवेक्ष्यति ॥

पूर्वश्लोकार्थमेव प्रपञ्चयति . स्वामिभक्त्यायं(1.2)··············
[तिलो]त्तमा स्वयमेव स्वामिकृते गृहमेष्यति ॥ 35.

नैतदाश्चर्यमित्याह ॥(1.3)

⏑⏑–⏑⏑–⏑–⏑–
⏑⏑––⏑कथं सुराङ्गना .
अजमिन्दुमतीमयेन वा
वपुषा किं हरिणी न शिश्रि(1.4)ये ॥

···············नाभ्यलषत् इन्दुमतीरूपेण हरिणीनामा नाकस्त्री
किं नाजमश्रयत् ॥(1.5) 36.

⏑⏑–⏑⏑–⏑–⏑–
⏑⏑––⏑जितोपि मन्मथः .
इममेकशरीरमेव किं
हृदयस्थोपि न वेद शूलि(1.6)[नः] .

··············काम इमं राजानं हरस्यैक[शरीरं](1.7)[न वेद]. 37.

तदवश्यमसौ तिलोत्तमा
द्युनदीवावततार भूतलम् .

---

1 See p. 156, note 3. 2 Ms. 'य'.

अचिरादपि पत्युरेकता-
मु(1.8)[पयाता] ⌣ इवाहिनीपतेः ॥

तस्ततो हेतोर्गङ्गेव तिलोत्तमा निश्चितं भूतलमवतीर्णा सा वा(1.9)-
[हिनीनां से]नानां नदीनां च पत्युर्नृपस्य समुद्रस्य चैक्यमुपयाता गन्ता.
यातेः कर्तरि लुट् ॥ 38.

इति बुद्धि(1.10)बलेन दुस्तरा-
दपि चिन्ताजलधेस्समुद्धृतः.
वदतामिव धर्मनन्दनः
प्रथमस्सत्यवतां व्यजिज्ञ(1.11)पत् ॥

दुस्तरादगाधादपि चिन्तासमुद्रात्पूर्वोक्तबुद्धिबलेनोद्धृतस्स पृथिवीभटो
वदतां वाग्मिनामा(1.12)द्यो व्यजिज्ञपत् यथा सत्यवतां युधिष्ठिर आद्यः ॥ 39.

त्वयि पार्थिव चित्रपुत्रिका-
चिरसंदर्शनबद्धलोच(1.13)ने.
स्मयमान इवादिपूरुषो
रविरन्तर्गगनं विलम्बते ॥

हे राजंस्त्वयि चित्रस्त्रियाश्चिरं संदर्श(1.14)नार्थे कौतुकवति सति सा-
श्चर्य इव तव पूर्वपुरुषस्सूर्यो मध्येगगनं विलम्बं करोति ॥ 40.

क्षणमात्रमिवा(1.15)यमर्यमा
तुरगाणां सुरदीर्घिकातटे.
त्यजति व्यपनेतुमुद्यमं
गगनाग्रक्रमणात्क्रमक्लमम् ॥(1.16)

......श्वानां नभोलङ्घनखेदं निवारयितुमिव क्षणमादित्य उद्यमं
त्यजति ॥ 41.

---

1 Is it °बद्ध°. 2 Ms. °यान्ता. 3 Ms. °नाद्ध°. 4 Ms. °ध्यगनं.

नलिनीमभितो(l.17) ⏑ — ⏑ —[1]
करसंस्पर्शवशेन भास्वतः .
अवलोक्य निराशयात्मनि
कृशिमानं जननी शनैरगात् ॥

सू(l 18)·······[प]द्मिनीं दृष्ट्वा निराशयाशाभावेनेव श-
नेस्सौरस्य जननी छाया ह्रस्वत्वं ग(l.19)[तवती]········माशाभावेनेति
हेतूत्प्रेक्षणं . तृतीयासप्तम्योर्बहुलमित्ययम्[6] ॥ 42.

शनिमातरि पा(l.20) ⏑ — ⏑ —.
⏑ ⏑ — — ⏑ तिमात्रमल्पताम् .
लिखितैरिव चित्रदर्शिनि
त्वयि पृथ्वीपतिभिः(l.21) [प्रतीक्ष्यते] ॥

·············भिर्नृपसेवकैस्सह शनिमातरि च्छायायामल्पतां म-
ध्याह्नजातं ह्रस्वत्वं(l.22)·········रिव राजभिश्चित्रं पश्यति त्वयि
प्रतीक्ष्यते . मध्याह्ने हि सेवका देवकार्यवशाद्बहि(l.23**82)र्लीभवन्ति ॥ 43.

इति चित्रगतामराङ्गना-
मुखपेयूषमयूखमण्ड[लात्] .
⏑ ⏑ — ⏑ — ⏑ — ⏑ —
⏑ ⏑ — — ⏑ ⏑ (l.1)राज भारती ॥

चित्रलिखिततिलोत्तमामुखचन्द्रमण्डलाद्राजने········(l.2) 44.

प्रथमानुचरस्मरेच्छया
प्रतिमोक्तुं नृपसामवायिकान् .

---

1 Is it विकस्वरी ? 2 Ms. °रास्यमात्म°. 3 Ms. °नेरजनी°. र° crossed out and °न° lc. under °ज°. 4 Ms. °शमाशा°. 5 Ms. °ङ्कृत°.
6 Panini, 2. 4. 84. 7 Is it पार्थिवानुगैः सह यान्त्यामति° ? 8 Ms. °च्छायाम°.
9 Ms. °ताम°.

पृथिवीभ[ट एव]–◡–-
◡◡–-◡◡–◡–◡–.(l.3)

प्रथमोनुचरो यस्स्मरस्तद्विच्छयेव नृपान्स्तोमवायिकांश्च प्रतिमोक्तुं···
·········(l.4)वारयत् यदि राजैतान्प्रत्यमोदयत्तदा काममोहितत्वात्तेषा-
शुचितां प्रतिपत्तिं नाकरिष्यदतो मागध एव प्र(l.5)तिमुक्तवानित्यर्थः ॥44.

मनसा सह चक्षुरिन्द्रिये
नृपतेश्चित्रमृगीदृशा हृते ।
विरहान्धतयेव नेन्द्रियैः
परिशि(l.6)ष्टैः प्रसृतं स्वकर्मणि ॥

तिलोत्तमया राज्ञश्चित्ते नेत्रे च हृते सति शेषैः कर्णादिभिरिन्द्रियैस्स्व-
कर्मणि [श्रवणा](l.7)दौ न प्रवृत्तम्, अतस्संभाव्यते विरहेणान्ध्यात् ॥45.

अपृणोदमृतस्रुतश्श्रुते-
र्न बहिर्गायत एव [वन्दिनः].
[ह](l.8)रिचन्दनवारिणोक्षितं
शिशिरं नावजगाम कुट्टिमम् ॥

श्रुतेः कर्णयोरमृतस्रुतो बहिर्गायतो गायनान्स नैवा·········(l.9)
हरिचन्दनसिक्तां शीतलां भुवं च नाचेतयत् ॥ 46.

न रदक्षतभाग्यभागिता-
मनयन्नागरखण्डवीटिकाम् ।
घन(l.10)साररसानुसारिणा
न जलार्द्रापवनेन पिप्रिये ॥

---

1 Ms. °पात्सा°. Cf. p. 3, note 3. 2 Ms. °तोर्व°. 3 Ms. °मर°. 4 Ms. °दां°.

स ताम्बूलवीटिकां दशनच्छेदेन भाग्यवत्त्वं नानयत्. न च(l.11) कर्पूरार्द्रेण जल·········वायुनासावतुष्यत ॥ 47.

स्थिततया सुरसुभ्रुवा मन-
स्युपदिष्टैरिव मन्थरैः पदैः.
त्रि(l.12)दिवादविशिष्टतस्ततो
निरगाच्चित्रगृहात्कथंचन ॥

चित्रस्थयाप्सरसोपदिष्टैरिवालसैः पदैः स्वर्ग(l.13)सकाशादभिन्नात्तत-श्चित्रगृहात्स निर्गतः ॥ 48.

कृतमाङ्गलिकादिकाह्निकः
प्रतिमुच्य क्षितिपं शनैः शनैः (l.14).
तरणेस्तरुणिम्नि तेजसां
शिथिले वन्दिपतिर्विनिर्ययौ ॥

कृतं माङ्गलिकमाह्निकं मागधोचितं कर्म ये(l.15)न स वन्दी राजानं प्रतिमुच्य सूर्यतेजसि मन्दे सति शनैश्शनैर्निर्गतः ॥ 49.

इयदाधिभराङ्कमुद्वहे-
दधि---(l.16)पि किमेष मामिति.
उपनीतमपि स्वसेवकैः
पुरतो नाधिरुरोह वाजिनम् ॥

इया[नाधि]भरो यस्य(l.17) तादृ·········दृशं माममतिसमर्थोप्येषो-श्वो मां किं कथ···············(l.18)नीतमपि नारोहत् ॥ 50.

भविता तव पालकं प्रति
ध्रुवधूः केन पथानुरागिणी.

---

1 Ms. भाग्यत्वं. 2 Ms. °सौ तु°. 3 Ms. °स्थिय°, Is it स्थितया ?.
4 Ms. °वपू°.

अवनम्रमुखो मुहुर्मृ[हा](1.19)-
निति पृच्छन्पृथिवीमिवागमत् ॥

तव भोक्तारं राजानं प्रति तिलोत्तमानुरक्ता केनोपायेन भवि[तेती]-
(1.20)व भूमिं पृच्छन्नतमुखस्स गृहं गतवान् ॥ 51.

शतशोपि विकल्पकल्पना-
चतुरे चेतसि या न दि[द्युते](1.21) .
उदभावि तया स्फुरत्तया
रभसाददक्षिणि तस्य दक्षिणे ॥

शतवारं विकल्पानां कल्पनायां·········(1.22)णे विषये चतुरे तस्य
चित्ते या नाद्युतश्चिन्तावशात्तस्य चित्ते जात्वपि नास्फुरदित्यर्थः तया·······
(1.23)न तस्य दक्षिणनेत्रे सहसा जातम्. स्फुरत्ता प्रतिभा स्पन्दश्च ॥ 52.

स शरीरगुणोस्य कश्चन
⏑ ⏑ — — ⏑ ⏑ [द](1.24)र्शनोत्सवम् .
स्फुरणं स्फुटमेव चक्षुषा
यदवामेन सदानुभूयते. ॥

कश्चन वक्तु············(1.25*)············महता लाभः यतो
दक्षिणेन नेत्रेण सदा स्पन्दोनु(1.1)[भूयते] . 53.

⏑ ⏑ — ⏑ ⏑ — ⏑ — ⏑ —
⏑ ⏑ — दर्शनमात्रकं फलम् .
अपरिश्लथमानसज्वरः
प्रभुभक्त्येकपरोवि(1.2)[शद्गृहम्] .

1 Ms. °गतम्.   2 Ms. °नापा°.   3 Ms. °तश्चिन्ता°.   4 Ms. °तं.
5 Ms. स्पर्शो°.   6 Ms. °रम्र°.   7 Ms. °त्यैकश्चरो°.

·········दर्शनमेवं फलं जानन्सोशिथिलचिन्तस्स्वामिभक्तिपरो गृ-
हम(l.3)विशत् ॥ 54.

अ[चिरेण?] मनोरथः प्रभोः
फलितस्स्यादिति चिन्तयन्नसौ ।
प्रथमोपगतेन केनचि-
त्पठितं(l.4) [श्लोकमिमं तदाशृणोत्?] ॥

राज्ञोभिलाषस्सफलोपि स्यादिति विमृशन्स केनापि नवागतेन पण्डिते-
नेमं पठि(l.5)·········शृणोत् ॥ 55.

सलिलादपि निर्ययौ रसा
धरणेरप्युदपादि मैथिली ।
दहनादपि याज्ञसे[निका](l.6)
[किम]लभ्यं पुरुपार्थशालिनाम् ॥

समुद्राल्लक्ष्मीरुद्भूत् भूमे·········अग्नेरपि द्रौपदी(l.7)·········
शालिभिः किं न लभ्यते ॥ 56.

समयानुगुणेत्युपश्रुति-
श्श्रुतिपेयूषविलासवापिका ।
उपताप(l.8) ⏑—⏑—⏑--
शिथिलीकर्त्तुमिवोपचक्रमे ॥

श्रुतेः कर्णस्यामृतपूर्णक्रीडापुष्करिणी यतस्तत्कालो(l.9)चित······-
स्तादृशं तापं स्वल्पीकर्त्तुमिव आरेभे ॥ 57.

कविपण्डितचक्रमेलकं
प्रणमन्प्राञ्जलिरेप(l.10) —⏑—[4].

1 Ms. °नमेफ°. 2 Ms. °कत्तु°. 3 Ms. °मत्श्रा°. 4 Is it मागधः ?

उपहूय स पद्मनाभ इ-
त्यवदद्विग्रहराजमन्त्रिणम् ॥

कविपण्डितानां चक्रेण मेलकं[1] नमंस्तं पद्मनाभ इत्याहूय विग्रह-
राजामात्यमित्यवदत् ॥ 58.

इदमन्यपरं वचो जगौ
कविता कथ पपा[2]ठ चात्र कः.
कतमश्च विपश्चिदेष यो
निविडोष्णीपदुरीक्ष्यकुन्तलः ॥

कः कविरिमं श्लोकं कृतवान् कश्चो[3]क्तवान् निविडेनोष्णीपेणादृश्य-
[केशः]·········कतमः. काश्मीरप्रक्रि[या]·········विध्यम् (?) ॥ 59.

तमुवाच स योय[4] ⏑ ⏑ ⏑
प्रथमे प्रश्नयुगे स एव ते.
यदि सत्यमवैषि मद्वच-
श्चरमं पृष्टमहं ब्रवीमि तत् ॥

योयं विपश्चि[5]त्स······तव प्रश्नयुगस्योत्तरम्. स एव कविः पा-
ठकश्चेत्यर्थः. यदि मद्वचस्सत्यं जानासि तदा कोयं विप[6]·········-
··· ॥ 60.

इति वादिनमेन ⏑ ⏑ ⏑
⏑ ⏑ — — ⏑ ⏑ —[स] वन्दिनाम्.
क्षणम[7][प्यवृत्त] ⏑ — — ⏑ —
⏑ ⏑ — — ⏑ ⏑ —[मुखा]म्बुजे ॥

तव मुखपद्मेऽसत्यजलकणाः क्षणमपि न तिष्ठ[8]न्तीति पृथिवी-
भटः पद्मनाभमवदत् ॥ 61.

1 Ms. नमत्स. See above, p. 305, note 1. 2 Ms. °मश्चि°. 3 Ms. निवि°.
4 Ms. °गद्व°. 5 Ms. कार्य. 6 Ms. °ह°.

पृथिवीभटमुक्तवन्तमि-
त्यवदन्मानधरो महत्तमः .
मिहिरो(l.19)[न्यगुणप्रकाशने]
परदोषावरणे महत्तमः ॥

स मानी महत्तम एवमुक्तवन्तं पृथिवीभटमित्यवदत्(l.20)·········
प्रकाशने सूर्यः परेषां दोषाच्छादने महानन्धकारः . 62.

विबुधश्च कविश्च शारदा-
य⏑–⏑⏑(l.21)[मण्डला?]दयम् .
निगमागमतीर्थतापस-
प्रथमोद्यागतवाञ्ज[यान]कः ॥

पण्डितः कविश्च तथा नि(l.22)·········[ज]यानकश्च [शारदा]चे-
त्कश्मीरमण्डलादागतः ॥ 63.

युगपत्सुमं(l.23)–⏑–⏑–
⏑⏑– ⏑रुदेत्यमुष्य धीः .
अमुनैव सुतेन शारदा
गिरिकन्येव गुहेन नन्दति ॥

सुमन(l.24**83) 64.

[Six lines at the beginning of page missing].

शशिखण्डशिखण्डमण्डनं
प्रति निर्वेदनिवेदनं व्यधात् .

············(l.7)या पूजया हेतुभूतया चन्द्रावचूडाभूषणं हरं प्रति
बन्दी··············· ॥ 65.

---

1 Ms. °न्दा°. 2 Ms. °सुस°.

⏑ ⏑ – ⏑ ⏑ – ⏑ – ⏑ (1.8)धे
प्रभुभक्तिव्यभिचारवन्न चेत् ।
परिपूरय तन्मनीषितं
प्रुत – – ⏑ ⏑ – ⏑ – ⏑ – ।

.........[हृ](1.9)दयेनाहं यदि न स्वामिभक्तिव्यभिचारसहितस्त-
द्वा ममाभिलाषं सद्यः पूरयेतीश्वर.........(1.10) ॥ 66.

परिपक्वमिहैव तत्क्षणं
भगवत्पूजनकल्पशाखिनः ।
कविसूरिसभासभाजनं
फलमास्वा[दयितुं स](1.11) निर्ययौ ॥

हरार्चनकल्पवृक्षस्य तत्क्षणं पक्वं फलं कविपरिडतदर्शनं चर्वयितुं स
निर्गतः ॥ 67.

किय(1.12)दाय(?)तिवृत्तवाक्पथ-
स्तमुपश्लोक्य कविर्जयानकः ।
स्वपुरीपरिहारकारणं
परिपृष्टो भणितुं प्र[चक्रमे](1.13) ।

अतिवृत्तोतिक्रान्तो वाचां पंथो येन । गुणबाहुल्यादिति भावः । तं
स्तुत्वा.............(1.14)हेतुं पृष्टः कथयितुमारब्धवान् ॥ 68.

समपादि पुमान्महामुनिः
किल यस्मै शशिमौ[लिनार्पितम्] ।(1.15)
शयनीकरणच्छलाद्गुरोः
पयसां राशिमवत्यधोक्षजः ॥

---

1 Ms. 'चंयि'. 2 Ms. 'वृत्ति', 3 Ms. पाषो. 4 Ms. योरमै.

किल प्रसिद्धौ पुमान्मनुष्य······(l 16)रुपमन्युनामा संपन्नस्तस्य महामुनेर्गुरो··············(l.17)रक्षति. हरेणोपमन्यवे यो दृत्तः. उपमन्युर्नारायणस्य दी[क्षागुरुरासीत्?]··········· 69.

[उप](l 18)मन्युकुलादपोहितुं
न पटुर्गोत्रपरम्परागतम्.
कलि–⏑–⏑–⏑–⏑–
⏑⏑––⏑⏑⏑⏑–(l 19)धनम् ॥

कुलक्रमागतं शिवभक्तिधनमुपमन्युस··············(l 20)स्य सन्ततिक्रमपर्योप्तत·········हरेभक्तिमु··············(l.21)मेण प्राप्तमस्य शिवभक्तिधनस्य················(l.22)स्यो विरोधंनस्सूर्य···
···············(l.23*) 70.

[Six lines at the beginning of page missing]

·················व निमीलितचक्षु··················(l.7)-
·················तोपिता शारदा सूर्योदये········चितनेत्रस्य दर्शन(l 8)- 71.

⏑⏑–⏑⏑–⏑–⏑–

[क्षणसौस्नातिकरत्ननू]पुरम्.
चरणं च निधा[य]–⏑–
⏑⏑–मि [6]त्रिदिवीकृत(l.9)⏑–.

········गङ्गाजलं तत्र स्नानेन हेतुना चरणं सुस्नातं पूर्च्छद्रत्ननूपुरं यस्य(l 10)········ 72.

कवितां पथि षड्विधे गिरी-
मसि मां पड्भिरुप⏑––⏑–(l.11)

1 Ms. °सिधौ 2 Ms. किलि° ? 3 Ms. हरि°. 4 Ms. °मिति°.
5 Ms. °गमुस्नातपू°. 6 Ms. °र°,

⏑ ⏑ – ⏑ ⏑ – ⏑ – ⏑ –

⏑ ⏑ – – ⏑ ⏑ – ⏑ – ⏑ नात् ॥

षड्भिर्जन्मभिर्मां सेवित्वा पड्विधे प्राकृतादिष(1.12)............त-
वांस्तां कवितां मनुष्यरूपस्य हरेर्वन्द्यमाणदृशा पृथ्वीरा(1.13)[ज]......-
......त्यर्थः ॥ 73.

पुरुहूतपुराङ्गना पुरा
परिखिन्ना चिरलास्यलीलया (1.14)
⏑ ⏑ – ⏑ ⏑ – ⏑ – ⏑ –
⏑ ⏑ – – ⏑ ⏑ – ⏑ विग्रहा ॥

चिरं नृत्यक्रीडया श्रान्ता तिलोत्तमाप्सरा गङ्गाया(1.15)...... 74.

⏑ ⏑ – ⏑ ⏑ कारविन्दिनी-
हठमेलापधियागतं विदन् .
पुलिनात्तृषि(1.16)[ता] ⏑ – ⏑ –
⏑ ⏑ – – ⏑ ⏑ – ⏑ – ⏑ – ॥

पद्मिनी हठेन मेलापे धिया वाञ्छया आगतं चन्द्रं जान(1.17)...
...वनूढवान्. 75.

दलित ⏑ ⏑ – ⏑ – ⏑ –
⏑ ⏑ – – ⏑ ⏑ – ⏑ (1.18) – ⏑ – .
⏑ ⏑ – ⏑ ⏑ – ⏑ – ⏑ –
रमणं पद्मवनस्थितास्मरत् ॥

दलितानां भुक्तानां......(1.19)...............ली तया भयङ्करं
तथाविधं वीक्ष्य पद्मवने वर्तमा(1.20)[ना]...... 76.

---

1 Ms. "वास्ताक". 2 Ms. "खिन्नो. Can it be "खिन्या ? 3 Ms. "न्द्रजा".

⏑⏑–⏑⏑–⏑–⏑–

स्मरणानन्तरमेव दर्शनम् ।
यददीयत येन स श्रियो
वश(1.21) – – ⏑⏑⏑ – ⏑ – ⏑ –

........[स्मर]णकाले एव तद्दर्शनं दत्तं येन हेतुना जनेन सह
(1.22)................ . 77.

⏑⏑–⏑⏑–⏑⏑–⏑–

⏑करं नाकनदीतटस्थितः ।
⏑⏑(1.23)–⏑⏑⏑–⏑–⏑–
⏑⏑––⏑⏑⏑–⏑⏑⏑– ॥

........मिव गङ्गायां स्थितः कामो हरिं(1.24**84) 78.

* * * * * * * * * * * *

---

1 Copyist's Remark—अत ऊर्ध्वं ग्रन्थः त्रुटितः ।